湛庐 CHEERS

与最聪明的人共同进化

HERE COMES EVERYBODY

INTUITION PUMPS

and other tools for thinking

直觉泵

和其他思考工具

[美] 丹尼尔·丹尼特 ◎ 著
（Daniel C. Dennett）
冯文婧 傅金岳 徐韬 ◎ 译

浙江教育出版社·杭州

丹尼尔·丹尼特

著名美国哲学家、认知科学家

INTUITION PUMPS

AND OTHER TOOLS FOR THINKING

极具影响力的哲学家

1942 年，丹尼特出生于波士顿。他 11 岁时参加了一个夏令营，第一次接触到哲学。当时，一位辅导员告诉他：“丹尼尔，你知道你是谁吗？你是一名哲学家。”

17 岁时，丹尼特进入维思大学并对哲学有了兴趣。他发现了蒯因的著作《从逻辑的观点看》，想要与这位 20 世纪最重要的哲学家之一当面对质。于是，他大二就转学到了哈佛大学。3 年后，在蒯因的推荐下，他来到了牛津大学跟随吉尔伯特 · 赖尔攻读哲学博士学位。

目前，丹尼特是塔夫茨大学哲学教授，也是塔夫茨大学认知研究中心的掌门人。他曾获心智与脑奖、伊拉斯谟奖，两次获古根海姆奖。2001 年，丹尼特荣获被誉为“心灵哲学诺贝尔奖”的让 · 尼科奖。

丹尼特在心灵哲学方面有极其重要的贡献。他创造了“意向立场”“他者现象学”“直觉泵”等概念，论证意识的“困难问题”并不存在。美国教育网站 TheBestSchools 评选丹尼尔 · 丹尼特为全球 50 位最具影响力的健在哲学家之一。

INTUITION PUMPS

AND OTHER TOOLS FOR THINKING

圣塔菲研究所米勒学者

圣塔菲研究所成立于 1984 年，它致力于从多学科角度研究复杂适应系统的基本原理，是世界闻名的复杂科学研究中心。2016 年，圣塔菲研究所名列“20 大世界顶级科技智库”。

这座“没有围墙”的学术圣地设置了大量外聘职位，其中最为尊崇的是米勒学者。该席位遴选出极少数杰出而具有创造力的思想家，为其提供独一无二的学术环境。

2010 年，丹尼尔 · 丹尼特当选圣塔菲研究所首届米勒学者，跨学科开展认知科学和进化生物学研究。随后的当选者还有与其丈夫史蒂芬 · 平克齐名的小说家、哲学家瑞贝卡 · 戈尔茨坦（Rebecca Goldstein），著名量子计算专家塞思 · 劳埃德（Seth Lloyd），科幻作家尼尔 · 斯蒂芬森（Neal Stephenson）等。

INTUITION PUMPS

AND OTHER
TOOLS FOR THINKING

新无神论四大骑士

丹尼特强烈支持进化论，将自然选择视作一种算法过程。他与宗教团体开展了大量的辩论，与理查德·道金斯（Richard Dawkins）、萨姆·哈里斯（Sam Harris）、克里斯托弗·希钦斯（Christopher Hitchens）并称新无神论四大骑士。

在《达尔文的危险观念》（*Darwin's Dangerous Idea*）和《打破魔咒》（*Breaking the Spell*）两本书中，他分别论证了道德和宗教可以起源于进化过程，在美国激起了强烈的反响。

丹尼特成长在一个公理会家庭，虽然他是一名无神论者，但他很喜欢去教堂。40 多年来，每年 12 月份，丹尼特都会在家里举办圣诞颂歌聚会，并充满深情地唱赞歌。

赞 誉

汪丁丁 北京大学国家发展研究院教授

2007年，朗润园十周年庆典，邀请了十位曾获得过诺贝尔奖的经济学家，其中一位是实验经济学家弗农·史密斯，需要我作陪。席间，我列举了一些跨界科学家的名字，希望听他评论。出乎意料的是，他只读过丹尼特的书，而且受益良多。我也喜欢丹尼特，并收藏了他的主要作品。《直觉泵和其他思考工具》以及2017年出版的*From Bacteria to Bach and Back: The Evolution of Minds*，尤其值得收藏。因为，这些是丹尼特50年悠闲思考的精华概述。前者试着推荐几十种不用数学但依赖隐喻的（批判性）思考工具给普通读者，后者则是对他毕生心灵哲学的一次总结，他很可能继续发表新的总结。

傅小兰 中国科学院心理研究所所长，
中国科学院大学心理学系主任，中国心理学会理事长

本书旨在提供一本“人人都能读懂的书”，使人们掌握思考思想本身的有效工具。作者如数家珍地介绍了“归谬法”“拉波波特法则”和“史特金定律”等 12 种通用思考工具，又依次介绍了关于意义和内容、计算机、进化论、意识和自由意志等的思考工具。作者兼具哲学家和认知科学家的理论素养，也有很深的文学功底，尤其擅长使用比喻，使得本书读起来十分生动有趣。我愿将本书推荐给大家阅读参考。

周晓林 北京大学脑与认知科学中心主任，
浙江师范大学心理与脑科学研究院院长，教育部长江学者特聘教授

丹尼尔·丹尼特将人类思想中最闪耀的星星摘下来，放进此书，送给读者。他通过使用思想实验和思维工具，将深奥的哲学问题阐述得浅显易懂，即便是只接受过基本文化教育的读者，也能跟随此书思考有关心智、生命和自由意志的问题。读者甚至可以把它作为一本工具书，通过学习书中提到的诸多思想、逻辑工具，训练在科学研究、辩论和谈判等思想过程中的“拳脚功夫”。

段永朝 苇草智酷创始合伙人，财讯传媒首席战略官

《直觉泵和其他思考工具》这本书读起来很费脑，要反复看很多遍，才能领会全书 77 个思想实验的精妙之处。丹尼尔·丹尼特是一位个性鲜明、富有科学家精神的著名哲学家，他的书，应当全力推荐！

王 烁 财新传媒总编辑

丹尼尔·丹尼特是现代进化论科普大家，也是最具科学家气质的哲学家之一。他首创的“直觉泵”这个概念告诉我们：在没有证据、数据的地方，我们可以用故事说话，从公认的直觉开始做思想实验，看它将我们带到何方。我强烈推荐《直觉泵和其他思考工具》这本书！

苏德超 武汉大学哲学学院教授，博士生导师

通过把当代科学的底层观念和传统哲学的深刻问题结合起来，丹尼特正在改变我们的直觉。他精通多个知识门类，致力于基础观念的澄清和革新，他比任何人都更接近传统意义上的伟大哲学家。

理查德·道金斯 著名生物学家，畅销书《自私的基因》作者

这是我读过的最好的一本书。

马文·明斯基 “人工智能之父”，图灵奖得主

丹尼尔·丹尼特是我们这个时代最杰出的哲学家之一，他就是下一个伯特兰·罗素。与传统哲学家不同，丹尼特还精通神经科学、语言学、人工智能、计算机科学和心理学。他正在重新定义和革新哲学家的角色。

迈克尔·舍默 美国头号“科学打假人”，怀疑论者学会创始人

丹尼特是我们这个时代最具原创性的思想家之一。

扫码获取“湛庐阅读”App，
搜索“直觉泵”，
获取丹尼特的演讲及其他精彩内容。

什么是彩蛋

彩蛋是湛庐图书策划人为你准备的更多惊喜，一般包括①测试题及答案②参考文献及注释③延伸阅读、相关视频等，记得“扫一扫”领取。

推荐序一 从流俗的看法中跳脱出来

陈嘉映

著名哲学家，首都师范大学哲学系教授

《直觉泵和其他思考工具》一书推荐了一批“思考工具”。这些直觉泵，有些是作者自己的发明创造，有些取自前人。据作者所说，很多强有力的思考工具是数学性的，不过，这本书推荐的则是那些非形式化的思考工具，散文式甚至诗歌式的思考工具，这一点本来从“直觉泵”这个书名就能想到。

但这本书远远不止于推荐思考工具，实际上，在非形式化的王国里，在散文和诗歌里，原不存在单纯的工具。问题的解决方式不可能完全从相关问题那里抽象出来。我们时代直面的很多根本哲学问题，例如意识问题、自由意志问题，皆是如此。这本书差不多始终是依托这些具体问题来谈论方法的。他推荐各种思考工具，根本意图是帮助我们从流俗的看法中跳脱出来，其实，所谓“哲学”，干的就是这个。

跳出来，跳到哪里？丹尼特从来不忌惮最艰深的问题，而且对这些问题都有自己的解决方案，或至少，有他解决这些问题的思路。我个人未见得全部认同他的方案和思路，不过，他有大量的奇思妙想，能不断给人启发。也许他错了，但独到的错误、有意思的错误，不会像人所周知的正确那样让人扫兴。就算你不是个哲学爱好者，你也可能喜欢这本书，书里有很多有趣的知识，例如“生命游戏”，讲解得流畅易读。读过之后，你会感觉自己顿时长知识了。

我很多年前开始读丹尼特的作品，立刻感到这位作者有过人的求知欲，或更准确地说，有过人的求解欲。不管是你想得到想不到的问题，都会引发他的兴趣。顺理成章，他不餍足地学习科学，从其中搜索解答哲学问题的线索。当代哲学家里像他那样熟悉最新科学成果的人不多。但他并不盲信科学，认为科学家也会犯一些初级错误。丹尼特相信，有些问题是哲学问题，不是科学能够解决的，科学家一旦把它们混同于科学问题就难免想错，而且，由于他们的科学训练要求他们抛开常识，他们很可能比普通人错得更离谱。

丹尼特知道得太多、想得太多、说得太多，难免有点儿芜杂。我想不出谁能一口气读好几本丹尼特的书，隔一段时间读一本似乎效果更佳，甚至不妨隔一段时间读他一章两章，让我们很容易消沉的脑神经重新活跃起来。

推荐序二 哲学家的法宝

万维钢

科学作家，“得到”APP《精英日课》专栏作者

这是一本能让你变得更聪明的书。丹尼尔·丹尼特的《直觉泵》现在已经是名著了，如果你拥有超一流的智慧，你想必已经知道这本书。如果你没读过，而你又愿意在脑力上下功夫，我建议你把这本书啃下来。

读完这本书，你的思维水平会有一个不可逆的提高。再听到别人一本正经的愚蠢言论，你会受不了。想起以前自己说过的那些随意的话，你会感到脸红。

要想横扫街头混混，你最好的办法是学习专业的搏击术。要想在思想上变聪明，你需要高级的思维训练——

学哲学。

哲学死了吗?

哲学，曾经被视为最高级的学问。很多中国人曾经相信，要想把什么事情做好，比如打仗、生产，甚至搞科学研究，你必须以某种哲学思想为指导。哲学高高在上，其他一切学问都只不过是哲学在各个领域的具体应用罢了。

但现在可没人敢这么说。至少在很多物理学家这里，哲学是被嘲笑的对象。以前人们不知道宇宙是怎么回事，某些哲学家空口无凭地就敢说“整个物质世界在时间上无始无终，在空间上无边无际”——在现在的物理学家看来这个世界观简直就是一种原始宗教观念。最新的物理学认为我们这个宇宙在时间上一定有个开端，在空间上至少曾经只有有限大。

鉴于哲学已经不再是世界观答案的合法来源，霍金在《大设计》这本书中写道:“哲学已死。”你想知道这个世界到底是怎么回事儿，你得问科学家。科学的答案不是一个科学家坐在那里空想出来的，也不是几个科学家辩论出来的，而是花费无数时间和金钱，通过无数个精巧的科学实验得出来的。

费曼——他是公认最聪明的物理学家之一——对哲学有众所周知的敌意。费曼曾经说，什么是哲学家呢? 就是这么两个人，一个哲学家对另一个哲学家说:“你根本不知道我说的意思!”另一个哲学家说:“什么是‘你’? 什么是‘我’? 什么是‘知道’?”费曼说我们能不能进行一点有建设性的讨论。[①]

杨振宁也鄙视哲学。别人问杨振宁哲学能不能指导科学，他说每个科学家都有自己的研究风格，如果你把这种个人风格称为“哲学”，那的确能；但是如果你说的是作为一门正式学问的哲学，那完全不能。有人又问，可是日本物理学家坂田昌一就很推崇哲学啊? 杨振宁说坂田昌一要是“越少用哲学，他的

① 《费曼物理学讲义》第一卷，理查德·费曼著。

成就越大”。①

坂田昌一的哲学思想包括“物质无限可分”。这个思想非常符合直觉，但是在现代粒子物理学家看来，所谓“无限可分”根本毫无意义。原子可以分成原子核和电子，原子核分成质子和中子，质子、中子和电子分成夸克，那夸克应该怎么分呢？事实上，物理学中的基本粒子，比如“夸克”，本质上是一个数学结构，根本就没有再“分”的必要。哲学家的原始直觉没触及这个情况。

所以哲学真的不能指导科学。真实情况是科学在指导哲学，是哲学家们从新科学发现中获得坐而论道的素材。

那哲学到底还有啥用呢？

大问题

我曾经是一个普通的物理学家。我不可能比霍金、费曼和杨振宁更高明，但是因为我是一个特别谦虚好学的人，所以我对现代哲学略有一点了解。

哲学没死。哲学不能指导科学，但是科学也不能取代哲学。有些问题，只能交给哲学家。

有些问题是在科学之外的。比如说，人体的工作原理，这是科学问题。那人怎样才能获得幸福？人到底应该怎么做才是道德的？人和人之间能平等吗？这些就只能是哲学问题。康德、洛克、休谟，以及中国的孔子、孟子，他们的思想并没有因为科学进步而过时。

有些问题是不需要使用科学手段就能解决的。比如说有个科幻电影叫《盗梦空间》，说可以通过梦境来修改一个人的观念。请问这是可能的吗？我们能

① 《谈谈物理学研究和教学》，是杨振宁 1986 年在中国科学技术大学研究生院的谈话。

给一个人的大脑输入任何信息吗?

答案是不能，而你不需要脑科学的知识就能想明白这一点。丹尼特这本书里有个直觉泵叫“生活在克利夫兰的一位兄长”，说的就是这个意思。如果这个人并没有兄长，你生生地在他头脑中植入一条“我有个生活在克利夫兰的兄长”的信息是没用的，因为他不知道这位兄长长什么样子、做过什么事、跟自己有什么关系，他甚至可能根本就没听说过克利夫兰这个地方：一种观念只能生长在一堆观念之上。

你不会在生理学或者心理学的教科书里找到这样的推理。这不是科学知识，这是哲学思辨。

只有哲学家能定义什么叫哲学——不过我估计哲学家对这个定义会争论不休——依我之见，所谓哲学，就是纯粹靠思辨来理解世界的学问。

有些问题，是科学想要回答，可是暂时回答不了的，而哲学思辨却能让我们有所探索。

比如说，如果组成人的原子因一直受物理定律左右而没有自由意志，那人能有自由意志吗?大脑的意识是怎么回事?计算机能有意识吗?意识这么精巧的东西，是怎么通过自然演化产生的呢?

这些是最高级的问题，无数科学家也在寻找答案，而哲学家可以帮忙。比如说，人刚出生的时候，大脑是一块没有任何信息的“白板”吗?丹尼特在书中使用一个叫作“身陷机器人控制室”的思想实验，说明人脑不可能像刚出厂的计算机硬件里一样一片空白，其中必定要预装一些软件系统。

事实上，现代职业哲学家对计算机科学、生物学和最先进的物理学的了解程度可能会让科学家震惊。他们完全知道科学进展到了哪一步，他们比科学家更善于把握全局，他们能把这些知识整合在一起，帮助我们理解这个世界。科学家的任务更多的是发现底层的原理和证实技术细节，哲学家则常常提供洞见。

学习哲学，你得有点钻研大问题的气魄。你得对自己的大脑有信心，相信脑子是可以用的。

哲学的技艺

科学家要做习题、棋手要打谱、律师和商人要学习案例，丹尼特说的“直觉泵”，就是哲学家的思维工具。这里的“直觉”是个好词儿，代表快速产生思维的灵感。直觉泵，就是说书中这些好像寓言故事和成语典故一样的思维工具，能给你“泵”出各种直觉来。

咱们举个简单的例子，看看有章法的思维和普通人的思维有什么区别。

现在比特币非常火了，要好几万元人民币一个，而几年前才值几块钱一个。有个技术爱好者很早就听说过比特币，当时没当回事儿。后来比特币几百元一个，他觉得太贵了还是没出手。现在的他追悔莫及，逢人就说他本来有机会成为百万富翁。

如果他学过一点哲学，他就不会说这种傻话。丹尼特讲了一个直觉泵叫“古怪的狱卒”。说有个监狱里的狱卒，会在每天半夜犯人们都熟睡的时候，把监狱的大门打开几个小时。那请问，在这几个小时内，犯人们是自由的吗?

如果那时候犯人能醒过来，他们的确可以逃跑！这就好像如果当年你知道比特币将来会那么值钱你一定会买一样。但是事实上那时候犯人是熟睡的，而你当年也真的不知道比特币的未来行情。

这个直觉泵的要点在于，当你谈论“自由”的时候，你必须考虑当时外界的因果背景。你不知道和你睡着了一样，你的因果背景里没有那个选项，那不是真的自由，那不叫“有机会”。

苏格拉底有句名言叫“未经审视的人生不值得过”，我们同样可以说，未经审视的思想不值得拥有——或者至少不值得说出来。

学习哲学的第一步，就是要学会审视自己的思想。

咱们再举个例子。一般人头脑中有个思维定式，就是把东西分类，特别是把人分成“我们”和“他们”。中国人如何如何，外国人如何如何，就算不是歧视，也总要有所区别。可是你是否审视过，人或者东西，真的有明确分类吗?

这本书中有个直觉泵叫“世界上第一只哺乳动物是什么”。什么叫哺乳动物，科学家有严格的定义。但即便如此，如果你考虑到生命演化，你会意识到哺乳动物和哺乳动物的原始祖先之间有一个漫长而模糊的中间地带。你根本就没有办法来个“一刀切”，说这边就是哺乳动物、那边就不是。你会意识到世界上的很多东西并没有泾渭分明的分类界限。

那么下次要说“凡是……”的时候，你也许会更谨慎一点。

丹尼特是当今最著名的几位哲学家之一，他研究的是意识、生命、计算和智能这些大问题。这本《直觉泵和其他思考工具》，是一线哲学家送给外行和初学者的礼物。书中有很多工具是专门为了破解大问题而生的，相当于军用武器。不过就算这些武器不能都用在你的日常思维上，它们也能带给你极大的乐趣。

我认为哲学既不是规矩也不是火炬，哲学是技艺。如果你想用哲学的“结论”去指导科学或者生活，你很可能什么都得不到。但是如果你把哲学本身当作一门有意思的学问，并且在追逐大问题的过程中掌握哲学家的“思辨技巧”，你会得到法宝。

推荐序三 这是真正的批判性思维训练营

叶峰
著名哲学家，首都师范大学哲学系教授

这本书的作者丹尼尔·丹尼特是美国著名哲学家，长期担任美国塔夫茨大学哲学系讲席教授和认知研究中心主任，同时也是著名的公共知识分子，在学术圈子以外同样有很高的知名度。丹尼特一生致力于在当代认知科学和进化论的基础上解释人类心智、意识、自由意志及伦理道德的本质，同时致力于普及进化论、宣传无神论。一些媒体将他与理查德·道金斯（Richard Dawkins）、萨姆·哈里斯（Sam Harris）及克里斯托弗·希钦斯（Christopher Hitchens）等几位科学家、学者及作家并称为“新无神论四骑士”。

丹尼特著述丰富，仅从 2003 年以来就有 5 部独立完成及 4 部与他人合著的著作问世。他的一些较为通俗的作品机智风趣、深入浅出又不失严谨，在哲学学术圈子之外有很大的读者群，是适合非哲学专业人士阅读的高级科普及文化思想方面的畅销读物。他的专业性哲学研究在英美分析哲学界内部也有很大的影响，他是分析哲学界内公认的最出色的哲学家之一。

这本书讲什么

这本初次出版于 2013 年的《直觉泵和其他思考工具》，一方面列举了许多可用于探究心智、意识、自由意志等方面问题的思考工具，即所谓的“直觉泵”；另一方面也借助于阐明这些直觉泵概括了丹尼特本人一生中最主要的哲学观点。在前一方面，这本书试图激发读者对心智、意识、自由意志等方面问题的思考，可算是一本哲学启蒙读物，而在后一方面，这本书其实是丹尼特对自己哲学思想的一个总结，具有一定程度的专业性。

所谓“直觉泵”指的是一些思想实验，这些思想实验可以激活我们对某个事物或问题的一种直觉的认识，同时还可以对思想实验中的场景设置设想种种变化（即所谓的“转动直觉泵的旋钮”），以此来检验我们的直觉是否合理。丹尼特指出，有些直觉泵激发了真知识，是好的直觉泵，但也有些直觉泵激发的其实是幻象，而我们可以通过“转动直觉泵的旋钮”来认识到那些是幻象。丹尼特在这本书的第 5 页就举了一个特别好、特别机智的直觉泵的例子，是伽利略提出的关于自由落体运动的思想实验。这里就不重复介绍了，因为读者只要愿意，读几页书就能读到它，欣赏到它的机智。

不过这里需要指出，在这本书中丹尼特主要关注的是一些与心智、意识、自由意志等有关的直觉泵，也包括一些与进化论有关的直觉泵，因为在丹尼特看来，理解进化是理解心智、意识、自由意志等的关键。所以读者不要将这本书误解为一本市面上常见的、一般性地介绍逻辑与批判性思维工具的教科书。它的书名有可能让人产生这种误解。虽然书名中没有提到进化论、心智、意识、自由意志等，但这本书的内容其实是围绕这些方面的问题展开的。书中详细讨论的直觉泵的例子都是有关这些方面的问题的例子，而没有详细讨论任何物理学、化学、经济学、社会学、历史学或政治学等方面的直觉泵的例子。所以在图书分类中，这本书也许更应当被归类于心灵哲学（philosophy of mind）类图书，而不是所谓的批判性思维（critical thinking）类图书。丹尼特写这本书的主要目的似乎是要阐释他自己的哲学思想，而不是教给读者一些一般性的思维工具。如果读者完全缺乏对进化论、心智、意识、自由意志等方面哲学问题的兴趣，而将这本书当作一般性的思维训练书籍来读，那么可能会对其中的内容不耐烦。

但也需要指出，那种泛泛地介绍批判性思维工具的教科书，其实很难深入地教会读者使用真正良好的批判性思维工具。真正学习掌握良好的思维方法不是靠读几个肤浅的例子就能做到的。它需要对一些作为样本的问题做很深入的分析研究，仔细钻研专家们对那些问题提出的种种相关的论证和反驳，包括一些相当复杂、相当微妙的论证和反驳，深入分析那些论证和反驳中包含的各种潜在的逻辑谬误，并尝试自己提出新的论证或反驳。只有在这样的很深入、相当专业、长时间持续的分析思考中，才能真正培养良好的思维习惯，掌握分析性思维、批判性思维的方法。

笔者本人有过数年的逻辑与批判性思维教学经验。在大学里教逻辑与批判性思维这门课，一般都是采用市面上常见的逻辑与批判性思维教科书。这些教科书中有大量例子说明有哪些论证手段，有哪些常见的思维谬误，等等。但那些例子中的论证一般都太浅、太简单，几句话就说完，完全缺乏论证上的深度。由于读者或上课的学生的专业方向很不一样，那些逻辑与批判性思维教科书一般不会采用某个特定专业方向中的很深入、复杂的论证作为例子。这是无可奈何的选择。结果是，一门课学下来，学生在课后做练习题时，的确会识别一些简单例子中的思维谬误，会完成一些简单的论证，但他们自己在日常生活及专业学习中的思维习惯似乎并未受到任何影响，还是按老习惯去思考，原来易犯的思维谬误还在继续犯着。

那些逻辑与批判性思维教科书中用几行文字就能说完的简单例子，实在不能让读者或学生真正体会到什么是良好的分析性、批判性思维，不能让他们改进自己的思维习惯，培养正确思维的习惯。所以，只要读者对心智、意识、自由意志、进化论等方面的问题有兴趣，愿意很深入地思考这些方面的问题，相信这本书可以当作一本更好的培养分析性思维、批判性思维的书籍。

当然，这本书主要还是阐述丹尼特自己的哲学思想。丹尼特的哲学思想的背景，一方面是当代分析哲学学术研究中的自然主义思潮，以及在“自然主义”这个大框架下发生的有关意识、意向性、自由意志等方面的问题的争论，另一方面是美国社会文化中的无神论与基督教信仰之间的争论。下面就这两方面的背景做简单的介绍，希望能有助于读者理解这本书的内容。

自然主义思潮

很多不同的学科领域都用“自然主义”这个标签，这里说的自然主义是指当前国际分析哲学界的一种主流哲学立场，虽然“自然主义”这个词的含义即使在分析哲学文献中也不完全确定。支持自然主义的分析哲学家一般非常尊重科学，完全接受科学的结论，在科学结论的基础上进行自己的哲学思考。特别地，他们接受进化论，承认人类是自然进化产生的自然生物体。同时，他们不相信有上帝、灵魂、先验自我、绝对精神等等，他们认为这些都是超自然的实体。他们也拒绝传统的，笛卡尔式或胡塞尔式的第一哲学思辨，认为这些都预设了超自然的先验立场。根据 2009 年的一个问卷调查，英美国家哲学系中大约 50% 的教师明确表示自己支持或倾向于支持自然主义，而只有大约 26% 的教师明确表示反对或倾向于反对自然主义 。所以自然主义是国际分析哲学界的一个主流倾向。

自然主义作为当前国际分析哲学界的主流倾向起源于 20 世纪初的逻辑经

验主义，但它最初、最重要的鼓吹者是美国哲学家蒯因（Willard Van Orman Quine）。蒯因也许是对当前分析哲学研究现状影响最大的哲学家，他保留迄今的思想遗产及影响可能超过了弗雷格、罗素、维特根斯坦、卡尔纳普等这些早期的分析哲学开创者。蒯因是丹尼特在哈佛大学读本科的时候的老师，而且曾特别尽力地将丹尼特推荐到牛津大学，在另一位具有强烈的自然主义（及行为主义）倾向的哲学家吉尔伯特·赖尔（Gilbert Ryle）的指导下攻读博士学位。

丹尼特显然完全接受了自然主义的基本立场。不仅如此，与其他也接受自然主义立场的多数哲学家相比，丹尼特还更多地尝试引入认知科学和进化论的成果来研究哲学问题，更积极地将哲学科学化。早在 1965 年完成的他的博士论文中，他就尝试引入神经科学的成果来讨论心灵哲学问题，而且他一直将这种尝试坚持至今。注意，在 20 世纪 60 年代，认知科学与脑神经科学研究还处于非常原始的阶段，远远不像最近 20 年那么热门，那样受到哲学家们的关注。

但是在“自然主义”这面大旗下针对一些具体的哲学问题还是有不同的观点及争议的。丹尼特最关心并深入研究过的是其中的意向性、意识和自由意志问题。他的专业哲学研究主要是在这些问题上与他的同样具有自然主义倾向的同行们进行争论，论证他自己的独特的立场观点。至于他作为公共知识分子所创作的一些较具普及性的作品，其主要目的则更多地是站在自然主义立场反驳反自然主义的有神论，为无神论作辩护。这本《直觉泵和其他思考工具》则兼有普及性作品和专业研究论著的特征。下面将简要介绍一下这本书所探讨的意向性、意识和自由意志等方面问题的背景。

意向性问题

“意向性”这个哲学术语在哲学文献中有多种含义。在分析的心灵哲学中，意向性主要指的是我们的概念、判断似乎能够在某种意义上表征或指向世界中的事物及事态这个事实。这种表征能力就被称为意向性。比如，我们的“兔子”这个概念表征（或指向）兔子那一类事物，“兔子吃草”这个判断则表征兔子吃草这个事态。

心灵哲学中对此的争议，首先是关于人的大脑中究竟有没有“兔子”这个概念或“兔子吃草”这个判断。常识中我们似乎都认为有。但是，考虑到大脑其实是一个非常复杂的神经元网络，而神经元网络对信息的记录很可能是所谓分布式的、整体性的，也就是说，有可能数以百亿计的神经元以某种方式互相联结在一起就整体上同时记录了“兔子吃草”“草是绿的”“邮筒是绿的”“学校门口有个邮筒”“明天开学了”“我不开心”等等所有这些无数的信息，而不能指出其中某个或几个神经元说，那就是“兔子”这个概念，或那就是“兔子吃草”这个判断。所以，有的哲学家认为，大脑中其实并没有“兔子”这个概念或“兔子吃草”这个判断，这些所谓概念、判断都只是我们的幻想。大脑中有的是超大一堆神经元整体地记录了关于世界的所有认识。这是关于意向性的一种听起来较极端的观点，被称为关于意向性的取消主义观点。它不是否认大脑能认识世界，大脑当然能。它是否认大脑中有“兔子”“老虎”等一个个的概念。持有这种观点的著名的代表人物有保罗·丘奇兰德（Paul Churchland）。

另一种极端的观点是，大脑中的确有“兔子”这个概念及“兔子吃草”这个判断。他们认为，大脑中有一种思想语言，思想语言中的一个语词可以是由一个或数个神经元构成的，而概念就是思想语言中的这种语词，判断就是由这些语词构成的语句，大脑中的思维过程就是对脑中的这些语词、语句进行变换、推理。他们认为，基于符号推理的人工智能系统真实或近乎真实地反映了大脑实际的工作方式。支持这一类观点的著名代表人物有杰里·福多尔（Jerry Fodor）。他们认为，大脑中的神经元以某种方式实现了语词、语句这种东西，以及对语词、语句的变换推理，就像电脑硬盘中的 0-1 二进制序列以某种方式实现了语词、语句以及对它们的变换推理。

丹尼特本人则持有某种折中观点，他自己称之为“意向立场”观。它的大意是说，一方面，我们可能不确定大脑中是否真的有实实在在的“兔子”这个概念或“兔子吃草”这个判断这种东西，但另一方面，我们在描述一个人的智能行为的时候，将其描述为具有概念、判断、信念、欲望等等是合理的、成功的、有效的。所以丹尼特的观点既注意到了这个事实：大脑是一个极其复杂的神经元网络，在其中不一定能挑出“兔子”这个概念这个特别的东西。同时他又照顾到了另一个事实：我们常识中用“概念”“判断”“信念”“欲望”等术语来描述、解释人的行为似乎是很成功的。究竟丹尼特的“意向立场”观点是否比其他观点更合理，或者它只是一种勉强的折中观点，读者不妨自己研读这本书的第二、三、四部分，这几个部分集中解释了丹尼特的“意向立场”观。

意识问题

关于意识问题，当前分析的心灵哲学中争论的焦点是所谓的“感受质（qualia）”。意识包括许多方面，比如，使得清醒区别于沉睡的清醒意识，使得觉察到一件东西有别于无意识地看见它的觉知，使得记起某件事有别于让它沉睡在记忆中的记忆意识。绝大多数心灵哲学家都承认，意识的许多方面，包括这里提到的清醒、觉知、记忆，都原则上可以归结为神经元活动的一些特征。比如，清醒区别于沉睡就在于大脑的神经元活动的某种特征，觉察到什么区别于大脑无意识地接收并处理某项信息也是在于神经元活动的某种特征。

但有一些心灵哲学家提出，具有一种感受（或称感觉）是一类非常特别的意识状态，它们无法归结为神经元活动，而且感受具有感受质，而感受质上的差异无法归结为神经元活动特征上的差异。所谓“感受质”指的是我们的主观感受的特质（quality），比如，疼痛的感受质不同于痒的感受质，刺疼的感受质不同于灼痛的感受质。那些心灵哲学家提出，这种主观感受质上的差异绝对不可能从神经元的角度得到解释。比如，也许有一天我们可以非常完备地描述刺疼与灼痛的神经元活动模式之间的差异。但即使如此，我们也没有解释为什么刺疼感觉起来是那样，而不是灼痛的感觉那样，为什么两种感觉之间有那样的差异。

这里我们只能用“那样”这种词来指称那种特别的感觉，因为我们不能像描述事物的形状、颜色、质量、分子结构等那样去描述那种感觉。一方面，只有自己体验过那种感觉才能知道它是怎样的，另一方面，即使你将一个人感受到刺疼时的神经元活动都描述得非常完备了，也没有说出那种感觉究竟是怎样的。所以这些心灵哲学家认为，感受及感受质是本质上非物质的，本质上不同于所有当前的物理、化学、生物学、生理学、神经科学等科学分支所研究描述的东西。感受质是只有靠主观体验才能把握的东西，而当前科学所研究的都是能够被客观地描述的东西。当代持有这种观点的比较有名的哲学家包括索尔·克里普克（Saul Kripke）、大卫·查尔莫斯（David Chalmers）等。这种观点被称作属性二元论。

有必要将这种属性二元论与传统哲学中笛卡尔式的实体二元论区分开。在笛卡尔的时代，人们无法想象大脑这一块物质如何能够思考，人们普遍接受的观念是：物质有广延但不能思考，灵魂能思考但没有广延。自从计算机人工智能出现以后，人们的观念发生了很大的变化。一个智能机器人能够理解你的命令、观察环境、收集信息、进行推理、计划行动、执行计划、完成你交待的任务。它似乎显然具有概念、判断，能进行推理、计划等思维活动。所以今天，机器能思考这一点似乎是没有疑问了。

不过，虽然机器人的观察、推理能力很强，虽然它很聪明，但它是否有感觉呢？比如，一个人形机器人可能可以非常准确地模仿人们在感受到疼痛时的行为，包括修复被烫伤的皮肤、呲牙咧嘴等，但它是否真的会觉得疼？似乎不会，因为它内部就是一行、一行的人工智能程序在运行，在控制肢体的种种动作。似乎它不会有疼痛这种感觉。所以今天的属性二元论者的观念是：物质能思考，但没有感受。今天关注及争论的焦点从思想能力转到了感受能力。感受，而非思想，被一些哲学家认为是本质上非物质的。

丹尼特本人在这方面的观点一般被认为是一种极端立场，而不再是一种折中立场。他基本上是说，根本没有普通人及属性二元论者所说的那种所谓的感受，认为有那种感受其实是一种幻想。人脑中有的就是一些物质性的东西，即一些神经元活动，再没有其他的，尽管我们可以在不同层次上描述那些物质性的东西。属性二元论者尝试提出了一些直觉泵来论证存在那种非物质性的感受。这本书的第六部分主要就是试图论证那些所谓的直觉泵是虚假的，它们激发了幻象而非真知识。在很多人看来，丹尼特的极端观点是很反直觉的。可能我们多数人直觉上都认为，疼痛那种主观感觉不仅仅就是一些神经元活动，而是另外的、主观的东西。你不妨也读读这本书的第六部分，看看丹尼特能否说服你。

自由意志问题

在自由意志问题上，丹尼特似乎又回到一种比较折中的立场。关于自由意志的争议在于这样一个问题。根据科学，一个人就是一个生物 - 物理系统，他的所有行为都是被自然律决定的。比如，一个抢劫犯的抢劫行为的根源是他的基因以及他过去接受的环境刺激塑造了他当前的脑神经元结构和活动模式，这些脑神经元结构和活动模式控制他的肢体在一定环境中必然地做出了那个抢劫行为。既然一切都是这样被脑神经元和自然律决定的，那么他似乎不是出于他的所谓自由意志而做出了抢劫行为。而既然不是出于自由意志的行为，似乎我们就不能说他对他的抢劫行为负有道德或法律责任。这种结论自然在社会上多数人看来是不可接受的。有一些科学家的确宣称自由意志是个幻象，人的一切行为都是被自然律完全决定的，人没有任何自由意志。这很让人绝望。

丹尼特在自由意志问题上持有的观点是所谓的决定论与自由意志的兼容论。兼容论者一方面承认，一个人的行为完全是受自然律决定的，没有所谓的超自然的灵魂或心灵来做出所谓的自由选择，但另一方面他们又认为，我们还是可以说人有自由意志（因此有道德和法律责任）。当然，这个“自由意志”也许不再是或不完全是你原来所想象的那种自由意志，至少肯定不是被设想为有着超越自然律的自由选择能力的灵魂所具有的那种自由意志。但是，这些兼容论者认为，至少我们还可以说人有自由意志，而且可以说，因此他们对自己的行为负有责任。很多当代哲学家都支持这种兼容论观点，但这种观点也自然面临来自两边的批评。否认人有自由意志的一边，以及相信人有更真实的自由意志的另一边都会说，以这种方式认为自己有自由意志可能只是廉价的自我欺骗与自我安慰。

自由意志问题是个非常令人困惑的问题。一方面，我们都本能地认为自己有自由意志，自己可以自由地决定做这个或做那个，否则就等于承认自己是一具行尸走肉，是完全受其他东西的控制而行动的。但另一方面，似乎大脑就是一个复杂的神经元网络，受生物 - 物理定律的支配在活动着，就像一台电脑（包括基于人工神经元网络的电脑），看不出自由意志会从其中哪里冒出来。丹尼特在这本书的第七部分借助于一些直觉泵解释了他的兼容论。至于能否消除你的困惑，需要你试着去读读才能知道。

怎么读这本书

简单介绍了这本书的内容的背景后，可能还有必要提醒读者一点。对一本分析哲学的书，我们应该永远抱着分析的、质疑的态度去读。不是将读到的作者的话当作真理记下来，而是时时试图去反驳作者，去指出作者的论证中的毛病。所以，如果你读这本书的时候觉得丹尼特某个论述有问题，或认为他没说到点子上，或他说得不够清晰明确，希望你不要气馁或放弃。相反，要尝试找出更明确的理由反驳他。很多哲学家并不赞同丹尼特的观点，你反对丹尼特的理由很可能跟其他哲学家的观点其实是相通的。当然，那些与丹尼特的观点相反的观点也不是无懈可击的。哲学所探讨的问题极为复杂，对每一方的观点都有很多支持和反对的理由。因此，要综合所有这些理由，找到对问题的一个最合理的回答，一般是非常困难的。但这也正是哲学的魅力所在。不喜欢思考、质疑的人可能也不会喜欢分析哲学。这是一本可以帮助思维训练的书籍。正是在分析、质疑中才能锻炼自己的分析性思维、批判性思维的能力。相信丹尼特本人会很欢迎你去反驳他，指出他的论证中的弱点。

翻译这本书的三位青年才俊都有多年的学习与研究分析哲学的经历。他们的本科专业背景有来自文学的，也有来自理工科的，对分析哲学的浓厚兴趣将他们聚到一起，在首都师范大学哲学系跟随陈嘉映和夏年喜教授读研究生。其中，冯文婧博士已经毕业，目前正在做博士后研究，她的博士论文正是专门研究丹尼特哲学思想的，她熟悉丹尼特的所有哲学著作，还有很流畅的文笔。傅金岳是陈嘉映教授的在读博士，但其实在读博士之前他已经学习与研究分析哲学很多年，非常熟悉当代心灵哲学的发展路径及相关论题的探讨，中英文水平俱佳，也有不少翻译经验。徐韬曾是陈嘉映教授的硕士研究生，自 2013 年毕业起，一直从事与西方哲学相关的写作与编纂工作。他们的译本很大程度上保留了丹尼特作品风趣通俗的风格，非哲学专业的读者应该也很容易理解这个译本。

在学术界内，翻译是一项吃力不讨好的工作，很耗费时间精力，又不能算真正的研究成果。但对这本书及同类的传播、普及思想与知识的外文书，可能只有通过翻译才能让国人真正受益。虽然目前英语很普及了，但国内的普通读者，即使英文阅读能力不错，直接读英文也相对更吃力些，需要花更多的时间。在这个工作、生活节奏异常紧张的年代，恐怕很少有国人能够去阅读那么厚的一本与自己的工作不那么直接相关的英文书，很少有国人能够仅仅为了长点见识、提升思想，就抱起一本近五百页的大部头的英文书，认真地读下来。因此，翻译真的对很多人有很大的帮助。如果没有译本，很多人可能就下不了决心花那么多的时间去读那些书。笔者受三位译者之托代写这篇序言，非常希望他们的努力，他们花费时间、精力的成果有人欣赏。

献给塔夫茨大学，我的学术家园

前言　我要写一本人人都能读懂的书

塔夫茨大学是我 40 多年以来的学术家园，对我来说，它就像童话中金发姑娘那碗刚好可口的粥一样，似乎总是恰到好处：没有太多压力，也不让我太过放纵；让我拥有可以轻松讨教的同僚，他们才华横溢却毫无恃才傲物之心；让我有足够认真的好学生，他们值得厚待却不需要全天候去培养；它让我明明身在象牙塔却可以去自由地解决现实世界中的问题。塔夫茨大学自 1986 年创建认知研究中心以来就始终支持我的研究，让我从求资筹款的苦役中解脱出来，从而有充分自由在诸多领域实现与众人的合作：或者是远游参加工作坊、实验室和会议，或者是将学者和专家们邀请至研究中心访问。这本书展示了我这些年一直在做的事情。

2012 年春天，我在塔夫茨大学哲学系举办的一次研讨班上试讲了本书各章节的初稿。试讲是我多年来的习惯，但这一次，我想借助学生们的帮忙，让这本书尽可能地被大众读者所接受，所以，我把研究生和哲学专业的学生排除在外，只选前 12 个报名的无畏新生组成讨论班。后来由于办公人员的失误，多选了一个，所以实际上是 13 个。我们彼此引导，非常愉快地展开书中相关话题的讨论，他们知道，他们真的可以与教授顽强对抗，而我更是确定，我真的可以回溯到更基础的层面，更好地解释这一切。感谢这些年轻合作者们的勇气、想象力、能量和热情，他们是：Tom Addison、Nick Boswell、Tony Cannistra、Brendan Fleig-Goldstein、Claire Hirschberg、Caleb Malchik、Carter Palmer、Amar Patel、Kumar Ramanathan、Ariel Rascoe、Nikolai Renedo、Mikko Silliman 和 Eric Tondreau。

经研讨班探讨所得的第二稿，之后又由我的几位好友博·达尔布姆（Bo Dahlbom）、休·斯塔福德（Sue Stafford）和戴尔·彼得森（Dale Peterson）通读，他们进一步为我坦诚地提供了有用的评估和建议，其中大部分我都接受；同样通读过第二稿的还有我的编辑德雷克·麦克菲力（Drake McFeely），他在 W. W. 诺顿公司布伦丹·柯里（Brendan Curry）的大力协助下，还负责了这本书的许多改进工作，对此我深表感激。特别鸣谢认知研究中心的项目协调员特雷莎·萨尔瓦托（Teresa Salvato），她不仅以各种各样的方式为这整个项目提供了直接帮助，还因为非常有效地料理着研究中心和我的行程，让我有更多的时间和精力制作和试用我的思考工具，间接推动了项目进展。

最后，一如既往，我要表达对我妻子苏珊（Susan）的感谢和爱意。我们并肩作战已有 50 年，对于我们一起合作的事情，她和我一样认真负责。

目录

INTUITION PUMPS
AND OTHER TOOLS
FOR THINKING

推荐序一 从流俗的看法中跳脱出来

推荐序二 哲学家的法宝

推荐序三 这是真正的批判性思维训练营

前 言 我要写一本人人都能读懂的书

引 言 什么是直觉泵 /001

第一部分

通用思考工具

01 犯错儿
犯“好”错儿才有价值 /019

02 归谬法
发现错误命题的妙招 /028

03 拉波波特法则
批评他人的正确方式 /033

04 史特金定律
不要把时间浪费在无意义的事情上 /036

05 奥卡姆剃刀
如无必要，勿增实体 /038

06 奥卡姆扫把
有意隐瞒对自己不利的证据 /041

07 外行做媒
既不“过少解释”，又不“惹恼行家” /043

08 跳出系统
打破惯性思维的好方法 /046

09 古尔德的 3 种思考工具
“不如说”“故意堆积”和“古尔德两步” /050

10 小心“当然”这个词
一种让你无需思考就认同的花招 /055

11 反问
让你不好意思说“不” /057

12 什么是“深马”
爱就一个字 /058

第一部分小结 /061

第二部分

关于意义和内容的思考工具

13 特拉法尔加广场上的谋杀案
意义和内容都是我们大脑的“意向性”产物 /067

14 生活在克利夫兰的一位兄长
一种观念只能生长在一堆观念之上 /071

15 “爸爸是名医生”
理解是随着时间推移而逐渐清晰的 /074

16 常识映像和科学映像
反映世界的两个不同视角 /076

17 常识心理
人们无需正规教育就拥有的一种能力 /080

18 意向立场
解释实体行为的一种策略 /084

19 人与“次人”的区别
自上而下的认知能力分解 /093

20 大脑中的小人儿委员会
认知科学的好理念 /098

21 近似算子
达尔文渐进主义的启示 /103

22 神奇组织
不要为逃避难题而求助于“魔法” /105

23 身陷机器人控制室
初长成的大脑不是一块“白板” /109

第三部分

关于计算机的思考工具

24 计算机施展魔法的 7 个秘密
部分之和大于总体的最好实例 /119

25 虚拟机
模仿硬件运行的计算机程序 /145

26 算法
有效解决问题的策略机制 /152

27 让电梯实现自动控制
机器取代人类的逻辑 /155

第三部分小结 /160

第四部分

更多关于意义的思考工具

28 红发人那事儿
大脑中的认知机制 /165

29 彷徨的双币机、孪生地球以及巨型机器人
原初意向性和派生意向性存在明显的边界吗 /169

30 彻底翻译与蒯因式填字游戏
不存在绝对正确的翻译 /185

31 语义引擎和句法引擎
大脑只是通过句法引擎模仿语义引擎 /188

32 沼泽人遇上母牛鲨
哲学家最喜爱的直觉泵 /190

33 两个黑盒子
究竟是什么让红灯闪烁 /194

第四部分小结 /206

第五部分

关于进化论的思考工具

34 万能酸
摧毁一切的达尔文思想 /213

35 孟德尔图书馆
只有极少数的 A、C、G 和 T 组合才是有意义的 /216

36 什么是基因
基因就像软件中的子程序 /225

37 生命之树

我们人类与谁有着共同的祖先 /228

38 自然选择 VS 智能设计

“起重机”VS“天钩” /229

39 小布谷鸟为什么会把宿主的蛋推出鸟窝

无需理解的能力之一 /242

40 白蚁城堡是谁设计的

无需理解的能力之二 /244

41 蝉知道素数的含义吗

无需理解的能力之三 /247

42 瞪羚的弹跃

无需理解的能力之四 /249

43 世界上第一只哺乳动物是什么

压根儿就不存在 /251

44 物种形成于何时

某个精确但又不为人知的时刻 /255

45 回溯性加冕

人类最近的母系祖先“线粒体夏娃”大约生活在 20 万年前 /258

46 循环

周期性重复是进化的关键 /263

47 青蛙的眼睛究竟将什么告诉了青蛙的大脑

扩展适应的最好例子 /267

48 穿越巴别图书馆

福尔摩斯的高效推理 /270

49 谁是《帕姆雷特》的作者

“延伸的表现型”为你揭开谜底 /273

50 虚拟旅馆的噪音

妙用“意外”是创新的关键 /280

51 哈尔是赫布和爱丽丝的孩子吗
克雷格·文特尔说：是 /284

52 模因
不论好与坏，它都是我们人类的共生体 /287

第五部分小结 /290

第六部分

关于意识的思考工具

53 对立的两幅意象
一幅错误的意象要用另一幅相反的意象来抵消 /297

54 僵尸直觉
莱布尼兹的不合理推论 /299

55 僵尸和殭尸
如何构想出一个哲学僵尸 /304

56 花椰菜的诅咒
感受质的意义之一 /311

57 “美元活力”究竟值多少钱
感受质的意义之二 /315

58 卡普格拉先生的悲惨境况
感受质的意义之三 /318

59 听声辨牌
感受质的意义之四 /326

60 “中文屋”错在哪里
理解可以从一堆能力中冒出来 /335

61 从火星来的远程克隆人
他还是原来的那个“他”吗 /344

62 叙事重心
究竟什么是自我 /347

63 他者现象学
人类语言的妙用 /355

64 色彩科学家玛丽：揭露吊杆托架
错误假设导出错误结论 /360

第六部分小结 /365

第七部分

关于自由意志的思考工具

65 一位恶毒的神经外科医生
非手术的手术 /373

66 生命游戏
我们的世界是被决定的吗 /375

67 石头、剪子、布
最好的套路就是没有套路 /386

68 两种彩票
从新视角看“决定论” /391

69 无效历史事实
用强行分类抹平微小差异 /394

70 一场计算机国际象棋马拉松
如果决定论是真的，还存在真正的选择吗 /400

71 终极责任
斯特劳森的错误论证 /409

72 掘土蜂状
有限能力无法成就自由选择 /414

73 巴西来的男孩
一个干扰人们思考的“坏”直觉泵 /418

第七部分小结 /423

第八部分

做个哲学家是一种怎样的体验

74 浮士德式交易
哲学家的目标不同于科学家的目标 /431

75 简单的自我人类学
哲学家应该把反直觉的一切都去掉 /435

76 “像棋”中的二阶真理
若不值得做，亦不值得做好 /439

77 只需关注那 10% 的精品
哲学领域的史特金定律 /445

结 语 加倍努力地使用这些工具吧 /449

附录一 未写入本书正文中的几个直觉泵 /451

附录二 寄存器机练习题的答案 /455

素材来源 /467

参考文献 /475

译者后记 /491

INTUITION PUMPS

AND OTHER
TOOLS FOR THINKING

引言 什么是直觉泵

你不能空着手做木工活，更不能空着脑袋思考。

——博·达尔布姆

思考是件难事。有些问题艰难得让你一思考就头疼。我的同事、神经心理学家马塞尔·金斯伯恩（Marcel Kinsbourne）说，思考之所以困难，是因为通向真理的崎岖小径与诱人的捷径争持不下，而捷径往往只是条死胡同。我们在思考时所做的大多数努力就是在抵御诱惑。我们不断受到它们的纠缠，还必须为了手头上的任务硬着头皮想下去。唉……

有一则关于约翰·冯·诺依曼的轶事。冯·诺依曼是一位数学家也是一位物理学家，他将阿兰·图灵的想法，也就是所谓的图灵机，变成了真正的电子计算机，现在我们称之为冯·诺依曼机，例如你的笔记本电脑或智能手机。冯·诺依曼是一位大师级的思想者，以能够在头脑中闪电般地进行大量计算而闻名。像所有著名的故事一样，关于他的故事当然也有许多版本。按照我这个版本的说法，有一天，一位同事拿了一道智力题给他，这道题有两种解法，一种是需要复杂计算的繁琐解法，另一种是比较巧妙的解法，是那种“啊哈”式的解法。这位同事有一个理论：遇到这道题时数学家会采用那个繁琐的解法，而更懒但更聪明的物理学家会停一下，然后找出巧妙的解法。那么，冯·诺依曼会采用哪种解法呢？

你们应该听说过这样一道难题：有两列火车相距 100 千米，在同一条轨道上相向行驶，一列火车的速度是每小时 30 千米，另一列的速度是每小时 20 千米。当两列火车相距 100 千米时，一只鸟以 120 千米的时速开始从火车 A 飞向火车 B，到达后再飞回火车 A，如此往复直至两列火车相撞。当两列火车相撞时，鸟一共飞了多远？“240 千米。”冯·诺依曼脱口而出。“该死的，”他的同事说，“我猜你会用那个难的方法呢，求无穷级数。”“啊！”冯·诺依曼拍着自己的脑门尴尬地叫道，“原来还有一种简单的方法呀！”（提示：两列火车相遇所用的时间是多少？）

有些人是天生的天才，就像冯·诺依曼，他们可以轻松解开最棘手的谜团；而另一些人虽然步履蹒跚，却天赋“意志力”，这一英雄式的品质使他们能在追逐真理的道路上坚持到底。然后，就剩下我们这种人：没太多天分还有点懒。可是我们仍渴望理解周遭的事物。该怎么办呢？我们可以使用大量的思考工具。这些方便的、辅助性的工具可以帮助我们拓展想象力、保持注意力，让我们妥当甚至优雅地思考真正的难题。

这本书就收集了我所喜爱的种种思考工具。我不只要描述它们，还将用它们引领你们的头脑轻轻穿过那令人不适的领地，直达关于意义、心灵和自由意志的本源之域。我们将从一些对各种问题都适用的简单而普遍的工具开始，其中一些我们已然谙熟了，而另一些尚未得到充分的关注和讨论。然后，我会让大家了解一些为特别目的而设计的工具，它们可以破除这样或那样误导人的想法，这些想法就像深深的车辙，连专家有时也会狼狈地深陷其中。我们也会认识并拆解种种不好的思考工具，因为一不小心，那些拙劣的说服技巧就会把我们引入歧途。无论你们是否能够安然抵达我所设定的终点，是否决定与我一起在那里驻留，这趟旅程都将用全新的思考方式武装你，让你得以思考这些主题、思考思想本身。

物理学家理查德·费曼（Richard Feynman）可能是比冯·诺依曼更富传奇色彩的天才，他的确天生就有一个世界级的大脑。他也爱做有趣的事，我们都该感激他，因为他特别乐于给我们透露那些使自己的生活变得更轻松的诀窍。不论你有多聪明，但凡有简单的方法可用，你就会变得更聪明了。他的自传《别闹了，费曼先生！》（*Surely You're Joking, Mr. Feynman!*）和《你干吗在乎别人怎么想？》（*What Do You Care What Other People Think?*）应该被每个有抱负的思考者列入他们的必读书目，因为这两本书给了我们很多启示，比如关于如何驾驭最棘手的问题，甚至还有在想不出什么更好的点子时如何花言巧语地把听众侃晕的方法。在受到他书中许多有益观点的启发，并且看到他在分享自己的大脑如何工作这件事上所表现出的真诚之后，我决定在同一个话题上试着谈谈自己的想法。它们没有多少自传性质，但却志在说服你们在思考那些论题时采用我的方法。我没什么诀窍，只是不厌其烦地诱导你们放弃对一些信念的固执，我的主要目标之一就是展示我想的是什么以及为什么这么想。

像所有工匠一样，铁匠也需要工具，但有句实际上已经没多少人知道的老话说得好："只有铁匠的工具自己造。"木匠不为自己制作锯子和锤子，裁缝不给自己制作剪子和针，水管工不给自己制作扳手，但是铁匠能以铁为原料制作锤子、钳子、铁砧和凿子给自己用。那么思考工具呢？谁制作了它们？它们是用什么制成的？哲学家制作过一些最好的思考工具，不用任何材料而仅凭观念，即信息的有效结构。笛卡尔给我们带来了笛卡尔坐标系，如果没有坐标系中的 x 轴和 y 轴，那么由牛顿和莱布尼兹同时发明的最卓越的思考工具——微积分就几乎不可设想。帕斯卡为我们带来了概率论，这样我们才能简便地计算各种赌注的概率。天才的数学家托马斯·贝叶斯（Thomas Bayes）给我们带来了贝叶斯定理，它是贝叶斯统计思想的基石。不过，本书所着重讨论的大多是更简单的思考工具，不是数学和科学所用的精密、系统化的机器，而是头脑的工具。它们是：

标识。有时，在你翻来覆去思考某个事物时，给它取个生动的名字，会有助于理解这个事物。正如我们将会看到的，在所有标识中最有用的是警示性的标识或者“警报”，它们让我们对可能的错误来源保持警惕。

例示。有些哲学家认为，如果在哲学工作中使用例子的话，即使不完全是耍花招，至少也是不必要的。这颇像小说家在他们的小说中避免加入插图一样。小说家以用文字实现所有表达为荣，而哲学家则自豪于能够以严密的形式呈现仔细摆弄过的抽象概括，尽其所能地使其接近数学证明。他们干得不错，但可别指望我会把他们的作品推荐给我的学生，只有少数特别优秀的学生除外。他们的书原本不必这么难。

类比与隐喻。将一个复杂事物的特征与另一个你自以为熟知的复杂事物的特征相对照，是一种非常有力的思考工具。但由于它过于有力，一旦思考者们的想象被一个靠不住的类比所困，他们就会误入歧途。

脚手架。你可以只用一架梯子来盖屋顶、刷房子或者修理烟囱。你把梯子挪到这儿、爬上去，再挪到那儿、爬上去，每次只能在一个地方干活；但如果你事先搭起一些坚固的脚手架，你就可以在整个施工过程中灵活而安全地走动，最后干起活来反而更方便。本书所提到的一些特别有价值的思考工具就类似于脚手架，虽然把它们搭好需要费一些时间，但一旦搭好，就可以将很多问题一并解决，根本不用像挪梯子那样搬来搬去。

直觉泵。就是那种被我称为“直觉泵”的思想实验。

毫无疑问，思想实验是哲学家们钟爱的思考工具之一。如果我们可以通过一些巧妙的演绎推理得出一个问题的答案，谁还需要实验室呢？从伽利略到爱因斯坦还有后来的那些科学家们都用思想实验取得了良好的效果，所以思想实验并不为哲学家独享。有些思想实验像严格的论证一样是可分析的，常常具有归谬法（*reductio ad absurdum*）的形式，也就是一方往往利用对方的前提推出一个形式上的矛盾或者一个荒谬的结果，以此来说明对方的推论存在缺陷。

我最喜欢的一个思想实验来自伽利略，这个实验证明了在忽略摩擦的情况下，重的物体的下落速度并不比轻的物体快。他论证说，如果重的物体下落的速度比轻的物体快，那么重的石头 A 的下落速度就大于轻的石头 B，如果我们把 B 系到 A 上，那么在下落时 B 就会像一个赘物那样拖慢 A 的速度。但是，A 和 B 系在一起之后的总重量大于 A，因此两者一同下落的速度也要大于 A 自身的下落速度。于是，我们得出结论：把 B 和 A 系在一起之后，它们的下落速度既大于又小于 A 的下落速度。这就出现了一对矛盾。

另一些思想实验没有这么严格，却往往同样有效：有些思想实验的小故事设计得令人感到心有灵犀、拍案叫绝，无论辩护的是哪个论题，人们看过都会觉得“是，当然，一定是这样！”我把这些思想实验称作“直觉泵”。我在第一次公开评论哲学家约翰·塞尔（John Searle）的思想实验“中文屋”（Searle, 1980; Dennett, 1980）时发明了这个术语，有些思想家认为我的这个术语有贬低或轻蔑的意味。但是恰恰相反，我爱直觉泵！也就是说，有些直觉泵是极好的，有些是有问题的，完全不可靠的只是少数。

几百年来，直觉泵在哲学中占据统治地位。它们是哲学家版的《伊索寓言》，早在哲学家出现之前，人们就已经把寓言视作一种极好的思考工具了。[①]如果你曾在大学里学过哲学，或许已经接触过这类经典之作，比如柏拉图在《理想国》当中所提到的“洞喻”：在洞穴中，人们被锁链拴住，只能看到真实事物投射在墙壁上的影子。再比如他在《美诺篇》（*Meno*）中所讲的苏格拉底教一个奴隶男孩学习几何的故事。还有“笛卡尔的恶魔”，在恶魔的欺骗下，笛卡尔相信了一个完全虚假的世界，这是最早的“虚拟现实”思想实验。以及霍布斯的“自然状态”，在这种自然状态下，人的生活是卑污、残忍和短寿的。虽然它们不如《伊索寓言》中的《狼来了》《蚂蚁和蚂蚱》那么著名，但也广为人知，其中的每一个都能调动起我们的某些直觉。柏拉图意在用“洞喻”启发我们思考感觉与现实的本质，以奴隶男孩的故事为例来向我们说明先天的知识；恶魔是一台终极的“怀疑发生器”；而霍布斯关于“自然状态”的寓言旨在让人意识到，我们只有订立契约才能从自然状态中走出来。它们是哲学中永恒的旋律，余味深长，让学习哲学的人们在多年之后仍能相当生动而准确地记住它们，即便他们已经淡忘了那些复杂难解的论证和分析。

一个好的直觉泵比任何一种论证和分析都更为有力。我们将要思考种种当代的直觉泵，包括那些质量不合格者。我们的目标是理解它们好在哪儿、它们是如何工作的，以及我们如何使用甚至制作它们。

我可以以一个小故事《古怪的狱卒》为例。有个狱卒，每天夜里，他等到所有囚犯都熟睡以后，就会挨个打开所有牢房的门，一开就是几个小时。请问：这些犯人是自由的吗？他们有逃跑的机会吗？不见得。这是为什么？还可以以另外一个小故事《垃圾箱里的珠宝》为例。假设有一件价值连城的珠宝被人丢弃在了路边的垃圾箱里，而你在夜里散步时正好经过了那个垃圾箱。看上去你似乎得到了一个千载难逢的发大财的机会，但是它简直太“绝”了，绝得很难

① 伊索和荷马很像，都同自己的作品一样神秘。他的寓言在口头流传了数个世纪之后才被记录，这比柏拉图和苏格拉底时代还要早几百年。伊索很可能不是希腊人，有间接证据表明他是埃塞俄比亚人。

再算作是一个机会，你绝无可能发现这个机会进而采取行动，或者说你压根儿就不会往这方面想。

以上两个简单的情景所激发出的直觉是我们平时注意不到的：所谓一个真正的机会，重要的是我们可以及时得到有关它的信息，留给我们足够的时间注意到它并能容许我们为此做些什么。当我们渴望做出“自由”的、不由任何外力所导致的选择时，我们常会忘记，人不应该希望与一切外力相隔绝，因为自由意志与那个嵌入在丰富的因果背景中的我们并不矛盾，它实际上需要这个背景。

希望你已经发现了，关于自由意志我们还有很多东西可说！这些小小的直觉泵能把问题搞得活灵活现，不过目前它还什么都没有解决（后面有一个部分将集中讨论自由意志的问题）。我们必须慢慢地熟练掌握一些技巧，比如谨慎地使用思考工具，注意自己走到了哪一步，还要时时检查是否有陷阱。如果可以把直觉泵设想成是一种为了说服我们而精心设计的工具的话，那么，我们就应该能够通过逆向工程检查它所有的活动部件，看看它们是如何工作的。

1982 年，当侯世达（Douglas Hofstadter）① 和我合著《心我论》（*The Mind's I*）这本书时，他提出了一个恰到好处的建议：把直觉泵设想为一种包含多种设置的工具，我们可以“转动各个旋钮”，看看当设定发生变化时，相同的直觉还能否被它们激发出来。

下面我们就来鉴定一下，转动“古怪的狱卒”的旋钮吧。我们可以假设组成那个思想实验的每个短语都各有其功能，通过替换掉它们或者做出小小的改动，可以看出它们各自所发挥的功能。

① 侯世达的新作《表象与本质》已由湛庐文化引进，即将于 2018 年出版。——编者注

1. 每天夜里
2. 他等到
3. 所有囚犯
4. 熟睡之后
5. 挨个打开
6. 所有牢房的门
7. 一开就是几个小时

一种可能的改动是：

一天夜里，他命令守卫给一个囚犯下了麻药，当守卫们离开时又碰巧忘了关上那间牢房的门，一开就是几个小时。

这样改，情景的味道是不是变了很多？这是为什么呢？原版的要点仍然表达出来了，只是效果不如从前。最大的不同似乎是：把囚犯可能随时醒来的自然熟睡，改成被下了麻药。另一个改动是“碰巧”一词，这个词突出了有意与无意在狱卒与守卫的行为中所扮演的角色。而把“每天夜里”修改为“一天夜里”则似乎改变了概率，这对囚犯不利。你可能会问：什么时候又跟概率扯上关系了？关概率什么事？想一想，为了躲过一次“中奖者会被枪毙，而参加者上百万人”的乐透抽奖，你愿花多少钱？再想一想，为了躲过一次要用左轮手枪玩的俄罗斯轮盘赌，你又愿花多少钱？为了阐释一个直觉泵我们用到了另外一个直觉泵，这是个值得记住的小窍门。

另外一些旋钮则不那么明显：“恶毒的房东”等到房客们入睡后悄悄地锁上卧室的门。“医院主管”担心可能发生火灾，在夜里悄悄把所有房间和病房的门锁打开，但为了让病人们睡得安心，就没有告诉他们这件事。或者，假如我们把故事中的“监狱”变得比平常的监狱大些，有澳大利亚那么大，又会如何？

你既不可能锁上也不可能打开澳大利亚所有房间的门。这会改变什么？

在我们处理任何直觉泵时，都应该带着这种自我意识上的谨慎，这种自我意识本身就是一种重要的思考工具。因此哲学家最喜爱的策略就是“溯元”（going meta），即关于思考的思考、关于谈话的谈话、关于理由的理由。元语言是我们用来谈论其他语言的语言，元伦理学是居高临下检验其他伦理理论的理论。就像我跟侯世达说过的那样：“不论你研究什么，我都能搞出一个‘元什么’。”当然，这整本书就是“溯元”的一个实例：探索如何谨慎地思考那些帮助我们谨慎思考的方法，以及谨慎思考谨慎思考的方法的方法，等等。[①] 2007年，侯世达给他偏爱的一些小工具列了一张清单：

追野鹅

鬼把戏

力气活儿

松动的大炮

空头支票

反馈

黏合剂

酸葡萄

泥足巨人

狂想家

大力扣篮

如果你已经熟知上面所说的这些，那就不会把它们只当作“一些词语”。上面写的每一条都指代一种认知工具，就像长除法和求平均数法一样。每种工具都能在一个较为宽泛的语境下发挥作用，有的工具能让一些假说更清楚地表达出来以方便人们检验，有的工具可以方便人们认识到一些不易察觉的规律，而有的能够帮助人们找到事物之间主要的相似点，如此等等。你的词汇表里的

① 哲学家 W. V. O. 蒯因（W. V. O. Quine）称其为语义上行（semantic ascent），我们从谈论电子、正义、马等事物，上行到谈论电子、正义、马等词语的语义。有时人们反对哲学家们这么做：“恕我直言，你搞的全是语义学而已！”有时这么做确实没有用，甚至会产生误导，但当我们需要这么做时，就是当我们开始彼此自说自话，被所用词语中的一些心照不宣的假设所蒙蔽时，语义上行或者“溯元”，就成了我们澄清问题的关键。

每一个词都是一件简单的思考工具，只不过有些工具比别的工具更有用。如果上面列出的那些工具，你的工具箱里一件都没有，难道你还不想要一些吗？有了这些装备，我们就能思考那些以前可能连表达都表达不清楚的思想。当然，就像古语所言："如果手上只有锤子，就看什么都像钉子。"因此这些工具也都有被滥用的可能。

让我们先看看其中一个工具是怎么被人滥用的吧：酸葡萄。它出自《狐狸与葡萄》的故事。这个故事提醒我们，人们总会假装不在乎那些自己得不到的东西。可以想一想，当一个人听到别人问她"你是吃不着葡萄说葡萄酸吗"时会有什么反应。她听完以后也许会发现自己真的是这么想的，这可能很有效地让她改变了自己的想法，或者让她站在一个新的角度来反思这件事。但是也有可能，这句话会明显让她感到自己被侮辱了。工具也能当作武器。《狐狸与葡萄》故事中的道德含义已经深入人心，你可能已经很难想起这个故事想要启发我们什么，也很难再感受到那些微妙之处了，虽然有时候它们并不重要。

得到一个工具与明智地使用它是两种截然不同的技巧，但是你得先从得到工具或者自己制造工具开始。我后面展示给大家的很多思考工具大都是我自己发明的，另一些是我从其他人那里得来的，我会及时向那些人致谢。[①]在侯世达刚才列的清单里，没有一件工具是他自己发明的，可他却为我的工具箱增添过不少好东西，比如跳出系统（jootsing）和掘土蜂状（sphexishness）。

很多最有力量的思考工具是数学化的，但在本书中我只会稍提一下，不费更多的笔墨。因为这本书旨在赞美那些非数学化的思考工具的力量，赞美那些

① 这本书中的很多段落出自我以前出版过的书和文章，它们被我改动得更加灵活、通用，像大多数好的思考工具一样，可以适用于各种各样的上下文中。比如，开篇所提到的冯·诺依曼的故事出自我1995年写的《达尔文的危险观念》（*Darwin's Dangerous Idea*），而我于2009年发表在《美国科学院院报》（*PNAS*）中的文章《达尔文"奇怪的推理倒置"》（*Darwin's "Strange Inversion of Reasoning"*）中讨论过侯世达列举的这些思考工具。我会在书后列一个表，统一标明出处，所以就不再一一注释了。

非形式化的、散文和诗歌式的思考工具的力量，如果你愿意的话，也可以说，这本书所赞美的是那些通常被科学家们所低估的力量。你应该能猜到为什么。

首先，在研究性的期刊中有一种科学写作的文化，这种文化提倡作者用一种非个人化的方式简明扼要地陈述问题，尽量不用华丽的辞藻、修辞和典故。我们有充分的理由在最严肃的科学期刊上把文章写得冰冷乏味。就像 1965 年在牛津，我的博士考官、神经解剖学家 J. Z. 杨（J. Z. Young）在读了我的论文中那些在他看来有点古怪的散文部分之后所写到的："英语现在已经成为国际科学界的通用语言，所以我们这些以英语为母语的人有必要把文章写到能让'一位有耐心的中国人查阅词典'就能读明白的程度。"要知道我写的是哲学论文，并不是神经解剖学论文。这种自我强化的学术规范所导致的后果不言自明：不论你是中国、德国、巴西还是法国的科学家，你最重要的著作都必须用英文出版。你需要写一些干巴巴的、翻译起来一点困难都没有的英文，尽可能少用文化典故，避免意义微妙的词，不玩文字游戏，甚至最好连比喻都不用。在此种国际学术体制下所实现的一定程度上的相互理解当然非常宝贵，但是也有代价：有些思想显然需要依赖日常比喻的传达，需要扭转读者的想象，需要利用书中的奇思妙想来冲破封闭我们心灵的藩篱。如果其中的某些言语不好翻译，那我也只能将希望寄托于技巧卓越的翻译家，或者希望世界各国的科学家把英语说得越来越流利了。

科学家之所以对"仅仅通过词语"进行的理论讨论抱有怀疑，还有另外一个原因，他们意识到：评判一个不用数学方程式来表述的论证往往要更难，更缺乏确定性。数学语言的说服力值得信赖，它就像篮筐上挂着的篮网。在操场上打过篮球的人都知道，如果篮圈上没有网的话，判断一个球是三不沾还是空心入筐会有多困难，而篮网从根源上消除了大家对"球进了还是没进"的争议。但有时候，有些问题太过狡猾，太过变幻莫测，无法用数学语言来表达。

我始终会考量，自己所做的研究能否向一群聪明的本科生解释清楚。我并不确定自己为什么要这样做，但这一挑战影响了我的所有作品。有的哲学教授特别愿意教那些只有研究生参加的高级讨论班，但我不是这样。研究生总是急于向同学们或者自己证明：他们已是行家里手了。他们熟练又自信地挥舞着本专业的行话来忽悠外行，炫耀自己能够小心地穿过那最曲折也最痛苦的技术化论证而不会被绕晕，因为只有这样才能让他们确信自己所做的事是需要专业技巧的。为高年级的研究生和各路专家所写的哲学书籍，一般来说全都没有可读性，所以它们大多数都没被人读过。

我这种试图把论证与解释描述得让哲学系以外的人也能够理解的写法有一个奇怪的副作用，它让有些哲学家在“原则上”不把我的论证当回事！很多年以前，我受邀去牛津大学的约翰·洛克讲座演讲，现场人满为患。听说有一位著名的哲学家在离席时嘟囔道：“要是我能从这种想在洛克讲座上吸引外行眼球的家伙身上学到东西，那我就完了。”果然，就我所知，他没有从我这儿学到任何东西。我不会改变我的风格，也永远不会为付出的这点代价而后悔。

在哲学里，有时你需要去做那种所有前提都带着编号，并遵循指定好的推理规则的严谨论证，但是这些其实没必要拿出来向公众展示。我们会要求自己的研究生在毕业论文里做论证，可是很不幸，有的人一旦养成这种习惯之后就再也改不过来了。不过我也要说句公道话，物极必反，像欧洲哲学那样天马行空的修辞，夹杂着文学性的藻饰和隐晦的暗示，对哲学来说也没有什么好处。如果让我必须选择一个的话，我宁愿每次都选难对付的善于分析的诡辩者，也不愿意听华而不实的夸夸其谈。至少你能听懂前者讲的是什么，能够判断他说得对不对。

我相信，诗歌与数学之间难以界定的中间地带才是哲学家最能施展拳脚之处，他们会为真正艰深的问题提供清楚的解释。任何数学方法都不能完成这项工作。因为一切都唾手可得，人们必须小心选择自己的入手点，通常情况下，大家默认接受的前提就是罪魁祸首。我们在这狡猾的概念之域中探索，非常依赖思考工具的使用，那些思考工具设计出来就是为了帮人厘清头绪、揭示出不同思路的前景。

这些思考工具很少给我们提供一个稳固的支点，它不提供一条指导未来研究的“公理”，而是提供了一个适当的选项，为未来研究的可能性做出了一些约束，我们可以在以后的研究中对它进行修改，如果理由充分，还可以干脆将它放弃。难怪有很多科学家对哲学一点儿兴趣也没有：在哲学中一切都唾手可得，却找不出能像存在银行里的财物那样保险的东西，就连为了连接“支点”而构建起来的那些复杂的论证网络也都只是暂时性的，没有什么可用于证实或证伪的经验作为明确的基础。于是这些科学家对哲学置之不理，继续自己的工作，但这也令他们错过了一些最重要也最有意思的问题。“别问我这些问题！也别跟我说答案！想要解决意识、自由意志、道德、意义和创造力的问题，现在还太早！”

不过很少有人能如此节制，近些年来，科学家们已经在这些他们原来唯恐避之不及的领域中掀起了一波又一波的“淘金热”。在好奇心以及名声的驱使下，他们开始琢磨“大问题”，做着做着就会发现在这些问题上想要前进一步有多难。必须承认，我最享受的一件乐事就是瞧着那些在几年前还对哲学极尽挖苦之能事的知名科学家[①]，跌跌撞撞、绞尽脑汁地想替全人类把这些问题摆平，结果却只从自己的老本行中推出一些肤浅的论断。要是他们转向我们这些哲学家，承认他们需要从我们这里获得一点帮助的话，我就更开心了。

在随后的第一部分中，我会分别介绍 12 个多用途的一般性思考工具。在

① 这两句挖苦得最妙：“哲学之于科学，就像广场上的鸽子之于雕像。”“哲学之于科学，就像色情书刊之于性：它更便宜、更容易获得，有些人也更喜欢它。”（在这里我就不点名了，不过如果作者愿意，他们可以站出来承认。）

后续的部分中我则不再依工具的种类，而是按照它们所处理的主题分类来介绍。我首先会谈一谈最基本的哲学主题：意义或者内涵。然后是进化、意识和自由意志。我介绍的工具是真正的“软件”，这些工具之于你的想象力，就像显微镜和望远镜之于你的肉眼。

我顺便也会介绍一些似是而非的工具，这些工具非但不帮我们照明，反而放了些烟雾弹。我必须给这些危险的工具起一个名字。得益于我的航海经验，我在航海术语里找到了一个恰到好处的措辞。很多水手喜欢用航海术语忽悠“旱鸭子”，什么左舷、右舷、舵轴、舵销、桅支索、横撑杆、索耳、导缆孔，等等。我以前待过的船上流行过一种玩笑，我们编造这些航海术语的定义：罗经座（binnacle）指的是在罗盘里长大的海员，桅杆柄脚（mast tang）是一种在高处享用的柑橘汁，开口滑车（snatch block）是一招女子防身术，吊杆托架（boom crutch）是一种爆破式整形装置。吊杆托架其实是当航速减慢、吊杆收起时用到的一种装在吊杆上的可移动木制托架，但我在此之后总是忍不住把它与某个倒霉蛋的胳肢窝发出“砰”的一声巨响的画面联系到一起。因此我给那些失败的思考工具起了“吊杆托架”这个名字。这些工具只是看起来增进了我们的理解，但实际上它们在散播黑暗、混乱而非光明。在后面的部分中散落着各种“吊杆托架”，它们被贴上了适当的警告标签，并配有一些令人遗憾的事例。

在本书结尾处，我会把我的反思继续向前推进，想一想做个哲学家是一种怎样的体验，万一你们对这个问题感兴趣呢？所以你们的丹尼特大叔，给每一位可能已对哲学探究世界的方式有所体悟，同时又怀疑自己是否适合做哲学研究的人，准备了一点儿忠告。

第一部分

通用思考工具

INTUITION PUMPS

AND OTHER

TOOLS FOR THINKING

这本书里介绍的大多数思考工具都具有很强的针对性，将它们制作出来就是为了处理特定的论题，甚至是为了处理特定论题中的特定争论的。不过在我们把目光转向这些特殊的直觉泵之前，先来看看那些通用的思考工具，这些构想、这些思维训练已经在种种情境中证明过自己的价值了。

有人说："宁可什么都不信，也比信了一句谎言要强。"说这话的人不过是在表现他有多么害怕成为一个傻瓜……这就如同一位将军告诫他的士兵们，即使永远不上战场也比冒受点小伤的风险强。但如果抱着这样的态度，我们就既不能战胜敌人也无法征服自然了。我们犯的错误真的没有那么严重、可怕。在这个无论人们多么小心谨慎也一定会犯错误的世界里，与极度神经质比起来，些许轻松的心态似乎对我们的健康更有利。

——威廉·詹姆斯，《信仰的意志》

一旦你下决心要测试一个定理，或者是说明某些观念，那么无论结果偏向哪一方，你都应该把结果发表出来。也许单发表某些结果，我们可以把论据粉饰得漂亮、堂皇，但事实上，我们一定要把正反结果都发表出来。

——理查德·费曼，《别闹了，费曼先生》

INTUITION PUMPS
AND OTHER
TOOLS FOR THINKING

01

犯错儿

犯“好”错儿才有价值

科学家们常会问我，你们哲学家为什么要在哲学史的教学上花那么大的力气？化学家一般只掌握一些在我们读书时顺便积累下来的化学史基本知识，许多分子生物学家似乎也不关心 1950 年之前在生物学领域里发生过什么。我的回答是：哲学史实际上是记录了一大堆非常有智慧的人犯下一大堆非常有诱惑力的错误的历史，如果你不了解它，就注定会再次犯下那些倒霉的错误。

因此我们要向学生教授哲学史，如果科学家们轻率地忽视哲学，那只能后果自负喽。没有哪种科学不包含哲学，只是有些科学家并不反思其中潜在的哲学假设。有时候，最聪明又最幸运的科学家很灵巧地躲开了陷阱，可能他们属于“天生的哲学家”，也可能他们确实有自己以为的那么聪明。但他们只是稀有的例外。我并不是说专业的哲学家就不会再犯那些错误，甚至他们还会为那些旧的错误辩护。毕竟，如果问题很简单，也就不值得哲学家们费心思索了。

有时，你只是不想冒险犯错儿，如果能获得一些具体、清楚、确定的东西，犯点错儿也无妨。犯错儿是取得进步的关键。当然，有些时候真的一点错儿也不能犯，去问问外科医生和飞行员就知道了。但是没有多少人知道，有时候犯错儿才是我们唯一的出路。很多在竞争激烈的大学中读书的学生都以自己不犯一丁点儿错为荣，他们认为，或者被人诱导着认为，这就是自己能比其他同学走得更远的原因。我发现我常常需要鼓励他们培养犯错儿的习惯，因为犯错儿才是最好的学习机会。学生们有时会患上“写作障碍”，浪费时间绝望地在起跑线上徘徊。“脱口而出！”我敦促他们。这时他们才能在纸上写点儿什么。

哲学家是犯错儿的专家。我知道这听上去像个拙劣的玩笑，但是请听我说完。当其他学科的研究者专心地为定义好的问题寻找答案时，我们哲学家还在绞尽脑汁地找寻那些含混不清、极其错误的东西，甚至无法确定正确的问题，更不要说正确答案了。提出错误的问题会令接下来的全部研究产生误入歧途的风险。只要发现了上述情况，你就可以认定自己做的是哲学家的工作没错！哲学是那种需要你首先想清楚应该问什么问题才能继续研究的学科，每个哲学领域中的研究都是如此。有些人讨厌这种事。他们宁愿自己需要回答的是现成的问题，这些问题做工精良，洗净了、熨平了，就等着他们来回答。这些人可以去做物理学、数学、历史学或者生物学研究。当然，有很多工作可以选择。我们哲学家喜欢研究的就是那种必须先把它们厘清，然后才能给出答案的问题。这个工作不是人人都能干的。不过，试试看吧，可能你会爱上它。

在这本书中，我时刻准备痛斥别人所犯的错误，可是我向你保证，我自己就是一位经验丰富的错误制造者。我犯过一些很棒的错儿，希望还能再犯更多。我写这本书的一个目标就是帮助你们犯“好”错儿，也就是那些能增进大家理解的错误。

人们总说:“先理论，后实践。”但犯错儿不只是学习的机会；从某种意义上讲，它还是人们学习或者做出真正创新的唯一机会。必须先做一个学习的人，然后才能学到东西。除非出现奇迹，否则人们只能通过两种方式真正学到东西：要么自己进步，要么接受进步者的安排和改造。生物的进化就是以大量残酷的试错为基础展开的，如果没有错误，即便尝试也将一无所得。就像美国著名作家戈尔·维达尔（Gore Vidal）说过的那样:“成功是不够的，必须还有人失败。”尝试可以是盲目的，也可以有着长远的考虑。对于已经拥有知识，但还没找到问题的答案的你来说，可以冒一次险，冒一次有着长远考虑的险。你可以三思而后行，从而在一开始就被已知所引导。你不必瞎猜，不过也不要瞧不起“瞎猜”哟；在通过“瞎猜”产生的所有造物中，最奇妙的那个就是——你!

就像我所写的其他书一样，本书的主题之一也是进化论，原因很简单：不仅对于生命而言，对于知识、学习和理解而言，进化问题也是根本且核心的。如果没有合理而完备的进化论知识，想要理解意义与观念的世界、理解自由意志与道德、理解艺术与科学甚至哲学本身，我们都会感到力不从心。

稍后我们将看到一些在处理更有挑战的进化论问题时所用的思考工具，不过现在我们只需要一些基本的认识。进化无法预测无目的突变通往何方，那是随机发生的 DNA 复制错误。大多数这种复制错误都没有结果，因为它们不会被读到，就像无关紧要的草稿纸，你没有也不准备把它们交给老师打分。一个物种的 DNA 就像一份打造新躯体的配方，大多数 DNA 从未参与建构身体的过程，因此它们常常被称为“垃圾 DNA”。对于那些被读取出来并在生物体的生长过程中发挥作用的 DNA 序列来说，大多数突变都是有害的，事实上很多突变是可以立即致死的。因为大多数突变基因的“性状表达”是有害的，自然选择实际上将突变率始终保持在一个很低的水平上。你们身体的每一个细胞中都有着非常非常好的“复制机”。例如，你的体内有一万亿个细胞，每个细胞中都包含你的基因组的一个完美或几乎完美的复本，长度超过了 30 亿个字符，这是自你父母的精卵细胞结合时就为你的存在配好的配方。幸运的是，复制并不能做到绝对完美，因为如果它做到了，它更新的源头将会枯萎，进化终将停止。进化历程中的这些微小的瑕疵与“缺陷”反而是生命世界中一切美妙、复杂的设计的源头。我忍不住要说：如果真的存在什么称得上“原罪”的东西，那一定就是这些复制失误了。

犯错儿的要诀在于不去隐藏它们，尤其不能自我欺骗。与其在我们犯错儿后扭脸否认，不如成为自己错误的鉴赏家，打心眼儿里把它们视作一种艺术品，其实在某种意义上它们就是艺术品。无论面对什么错误，我们的反应常常是：“好吧，我不会再犯这个错儿了。”而实际上自然选择并不会有这种想法，它只是在那些犯了错儿的家伙们能够繁衍后代之前把它们从地球上抹去；自然选择也不会犯两次同样的错，至少这比较罕见。能够学习的动物的大脑中有某种相同的选择功能，比如能够学会不发出噪音、躲避电线、选择自己的食物。B. F. 斯金纳（B. F. Skinner）等行为主义者把这种需要称为“强化”学习，带来不良结果的反应不会被强化，更不会“灭绝”。我们人类把这个功能提升到了一个更迅速、更高效的水平上。实际上我们可以反思自己的想法，也可以反思自己刚刚做过的事：“好吧，我不会再犯这个错儿了！”当反思时，我们会直接面对每一个犯错者都必须解决的问题：到底错在哪儿了？究竟我刚才做了什么，使自己陷入了这个窘境？关键在于利用错误当中那些特殊的细节，这样你才能在下次尝试时对错误有所察觉，以免重蹈覆辙。

我们应该都听过那种可怜的托词：“好吧，不过它当时看起来是个好主意！”这种托词似乎是一种愚蠢的标志，一种傻瓜似的反省，但实际上我们应该像欣赏智慧的基石一样欣赏它。任何存在，任何行动者，只要能够真心地说：“好吧，不过它当时看起来是个好主意！”那他就已经站在了通向卓越的门口。我们人类为自己的智慧而自豪，其标志之一就是我们能够记住自己之前的想法，并进行反思，反思我们怎么会有这样的想法，之前为什么会被它所吸引，以及哪里出了问题。就我所知，没有任何证据表明地球上的其他物种能够想到这一点。如果它们能的话，那就几乎像我们一样聪明了。

所以，当你犯了错儿时，应该学会深吸一口气，咬紧牙关，然后尽你所能地冷静、毫不留情地检查你记住的错误。做到这一点其实并不容易。人类对错误的自然反应是尴尬与愤怒（我们永远是对自己最生气），因此你必须努力克服这些情绪反应。尽管这是个有些古怪的实践，但是试着学会品尝你的错误吧，为将你引入歧途的怪癖被揭露出来而感到开心吧。当你把曾经所犯的错误中的所有养分吸干之后，就可以开心地把它们抛在脑后，向下一个伟大的机会前进了。不过这样做还不够：你应该积极地寻找机会去犯伟大的错误，只有这样，你才能从中吸取教训。

简单地说，这是一种我们在小学时就已经掌握的技能。回想一下你第一次做长除法时的感受：你看着两个无法推算的大数，不得不琢磨从哪儿入手，那是多么陌生、多么令你望而生畏的感觉啊。被除数是除数的六倍、七倍还是八倍呢？谁知道呢？你不必知道，只需要试一试，随便挑一个你喜欢的数，算算结果如何。我记得当老师告诉我应该从“猜数”开始的时候，我几乎震惊了。这还是“数学”吗？我怎么能在如此严肃的活动中玩猜数游戏啊？但是最终我还是像大家一样学会了欣赏这种策略之美。如果发现选取的数小了，你就换个大一点的重新开始，如果发现选大了，那就换个小点的数呗。长除法的好处在于，你总是可以算个结果出来，即使你第一次选的时候特别笨，那也只是多花点时间而已。

或多或少熟练地做出猜测，算出可能的结果，利用结果为下一步工作做出修正，这样的一般方法已经得到了广泛的应用。这个方法的关键在于，所犯的错误要足够清楚、精确，使得出的结果足够确定。在全球定位系统（GPS）发明之前，水手们在海上为船只定位的第一步工作就是做出猜测，他们会猜一个确切的经纬度，然后假设所猜的恰好就是他们实际所处的位置，按照这个位置推算出太阳此时在天空中“应处”的确切位置。当使用这一方法时，他们并不期待一击即中。没有这个必要。因为他们接下来还会测量此时太阳的实际仰角，并且比较前后两个数据。通过一番简单的计算之后，他们就会知道应该对最初的猜测朝哪个方向做出多少修正了。[①]使用这种方法时，一开始猜得很好当然是有帮助的，但必定会出差错也没有什么关系，重要的是错误要犯得清楚、明确，这样才有东西供我们去校正。GPS 导航仪也是使用同样的“猜测 – 修正法”来确定它与人造卫星之间的相对位置的。

当然，你面对的问题越复杂，分析起来就越困难。这在人工智能（AI）研究中被称为赞誉分配问题或责备分配问题。搞清楚什么应该获得赞誉，什么应该被责备，是人工智能研究中最棘手的问题之一，而这也是自然选择所面对的问题。

在讲完其一生跌宕起伏或平凡无奇的故事之后，地球上的每个生物终将死去。大自然如何能够看穿所有细节的迷雾，搞清楚哪些是应当鼓励的、让它们继续繁衍生息下去的正面因素，哪些是应当惩罚的、让它们无后而终的负面因素，进而做出自然选择呢？难道我们祖先的亲戚们真的是因为眼皮长错了形状才灭绝的吗？如果并非如此的话，如何用自然选择的过程来解释我们的眼皮为什么恰好长成这样？

---

① 水手们并不能一下子确定他们所处的准确位置，因为一次计算并不能确定到一个点，但是可以确定到一条线。你在这条位置线的某处等待几小时，等待太阳明显移动一定距离之后，在你已经获得的位置线上任取一点，假设此点就是你所处的准确位置，并算出太阳应处的位置。然后再观察太阳的实际位置，比较两者，做出修正，就得到另外一条位置线。前后两次得出的两条位置线的交点就是你实际所处的位置了。在你等待的几个小时中，太阳不仅会改变高度，还会改变方位，所以两条线会以某个角度相交。在实际运用中，你通常也会在那几个小时中移动一定的距离，所以你要通过船速算出你相对第一条位置线所移动的距离，得出一条与第一条位置线平行的新的位置线。真实世界中我们总会出现误差，所以你最好算出三条位置线。如果它们都交于同一点，那不是你实在干得太好，就是实在太走运，不过更常见的情况会是：这三条线围出一个小三角形，水手们叫它“船位误差三角形”（cocked hat）。这个三角形的中点就是你所算出的新位置了。

这个问题的一部分答案其实我们已经能够猜到了，像那句老话说的：“如果东西没坏，何必要修。”把原来一切保守的设计方案都留下吧，冒险的时候先准备一张安全网。自然选择会自动地把那些“到现在为止”管用的东西都保留下来，同时无所畏惧地开展或大或小的创新。只是那些巨大创新几乎总会立即导致死亡。这是一种巨大的浪费，不过没人能去计算。我们的眼皮早在人类存在以前，或者早在灵长类甚至哺乳类动物存在以前就被自然选择所造就了。它们用了超过一亿年的时间演变成了现在的形状，只在最后六百万年的时间里做了些小修小补，那时正值我们和黑猩猩、倭黑猩猩的共同祖先生活的时代。这个问题的另一部分答案是：自然选择包含了大量的个案，即使是统计上的微小优势也会自动积累。答案的其余部分则过于技术化，超越了我们现在所做的初级讨论的范围。

卡牌魔术师有一个效果惊人的绝招，起码最优秀的卡牌魔术师会这一招。我不想因揭秘一个魔术而激起魔术师们的公愤，因此我要讲的只是技巧背后的一般原理。一个好的卡牌魔术师明白，其实很多招数并不总是管用，反而要依赖运气。有些魔术成功的概率可能只有千分之一！这应该已经不能被称为一种魔术了。

我要讲的那一招是这样的：在告诉观众们你要表演魔术时，千万不要告诉他们是哪种魔术，你首先做那个成功率只有千分之一的魔术。当然，这个魔术几乎肯定要失败，这时你应该马上不动声色地做下一个魔术，比如一个成功率有百分之一的魔术，如果这也不成功（通常也会如此），那你就优雅地、悄无声息地开始第三个魔术，它的成功率可能有十分之一。现在最好也把第四个魔术准备好，假设它的成功率是百分之五十。如果这四个魔术都失败了（这种情况一般不太可能发生），你就表演一个不会给观众留下太多印象，但一定会成功的魔术吧。如果在表演时你总要依赖最后的安全网才能脱身，那可真是太不走运了。不过，只要高难度的魔术做成功了一次，观众们就会惊呆的。“这不可能！你怎么可能知道这是我的牌？”啊哈！你并不知道，是你聪明的瞎猜法给了你回报。通过把所有“错误”不露马脚地隐藏起来，你就创造了一个“奇迹”。

进化也是按照这种方式进行的：所有愚蠢的错误都慢慢消失了，因此我们看到的只是一系列惊人的成功。你们知道吗，有史以来绝大多数的生物都没有后代，但我们的祖先中却没人遭此厄运。想想从你的祖先一直延续到你的这一连串多姿多彩的人生吧。

舞台魔术与科学有一个很大的区别在于，魔术师应当尽一切办法向观众隐瞒他们的错误，而科学家所犯的错误应该公开。你把自己的错误公布出来，才能让别人从中吸取教训。这样一来，你也能从别人的经验当中获益，避免自己“一条道走到黑”。物理学家沃尔夫冈·泡利（Wolfgang Pauli）在批评他同事的工作时说过一句名言，他鄙视地说：“你的工作连错误都算不上。”一个给人以批评空间的清楚、明确的错误比一团糨糊要好多了。顺便说一句，这也是我们人类比其他物种聪明得多的一个原因。与其说我们胜在脑容量更大、大脑功能更强，或者具有反思自己过往错误的能力，不如说我们胜在可以相互分享个人在试错的历史中所获得的经验。①

我很惊讶有那么多真正的聪明人并不明白，你可以把你所犯的严重错误公布出来并且表现得一点儿也不在乎。我知道，杰出的学者在否认他们犯过的错误时可以变得多么强词夺理。显然他们从来没有认识到，就算承认“哎呀，你是对的，我想我犯了一个错误”，也没人会吃了你。实际上，人们“乐意”看到别人承认自己的错误，也都乐意指出别人的错误。看到你承认了错误，心胸

① 这是理想的状态，但我们并不是总能达到这种状态，人性就是如此。一个被现代科学界公认的没能解决的问题就是：错误的结果常常得不到宣传。比如当一个实验得到结果与假设不一致时。费曼在他的“草包族科学”中有力地揭露和批判了学术体系中的这一漏洞，那是他在 1974 年加州理工学院的毕业典礼上所做的演讲，也收录在了 1985 年出版的《别闹了，费曼先生》当中。

宽广的人会感谢你给了他们帮忙的机会，并给予你回报；而心胸狭窄的人则乐呵呵地看你出洋相。无所谓喽！反正所有人都是赢家。

当然，一般人们并不乐意纠正别人犯的“愚蠢”错误。你必须犯一些值得纠正的错误，无论如何要犯得有原创性，例如有的错误需要人在犯这个错的同时搭建一座有挑战性的思维金字塔，这就犯得很有特色，就像我们在卡牌魔术中看到的那样。谨慎地利用别人的批评，能把你从孤立无援的境地中解救出来。还有一个意想不到的好处是：如果你是一个勇于冒险的人，人们就乐意纠正你偶一为之的愚蠢错误，因为这些错误能够显得你不是那么特别，显得你也像我们其他人一样笨手笨脚的。

我认识一些特别谨小慎微的哲学家，他们在工作中从来没有犯过明显的错误。这些人往往不愿意干得太多，他们做的那一点工作也是非常原始的，对于这些人来说，除此之外的工作都太冒险了。指出别人的错误是他们的专长，这可以说是一项极有价值的服务了，但是只要他们犯了一点小错，别人却从来不会一笑而过。可以说，这是很不幸的，他们最好的工作也常常会因此蒙上一层阴影，比如被人们忽视，或被更大胆的思想家们驱动的当下的潮流所淹没。在第 76 章中，我们将会看到，虽然总的来说敢于犯错儿是件好事，但它也有不幸的一面。给你一个“元”忠告：对任何忠告都不要太认真哦！

02

归谬法

发现错误命题的妙招

它是理性研究的撬棍，它是贯彻一致性的伟大杠杆，它就是归谬法。顾名思义：归（推理）于荒谬。你把一个推论中的一些命题或假设拿过来，看看有没有前后矛盾，或者是否隐含着荒谬之处。要是有，必须丢掉出问题的命题，或者重新推论。我们一直在这么理所当然地做着："如果那是一头熊，那么熊就是头上长犄角的！""他赶不上晚饭了，除非他像超人一样能飞。"

当一个命题有着复杂的理论争议时，撬棍通常舞得飞起，但在这里我们却很难区分公允的批评与嘲讽式的反驳。你的对手真的会笨到相信我们用几步轻巧的归谬就能推翻的命题吗？我以前给一个学生的论文打分时，发现了一处拼写错误，他把"parity"拼成了"parody"，创造了"以蠢类推"这个美妙词组[1]，我认为这是一个比“归谬法”还顺嘴的叫法，它在粗糙而混乱的科学、哲学的争论中得到了普遍使用。

记得几年前，我在麻省理工学院参加了由语言学家诺姆·乔姆斯基（Noam Chomsky）和哲学家杰里·福多尔（Jerry Fodor）主持的研讨会。在会上，从外地赶来参会的认知科学家如果没能讲得令观众们满意，就会收到滑稽的辩驳。有一天，人工智能理论家、认知心理学家罗杰·尚克（Roger Schank）成了大家的“眼中钉”，他是耶鲁大学人工智能实验室的主管，在乔姆斯基的口中，他简直蠢得冒烟。我很了解尚克和他的工作，虽然我自己并不完全赞同，可是我也难以苟同乔姆斯基的看法，于是我举起手来跟乔姆斯基说，他可能漏掉了尚克的立场中的一些微妙之处。“哦，不对，他就是那么想的！”乔姆斯基咯咯地笑着否定了我，然后就继续拿尚克的工作开涮，继续做这件最令听众们感到开心的事去了。几分钟以后，我实在忍不住又打岔道：“我不得不说，你批评的那种观点简直是太荒谬了。”乔姆斯基笑着点点头，我接着说道：“那我就想问问了，咱们干吗还要浪费时间来批评这种垃圾呀？”这桶冷水泼得！

我自己“归谬”别人的观点时又干得怎么样呢？有没有公允一点呢？下面举几个例子，你们来评判一下。在威尼斯的一次会议上，我曾和法国神经科学家让-皮埃尔·尚热（Jean-Pierre Changeux）一起与澳大利亚神经科学家约翰·埃克尔斯（John Eccles）和奥地利籍英国哲学家卡尔·波普（Karl Popper）就意识和大脑的问题进行辩论。尚热与我是唯物论者，坚持心灵即大脑，而波普与埃克尔斯是二元论者，声称心灵不像大脑那样是物质的，而是属于某种能与大脑发生作用的第二实体。埃克尔斯在很多年前因发现突触而荣获诺贝尔奖，突触是神经元之间微小的间隙，每天有上万亿的谷氨酸分子和其他神经递质、神经调质通过这些间隙。根据埃克尔斯的说法，大脑是以上万亿的突触为琴键

① by parity of reasoning 是以此类推的意思。parody 是戏仿、滑稽模仿的意思。——译者注

做成的强大的管风琴。这位虔诚的天主教徒还认为，非物质的心灵，也就是不朽的灵魂以某种方式在量子层面上推动着谷氨酸分子，从而弹奏着突触琴键，真是激动人心啊！他说："忘了所有那些关于神经网络之类的理论的讨论吧，都是些不相干的废话。心灵就在谷氨酸中！"轮到我发言时，我说我想确认一下自己是否理解了他的观点。如果心灵就在谷氨酸中的话，我把一碗谷氨酸倒进下水道，是不是就是杀人了呢？"唔，"他有点吃惊地说，"这个问题不好回答呀，不是吗？"①

你可能会想，除了都获得过诺贝尔奖之外，这位虔诚的天主教徒约翰·埃克尔斯与无神论的唯物论者弗朗西斯·克里克（Francis Crick）之间不会有什么共同点了吧。其实，他们在关于意识问题的看法上都有些过于简单化了。科学圈之外的人大多不了解"过度简化"在科学中是一种多么神奇的东西；科学家们可以用这种"几乎"正确的工作方式绕开令人讨厌的复杂性，把纷乱的细节搁置一旁。

可以说，在科学史当中把"过度简化"用得最成功的要数克里克和詹姆斯·沃森（James Watson）在发现DNA结构时玩的那套"迂回战术"了，在他们公布这个发现时，莱纳斯·鲍林（Linus Pauling）等人还在为厘清所有的细节而埋头苦干呢。克里克之所以赞同做这种大胆的尝试，在于他想着万一能够把问题一举攻克呢，但是这种做法显然并不总会奏效。我曾经在拉霍亚参加过

① 这次会议留给我的另一段难忘的记忆就是在威尼斯大运河里泡过的卡尔·波普了。那是在圣乔治岛的船库，波普从汽艇上下来的时候滑了一跤，一脚踩进运河里，在两个身手矫捷的船工拽住他、把他拖上码头之前，河水已经没过了他的膝盖。会议的主办方非常担心，他们急匆匆地赶到酒店想帮90多岁的卡尔爵士换一条干裤子，但是卡尔爵士只带了身上穿的这条裤子。按照日程表的安排，会议在半小时之内就要开始了！这时意大利人的机智体现了出来，在大约5分钟的时间里，我欣赏到了令人难以忘怀的一幕：在一个帕拉弟奥（Palladio）设计的有穹顶和大理石地板的房间的正中央，卡尔·波普爵士在一张小椅子上正襟危坐，至少有6个穿着迷你裙的年轻姑娘围绕着他，她们跪在地上，用吹风机对着他的裤腿不断地吹着。那些吹风机的电线呈放射状一直延伸到墙边，构成了一幅五彩缤纷的人体雏菊画，而我们的卡尔爵士镇定而严肃地坐在花心的位置上。15分钟之后，衣服干了的爵士用拳头锤着演讲台，强调着二元论的观点。

克里克举办的一个著名的茶话会，这让我有机会证明这一点。这种午后讨论会是他们实验室组织的非正式会议，客人们也可以参与一般性的讨论并提出问题。恰好在这次讨论会上，克里克做了一个大胆的声明："我们最近已经发现，大脑皮层 V4 区的神经元与颜色'相关'，它能对不同的颜色产生不同的反应。"然后他就提出了一种非常简单化的设想：以红色为例，人对红色的经验意识"就是"视网膜区域的红敏神经元的活动。嗯……我听着有些纳闷儿："你是说，如果我们把一些红光敏感神经元放到培养皿中并让它们保持活性，再用微电极刺激它们，那么在培养皿中也会出现对红色的意识吗？"

有一个可以对付归谬法的招数，那就是迎难而上、死不松口。自从澳大利亚哲学家 J. J. C. 斯马特（J. J. C. Smart）为了坚持他的伦理理论，惊世骇俗地说出"对呀，把一个无辜的人绞死有时候就是正确的"这种话以后，我就给这招起了个名字，叫"我比你斯马特"。①克里克决定他要比我更"斯马特"了，他说："对呀，会有一种独立的对红色的意识！"谁对红色的意识呢？他没有说。虽然不久之后，他对这个设想做出了改进，但是在他与神经科学家克里斯托夫·科赫（Christof Koch）一起寻找他们所谓的 NCC（意识的神经相关物）时，克里克却表示他从未真正放弃过对这一想法的忠诚。

不过，或许我在另一个场合里对"'培养皿中能有意识出现'这种想法到底荒唐在哪儿"这个问题的归谬更好。物理学家兼数学家罗杰·彭罗斯（Roger Penrose）和麻醉学家斯图尔特·哈梅罗夫（Stuart Hameroff）一起建构了一种意识理论，他们认为意识并不是谷氨酸，而是神经元微管中的量子效应。微管是一种管状的蛋白链，它们作为支架与导管存在于所有细胞的细胞质中，而不只在神经元中。

① 斯马特（Smart）是聪明的意思，作者把那招称作 outsmarting，这个词的本意是"比……更聪明"，是个双关语。——译者注

在第二届图森会议，即第二届国际意识科学大会上，当哈梅罗夫表述了这种观点之后，我在观众席上提了这么一个问题："斯图尔特，你是一个麻醉学家吧？你有没有做过一种戏剧性的手术，就是那种给断手或者断胳膊的伤者做的再植手术？"他说他没做过，但知道这种手术。"那么好了，斯图尔特，如果我哪里搞错了就请你提醒我。假如你是一个再植手术的麻醉师的话，按照你的理论，你在道德上是不是有义务给那只断掉的手打麻药啊，它还躺在冰袋里呢，对不对？毕竟像神经系统中的其他微管一样，断手中的神经元微管还干着人家该干的事呢，所以那只手难道不会感受到剧痛吗？"此时斯图尔特脸上的表情告诉我，他从来没有想到过这种情况。无论是对红色的意识、疼痛的意识，或者随便什么意识，说它是归某种神经网络所有，或者把它归于无数神经元的协调活动，这种想法可能最初并不是很有吸引力，但是这些"归谬"的尝试却有可能帮助我们认识到，这种想法为什么应该被我们认真对待。

INTUITION PUMPS
AND OTHER
TOOLS FOR THINKING

03

拉波波特法则

批评他人的正确方式

我们到底应该对对手的观点报以多大程度的宽容呢？如果对手所说的话中有非常明显的矛盾，那么你当然应当尽力把它指出来。如果他们的说法中潜藏着一些矛盾，你就应该小心翼翼地把它们揭露出来，然后再施以攻击。但是，我们在寻找对方说法中隐藏的矛盾时常常容易走过头，变成鸡蛋里挑骨头，变成彻头彻尾的嘲弄，变成“海事律师的行当”[①]，就像我们在上一节中看到的一些例子一样。这种认定对手的想法中一定藏有矛盾的冲动，给了你一个容易击中的靶子，怂恿你对别人的看法做出无情的解读。可是，这个容易击中的靶子通常与我们真正关心的问题八竿子打不着，你只是在浪费大家的时间和耐心而已，最多是给支持你的观点的人提供了一点消遣。

① 《海事法》的复杂是出了名的，里面充满了隐蔽的陷阱和只有海事律师专家才搞得清的例外条款，所以“海事律师业”常用来形容人们利用技术手段逃避责任，或把责任转嫁他人。

很多年前，社会心理学家兼博弈论专家阿纳托尔·拉波波特（Anatol Rapoport）曾提出过一套规则，我认为对于那种讽刺对手的恶习，这套规则是最好的解毒剂。在罗伯特·阿克塞尔罗德（Robert Axelrod）的囚徒困境锦标赛中胜出的策略“一报还一报”就是拉波波特的发明。[①]

拉波波特法则：如何撰写一篇成功的批评性评论。

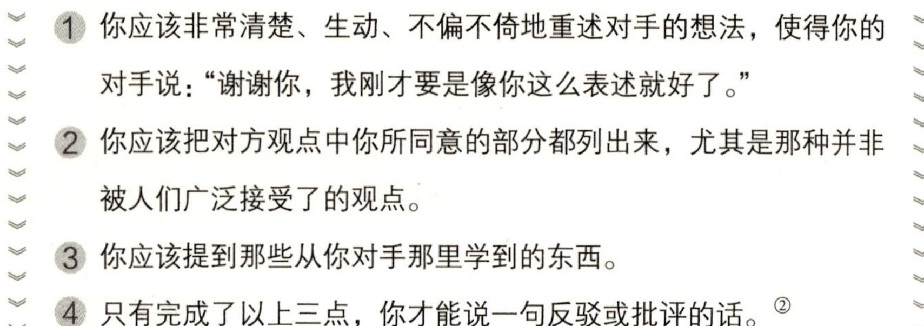

1. 你应该非常清楚、生动、不偏不倚地重述对手的想法，使得你的对手说：“谢谢你，我刚才要是像你这么表述就好了。”
2. 你应该把对方观点中你所同意的部分都列出来，尤其是那种并非被人们广泛接受了的观点。
3. 你应该提到那些从你对手那里学到的东西。
4. 只有完成了以上三点，你才能说一句反驳或批评的话。[②]

遵循此法则的一个直接的好处就是，你的对手会因此乐于倾听你的批评。因为他们看到你已经站在他们的立场上理解了他们的想法，同时你也展示出了良好的判断力，在一些重要的事情上和他们达成了共识，甚至在有些地方还被他们说服了。

---

① 阿克塞尔罗德的囚徒困境锦标赛（Axelrod and Hamilton, 1981; Axelrod, 1984）为“利他性进化”的理论研究领域开创了先河。我在《达尔文的危险观念》（Dennett, 1995, pp.479-480）一书中对囚徒困境锦标赛做过导论性的说明，最近，在世界各地的研究机构当中，各种与之相关的模拟和实验层出不穷。拉波波特简单而精巧地表达了“人不犯我，我不犯人”这一理念，他的工作是迄今所有博弈论研究与博弈模式的源头。

② 这里的四条规则是我凭着很久以前拉波波特与我通信的记忆所写的，这些信件现在已经遗失了。最近，塞缪尔·鲁思（Samuel Ruth）向我指出拉波波特法则源自拉波波特的著作《战斗、游戏与辩论》（*Fights, Games and Debates*, 1960）以及他的论文《三种冲突模式》（*Three Modes of Conflict*, 1961），在那篇文章中他清楚地表达了第一条规则，并把这一想法归功于卡尔·罗杰斯（Carl Rogers），还表述了另外几条规则的原型。我的版本可能更加简单、通用一些。

遵循拉波波特法则时总是令人倍感挣扎，起码对我而言是这样。说白了，有些对手不值得我们如此尊重。我不得不承认，把他们串起来烤了真是一件乐事。但当我们用了这个方法而且使用得当的时候，总是后果喜人。在我的《自由的进化》（*Freedom Evolves*, 2003）这本书中，我特别努力地试图公正对待罗伯特·凯恩（Robert Kane）所持的那种"不相容论"，这是一种我非常不赞同的自由意志观。在我把那一章的初稿发给凯恩之后，他给我回了信，而这封信也被我珍藏了起来：

> ……你的文章真的让我非常欣赏，尽管我们的看法不同。你对我的观点的评论非常全面而公正，远远超出通常的批评。你考虑到了我的观点的复杂性以及我努力解决那个棘手问题时所抱有的严肃态度，而没有将它们一棍子打倒。为此，也为了你细致的批评，我非常感谢你。

我也遵循着拉波波特法则批评过另外一些人，他们的反应就没有这样亲切了。有时候，批评看起来越公正，接受起来反而越难。你应该时刻提醒自己：对于一位作者来说，如果你勇敢地为他的观点寻找根据，但什么也没找到的话，可能会比气呼呼地批评他的观点来得更有杀伤力。所以，我向大家推荐拉波波特法则。

INTUITION PUMPS
AND OTHER
TOOLS FOR THINKING

04

史特金定律

不要把时间浪费在无意义的事情上

在1953年9月，科幻作家泰德·史特金（Ted Sturgeon）在费城举办的世界科幻大会中的发言中提到：

当人们谈起悬疑小说时，会提到《马耳他之鹰》（*The Maltese Falcon*）和《长眠不醒》（*The Big Sleep*）。当人们谈起西部小说时，会想到《西部新天地》（*The Way West*）与《原野奇侠》（*Shane*）。可当人们谈起科幻小说时却只会把它叫作"什么巴克·罗杰斯（Buck Rogers）之类的"，还说，"百分之九十的科幻小说都很'渣'（crud）"。好吧，人家说的没错。百分之九十的科幻小说确实很渣。但是，任何事物当中的百分之九十都是渣滓，而其中那不是渣滓的百分之十才是有意义的。我敢说，那百分之十的科幻小说可以与人类从古至今写就的任何作品相媲美。

人们一般会把史特金定律表达得更粗俗一些："任何事物当中的百分之九十都是垃圾（crap）。"百分之九十的分子生物学实验、百分之九十的诗歌、百分之九十的哲学书、数学系里百分之九十的同行评议文章，等等，都是垃圾。真的吗？嗯，这么说可能有点极端了，不过我们必须承认，在每个领域中都有大量平庸的工作。有些个"爆脾气"觉得垃圾差不多得占百分之九十九……我们就不要跟着他们一块儿义愤填膺了。

从这一观察中我们应该学到的是：当你准备批评某一领域、某一流派、某一学科或者某一艺术形式的时候，请别在嘲笑垃圾上浪费自己和我们大家的时间！要么就追着优秀的东西批，要么就别干这活儿。可理论家们却常常罔顾这一忠告，被他们诋毁过的可太多了：分析哲学、进化心理学、社会学、文化人类学、宏观经济学、整形手术、即兴表演、情景喜剧、哲理神学、推拿疗法，无奇不有。不论你要评论什么领域，让我们从一开始就规定好：每个领域都有一大堆愚蠢、平庸、糟糕透顶的东西存在。然后，为了不浪费你的时间和大家的耐心，请确保你关注的是你能找到的该领域最好的东西，比如获奖之作、杰出成果、大家都赞不绝口的精品，而非糟粕。

请记住，你不是个喜剧演员，你的主要目的不是讲个笑话逗人一乐，不是跟我们分享夸张的一幕。这一点与拉波波特法则紧密相关。我发现，当我们批评的是哲学家时尤其应当牢记这一点。从最伟大、最敏锐的古希腊先贤，到昨日的智性英雄——比如这四位非常不同的思想家：伯特兰·罗素、路德维希·维特根斯坦、约翰·杜威、让-保罗·萨特——经过些许巧妙扭曲之后，他们最好的学说、最精妙的分析也会显得又臭又长，变成彻头彻尾的蠢话。别这样好不好？这样只会丢你自己的脸。

05

奥卡姆剃刀

如无必要，勿增实体

这个思考工具得名于奥卡姆的威廉（William of Ockham），一位14世纪的逻辑学家、哲学家，不过它实际上是一条古老的经验法则。它的拉丁语是“lex parsimoniae”，即节约律。在英文中人们常常用格言“如无必要，勿增实体”（Do not multiply entities beyond necessity）来表达。这一想法非常简单：如果你能找到一个更简单的理论，包含更少的因素、更少的实体，而它也一样可以很好地解释现象，就不要再构造一个大而无当的复杂理论了。比如，如果“暴露在极端寒冷的空气中”可以解释关于冻伤的一切症状，那就别再假定还存在未被发现的“雪细菌”或者“北极微生物”了。开普勒定律为行星的轨道给出了解释，所以我们不必假设地表下还藏着一个在控制台前驾驶行星的驾驶员。话讲到这儿，应该没人会有疑义，可当我们把这一原则扩展开去，就不一定总会获得认可了。

康维·劳埃德·摩根（Conwy Lloyd Morgan）是19世纪的英国心理学家，他把“奥卡姆剃刀”应用到了“动物是否拥有心智”这一问题中。摩根的节约律告诉我们，如果动物的行为可以用更简单的术语说明的话，就不要把高贵的心灵归于昆虫、鱼类，甚至海豚、狗和猫等哺乳动物。他说：

> 如果动物的行为能用刻画心理进化、心理发展的较低层次的术语来解释，就决不用刻画高级心理过程的术语来解释。（Morgan, 1894, p. 128）

扩展开来，这就相当于让我们把动物甚至人类看作是只有大脑却没有心灵的存在。正如我们以后会谈到的，人们考虑心灵这一主题时遇到的压力，不会因一种绝对禁令而消除。

很多人都想用“奥卡姆剃刀”把本来盘根错节的问题剃个干净，其中最令人印象深刻的努力是，有人声称上帝是宇宙的创造者，因为这种假定更简单、更节约。假定超自然的不可理解的东西存在怎么就成了更节约的做法了？我觉得这是一种极大的浪费，我们或许能找到一种聪明的办法来反驳它。我不想做过多的论证；我只想说，说到底奥卡姆剃刀只是一种经验法则、一条有益的建议。把它当作一种形而上学的原则或者理性的基本条件，期望用它来一举证明上帝存在或不存在，就简直太荒谬了。这就像当你反驳一个量子力学的定理时说，那条定理违反了格言“不要把所有鸡蛋放到同一个篮子里”。

还有一些思想家把奥卡姆剃刀用得更加登峰造极，比如用它来否定时间、物质、数字、洞、美元、软件等种种事物的存在。古希腊哲学家巴门尼德（Parmenides）是最早的“吝啬鬼”思想家，写在他的存在目录中的东西实在是少得不能再少了。就像我的一个学生在一次测验中写的：“巴门尼德就是那个说‘只有一物存在，而我也不是它’的人。”虽然我讨厌这么说，但这似乎就是巴门尼德想要告诉我们的。当然，他的思想在翻译的过程中会丢失一些东西。我们哲学家习惯于认真对待巴门尼德这样的思想，就是因为我们永远也不知道什么时候能说一个想法是“疯狂”的，不知道这会不会是一次不正当、不明智的判断，那个思想会不会成了我们失败的想象力的受害者。

06

奥卡姆扫把

有意隐瞒对自己不利的证据

分子生物学家西德尼·布伦纳（Sydney Brenner）最近发明了一种“奥卡姆剃刀”的新玩法，非常有趣，他称其为“奥卡姆扫把”，指某些理论的辩护者们本着智性上最大的不诚实把对自己不利的事实往地毯下面扫。这是我们遇到的第一个“吊杆托架”，第一个“反思想”工具，你们可要擦亮眼睛喔。宣传家们用这招来做群众工作时尤其阴险，因为就像福尔摩斯侦探小说中著名的“半夜狗不叫”的故事一样，只有专家才能注意到“缺席”的事实，而事实已经被“奥卡姆扫把”从现场扫走了。比如，创世论者就常常省略掉大量令他们的“理论”感到尴尬的棘手事实。对于一个不是生物学家的人来说，创世论者精心打造的论证可能是非常有说服力的，因为他们看不出什么“被扫走了”。

我们到底该怎样提防那些看不出的东西呢？向专家们求助。美国哲学家斯蒂芬·C. 迈耶（Stephen C. Meyer）在他所著的《细胞里的签名》（*Signature in the Cell*, 2009）一书中试图系统性地证明生命不可能有一个自然的（即非超自然的）起源，并对所有持自然起源观点的理论模型做了一番纵览，以显示它们都是多么地无药可救，即使是一个相当博学的读者也可能会认为这番纵览看起来是公正、详尽的。

迈耶的这本书写得真是打动人心，就连著名哲学家托马斯·内格尔（Thomas Nagel）都在 2009 年 11 月给世界上最具影响力的书评刊物之一《泰晤士报文学副刊》写了一篇有关它的书评，说那本书是他心目中的年度最佳！在他那篇充满溢美之词的文章发表以后，我曾与他通信，内格尔在信中信心满满地表示自己对生命起源研究的历史有着相当多的了解，足以让他信任自己的判断。就像他于 2010 年 1 月 1 日写给《泰晤士报文学副刊》的一封信中所说："在我看来，迈耶在真诚地写作这本书。"要是内格尔咨询了研究生命起源的科学家们的意见的话，他就能够发现迈耶是怎样利用"奥卡姆扫把"把那些对自己不利的事实扫出视野之外的了，或许他还会失望地发现，迈耶并没有像对待他那样给那些专家们寄去样书，或在出版前询问他们的意见。发现他所赞美的这本书竟然是"秘密操作"，可能会动摇他对自己判断的信心吧，也可能不会。我们都知道，科研机构有时会不公正地压制那些叛逆的声音，所以有可能，仅仅是可能，迈耶别无选择，只能"发动偷袭"。但是内格尔在站出来替迈耶捧场之前还是应该谨慎地研究一下。确实，在关于生命起源的研究中科学家们并没有达成一致，也并不存在一个完全正确的理论，但这并不意味着我们没有合适的候选，这恰恰是因为竞争者太多而不是太少。

阴谋论者都是使用"奥卡姆扫把"的大师，你可以在网上做一个有趣的练习：找到某个新鲜出炉的阴谋论，看看你作为该领域的外行，能不能在搜索专家对它进行反驳之前找到它的错误。布伦纳发明这个术语的时候并不是在谈神创论或者阴谋论，他想说的是，即使是一位严肃的科学工作者有时也难以抵抗对某些数据的"忽视"，尤其是当那些数据会伤害到他们心爱的理论时。但无论如何，这都是一个需要抵御的诱惑。

INTUITION PUMPS

AND OTHER
TOOLS FOR THINKING

07

外行做媒

既不“过少解释”，又不“惹恼行家”

我已经推荐这项技术很多年了，它可以很好地防止人们在不经意间挥动“奥卡姆扫把”，虽然它已经通过了多次考验，但次数还是没能达到我的期望。和我讲过的其他思考工具不同，这项技术的应用需要花费一定的时间和金钱。所以我希望有人能够把它大力推行一番，并报告推行的结果。在这儿我决定谈谈它，因为这里要谈的是人们使用其他一般性思考工具时也会面临的“沟通问题”。

不只是哲学，在很多领域中都有一些似乎永无止境的争论，造成这一状况的部分原因是人为的：因为争论的双方各说各话，没有为有效的交流做出必要的努力。人的火气一上来，蔑视和嘲讽也就接踵而至。这时就连看热闹的人也会纷纷站队，即使他们还没有完全搞懂人家谈的是什么。

场面可能会变得很难看，而造成它的原因可能非常直接。当专家与专家对话时，不论他们的研究领域是否相同，总会错误地“过少解释”。理由很简单：跟一位专家过度解释某件事是一种严重的侮辱，就好比对他说：“用不用我教你怎么拼写啊？”没人愿意侮辱一位专家。所以，为了安全起见，人们宁愿错误地“过少解释”。其实在大多数情况下，人们并非有意为之，而且要完全不这么做几乎是不可能的。这实际上是个优点，因为自觉保持礼貌终归是一种好品格。但是很不幸，“假装听众对你所说的内容已经非常了解”这种高尚的品格有一个副作用：专家们常常自说自话。

这个毛病没有办法直接治：假如我们在研讨班或者学术大会上恳请与会的专家们不要“过少解释”他们的立场，这或许会得到他们热切的同意，但即使如此也是没用的。这只会让事情变得更糟，因为这时人们反倒会对那些可能会侮辱到他人的话题更加敏感。

不过，有一种间接的方法相当有效：让专家们对一群充满好奇心的业余听众表达他们的观点（比如我们塔夫茨大学的这群聪明的本科生），同时让另外一些专家旁听。旁听的人不必偷听，我没有建议大家走“歪门邪道”。相反，参与这个活动的每个人都应该知道：这一实验的目的就是让参与者能够安心地用“大家”都能理解的术语说话。由于讲话者是在对着作为诱饵的听众讲话，他们“根本”不必担心自己会侮辱其他专家，因为他们的话不是对着那些专家说的。我猜他们也有可能会担心侮辱到本科生，但这是另外一个话题了。如果一切进展顺利，专家 A 给本科生们解释一个有争议的问题时，专家 B 也在听。听着听着，B 可能就会眼前一亮。“原来‘这’就是你想说的呀！我终于明白了。”也可能 B 听的时候没有什么反应，轮到他给同样的一群本科生讲解时，专家 A 会感到眼前一亮。这个方法可能并不完美，但一般都会进展顺利，让每个人都受益。专家们消除了一些人为的误会，本科生们也接受了一流的教育。

这项实验我在塔夫茨大学开展过很多次，多谢校方的慷慨支持。我亲自挑选了不到 12 位本科生，我在向他们简述他们的角色时说：“不要接受任何你们听不懂的话。如果遇到任何在你们看来混乱或者模糊的地方，我期望你们举起手来，打断专家的话，提醒他们做出解释。”他们确实需要提前仔细阅读必要的读物，保证他们不完全是相关领域的菜鸟，而是充满好奇心的初学者。他们喜爱这种角色，当然了，这可是让大人物给他们开小灶啊。同时专家们也会发现，在这些条件的限制下，他们通常会找到一些前所未有的能更好地能解释自己观点的方式。这些专家常年被一群群同事、博士生、高年级研究生们“保护”着，有时，他们真的需要这种挑战。

08

跳出系统

打破惯性思维的好方法

我们很难发现别人使用了“奥卡姆扫把”，因为我们很难发现别人把哪些令他难堪的事实扫出了视野之外，但更难的是发现侯世达（Hofstadter, 1979, 1985）所说的“跳出系统”（jootsing）。跳出系统是一个重要的策略，不仅在科学和哲学领域，在艺术领域也是。创造力是一种让人梦寐以求却只有少数人才能够拥有的才具，它往往会以一种前所未有的、让人意想不到的方式打破孕育它的系统所设定的规则，也许是古典音乐的和谐体系，也许是十四行诗甚至打油诗中的格律与韵律，也许是某种艺术的审美“教规”、良好形式。又或者，它打破的是某些理论或研究领域中的假设与原则。有创造性不只意味着追求新奇的东西——因为新奇的东西谁都能得到，只要把材料随机排列一番就行了——难的是跳出一个既定的体系，并且跳得有道理。可当一个艺术传统真的达到了“怎样都行”的阶段时，那些想变得有创造力的人就会遇到一个问题：这里已经没有可以反抗的固有规则、没有可以打破的预期了，让创造力显得惊人并且有意义的背景都失去了，那我们还能颠覆什么呢？如果你想颠覆传统，最好先去了解它。所以外行或新手很少能够想出真正有创造性的东西。

你可以坐到钢琴前，试试能不能弹出一段既动听又新颖的旋律，很快你就会发现这有多难。你可以按下所有的琴键，你可以选择所有的组合；但除非你能找到一些可依靠的东西，找到一些风格、流派、模式来遵循，并且在此基础上做些改变，否则你弹出的只可能是噪音。同时，并非所有违反规则的行为都能有好的效果。我认识至少两个成功的演奏爵士乐的竖琴师，但如果你想靠敲击邦加鼓演奏贝多芬的名曲来博取名声的话，这可能就不是一个好计划了。这个道理对科学也是适用的：在任何理论的争论中都有很多未经证实的前提，但逐一找到它们的漏洞再一一否定掉这些前提，或许不是一种在科学和哲学中取得成功的好办法。这就好像你要改编一段作曲家乔治·格什温（George Gershwin）的曲子，并希望自己改编得有价值，但却一次改动一个音符一样。祝你好运吧！突变几乎总是有害的。事情会比我描述的还要困难，但你有时候也会走运。

建议某人以跳出系统的方式前进，有点像是建议一个投资者低买高卖。是啊，当然，就应该这么干，但问题是到底该怎么干？请注意，对投资的建议并不“完全”是空洞、无益的，号召人们跳出系统会更有帮助，因为它让你对自己的目标看得更清晰了，正如每个人都知道“更多的钱”是什么意思。当你面对一个科学或哲学问题时，需要跳出的系统常常根深蒂固，以至于它像你所呼吸的空气一样令人不易察觉。一般来说，如果一个长期存在的争论似乎无法取得进展，双方都顽固地坚持自己的正确性，往往是因为他们都同意的某个东西其实是错误的。两方都认为这是明摆着的事，是不言而喻的。发现这些不可见的问题不是一个简单的任务，因为对论战的专家们来说是显而易见的东西，对于每个人来说也都是如此。所以你最好睁大眼睛去找出被双方共同默认的错误假设。这个建议不一定总能奏效，但至少当你有意去寻找，而且对目标是什么心中有数的时候，成功的可能性会更高。

线索有时也存在。很多跳出系统的伟大时刻都与抛弃某些备受好评的东西有关，后来我们才发现这些东西其实是不存在的。“燃素”曾被认为是构成火的基本成分，“热质”曾被看作是不可见的、彼此互斥的流体或气体，曾被认为是构成热的主要成分，但这些概念都被放弃了。同样还有“以太”，它被看作一种介质，像声音通过空气和水传播一样，光通过以太传播。其他值得赞赏的跳出系统不是在做减法而是做加法：比如细菌、电子，甚至可能还包括量子力学的多世界诠释！一开始谁也无法认清我们是否应该跳出系统。语言学家雷·杰肯道夫（Ray Jackendoff）和我曾经论证过，我们应该放弃那个人们在讨论意识时几乎总是心照不宣的假设：意识是一种“最高级”“最核心”的心理现象。同时我也论证过：把意识理解为一种以太一般的特殊媒介，经验内容通过这一媒介被转化或翻译，也是一种流毒甚广且未经检验的惯性思维，也应当被打破。像很多人一样，我也曾论证过，如果你认为自由意志与决定论理所当然地不相容的话，那你就犯了一个大错。关于这一点后面我还会再谈。

还有另外一条线索。有时候，一个理论中的问题可能是很久以前埋下的，那时可能有人说：“为了便于论证，让我们假设……”然后人们纷纷同意：“为了便于论证，我们就这样假设吧。”后来人们你来我往地讨论下去，却没有人记得最初的假设了！我觉得，至少在我们哲学领域，有时候辩论双方是在享受争辩，以至于没人愿意冒险去彻底平息论辩，去检验让整个辩论得以开展的前提。我可以举两个古老的例子（当然它们都是充满争议的）：（1）“为什么存在某些东西而不是无物存在”是一个深刻的问题，需要我们回答；（2）“到底是

‘上帝因为某事是善的才命令人做某事’还是‘因为是上帝的命令，所以某事是善的’”这个问题很重要。我想，如果有人能漂亮地回答这两个问题，我再把它们称作“不值得关心的假问题”就于心不安了，可是这不意味着我说错了。谁能说真理必须是有趣的呢？

INTUITION PUMPS
AND OTHER
TOOLS FOR THINKING

09

古尔德的 3 种思考工具

"不如说""故意堆积"和"古尔德两步"

已故生物学家斯蒂芬·杰伊·古尔德（Stephen Jay Gould）作为"吊杆托架"的开发者和设计师，简直是艺术家级的。在此，为了纪念这位人类中最精通此道的大师，我用"古尔丁"（Goulding）来命名三类有关的思考工具。

1. "不如说"

"不如说"能够轻快地令你滑入"虚假二分"。一般它是这样用的："情况与其说是如何如何（你所相信的主流观点）；不如说是如此如此（彻底不同于前者）。"有时候这么说确实不错，因为有时你确实不得不二者择一，这时你并没有陷入虚假二分，而是遇到了一个真实的、无法逃避的二分。但有时，"不如说"

有点要花招的意思，因为“不如说”这一短语暗示了：由它衔接的前后两种主张之间有一种重要的不相容性，而这一点无需论证。

我们可以在古尔德对“间断平衡理论”的论证中发现一个标准的“不如说”：

> 与其说变化是以整个物种渐变的方式在不知不觉中发生的，不如说变化发生在孤立的小种群中，从地质学的角度上看，它们瞬间转变成了新的物种。（Gould, 1992b, p. 12）

上面这段话诱使我们相信，进化上的改变不可能既是“在地质学的角度上是瞬间的”又是“在不知不觉中渐变的”。可是这当然是可能的。而且物种的进化恰恰必须如此，除非古尔德想说进化是以突变的方式进行的，在某种“设计空间”中实现巨大的飞跃，可是他又坚持说自己从不支持“进化突变论”。物种的形成“在地质学的角度上是瞬间的”，意味着它在“很短”的一段时间内发生，我们就假设五万年吧，几乎在大多数地层勘探中都无法探测到这么“短”的时间流逝。在这“短暂的 瞬间”中，我们假设有一种生物的体长从半米变成了一米，它的体长增长了百分之百，但是增长的速率可以是每一世纪增长一毫米，这又让我们不得不说这是一种不知不觉的渐变。

我们再举些其他的例子，争取弄清“不如说”这一伎俩的本质：

> 与其说人类只是一种“潮湿的机器”，就像呆伯特[①]与很多认知科学的研究者所认为的那样，不如说人类拥有自由意志，并且为他们的善举和恶行负有道德责任。

我是还要问，为什么必须二者择一？他并没有论证为什么一个具有自由意志并承担道德责任的人不能也是一种“潮湿的机器”。在这个例子中，作者利

① 呆伯特（Dilbert）是美国漫画家斯考特·亚当斯（Scott Adams）系列漫画作品的主人公。——译者注

用了一个常见的假设，但是这个假设也是有争议的。还有另外一个例子：

与其像马克思那样说“宗教是人民的鸦片”，不如说它是一个深刻的安慰性符号，它标志着人类对死亡无可避免的认识。

我还要再问一遍，为什么宗教不能既是“鸦片”又是安慰性的符号呢？我想你们现在已经看到要点了，而且，我们在一篇文献中寻找“不如说”比寻找虚假二分要容易多了，后者可没法这么找：在搜索栏里键入“不如说”并查看搜索结果。需要记住的是：不是所有使用“不如说”的都是我们所说的这种“不如说”；它们之中有些是合理的。同时，有些“不如说”并不使用“不如说”一词，有人会用“是……而不是……”。我可以从某些搞认知科学的空想理论家的著作中摘取一些素材，为大家造一个例子：

必须将神经系统看作是主动探测其所处环境，而不是像计算机一样被动地处理由感觉器官输入进来的信号。

谁说处理输入进来的信号的计算机就不能主动进行探测了？被动的、无趣的计算机与主动的、奇妙的有机体之间的常见对立从未得到过恰当的辩护，在我看来这是流毒最广的思维定势之一了。

2. 故意堆积

古尔德频繁使用的另外一种思考工具是“不如说”的变种，我称之为“故意堆积”：

当我们谈论“从单细胞生物到人类的长途跋涉”时，好像进化是一条沿着不间断的谱系持续进步的道路。没有比这个想法更不现实的了。（Gould, 1989a, p. 14）

没有比哪个想法更不现实的了？乍看起来，好像古尔德说的是在单细胞生物与我们人类之间不存在一条不间断的谱系。可是这种谱系确实存在呀，达尔文的伟大思想所要表达的就是这一点。那么古尔德这里所指的会是什么呢？假设我们把重点放在“进步的道路”上，那么他只是在说相信进步是“非常不现实的”。确实，进化之路是一条连续不断的谱系，但不是一条全球性的进步的谱系。但如果我们不小心谨慎的话，从古尔德的这段话中我们读到的意思就成了：进化论的标准命题有着严重的错误，从单细胞生物到人类之间没有一条连续不断的谱系。但是，我们借用古尔德的话说，“没有比这个想法更不现实的了”。

3. 古尔德两步

古尔德还有一个伎俩，被我称为“古尔德两步”，这个思考工具在我以前出版的书里介绍过了。进化理论家罗伯特·特里弗斯（Robert Trivers）在与我的私人通信中给这个思考工具命了名，当然还是以它的发明者命名的：

> 第一步，制造一个靶子，然后驳倒它。这个技巧谁都会。第二步才堪称天才：主动把注意力转移到第一步驳论所用的证据上，这些证据本可以证明你的对手并未持有被你反驳的那种观点，而你则把它们诠释为对手面对你的攻击勉强让步了！（Dennett, 1993, p. 43）

英国达尔文主义哲学家海伦娜·克罗宁（Helena Cronin）写过一本还不错的书《蚂蚁与孔雀》（*The Ant and the Peacock*），它受到了古尔德无礼的批评（Gould, 1992a）。两个月之后，我在给《纽约书评》（*The New York Review of Books*）的编辑所写的一封信中举了三个“古尔德两步”的例子。在这里我试举其中最简单的一例：

> 最明显的例子是古尔德发明的“外推主义”（extrapolationism），它被说成是对克罗宁的“适应主义”的一个合理的拓展。这种泛延续性、

> 泛渐进主义的教条非常轻易地就被大灭绝的事实所推翻了。“但如果大灭绝确实打断了物种的延续性，如果在正常的时代缓慢建立起来的适应性不能对大灭绝之后的环境做出成功预测的话，那么外推主义将会失败，适应主义也将被打倒。”我无法想象任何一个适应论者会傻到承认任何一种“外推主义”式的观点，就像古尔德描述的那样，这种观念“纯粹”到连大灭绝在对生命之树的修剪中扮演了一个重要角色的可能性都要予以否认。很显然，当彗星撞击地球，发出百倍于我们制造过的氢弹当量总和的爆炸时，即便是进化得再完美的恐龙也必将屈服。而克罗宁的书里没有一个字支持那种错误的观点。如果说古尔德认为进化过程中大灭绝所扮演的角色问题与克罗宁理论的核心问题，即“性选择”理论和“利他主义”有关，他也并没有指出关联何在。在克罗宁那本书的最后一章中，她转向之前并未关注的内容，对物种的起源这一进化论的核心问题做了一番细致的讨论，指出这个问题现在依然悬而未决。但古尔德却像是终于悟到了什么似的，抓住这一章不放，讽刺地说克罗宁在这里承认了她“泛适应主义”的失败。真是可笑！（Dennett, 1993, p. 44）

有一个好玩的项目可以让修辞学的学生来做：把古尔德出过的那么多书都梳理一遍，把他所发明的各式各样的“吊杆托架”编个目录，就从“不如说”“故意堆积”“古尔德两步”开始编吧！

10

小心“当然”这个词

一种让你无需思考就认同的花招

当你在阅读或浏览一篇论证性较强的文章，尤其是哲学类文章时，有一个小窍门可以帮你节省自己的时间和精力，在我们这个使用电脑检索的时代，这个小窍门尤其有效：在文档中搜索“当然”一词，然后仔细检查所有出现这个词的地方。尽管并非次次如此，但“当然”一词通常像盏信号灯一样可以定位出论证当中的弱点所在，它是一个警告标识，提醒人们那里可能有一个吊杆托架。为什么呢？因为它恰好标示出了那种作者确实相信并且期待读者也会相信的东西。如果作者真的认为所有读者都不会怀疑这一点的话，他也就用不着提“当然”了。在此，作者必须决定究竟是对这一点做出解释、提供理由，还是干脆直接做出断言，并理由充分地期待大家同意这一点。毕竟，人生短暂嘛！而恰恰在这种地方，我们会发现一些未经检验的“自明之理”并不是不言自明的！

在评论美国哲学家内德·布洛克（Ned Block）的一篇文章时，我第一次注意到了“当然”是这么好用。在那篇文章中，直接反对我的意识理论的几个重要例子都使用了“当然”一词。为了醒目一些，布洛克还给那段话加了斜体[①]：

> *某些持续的大脑表征足以影响记忆、控制行为，等等。但是，这当然只是一种关于人的生物学事实，而不是文化建构。（Block, 1994, p. 27）*

这意味着他想要不经论证就把我关于人类意识的理论打发掉，我的理论是人类的意识必须而且实际上就是一系列通过学习才能获得的细微的认知习惯，而不是与生俱来的。我评论道：“凡是布洛克说到‘当然’的地方，我们都得找一找所谓的心智障碍了[②]。”（Dennett, 1994a, p. 549）布洛克是“当然”高手中最肆意滥用的一位哲学家，其他一些人也总依赖它，每当这些人一用“当然”，我们都该敲响小警铃。“这就是无意识手法发挥作用的地方。轻轻一推，眼睛一眨，错误的前提就被晃过去了。”（Dennett, 2007b, p. 252）

最近，我打算更系统地检验一下我对“当然”的感觉是否正确。我在哲学主题网站 philpapers.org 的心灵哲学板块中找了大约 60 篇论文，然后在检索中输入“当然”。我发现大部分文章根本没有用到这个词。我把每篇用了它的文章都检查了 1~5 遍，大多数明显是无辜的；有一小部分算是有争议；但还有 6 篇文章，警铃在我听来敲得是又响又脆。当然，对于什么算是明显有问题，每个人都有非常不同的阈值，因此我也没有费心把在这个不正式的实验中的得到的“数据”做成表格。我鼓励善于怀疑的大家展开自己的调查，看看你们能发现什么。在后面我还要仔细分析一个特别过分的例子，详情请见第 64 章。

---

① 不甘示弱的还有哲学家杰里·福多尔（Jerry Fodor），他也把“当然”加上了斜体，并且反复使用，就好像在说：“尝尝这个，怀疑者！尝尝这个，怀疑者！”

② 布洛克的英文为 Block，心智障碍是 mind block，此处是一个双关语。——译者注

11

反问

让你不好意思说“不”

就像应当警惕“当然”一样，你也应当对一个论证、一场争论中出现的反问句提高警惕。为什么呢？因为像“当然”一样，使用反问句是作者想要走捷径的表现。反问句的句尾是个问号，但却不意味着它需要我们去回答。也就是说，作者根本懒得等你给答案，因为答案这么明显，你好意思说不吗？换句话说，大部分反问句都是压缩版的归谬法，明显到不用再说了。所以我们应该培养起一种好习惯：每当看到一个反问句，先试着自己悄悄地找一个不那么显而易见的回答，如果你能找到，就说出来，给对你说反问句的人一个惊喜吧。

记得我很久以前看过一期《花生漫画》（*Peanuts*），它把这一招展现得棒极了。查理·布朗（Charlie Brown）反问式地说道：“那么现在，又有谁能告诉我们什么是对、什么是错呢？”在漫画的下一格中，露西（Lucy）回答：“我呀。”

12

什么是“深马”

爱就一个字

我已故的好友，计算机科学家约瑟夫·魏岑鲍姆（Joseph Weizenbaum）一直渴望成为一位哲人，在其职业生涯的后期，他试图让自己的工作从技术性转向富有深意。他曾经跟我讲过一件事，一天晚上，当他在饭桌前眉头紧锁、滔滔不绝地大谈了一番崇高理念之后，他的小女儿米丽娅姆说道：“哇哦！老爸又说了句深马（deepity）！”多么灵机一动的造词啊！[①]我决定采用它，并且把它当作分析的对象。

“深马”，就是一个“看上去”重要、正确、深刻的命题，但它之所以看上去有这种效果是由于它的模棱两可。你从一个角度读这句话，会发现它明显是

① 米丽娅姆在网上看到我用了她造的词并和我取得了联系。按她的记忆，当时的场景有些不同，但内在精神还是一致的：“在我们家，这个词有点讽刺意味。它指你为了抬高自己而说的貌似真理的话。”不过，她大方地同意我继续使用她爸爸告诉我的那个版本，并且认可了我对这个绝妙新词所做的重新定义。

错误的，但如果它是真的，会显得特别惊天动地；而从另一个角度读这句话，你又会发现它是真的，但是特别无聊。粗心的听众看到了第二种读法中的“真”，又看到了第一种读法中的震撼效果。“哇哦！这句话可深了。”他们想。

这里有一个例子。坐稳了，这句话很给力。

> Love is just a word.
>
> 爱就一个字。

哇哦！真了不起。很带劲，是不是？错了。在一种读法中，这句话明显是错的。我不确定爱情到底是什么，也许是一种情绪、一种情感依赖、一种人际关系，也可能是人类心灵能达到的最高状态。但不管怎么说我们都知道它不只是一个词。你在词典中可找不到爱情！

我们可以采用另一种读法：用咱们哲学家约定俗成的方式。当我们“谈及”一个词时，就把这个词用引号括起来，那句话就变成了：

> “Love” is just a word.
>
> “爱”就一个字。

确实如此，“Love”是一个英文单词，我们可以说它只是一个词，而不是一个句子。它以“l”开头并由四个字母组成，在词典里它一般排在“lousy”与“low-browed”之间，它们也只不过是词。“芝士汉堡”也只不过是一个词。“词”只不过是一个词。

你会说：可是这不公平。显然，无论谁说出“爱情只不过是一个词”时都意指得更多。确实如此，但是他们并没有把这更多的东西明说出来。也许他们的意思是“爱情”是一个像“独角兽”一样的词，它让人们误以为那是多么美好的东西，但事实上却并不存在；也许他们的意思是“爱情”这个词充满歧义，人们永远也无法说清它到底指的是什么样的东西、关系、事件。但这些解释看上去都没有那么有道理。或许“爱情”就是一个令人深感困扰的、难以定义的词，或许“爱情”就是一个难以定义的状态，但很明显，这些解释看起来既没有什么建设性也不深刻。

并非所有“深马”都这么容易分析。最近，理查德·道金斯（Richard Dawkins）[①]又让我见识到了一句“深马”，坎特伯雷大主教罗恩·威廉斯（Rowan Williams）描述自己的信仰时说：

> 沉默地等待真理，在问号出现之处静坐并呼吸。

我就把对这句话的分析留给大家当作练习吧。

① 理查德·道金斯的自传《道金斯传》中文简体字版已由湛庐文化策划引进。——编者注

INTUITION PUMPS

AND OTHER TOOLS FOR THINKING

第一部分小结

一件非常趁手的工具几乎可以变成你的一部分，就好像你的手脚一样，对于思考工具来说尤其如此。装备上这些简单的、多用途的思考工具，能让你带着更敏锐的感觉踏上艰难的探索之旅：它们让你看到裂隙、听到警铃、闻到危险的气息，如果少了它们的帮助，你可能无法发现那些错误。

此外，你也要把一些准则牢记于心，比如拉波波特法则、史特金定律，它们会像《木偶奇遇记》中的小蟋蟀一样对着你耳语，当你要挥舞着武器冒失地冲进丛林时提醒你控制自己。是的，思考工具同时也是武器，用战斗来比喻没有什么不恰当的。我们当然需要智性上的雄心与勇气来解决最艰难的问题，而争强好胜就是它们自然的附属品。在激烈的“战场”上，当有人急着要让别人像他一样思考时，即便是伟大的思考者也会采用卑鄙的手段。当人们能够抛出有力的反击时，建设性的批判也会被嘲讽所取代。这样的事我们已经见过太多。

我们接下来要面对的，都是一些热点问题：意义、进化、意识，还有自由意志。当你处理某些境况时可能会感到恐惧或厌恶，不过请你放心，那时你并不孤单。即使是最有名望的专家也可能会被一厢情愿的想法牵着走，因而对真理视而不见，为情感而非理性的原因所蛊惑。人们关心自己是否真的具有自由意志，关心我们的心灵以何种方式存在于身体当中，也关心在这个只由原子、分子、光子、希格斯玻色子构成的世界中意义何以存在，甚至是否存在。人们应该关心这些。说到底，有什么问题会比这些问题更重要呢：我们身处于怎样的世界？在这个世界中我们应该做些什么？所以，我们要格外小心。前路凶险，亦无地图可依。

第二部分

关于意义和内容的思考工具

INTUITION PUMPS

AND OTHER

TOOLS FOR THINKING

为什么要从意义开始说起呢？因为它是所有难题的核心，原因很简单：每当我们开始与自己或者别人谈论它们时，那些难题就会出现。獾不用关心自由意志，海豚也不用烦心意识的问题，因为它们没有提出问题的能力。好奇会害死猫，却能吸引人类去反思自己的种种困惑。现在看来，语言或许会带来一个麻烦：一旦掌握了语言，我们就再也摆脱不了那些大问题了。因为无论怎么看，它们都不再微不足道。如果可以像我们的祖先类人猿那样注意不到那些问题，或许我们可以过得更舒适，成为更快乐、更健康的哺乳动物。

要进行有效的探索，尽一切所能去弄清出发点和自身装备是我们首先要做的事。词语有自身的意义。那词语的意义是怎样产生的呢？作为词语的使用者，我们通过说某一事物来指示它，而这又是怎样实现的？我们如何理解彼此的话语？我们的爱犬似乎在一定程度上能"理解"一些单词，数量甚至高达几百个之多，但是撇开训练所得的技能和自然界中从灵长类、鸟类到无脊椎类动物的初级符号系统，真正将人类思想与其他动物的思想区分开来的是词语。两者之间差异显著。但有些"较高等"的非人类动物看起来仍像是有思想的，它们也在以一些有限的方式处理意义：它们的知觉状态，它们的欲望和冲动，甚至是它们梦境的意义。

有时，人们会精心打扮，穿上猫装、披上熊皮或者装扮成海豚，那时我们就会觉得自己跟动物很像。所有的人类文明都有这样的共识：动物可以看、知道、想、尝试、害怕、决定、冲动、记忆，等等。总之，它们同我们一样，思想中满是有意义的的某种东西，无论它是观点、信念，还是心理表征。

大脑是如何产生意义的？一个普遍的观点是，既然词语有意义，那么我们和动物头脑中这些代表意义的东西也都能像词语那样，在头脑中组成思想的语句、表达观念，诸如此类。但如果词语的意义来自思想，而词语本身也是思想的产物，那么，这些思想词语又要从哪里来获取意义呢？难道动物的大脑要像词典那样，既保存思想词语，又保存这些词语的释义？还有，既然动物，至少是“较高等”的动物的头脑中已经装满思想词语了，那为什么它们还是不能谈论？[①]思想语言这个观点是非常有问题的，但毕竟我们的思想和信念需要有一些构成要素，它们到底是什么呢？[②]

① 许多狂热人士会说，动物也能谈论，只是我们还未能发现或转译出它们所用的语言。这是一个具有永久吸引力的观点。但近些年来，有关猿类、鸟类和海豚如何与同类沟通的详尽研究却表明，它们“分享自己想法”的能力是非常有限的。如果它们使用的可以算是语言，那么白蚁就可以成为工程师了，螳螂就有了信仰，狼族可以组织议会。

② 杰里·福尔多在他的前沿著作《思想的语言》（*The Language of Thought*）中亮出了这一有力的问题，并引用林登·约翰逊（Lyndon Johnson）挑衅般的说辞“我是你唯一的总统”强调了这个问题所隐含的答案。

13

特拉法尔加广场上的谋杀案

意义和内容都是我们大脑的“意向性”产物

这是我们的第一个直觉泵。雅克在特拉法尔加广场上枪杀了他的叔叔，继而被舍洛克逮捕。这则消息汤姆是在《卫报》上读到的，鲍里斯则是在《真理报》上读到的。雅克、舍洛克、汤姆和鲍里斯都有着不同的经历，但有一件事情却是他们所共知的：他们都知道一个法国人在特拉法尔加广场上杀了人。他们都没有说过这句话，即便是“对自己”也没说过；我们还可以猜测，他们的脑中也没有浮现过这一命题，即便浮现过，各自的理解也会不尽相同。而他们确实都知道，一个法国人在特拉法尔加广场上杀了人。

人们从常识心理学（folk psychology）的立场出发会觉得这显然是一条他们共享的信念，但事实上，这种看法是有局限的。普通的常识心理学家，也就是我们所有人，不自觉地就会把这种共识强加于人。以此同时，我们对他人两耳之间生成那些信念的器官却知之甚少。这四个人是不是还有其他什么共有的东西，是否会有某种相同形态的东西在他们的脑中成形，并以某种方式促使他们拥有了共享信念？但这种想法会让我们陷入一种暧昧的推论。也许现实中真的有那种共有的神经结构，四个大脑恰好都以同样的方式“组织”出了这个想法:“一个法国人在特拉法尔加广场上杀了人。”但这不必要,事实上也不太可能。出于种种原因，我们在此只做简单探讨。

“I'm hungry”和“J'ai faim”这两句话使用了不同的单词，大声朗读时发音也不同，各属两类不同的语言，语法结构也有差异，但它们有一个共性：都意味着或者关乎着同一件事——说话者饿了。这一共有的性质，即两句话在各自语言中的意义（语句的意义）或者句子所表达的那些看法（语句的内容）是哲学和认知科学的一个中心论题。这种句子、图画、信念，毫无疑问还有大脑状态所展示的关涉性（aboutness），哲学里称为意向性（intentionality）。其实“意向性”这个术语选择得并不太合适，因为局外人会习惯性地将“意向”与有意做什么事情这类日常概念混为一谈。

下面这席话可以提示你两者之间的不同：一根香烟不关乎吸烟，也不关乎其他任何事情，尽管事实上它总要被某个人吸掉；而一个“禁止吸烟”的标语就关系到了吸烟，从而显示出了意向性。认为某棵树后面有强盗也显示出了意向性，它涉及了一个可能存在的罪犯，但这显然不是普通意义上的有意为之，你不是“存心那样认为”，只是突然产生了这种感觉。而远离那棵树是普通意义上的有意为之，因为它并不关涉其他什么事情。在遇见哲学术语“意向性”的时候，如果你有用“关涉性”这个稍显笨拙的词替换掉它的习惯，那你就更不容易出错。人们普遍认为意义和内容之间有着密切的联系，它们之间相互依赖，更有甚者还会说，这两者压根儿就是一回事，都是意向性。但对于内容和意义是什么以及怎样准确地捕捉到它们这样的问题，人们却很难达成一致。这就是我们必须谨慎对待这一主题的原因。这里是各路问题的大集会，不过我们尽可以小口小口地细嚼慢咽，一点一点地将它们消化掉。

从上文的例子中我们可以看到，有四个不同的人都知道这起谋杀案的案情，他们的大脑并无共同之处，却共享了同一个“意向性”的内容：相信着“同一件事”。雅克是谋杀案的目击者，事实上，他是犯案人；舍洛克感受这一事件的直接性仅次于雅克；汤姆和鲍里斯则是采用截然不同的方式了解到了这次谋杀。获得“一个法国人在特拉法尔加广场上杀了人”这则信息的方法有无穷多种，利用这则信息以拓展个人能力的不同方法也有无穷多种，比如在智力竞赛中回答与此相关的问题、赢得赌注，或者是将它当作逸事讲给游客们听，等等。纵然我们有很好的理由去相信，所有的信息来源与应用结果都来源于人类大脑的某些共同的结构，而我们最终会发现这些结构，只是，现在就直接跳到这个结论还为时过早。

在结束论述这个直觉泵之前，我们还应该按照侯世达的建议转动那些旋钮，看看直觉泵的各个部分都在做什么。为什么要挑选一个如此特殊的场景？因为我需要的是一件令人难以忘怀的事情，它得足够震撼，以至在远离案发现场的地方也会有关于它的不同语言的报道。需要指出的是，我们的大多数信念并不是这样获得的。也许雅克、舍洛克、汤姆和鲍里斯还有无穷多其他的共享信念，它们看起来并不那么引人注目。例如，他们都相信，椅子比鞋子大，汤是液体的，大象不会飞。如果我告诉你野生的鲑鱼不戴助听器，你可能会说，这并不稀奇。但你是什么时候知道这件事的？你不可能天生就知道，它也不是学校课程的一部分，你头脑中也从没有出现过表示这个意思的句子。鲍里斯通过阅读《真理报》把那些与事件相关的句子“简单地上传”到了大脑，然后又将所了解的这些东西“转译”成了“大脑语”（Brainish）。对于我们来说，整个过程似乎显而易见。但是，要说鲍里斯的大脑也针对有关鲑鱼的事实进行了这样一番文书工作，就有些不切实际了。这个事实是从什么东西转译成了“大脑语”的呢？

下面是另一个旋钮。假设，一只狗菲多和一只鸽子克莱德也是这起谋杀的目击者，它们可能也从这起事件中接受到了什么，所接受的东西都经它们各自的大脑调整过，会影响到它们以后的行为。但是，即使作用于它们感觉器官的信息有声有色且都指向这一事实，它们大脑最终得出的也不会是“一个法国人在特拉法尔加广场上杀了人”。一段录像可能会为这一事实提供合法的证据，但对菲多和克莱德来说则毫无意义。可见，这个直觉泵是想冒险将一种严重的人类中心主义倾向带入我们对于意义的探索中。词语和句子是典型的意义载体，但动物不使用它们，因此，说“动物的脑会使用语句”即便不算错，也显得有些牵强。而如果事实证明这种说法是对的，那它将会是一个极具启发性的发现，虽然我们之前早已这样认为。

从科学角度来看，意向性现象对我们来说既非常熟悉，就像食物、家具和衣服一般在日常生活中显现，又让你全然难以捉摸。我们毫不费力就能将生日祝福、死亡诅咒和承诺区分开来，但这不代表我们同样可以轻松完成一个工程：做出一个有效的“死亡威胁侦测”。死亡威胁都有哪些共同之处呢？看起来，似乎只有它们的含义。但含义不像放射性或者酸度，很容易就能被调试好的探测器鉴别出来。要检测一种通用意义，我们首先想到的是国际商业机器公司（IBM）的超级计算机沃森（Watson），在按照意义归类方面，它比之前的人工智能系统要好得多。需要注意的是，“按照意义归类”这项工作并不简单，沃森有时可能会错识一些连小孩都能轻易辨别的死亡威胁。一个孩子可能会笑着冲另一个孩子吼道：“如果你再这样，我发誓会杀了你！”小孩子也能识别出这不是一个真的死亡威胁。沃森的庞大和复杂至少间接地说明，“意义”的那些常见的性质其实是多么难以捉摸。

INTUITION PUMPS
AND OTHER
TOOLS FOR THINKING

14

生活在克利夫兰的一位兄长

一种观念只能生长在一堆观念之上

还是那个观点，含义并非神秘不可测。我们大脑中一定会有某些结构能够以这样或者那样的方式“贮藏”我们的观念。知道了普度鹿是哺乳动物之后，你的大脑中会有一些东西发生改变；之前一些模糊不清的东西会逐渐变得明朗起来；这些变化还会牵连出一大批关涉物，如此一来才能解释为什么现在你会知道，比起梭鱼类，普度鹿与水牛有更近的亲缘关系。因此人们普遍会认为：观念是“贮藏在大脑中”的，就像数据文件以系统码的形式保存在硬盘里那样，每个个体的系统码也许都如指纹一般各不相同。雅克的观念以“雅克语”的形式刻录在他的脑中，舍洛克的观念也以“舍洛克语”的形式刻录在他的脑中。但是，这个迷倒众人的想法是存在问题的。

现在，假设我们已经进入了神经密码学的繁盛时代。在这里，为观念稍做修补和将观念植入人类的大脑对于“认知微神经外科医生”来说都已成为可能，他们能在人类大脑的神经元中写下相关的命题，当然，用的是大脑中的“本土语言”。我想，但凡我们能够读懂大脑中的文字，那么，只要工具足够精妙，我们也一定能书写它们。

来做个假设，我们要把“我有个兄长生活在克利夫兰”这个错误的观念植入到汤姆的大脑中。假设认知微神经外科医生已经按要求非常完美地完成了这次改写。之后可能会出现两种结果：这种重新改写已经损害到汤姆的基础理性，又或者没有。请考虑这两种情况。汤姆正在一家酒吧里坐着，一个朋友问：“你有什么兄弟姐妹吗？”汤姆回答说：“有，我有个哥哥住在克利夫兰。”“他叫什么名字？”那么接下来会发生什么呢？汤姆也许会说：“名字？谁的名字？哦天哪，我说了什么？我根本就没有什么哥哥！刚刚，在那里，我恍惚觉得我好像有个哥哥住在克利夫兰！”在另一种情况中，他可能会说：“我不知道他的名字。”逼得紧了，他甚至会全盘否定这个兄弟，或者这样断言：“我是独子，我还有个哥哥住在克利夫兰。”

在这两种情况中，我们的认知微神经外科医生都没有让一个新的观念很好地奏效。在第一种情况中，这个单独的、无法证实的干扰一出现就被汤姆完整的理性彻底粉碎。短暂情形下说出的“我有个哥哥生活在克利夫兰”不是一个真正的信念，它更像是一种抽搐，像是抽动秽语综合征的一种表现。而在第二种情况中，如果可怜的汤姆继续表现出这种病理特征，那么，在有关哥哥这个命题上所表现出的赤裸裸的非理性会让汤姆无法再成为一个可以持有观念的人。无论是谁，如果理解不了“有一个哥哥住在克利夫兰自己就不可能再是独子”，那他也就不能理解自己所下的断言。没有理解，你就只能“鹦鹉学舌”，无法形成观念。

这个假想出来的例子凸显出了观念之下隐含的一种心智能力。如果一个观念不能根据不同的语境无限扩充自身的使用方法，那么，在任何意义上它都不能算作是一个观念。假设那位医生已经完美地植入了“我有个哥哥生活在克利夫兰”这个观念，同时也保留了大脑的正常功能，在这种情况下，一旦出现了什么矛盾，大脑便会立即撤销掉这个人工植入的观念，否则，它将会表现出一些病理特征，围绕这个植入的观念展开层层叠叠的虚构。比如：“他叫塞巴斯蒂安，住在热气球里，是马戏团的杂技演员。”这样的谈话并不少见。“科萨科夫综合征”是常常困扰嗜酒者的一种健忘症，患者都深信自己用虚假“记忆”编织起来的那些故事。

所有这些都清楚地说明了，一个“命题”不可能孤立地存在于我们的大脑中，即使是一个妄想出的观念，它也只有在一堆非妄想的观念上才能生长，它得承接住那些不断传递过来的意义。如果在汤姆不能同时确信自己的哥哥是男性、有呼吸、住在波士顿以西巴拿马以北等的情况下，就说医生成功植入了一个观念，那可就大错特错了。

这一直觉泵想要说明的是，人们不可能只持有一个观念。你知道狗有四条腿，就一定知道腿就是狗的四肢，四一定比三大，等等[①]。每个观念都会牵涉到其他一些东西，这里我就不再一一列举了。在此，我也不再赘述要怎样改造这件思考工具，让它发挥其他作用。欢迎你自己转动旋钮，看看还会想到些什么。在更多地描述出它们的特性之前，我要尽可能多地先把各种各样不同的思考工具展示出来。

① 我们常常将这种说法称作精神或意向的整体主义。杰里·福尔多坚决否定这种整体主义，他认为我们完全可以想象出一种只有一种观念的生物（Fodor and Lepore, 1992）。

15

“爸爸是名医生”

理解是随着时间推移而逐渐清晰的

问一个小孩:“你爸爸是做什么的?”她回答:“爸爸是一名医生。”可是她真的知道她在说什么吗?从某种意义上看,她当然知道,但要想真正弄懂自己所说的这句话,她还需要知道些什么呢?同理,如果她回答的是“爸爸是一名套汇人”或者“爸爸是一名精算师”,她还需要知道些什么?假设,我们怀疑小孩可能并不明白那句话的意思,想测试一下她,难道她就一定得对那句话做出释义,或者必须要说出她的爸爸给病人治病,来对之前的回答做出扩展吗?如果她是因为知道爸爸不是屠夫、不是面包师、不是烛台匠,从而得出爸爸是名医生,这样的理由充分吗?如果她不知道假医生、江湖医生、无证医生这些概念,她会知道医生是什么吗?

就此而言,要搞清楚爸爸就是自己的父亲,她又需要理解多少事情?要搞清楚他是自己的养父，或是自己“生物学上的”父亲呢？显然，对于成为一名医生意味着什么，作为爸爸又意味着什么，小孩子的理解会随着时间的推移逐渐深化，所以，对于自己的这句“我的爸爸是一名医生”，她的理解也会有所变化。我们是否能非常审慎地详细列举出，要“彻底地”理解这一命题，她到底要知道多少东西？

如这个例子所示，因为理解是一点一点形成的，那么基于理解的观念也应该是一点一点形成的，即使是对于这种通俗的命题来说也是如此。她“近似”知道她的爸爸是一名医生，这并不是说她对此有所保留或者怀疑，只是她的理解还不够全面，还不能作为一个重要的前提引出其他有用的观念。

16

常识映像和科学映像

反映世界的两个不同视角

到了搭建一些脚手架的时候了，然后再继续我们的探索，这样可以更好地理解什么是意义。这里有一件思考工具，它能为许多问题提供有价值的研究视角，可惜，本应人人必备的这样一件思考工具至今却只局限在了哲学的本土领域中使用。哲学家威尔弗里德·塞拉斯（Wilfrid Sellars）于1962年发明了它，旨在能够更清楚地考量：对于我们居住的这个世界，科学向我们展示了什么？常识映像是我们日常接触的那个世界，它包括固体事物，还有颜色、气味、味道、声音、阴影、植物和动物，也包括人和他们所需要的东西：包括桌子和椅子，桥梁和教堂，金钱和契约，还有歌曲、诗篇、机遇或者自由意志这些无形的东西。

然而，当我们将所有这些事物与科学映像中的那些东西，如分子、原子、电子还有夸克及其家族对应起来时，会出现哪些疑难问题呢？其一，真的有什么东西是实在的固体吗？20 世纪初，物理学家亚瑟·爱丁顿爵士（Sir Arthur Eddington）曾写道：有“两张桌子”，一张是我们每天都触摸的固体的那张，另一张由原子构成，这些原子散布在一片空旷的空间之中，它们组成的与其说是一块木料，倒更像是一个银河系。有些人会说，科学想要说明的是，世上没有真正的固体，固体性质只是一种错觉。但爱丁顿没有走得那么远。其二，有些人会说色彩是一种错觉，真是那样吗？人类视觉确实只能看到介于红外线与紫外线之间的狭窄波段的电磁波，这种电磁波不含有一点儿带颜色的东西，原子也没有颜色，即使金原子也不是金色的。但从另一种意义上看，颜色当然不是一种幻觉：当索尼公司（Sony）说他们生产的彩色电视能够真实地显示出世界的颜色时，我们不认为这是在说谎；也没有人会因为宣伟公司（Sherwin-Williams）向我们兜售的各异彩色只是些涂料就以诈骗罪把它告上法庭。

那么钱币呢？目前，没有多少钱币是由银制成的，有的甚至连纸币都算不上。就像诗歌和诺言那样，它们不是物质，承载的是信息。但这就意味着它们只是虚幻吗？不，如果你因此就执意去寻找构成它们的分子，那你就错了。

塞拉斯（Sellars, 1962, p.1）有句名言：“理论上来说，哲学的目的就是理解最广泛意义上的事物是如何在最广泛意义上勾连起来的。”这是我读到的最好的哲学定义。科学家们并不特别擅长将我们常识映像中熟悉的事物转换成相对陌生的一些科学映像。物理学博士，请你告诉我颜色是个什么东西吧。根据你的理论，真的存在颜色吗？化学博士，你能为便宜货给出一个化学公式吗？便宜货当然（可！）是存在的。那它们是由什么构成的呢？嗯，也许根本没有什么便宜货可言。但是这样一来，在一个便宜货和一个看起来像便宜货的东西之间有什么化学成分上的区别呢？

我们可以以这种方式一直追问下去，继续探索那些只有哲学家才会考虑去解决的问题，但现在还是让我们遵循塞拉斯的引导，暂时退后一步，去了解“这个世界上有两种完全不同的视角”吧。那么，为什么存在两种视角？或者，会存在多种视角吗？我打算先从科学映像入手，然后顺势摸索常识映像，并通过这种路径来尝试回答这些问题。

不管是细菌还是我们现代人中的一员，每个生物体在这个世界中都有一套对自己至关重要的东西，对于这些东西他们必须竭尽全力去辨识和抢占。哲学家们将支撑起存在的这一系列东西叫作“本体论”（ontology，源于希腊文的“事物”一词，想不到吧）。所以，每一种生物都有自己的本体论。它还有另外一个名字，叫作生物体的“环世界”（Umwelt，德语单词，意思是“环境”，想不到吧；Thure von Uexküll，1957）。动物的环世界首先是由一些基础情景构成的（Gibson, 1979），包括食物、配偶，它们要学会躲避，知道从哪里钻进钻出，从哪里观测外界的动静，要有一个容身之所，还要有一席立足之地，等等。

从某种意义上看，一个生物的环世界其实是一种内部环境，是一种“主观”甚至“自恋”的本体论，构成这种本体论的都是生物认为对自身最有用的那些东西，但这种“内在”和“主观”并非是从“可意识到”这个层面来说的。环世界其实是一个工程学概念：一部由电脑操控的升降机的本体论，是指在完成这项工作时需要它逐个完成的那一整套动作。[①] 图勒·冯·于克斯屈尔（Thure von Uexküll）有一个研究就是关于虱子的环世界的。我们可能会认为，与我们人类的环世界比起来，海星、蠕虫或雏菊的环世界与那部升降机的本体论更接近，但事实上，这只是我们的常识映像。

与雏菊的本体论或者环世界不一样，我们的常识映像是明显的，也的的确确是主观的。世界是我们所在的世界，世界取决于我们。[②] 与雏菊的本体论相

① 其中的重要细节我们将会在第 27 章中讨论。

② 对于那些喜欢想象成为雏菊是一种怎样的体验的人，我表示抱歉。不过我提供了环世界这个概念作为赔礼，它能让你得以公正地对待一朵雏菊真正的能力，而不至于过火。

同，我们的常识映像也是在经年累月的自然选择中成形的，并最终沉淀成了我们基因的一部分。有一个我很喜欢的例子，讲的是一只食蚁兽和一只食虫鸟的环世界到底有多不同（Wimsatt, 1980）。一只在空中搜寻单个虫子的鸟，为了追踪虫子飘忽不定的飞行轨迹，它的视觉就需要有很高的闪光融合率。鸟儿每秒可以看到比我们的肉眼所能捕捉到的更多的帧数，所以一部电影对它们来说就像是幻灯片一样一片片地切换展示。食蚁兽只需要分清蚂蚁出没的大致区域，然后用自己巨大的舌头一扫蚂蚁密集的地方。

哲学家们会说，在食蚁兽看来，“蚂蚁”是一个集合名词，就像“水”“冰”“家具”这样的词，而不同于“橄榄”“雨点”和“椅子”这类可以一个一个数清楚的词。食蚁兽在看到一大堆蚂蚁的时候会不假思索地用自己的舌头将它们一扫而光，根本不在意什么个体，正如我们在吃糖的时候也绝不会想，自己嘴里咀嚼的是一大堆糖分子。

我们的大多数常识映像并不能随基因遗传，它们基本上是我们在童年时代经过反复灌输保留下来的。词语对我们来说非常重要，有它们作为媒介，我们大量的常识映像才能够传达。但是，我们用词语区分世界中不同事物的本能、我们对说话的冲动，这些多少还是跟基因遗传有些关系的，就像鸟儿能定位飞在空中的一只只小虫，黄蜂总是要筑起蜂巢一样。面对妈咪、小狗、饼干，即便没有语法将它们编组成句子，这几个词仅作为标签，也能帮我们在常识映像中清楚地归拢出很多重要的范畴。如果不借助这几个词本身，你能清晰地搭建出便宜货、错误、许诺的意思吗？更不要说全垒打或者单身汉这类词了。之前通过仔细考量侯世达那些心爱的思考工具，我们已经展示出：词语怎样建构和修饰了我们的思想，怎样运用那些几乎无形的东西，那些天马行空、空口无凭、相互影响的东西，来丰富我们个人的常识映像。

17

常识心理

人们无需正规教育就拥有的一种能力

常识映像中最重要的一种形式是常识心理（folk psychology），因为它还维系着很多其他类别的映像，而这些映像对我们来说也都非常重要。1981 年，我提出了常识心理这一术语，但很显然，它的雏形 Volkpsychologie 早在心理学家威廉·冯特（Wilhelm Wundt）和弗洛伊德等人的作品中就出现过，表示的是有关国民性格的一些东西。我当时没太注意这个词，而也有些人将它沿用至今。我用常识心理这个词表示我们共有的一种能力，我们通过这种能力来理解周围的人、动物、机器人，甚至是一个普通的温控器，认为他们都是拥有关于自身所在世界的知识（观念）、具备努力要去实现目标（愿望）的行动者，会根据自己的观念和愿望选择最合理的行为方式。

一些研究者喜欢将常识心理称作“心智理论”（theory of mind，TOM）。我觉得这极具误导性：对于我们如何才能拥有这种能力的问题，“心智理论”预设了我们运用的是一种理论。这就相当于，如果你会骑自行车，就说明你已经有了一套自行车理论，或者说，你没有饿死或者没有吃沙子，是由于你有一套营养学理论。对我来讲，要思考这些能力，这显然不是一个有效的方法。每个人都相信我们拥有相互理解的能力，但对于我们要怎样才能做到相互理解，大家却众说不一。所以，最好还是不要出现“理论”这个词，于是我选取了“常识心理”这个更加中性的词语。

同样研究如何诠释和预测他人心灵的理论还有心理学，也叫作科学心理学，它确实有自己的一些理论，如行为主义、认知论、神经计算模型、格式塔心理学，等等。而常识心理是一种不需要接受正规教育就可以熟练掌握的能力。常识物理（folk physics）亦是如此，所以拥有这种能力的我们能预料到液体会流动、物体无支撑会坠落、炙热的东西会烫伤我们、水能解渴、滚动的石头上不长苔藓等。至于为什么无需参加物理课程，我们的大脑就能轻而易举地做出这样几近完美的预测，这又是另一个非常有趣的问题。

常识心理是指“每个人都知道的”那些我们自己及别人心中都有的想法：人们能够感觉到并分辨出疼、饿、渴这些不同的感觉，能够记住过去发生的很多事件，也能预见到一些事情，睁开眼能够看见眼前的事物，在听力所及的范围内能听到别人在说什么，他们骗人也被人骗，知道自己在哪儿，能认出别人……我们不知道其他人、其他动物的脑子里在想什么，就以惊人的自信做出了这些推测。这些本事理所应当地发挥，以至于能注意到它们都是件让人觉得很费劲的事儿。

艺术家和哲学家们一致认为：“将熟悉的变陌生”[①]是他们必须主动完成的一项任务。创作天才们的一些奇思妙想威力无穷，能让我们冲破过度熟悉造成的坚壳，跳出系统，转换到一种新的观察视角，用全新的眼光再去看那些平凡

① 哲学家路德维希·维特根斯坦、艺术大师保罗·克莱（Paul Klee）以及批评家维克托·施克洛夫斯基（Viktor Shklovsky）都表达过这个意思。

无奇、显而易见的事物。科学家们也完全认同这一点。牛顿就问过自己这样一个奇怪的问题：为什么苹果会从树上掉下来？而我们普通人只会想："那么，怎么就不会从树上掉下来呢？因为它有重量呀！"好像这样解释就足够了。如果你不是盲人却有几个盲人朋友，那么你免不了会像我说的这样：即使眼前的人看不到，你也禁不住会用手去指东西或是比划着各种形状，不管你们彼此相伴了多久。在与一个意识清醒的人共处时，你就是会有这种默认的预期：你们能看到同样的事物，听到同样的声音，闻到同样的气味。

你驾车以 60 千米每小时的速度在道路上行驶，而另一辆车以相同的速度迎面向你驶来，你不会因此就惊慌失措。问题来了，你怎么就知道不会发生可怕的相撞呢？因为无需思索你就会这样想，虽然你肯定不认识对面的司机，恐怕都无法看清这个人，但他肯定想活下来，而且你俩都知道此时最好的方法就是双方都靠右行驶。值得注意的是，听到广播新闻说今天在这条路上会有新型机器人的驾驶测试倒有可能会让你心情紧张。当然，进行这种系统测试是想让路面交通变得更加安全，毕竟这是谷歌（Google）的设计。但是，与众人鼓吹的机器人比起来，你更相信的是大家在一般情况下的合理行为和自己对迎面而来的这位驾驶员的基本认识。

为什么"每个人都知道"常识心理呢？它是否终究还是一种大家在孩童时代都学习过的心智理论呢？它是我们天生就知道的吗？或者，如果是习得的，我们是什么时候，又是怎样学会它的呢？在近 30 年中，有大量的研究在探讨这些问题。

我的答案经过了多年的研究，始终未变：与其说这是一种理论，倒不如说它是一种实践，常识心理是我们探查世界的一种方式，它来得那么自然，所以在我们的大脑中一定有着其基因基础。还在妈妈膝边玩耍的时候你就会接触到一些常识心理，之后，如果在成长期间脱离了与周围人的联系，那么你在常识心理方面可能就会表现得比较吃力，在其他方面也会有严重的障碍，但是，你还是会不自觉地把那些看起来不规则运动的事物解释成行动者，并与钟摆或是滚下山的石头区分开来。

1944年，弗里茨·海德（Fritz Heider）和玛丽-安·西梅尔（Mary-Ann Simmel）在心理学入门课程上展示的那段简短动画也很好地说明了这一点：动画中有两个三角形和一个圆形，它们围着一个开口的长方形不停地绕进绕出。这些几何图形怎么看都不像是人，也不像动物，但我们不可避免地会将它们的交互运动看成是有目的的，受欲望、恐惧、勇气或者愤怒驱使而做出的行为。

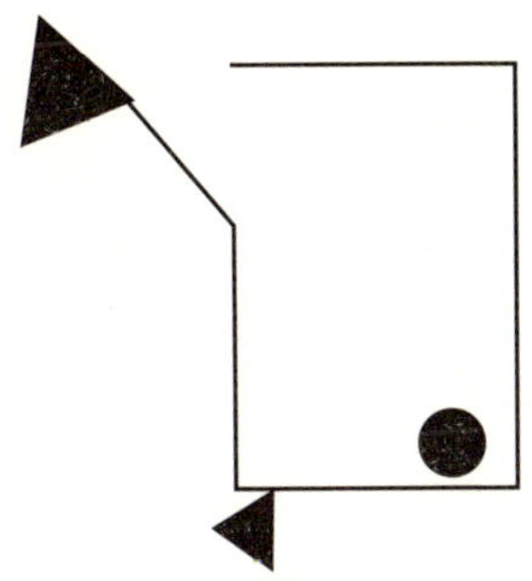

我们生来都具备一部“行动者检测设备”（Barrett, 2000; Dennett, 1983），它一触即发。但这种设备有时也会走火，这种情况常常发生在一些令人感到紧张的环境中，于是我们就会看到幽灵、地妖、小精灵、矮妖、花仙子、小矮人、恶魔以及诸如此类的事物，而事实上，我们在那个地方看到的也许就只是几根摇动的树枝、一排倾倒的墙，或是一扇吱呀作响的门而已（Dennett, 2006a）。从很小的年纪起，我们就能毫不费力地自动将他人看作行动者，而且不仅能看出他们是高兴、愤怒、困惑还是害怕，也能看出他们在偷偷摸摸地行动、犹豫该走哪条路，乃至不愿接受一笔交易。不用接受脑部手术，也无需多么复杂的技术，这很简单。我已经说过，是那些简单化的假设造就了常识心理，让它们容易使用又力量强悍。它们就像是科学中那些理想化的模型，极度抽象到只剩下了一些本质特征。我称它为“意向立场”（intentional stance）。

18

意向立场

解释实体行为的一种策略

到目前为止，一切顺利。基本上，我们每个人对常识心理都很在行①。在大多数时间里，我们都有本事把包括自己在内的所有人看作是有思想的人，这如同呼吸一般毫不费力。我们依赖这个想法，无需思索，也没有疑虑，而通常情况下，它也的确可靠。为什么我们自然而然就会这样想？这种

① 让我们列举几个反例来看看它们其中的差别。不论严重与否、形式如何，自闭症最明显的一个症状就是很难形成常识心理。那些患有自闭症的人，比如动物学家坦普·葛兰汀（Temple Grandin），如果想去彻底地了解其他人，只能依赖一些通过自己辛苦努力总结得出的理论。那些我们可以轻松地甚至是不经意间就能看明白的手势、笑容或者状况，葛兰汀必须经过细心观察才能推断出其中的意思。机敏、聪慧的她收集到了足够的线索后，就可以辨别出什么是友好的祝福，什么是威胁恐吓，还能看出人们脸上赞许的神态。她通过自学可以鉴别出承诺和场面话，能讲笑话、能说谎。

《生活大爆炸》中一个众所周知的荧幕形象谢尔顿·库珀（Sheldon Cooper），他实际患有阿斯伯格综合征，这也是一种轻微的自闭症，你几乎能听到他那副科学大脑不停地翻搅，不停地在为当前面对的情景推理出诸多细节，整个过程就像是他在化学实验中分析试管里的催化剂的作用一般。很明显，坦普·葛兰汀和这位虚构的谢尔顿·库珀都有自己的一套心智理论。如果说我们常人也有某种理论，也不会与他们的理论太相像。

想法又是怎样运行的呢？现在，我们需要停下来多建几个脚手架，好让我们接下来的探究轻松些。

常识心理是怎样运行的呢？我姑且先不让它运作在我们人类身上，检查它在物体上的运作更方便我们得出一个清晰的答案。假设你正在与一台计算机下棋。你想要赢，而战胜对手的唯一方法是你能够料想到这台计算机可能回应你的每一步："一旦我把象移到那里，它就会被计算机吃掉，而如果我移动卒，计算机就必须得动它的后；……"你怎么知道计算机会那样走呢？难道你朝它里面看过？你曾研究过它的下棋程序？当然没有。你不需要那样做。能如此肯定地做出这些预示是因为你是这样设想这台计算机的：

1. 它"知道"游戏规则并且"知道"怎样下象棋。
2. 它"想"赢。
3. 它能够"看到"可能的棋步和机会，并以此来判定如何理性地走下一步。

换句话说，你已经把这台计算机设想成是一名优秀的国际象棋选手，至少不是国际象棋白痴或是那种自杀型的选手。也就是说，你把它当成了一个有思想的人。再往前推进一步，一旦你开始用常识心理来预测和理解这台计算机的每一步，你就已经采用了意向立场。

意向立场是一种解释包括人、动物、人工制品等实体的行为的策略，它将这些实体的行为解释成一个理性的主体在"考量"了自己的"信念"和"欲望"之后所做出的"行为""选择"。[①]给这几个词语加上了引号是想强调，我们需

① 我称之为"意向"立场而不是"理性行动者"立场或者"信念 - 欲望"立场的原因是，在 1971 年，哲学家们所做的有关意向性的大部分工作都是包含在"意向习语"的逻辑里的，这种习语记录的是我们对信念、欲望和预期的命题态度，习语中的关涉物常常会引起一些逻辑问题，而且同时也指明了解决方法。一个句子或是一种信念可以表示一些并不存在的东西，比如说圣诞老人；一种欲望也可以针对一个并不存在的东西，比如不老泉或是茫茫大漠中一杯清凉的饮料。意向立场关乎行动者的所思所想，但它不是我们有意去采取的一种立场，它就那么自然而然地、不经意间就发生了。

要先将它们的标准内涵搁置一旁，以便探索它们的中心要素：它们在实际推理中的作用，以及之后它们对推理者实际行为的预示。按照定义，任何事物，只要从意向立场出发具有可靠的、强大的预见性，那它本身就可以构成一个意向系统（intentional system）。我们将会看到，有很多令人着迷的、结构复杂的东西，虽然它们没有大脑、眼睛、耳朵和手，所以根本不具有思想，但也能自成一个意向系统。也就是说，在人类互动交流以外的其他一些领域，常识心理也可以发挥它的基本作用。我们不仅会看到它在计算机技术和认识神经科学领域里的应用，还会看到它在进化和发展生物学中也发挥着作用，这是常识心理得到充分应用的最重要的几个领域。

我计划先简单搁置起“谁真正地拥有思想”这个麻烦的问题，实际上，它与意向立场适用于哪些领域有关系。但不管这个问题的正确答案是什么，也不管它是否真的有正确答案，都不会动摇这一朴素的事实：除了能在我们日常的人际生活中很好地发挥常识心理的作用以外，意向立场在其他一些领域也一样发挥着十分显著的作用。

搁置问题这一举动让很多哲学家懊恼至极。他们想要阻止我，在进行下一步的探讨之前，他们坚持要先就“什么是思想，什么是信念，什么是欲望”这些问题给出恰当的解释。先生，请先定义一下你的这些术语！不，我不想这么做，这还太早。意向立场是个不错的技巧，我想先探讨它的威力和应用范围。一旦搞清楚了它的长处以及为什么它会有这样的力量，我们就可以回过头重新考量，我们是否还需要对那些词语给出正式的、无懈可击的定义。

先把“谁真正地拥有思想”这个问题搁置起来，面对一个棘手的问题，我们得一点一点地攻克，我不想费力地将它囫囵吞下去、一口消化掉。在我要介绍的思考工具中，很多都可以用来这样一点一点地解决问题，你可以先粗略地“确立”几个点，方便认清问题的大体轮廓。在《活动空间》（*Elbow Room*,

1984a）一书中，我将我的方法与雕刻家的方法进行了对照，他们先在大理石上勾画出要雕刻的形象，然后再仔细地、认真地雕琢，慢慢成型。这是一个循序渐进的过程。很多哲学家好像不会使用这种工作方法，他们一定要为自己的问题或者可能的解决方案找定一个完整的界限，然后才肯提出假设。

三种立场

现在我们要比较一下意向立场与其他预见策略，看看意向立场的威力到底来自哪里。首先要做的是辨别三种主要的立场：物理立场、设计立场和意向立场。它们还可以根据不同的情况做进一步地细分，但这里暂不需要。

简单来说，物理立场就是物理科学的一种标准的运算模式，它要求我们在思考问题时用物理定律和事物的物理法则来得出预测。你手一松，石头就会掉到地上，我说这话的时候动用的就是物理立场。一般说来，面对着那些无生命的事物或是非人造的事物，只能采用物理立场，尽管我们在后面还会看到一些很有分量的特殊情况。而对于所有的物质，不管它是不是人造的、是否有生命，因为它们都符合物理法则，所以，理论上，只要从物理立场出发，我们就能够对它们的运动进行解释和预测。如果你手中攥着的是一个闹钟或是一条金鱼，我会基于同样的物理立场得出相同的预测：一松手它们就会掉到地上。从物理立场来看，你手里的这个闹钟或是这条金鱼很少会有其他有趣的反应方式。

闹钟作为一种人造物品，与石头不同，它也服从于人们设想出的预见。这种预见来自于设计立场。假设有一件我从没见过的东西，大家称它为闹钟，那么我一定很快就能推断出：如果我按照要求按动一些按钮，一段时间后这个闹钟就会叮铃作响。我不需要学习那些专门的物理定律去解释为什么我上了闹铃闹钟就会按时响起。我只需要知道，它是一个特殊的装置，会依照相应的设计按要求工作。从设计立场出发的预想没有从物理立场出发的预想那么可靠，原因是我们还需要考虑如下的这些额外的设定：

1. 这个实体是按照我们的想法设计出来的。
2. 它会按照设计要求运行，中间不会出现失误。

设计出的物品偶尔会出现设计上的失误，有时它会突然失灵。这些丧失功能的情况不会发生在一块石头上，因为石头自身不带什么功能设置，一块石头一旦损坏，结果就是它分成了两半，变成了两块石头，而不是一块损坏了的石头。面对一件相当复杂的设计品，比如说，比一把斧头更复杂的一把链锯，此时极为简便的预期就补偿了采用设计立场所冒的风险。如果我们参考一张简单的设计图纸就可以弄明白链锯的各个部件如何活动，那么就没人愿意从那些基础的物理定律入手再去预测链锯的运作方式了。

使用我们讨论的重点，意向立场比使用设计立场要承担更大的风险，但也更加便捷。意向立场是设计立场的一种，意向立场将设计而成的事物看作是行动者，有信念也有欲望，能根据这些信念和欲望执行合理的行为。闹钟是一种简单的物品，严格说来，在理解为什么它是那样运行的时候，我们没必要运用奇幻的拟人理论。不过，一旦问题中所涉及的人工制品比一只闹钟要复杂得多时，采用拟人理论这样一种蓄意立场就变得非常必要了。事实上，那几乎是必须的。现在，再借用与计算机下象棋这个例子，让我们来慢慢梳理一下，不要错过任何重要的细节：

1. 在轮到计算机走棋时，你要将计算机可用的有效走法一一列出，一般来说会有几十种走法。
2. 将这些走法从好（最明智、最理智的）到次（最愚蠢、自杀性的）依次排列。
3. 做出你的预测：计算机会选择最好的那种走法。

也许你一时确定不了为计算机列出的这些有效走法中哪种是最好的，计算机倒是可能会更清楚地“领会”到自己的处境，但你却可以排除掉大多数的可能，只留下四五种走法，这就大大提高了你正确预测的概率。在这个基础上继续思索，借助于设计立场，你就能预先确定出计算机接下来的走法，尽管这可能需要不断的努力、耗费大量的时间。你需要先获取程序的“源代码”（见第27章），然后对其进行“手动模拟”，经过数百万个甚至上亿个小步骤，最终确定出要走哪一步。这样你就一定能预测出计算机的走法，但时间有限，在有生之年恐怕你是不能像计算机那样得出结论的——信息量太大！但相比起要回落到物理立场，奋力处理那些由计算机的键盘输入所形成的电子流，运用设计立场已经让问题简单了很多。所以，试图运用物理立场去预测或解释那台计算机的下棋招式显然不切实际，即使是从设计立场出发工作量也太大，我们需要也有一台计算机，但那是犯规的。

意向立场则能巧妙地完成所有那些繁重的信息收集和运算，将赌注押在一件事上：这台计算机足够“理性”，能够走出最漂亮的一步棋。计算机的目的也是要赢，而且它也熟悉棋盘上每一颗棋子的地位和作用。在很多情况下，利用意向立场你不用费太多力气就能非常准确地预测出计算机会如何走棋，更何况，有些时候计算机的布棋走势会很明显，是一步“迫棋”，或者叫“无脑棋”。

很明显，在与电脑下棋的过程当中，从意向立场出发可以非常有效地对计算机的走棋进行预测，因为这个下棋软件追求的只是在一个纯理性的下棋环境中“推理出”最合理的那一步。假如计算机程序操纵的是一家炼油厂，同样明显的是，它得根据对各种条件的探测来执行不同的步骤，这些条件多少会影响到程序下一步的操作。这里需要强调的是设计的卓越性或合理性，一个白痴程序设计员设计出来的程序往往很难在这种环境下完成专家们要求的那些事务。而如果是一套设计精良的信息系统或者控制系统，那么即便编写这个程序的程序员们没有为源代码附上一些“注释”说明，程序运行的那些基本原理也都会清晰可见，且具备高度的预见性（后面我们还有很多有关计算机的话题）。要预测程序的运行结果，我们无需清楚计算机的编程，只要知道运营一个炼油厂所需要达成的理性要求即可。

现在大家已经看到，为什么我们可以通过意向立场来预测行为，以及我们是怎样做到的。在我们把人类都处理为意向系统时，我们会巧妙地将对方脑壳中那颗大脑以及我们自己大脑中的运作细节忽略掉，因为我们都在无限制地依赖“人是有理性的”这一事实，浑然而不自知。所以，就算突然闯入了一个新异的情景，我们通常也能自然地，事实上是不由自主地寻求到其中的意义，凭借的正是我们天生的本领：领会别人应有的信念（摆在他们眼前的事实）和欲望（什么对他们有好处）。

没有多少人会质疑“我们常常需要利用常识心理来进行预测”这件事情，至于要怎样来解释这份生命的馈赠，其间却存在着很多争执。“自然法则”成千上万，比如：

> “如果一个人很清醒地睁着双眼，面对着一辆公共汽车，那么他就能知道自己面前有一辆公共汽车。”
>
> “如果一个人发现与别人合作不用花费太大代价，还能得到他人青睐，就会倾向于合作，甚至是同陌生人合作。”

我们是这样一条条学到它们的吗？还是，基于“人们会在情境中根据理性做出回应”这种隐含的观念，所有那些基础法则才应运而生？我保证是后面一种。原则上，我们会在生命历程中逐一领略到概括性的法则，这些法则中囊括大量定型的行为模式，从中很难产生与人类正常的生活处境相差极大的、科幻小说式的情节，让我们无法想象身处其中时会怎样反应。“如果这事发生在你身上你会怎么办”是一个很平常的问题，有时我们会做出这种无用的回应：“我可能会昏死过去了。”有时则会有效地做出理性的回答：“希望我足够聪明，知道该如何去做。”有时，我们会在一些反常规的场景中看到各色人物创造性的表现，但我们仍然能够顺利地理解他们在做什么、为什么那么做。我们也能理解那些用自然语言表达的全新句子，而这些句子我们在之前的生活中并没有听到过，但我们依然能理解那么多的人类交流，这些现象足够表明，每个人多多少少都与生俱来地具备一些生成能力。

我们很自然地、不假思索地就会将意向立场蔓延到动物那里去。如果要设法捕获一只狡猾的野兽，利用意向立场对我们来说就是不二之选；如果要想理解一些更简单的动物乃至植物的行为，采用意向立场也是一个有用的方法。蛤蜊有自己的行为方式，它们是理性的，这些理性基于它们对这个世界的有限视野。树木能够感觉到敌人在步步逼近，现在洒在自己身上的阳光就要被身旁那些更高大的绿植反射掉了，于是它们吸收养分更快地长高，这并不稀奇。毕竟，对一棵植物来说这是眼下最明智的做法。就人工制品来说，即使原始的温度调节器也会表现出一点最基本的意向立场来：为了要把温度控制在我们想要的水平上，它会对实际温度进行有规律的采样，将采集到的数据与我们的要求进行对比，并依据结果进行温度调节。在给没有专业知识的小朋友介绍温度调节器的工作原理时，你可能就会这么说。

这个简单的意向系统理论讨论的是，为什么将对象视为行动者，我们就能够理解它的行为，我们是怎样做到的。这不是一个关于内在机制的理论，不能直接解释行动者如何以某种方式获得理性指导从而显示出预见性。意向立场向我们提供的是意向系统的一纸“说明”、一份工作说明书，包括哪些需要甄别、哪些得记住、哪些要去做，等等，要实现说明书中所述功能的是工程师，如果是一套有机体意向系统，则是进化和发展过程。眼前有这么一个行动者，它能区别一美元和十美元，可以找零，还可以识别假币，它愿意也有能力一天 24

小时地为消费者提供他们想要的产品。这种从意向立场出发的特征描述，既可以看作是一份自动贩卖机的说明，又可以看作是对一名便利店店员基本工作的描述，它完全模糊掉了个体之间内部结构的不同和他们具有的其他更多的能力。

用软件工程师的话说，这种等同或者说中立性不是一种错误，而是一种特征。在后面三章中我们将会看到，正是这种等同让意向系统理论在有关思想和大脑的困惑之间架起了桥梁。简而言之，它让我们看出了“真正的”信念（人的信念）和“仅仅”像是有信念（比如自动贩卖机、动物、小朋友，最明显的还有构成人体的各个部分）两者之间的共同之处。为了进行预测，我们可以借助于意向立场，先简要介绍大脑中那些子系统的功能，而后再对如何运行这些功能给出详尽解释。我们把一整个神奇的、“真实的”人分解成一些仍带有自身程序和方法的次人类行动者，然后再依次将这些次人类行动者分解成更简单、更愚钝的行动者，最后剩下最简单的意向系统，我们无需借助意向立场就可以对它进行描述。受益于有原则地放宽了那些哲学家们曾力图施加在人类信念和欲望上的条件，想象力终于得以在人类个体层面的常识心理和次人类层面的神经回路活动之间架起桥梁，这项任务错综复杂。从人类一路向下，直到无感觉的物体，“真正的”信念和欲望在何处终止，仅仅“好像”信念和欲望的东西从何处开始出现呢？正如我们已经在第 15 章以及即将在其他一些思考工具的帮助下看到的，要求得出这样一条明确的界线并不合适。

意向立场在计算机科学和动物心理学方面都有非常普遍的应用，意向系统理论解释了其中的缘由。有些进化生物学理论家扬言要摒除意向立场，这真是自寻烦恼，我们在后面讨论进化论的部分会看到这一点。①

① 我在 1983 年发表在《行为与脑科学》（*Behavioral and Brain Sciences*）上的专题论文《认知动物行为学中的意向系统：为“过分乐观范式”辩护》（*Intentional Systems in Cognitive Ethology: The 'Panglossian Paradigm' Defended*）一文中提供了一些相关细节，其中还夹杂着一连串吸引人的异议和反驳。要想了解有关意向立场的最新阐释以及我对一些常见反对意见的进一步辩驳，请参考拙文《意向系统理论》（*Intentional Systems Theory*, 2009c），本章中多处内容节选自该文。

INTUITION PUMPS
AND OTHER
TOOLS FOR THINKING

19

人与“次人”的区别

自上而下的认知能力分解

不是你的眼睛看见了，而是你看见了；不是你的嘴在品尝巧克力蛋糕，而是你在品尝；你的大脑不会憎恶你肩膀上那穿刺般的疼痛，而你会；签订那份合同的不是你的手，而是你；你的身体只是被唤醒，而你却堕入了爱河。前面的句子不只是一种“语法上”的修辞，就像在有雷阵雨时我们会说“天下雨了”而不是“一场雷暴雨正在下”。这关乎的也并不只是一些约定俗成的使用习惯。有时，人们会很不屑地问：“这不就是些语义学的东西吗？”他们倾向于认为，这些与我们如何“定义我们的词语”无关。但是，我们如何定义词语却常常能够产生重要影响，接下来我们就会看到这一点。我们怎样谈论别人，怎样谈论他们能做什么、会有什么样的遭遇，这些都要在基于很多重要的事实之上的前提下才能实现。

乍一看，有很多人能做的事情都是人类自身特有的部分所不能做的，事实上的确如此。但如果真是这样，就存在着这样一种反过来的让人毛骨悚然的想法：我们是不是可以将一个人粗略算作是人类身体特有的一个部分，他是否可以等同于自己那个完整的、可正常运作的大脑？是你有脑子，还是你就等于你的脑子？这个问题并不好回答。砍下了我的胳膊，我仍可以签合同，用脚趾头拿笔或者发出一个口头指令，但如果把我的脑子弄傻了，那我的手再怎么做也不能算是在签合同了。摘掉了眼球我就再也看不见了，除非我可以安一个假眼球，这并不是一个遥远的幻想。但如果一块一块"取掉"你的大脑会发生什么呢？如果完整地保留下我的眼睛和视神经，而移除掉我的枕叶皮层，那我可能就会变成"皮质盲"，只残留下一些视力，著名的盲视就属于这种情况。毫无疑问，我们还可以多切除掉一点大脑，这样连盲视都不存在了，但你仍然活着。很多人都认为，这样在大脑上一刀一刀地割除下去，消除掉听觉、触觉、味觉还有嗅觉等，最后剩下的便是你的终极指挥部，那就是你所在的地方，是决定人之所以是人的那个东西。

然而，这种观点是错误的。大脑的无数多种能力是纠结在一起、相互影响的，根本不存在一个将大脑所有的能力都集结于一处从而产生意识的中心。① 让你成为你之所是的那些能力、性情、偏好和怪癖，都依赖于连通你的身体和大脑的通路才得以形成。哲学上有一个非常流行的有关脑移植的思想实验：你想成为哪一方？大脑的"捐献者"还是"收容地"？这只能通过非常扭曲的理想化手段来实现。如我以前所说，"你无法把我从我的身子上撕下来，只干净利索地留下一个轮廓"（Dennett, 1996a, p. 77）。

互联网有个最重要的特性：去中心化，走遍世界你也找不出它的中枢或者指挥部，所以你也无法对准哪个地方投一颗炸弹，一举把它销毁。计算机的每

① 这是我在《意识的解释》（*Consciousness Explained*, 1991a）中讨论的中心论题。很明显，有那么一个特殊的地方（我把它称作笛卡尔的剧场）存在的这一观点对很多思想家来说始终具有吸引力，尽管我和其他人已经给出了所有能反驳的理由，但是仍然无法说服他们。

个部分都功能多样且沉积着海量的冗余信息，所以即使哪个部件出现问题，计算机也只会在性能上出现些许“适度的降级”。《2001：太空漫游》（*2001: A Space Odyssey*）中的智能计算机哈尔（Hal）却有它的“逻辑记忆中心”，里面满满地装着记忆卡，因此一旦戴夫（Dave）将这些记忆卡一个一个分开，哈尔就再也无法重新启动了。互联网没有类似这样的中心。尽管大自然没有赋予我们如互联网那般紧罗密布的分散结构，但不能否认，构成我们的各个部分也并非功能单一，它们的组织方式也是去中心化的。科学家们证明，我们的大脑组织是非常具有可塑性的，它能变换成各种新的配置，即使割舍掉了身体上的一些重要部分，只要不是那些致命的身体部分，你就还是可以做自己，追求梦想、惑乱敌人、权衡策略、重新尝试取得新的成功。这就是我为什么会说我们的确拥有自己身体各部分没有的能力。或者可以反过来说，要想理解或者弄明白一个完整活体中各个部分的能力，唯一的出路是你得认真思考它们是怎样为那个杰出整体的系统协调做出贡献的。

再来多看几个例子：你的大脑不懂英语，你懂；你的大脑找不出那个笑话的笑点，你能。纵然在理解和鉴别的过程中，是你脑中的相关结构在起着主要的因果推论作用，但离开了感官、四肢和其他器官长年累月的训练和支持，它也很难完成自己的工作。①

所以，将人这个生动的活体，这个有耐性、有意识、有理性的行动者记为主语并不只是我们的一种日常习惯：是你，犯了错误、赢得了比赛、迷恋上了莱斯利、说着凑合的法语、想去巴西、青睐金发碧眼的女人、犯了诽谤罪（在第 62 章中也有相关论述）。而我们之所以会饿、会累、会暴躁，所有这一切也只能归功于我们所谓的次人部分。

① 评论通常不会指出，在那个深受哲学家喜爱的思想实验“缸中之脑”中，活生生的大脑必须有一个身体，并将硬件和多年经验构成的软件相匹配。如果你“恰好”从头开始构建了一个大脑，各元素间随意连接，也就是说，这个崭新的大脑完全是随机连线的，那么有很大的可能，它不会具备任何能力，拥有任何连贯的想法、意图、计划或是明显的记忆，见第 35 章。也可以参见第 32 章。

那些构成人类的部分到底是什么呢？它们是像砖头那样堆砌出一个活的人体吗？如果着眼点仅是原子这种最小的部件，那么事实的确如此。但如果在分子、细胞以及更高级的层面上，构建方式就不只是堆砌那么简单了。蛋白质是构成我们人体细胞的主力，它们的能力超出你的想象，就像无数微小的机器人，我们可以称之为纳米机器人。神经细胞更是万能，它们在大脑中主要负责传递、转换和调节工作，我们可以叫它微型机器人。在更大的结构中，神经元可以连接成不同的团体，这些团体之间相互竞争也相互合作。神经元来回地传递信息，彼此互相压制，它们可以分析从感官传来的信息流，唤醒“记忆中”休眠的信息结构（这些信息结构并不是大脑中单独的一部分），在你行动时，它们还会精心策划一些微妙的级联信号，让你的肌肉活动起来。

任何比原子直接堆积而成的结构更高级别的结构都展现出了行动者的特质。换句话说，它们可以被解释为意向系统。就分子来说，如动力蛋白、DNA校正读码酶、细胞膜上数以万亿计的通道蛋白等，它们干起活来几乎是“自动化的”，但依然能给人留下深刻印象。

举两个虚构的例子，就像《魔法师的学徒》（*The Sorcerer's Apprentice*）中结队行进的扫帚，或者像麦克斯韦妖（Maxwell's demon）。[①] 再到细胞这一级，单个的神经细胞具有更强的试探性，它们不停地到处游走，寻找更好的神经链接，可以根据经历随时改变自己的放电模式。它们不再像是蛋白质纳米机器人那样的机器，倒更像是囚犯或者奴隶。你可以将它们想象成是正在狱中服刑的神经细胞，漫无目的地忙碌于大量连它们自己都搞不清楚的工程项目之中，对于变革政策以改变命运，它们从来都漠不关心。比细胞更高级别的结构单位，如神经束、神经柱、神经节、“神经核”这些细胞群，开始逐渐具有了一些深谋远虑，它们具有了自己专门的功能，可以敏感地感受到更多条件，甚至是来

① 麦克斯韦妖，是1871年英国物理学家麦克斯韦为了说明违反热力学第二定律的可能性所设想的。是在物理学中，假想的能探测并控制单个分子运动的“类人妖”或功能相同的机制。——编者注

自外部世界的条件。它们看起来更像是行动者了，“工作起来”需要更敏锐的洞察力，甚至还需要做决策。

这些行动者像极了那些白领、分析师和高管，他们都有自己专门的职责。就像白领们一样，这些行动者同样有着健康向上的竞争热情，会力所能及地完成自己应该做的事情，在对手或者同伴失利时，它们甚至还会毫不犹豫地代劳。这个层次上的这些次人部分完全就是一些智能砖块，我们开始逐渐看出一个大体的轮廓，在这些次人结构的基础之上，究竟要怎样才能勾画出对一个人的整体理解。面对满满一箱自行车零件，我们不得不感慨还得要“组装一下”，但至少我们不必去裁截钢铁，自己制造螺母和螺栓。

这些无脑的微粒是怎样构成一个活生生的人的？对于这个令人望而生畏的问题，我们可以掰开揉碎了看。可以自下而上，从细微处入手，就像我刚刚做的那样；或者也可以采取自上而下的方式，从整体的人开始，看看有哪些机灵的小东西一点点聚集起来，齐心合力地完成了能使一个人运动起来的全部工作。柏拉图倡导的是第二种方法，他将灵魂分成了具有类行动者性质的三种类型，相当于哲学王、卫国者和劳动者，或者是理性、激情和欲望。这并不是一个好的开始，对此两千多年来人们已经讨论得太多了。20 世纪，弗洛伊德提出了本我、自我和超我三个概念，这无疑是一个进步。但是，真正打碎整体思维，指引人们进入次思维研究的是计算机的发明和人工智能研究的诞生。人工智能研究从一开始就确立了自己的目标——要把人类整体的认知能力转变成一个由次人类专业处理装置组成的巨大网络，包括目标发生装置、记忆搜索装置、计划评估装置、感知分析器和语句分析程序等。

20

大脑中的小人儿委员会

认知科学的好理念

在几千年以来的思考和探索中，理论家们总是会不经意间就将心智想象成一个存在于我们身体内部的行动者，就像一个小人儿，拉丁文称为“homunculus”，他可以坐在大脑控制室里完成所有精妙的工作。如果你将人类的神经系统想象成一个巨大的电话接线网络，就像思想家们在 20 世纪五六十年代喜欢去做的那样，那么对于网络中心的操作员，你可能就会有这样的疑问：他的心智是不是也是由一个更小的电话网络构成？这个网络是不是也有一个中心操作员？他的思想是不是也由……？任何一种理论，一旦做出了类似“中心小人儿”这样的设定，那么它就注定要进入一种无限的倒退。

但是，也许假定有一个小人儿并没有错，错误的是我们假定了一个中心操作的小人儿。在我的第一本书《内容与意识》(*Content and Consciousness*,

1969）中，我犯了一个严重的错误：没能抵御住说句玩笑话的诱惑。我这样写道：

> “大脑中的小人儿”被赖尔（Ryle）称为“机器中的幽灵”，它如今早已声名狼藉，因为它并没有对有关思维的种种问题做出什么贡献。尽管“大脑书写”这种类比会带来一些有益的启发，但它做的也只不过是将脑中的那个小人儿换成了一个委员会组织。（Dennett, 1969, p. 87）

那么，替换成一个委员会又有什么问题呢？（哈哈，这里用到了我的归谬法！）在书写《头脑风暴》（*Brainstorms*, 1978a）的过程中我逐渐认识到，用一个委员会去替代大脑中那个小人儿的想法其实并没有那么糟糕，我想，它应该是认知科学中一个不错的基础理念。下面是有效的老式人工智能（good old-fashioned artificial intelligence，即 GOFAI；Haugeland，1985）的经典战略，人们称之为小人儿式机械主义：

> 因为人工智能程序员们是从一个带有意向色彩的起点入手的，所以他们当然会将计算机拟人化。比如说，一旦计算机顺利解决了问题，程序员就会说他们设计的计算机能够理解那些用英语写出的问题。程序设计的首要的、也是最高级的要求是要把计算机拆分成数个子系统，每个子系统都要执行一些带有意向色彩的任务。程序员列出一张流程表，上面贯穿着计算机评估、记忆器、鉴别器、监督器等部分，其中的每一个都算得上是小人儿……每个小人儿进而又可以被分解为更小的小人儿，值得一提的是，它们的智能性也会渐次降低。分解到最后，小人儿们都变成了一些加法器或者减法器，它们的智力仅能让它们从两个数字中挑出较大的那个。分解到这个程度，这些小人儿就可以由一台台机器替代了。（Dennett, 1978a, p. 80）

这一策略的独特价值在于它釜底抽薪地反驳了无限倒退论。小人儿式机械主义绕过了险恶的无限倒退论，用有限的倒退取代了它。就像前面已经说明了的，在倒退终止的地方，运行操作变得相当乏味，这时候就可以用机器来替代了。关键在于，以往在我们的印象中由中央操作执行的那些事物，现如今都已经被分担给了下属稍显次要、略微愚钝的那些行动者，这些行动者的任务还会继续被分配至更低层次的行动者，以此类推。

这是一个了不起的进步，但是有效的老式人工智能那种自上而下的工作方式要求有严格的等级分工，这却是个不必要的设计！我们可能已经想到要去除集权国王或者首席执行官，但还是有一大批副主席相互交涉，构成了系统的最高阶层，大量的中层主管要向他们汇报工作，同时这些中层也要指挥部下的行动，他们的部下也继而会召集更多的下属干事，如此等等。早期人工智能在计算机上的操作形成的就是这样一种超级高效的组织结构，它没有多余的动作，没有职位的闲置，不接受任何反抗。这在很大程度上是基于这样一个事实：运行那些早期的人工智能模型的大型计算机以今天的标准来说又小又慢，而人们总希望能更快速地得出结果。要想让你的人工智能系统赢得基金资助，就不能让它耗费很长时间才回答出一个简单的问题。它运行起来要非常高效。此外，书写成千上万行的代码是一项繁重的任务，因此如果你能成功地将目标任务，比如回答一些有关月岩的问题、诊断肾脏疾病或者下棋，分解成一组比较容易掌控的子任务，那你就可以清楚地看出：应当怎样编程、怎样将程序整合成一个可行的系统。你可以有一套独到的“概念验证”[①] 方法，它可能省时又省力。

① 概念验证是一个有用但又危险的工程学术语：要设计出一个非常精致、非常复杂的小玩意儿，你可以先解决一个“玩具问题”（toy problem），也就是做一个很简单的小东西，让它按照简化的工作原理运行，这就是在“验证概念”。然后需要做的是按照要求让这个小东西的功能充分完善起来，但这只是时间和金钱的问题罢了。这个简单的小东西可以让一个复杂的问题首先在概念上得以“解决”。有时候，“概念验证”就像宣传中那么有效。

值得注意的是，在设计计算机时，需求和工作表现几乎是完全独立的。硬件上，电力均衡地、源源不断地发送，没有哪个电路会面临电力耗尽的危机。软件方面，调度器系统总是让优先级最高的程序运行。至于哪个程序具有优先权，则需要通过某种竞争机制挑选出来，但各种程序是按照一个队列有序运行的，并不会陷入你争我夺的厮杀。正如马克思所说："从各展其能到各得所需。"计算机科学家埃里克·鲍姆（Eric Baum）将这种等级控制恰当地称为"政治"。也许普通大众之所以会模糊认同这一事实，是源于一种普遍的直觉：计算机不会关心任何事。这与制造原料无关，我们凭什么说由碳元素构成的东西就要比由硅元素构成的更会关心什么事呢？而是因为，风险和机会的观念并没有被置入到计算机内部，所以它不需要关心。

而神经细胞则大不相同。构成人体的那些普通细胞与成群的工蚁比较相像，它们没有私心，机械地工作，只是些百依百顺的奴隶，干着一成不变的活儿，在一个不怎么有竞争性的环境中生存。但据我所知，大脑细胞必须参与激烈的市场竞争。为什么呢？神经元想要的是什么呢？就像它们真核单细胞的祖先，还有更远亲些的细菌和古生菌那样，神经元想要的是填饱肚子、保持能量，继续活下去。神经细胞类似于生物机器人，从任何意义上讲它都不能算是有意识的。请记住，神经细胞都是真核细胞，类似于酵母细胞或者真菌。所以，如果说单个的神经细胞有意识，那岂不是说脚癣也能感知！但神经细胞有些地方还是会像它们那些无脑的单细胞表亲：在生死攸关的争斗中，它们都不愧是有极强战斗力的行动者。它们的竞争环境不是在你的脚趾缝里，而是在大脑所要求的环境里。在这里，谁能够更加有效率地建立起联系网络，谁能够在足以识别出人类欲望和冲动的虚拟机层面发挥更大的作用，谁才有机会赢得胜利。

神经系统中的很多子系统都以敌对的方式存在，每个子系统都希望以自己的方式行事，彼此之间常常会陷入拉锯战。例如，我们的各种情感会为了取代对方而不遗余力地相互展开疾风骤雨般的对抗，有时候它们也会结成联盟来阻挠自己的劲敌开展行动。现在我渐渐明白，人类各种情感之间动态的对抗过程，以及情感对我们思想的影响，都是以协调单个神经元相互竞争天赋的神经化学系统为基础的。值得注意的是，不像是那些本质上就极为自私的行动者，比如癌细胞，从一个更广阔的运作范畴来看，神经细胞还算是不错的团队成员。

我记得诺贝尔奖得主、生物学家弗朗索瓦·雅各布（François Jacob）曾说过，每个细胞都梦想着能完成分裂变成两个细胞，只有神经元不图繁殖，一心只想着要保持活力、有所作为。按照这种观点，对动物行为的智能控制是一种计算过程，就像在股票市场里完成一次交易那样。但正如神经科学家塞巴斯蒂安·承（Sebastian Seung）所说，神经元也是自私的，它们总是会倾其所能，最大程度地吸纳能在我们的大脑中获得的所有酬劳，这些酬劳以不同的"货币形式"出现。那么神经元利用多巴胺、5-羟色胺还有催产素都买了些什么呢？它们购买的是更加强大的影响力，能让自己在所处的连接网络中变得更加可靠。骡子虽不能生育，但它们仍会努力地营生。同样，神经元也有自我保护的本能，本质上，这是从它们可繁殖的祖先那里遗传下来的。

受神经科学的启发，作为大脑运作的一种模式，那种自下而上的小人儿式机械主义真是让人越看越觉得合理，因为从生物学的视角看，它生成的更加错综复杂也更有竞争性的"计算体系"是更合理的：我们可以看到它整个的发展历程，从胚胎直到成人，在这个过程中不断建构和修改。我们也可以看到，这种复杂的体系结构是如何从简单的神经系统发展而来，由那些未成熟的小人儿组合而成，那些小人儿有着"近似"于感知、标记和记忆的能力。①

① 不是每个人都喜欢这种说法。有一本书叫作《神经科学的哲学基础》（*Philosophical Foundations of Neuroscience*, 2003），由神经科学家马克斯·本内特（Max Bennett）和哲学家 P.M.S. 哈克（P. M. S. Hacker）合著，这本书对我上面的说法持一种鄙夷态度（Dennett et al., 2009）。

21

近似算子

达尔文渐进主义的启示

为什么我要沉湎于这种对于“近似”（Sorta）的讨论呢？因为一旦要对各层级的功能运作做出分析或综合评价，我们就需要针对那个层级，追问这两个问题：它是什么？它都做些什么？“它是什么”是指其组成部分的结构组织，前提是这些组成部分都能如我们假设的那样发挥它们的功能。“它能做些什么”是指，它可以将一些近似认知的功能实现得很好，让我们能在一个更高的水平上安心工作，因为我们相信脚下踩着的这块基石一定可以很好地发挥自己的功能、被很好地利用。它为“思想怎样由物质机制构成”这一出奇复杂的问题中最难攻克的那部分点出了关键性的一笔。

其实早在计算机发展的黎明时期，当之无愧的计算机创造者阿兰·图灵就展望到了这一幕。他从不掺杂任何智力因素的机制片段入手，将它们组织成能力更强大的机制结构，这些强大的机制结构又可以进化得更为强大，如此下去，看不到尽头。在认知科学中，我们会将近似算子看作是达尔文进化论中渐进主义的一种平行理论（在第五部分中会有更加详尽的阐述）。有细菌之前会先有近似细菌，有哺乳动物之前会先有近似哺乳动物，有狗之前也会先有近似狗的动物出现，如此等等。

要弥补一只猿猴和一个苹果之间的巨大差异，我们需要借助达尔文的渐进主义理论；而要弥补一部人形机器人和一个手动计算器之间的巨大不同，我们需要借助的是图灵的渐进主义理论。构成猿猴和苹果的基础成分都大同小异，不同的是这些成分的构造方式，还有各个层级的功能对它们的开发利用。近似猿和猿在原则上并没有什么明确的划分。人形机器人和手动计算器也是由相似的基础部件组成，它们都是些无思想、无感觉的图灵程序块。把这些程序块视为组成部分，放到更大的功能结构中，再组合成更高层次的结构，以此类推，到最后我们能得到这样一些部件，它们拥有近似智能，能组合成被称为“理解”的那种能力。

而现在，我们从意向立场出发，开始追溯每一层级上近似理性行动者的信念和欲望，或者近似信念和近似欲望，从最简单的细菌到动物，从海星到天文学家，追溯组成大脑的识别、标记、比较和记忆回路。但即使追溯到人类这一层级，我们也没能明确地找到真正形成“理解”的那个点。当那位小朋友说“爸爸是一名医生”时，她近似明白自己所说的那句话，我也近似理解“$E = mc^2$”。某些哲学家抵制这类反本质主义的理论（见第 43 章）：你或者认为雪是白的，或者不那么认为；你或者意识到了，或者意识不到；没有什么所谓近似的心理现象；要么就是，要么就不是。对于这些思想家来说，思想的力量永远神秘莫测，它是“完美的”，绝不是什么仅凭物质机制就能造就出来的东西。

22

神奇组织

不要为逃避难题而求助于“魔法”

李·西格尔（Lee Siegel）有一部关于印度街头魔法的杰出著作叫作《魔法网：在印度的奇观和欺骗》（*Net of Magic: Wonders and Deceptions in India*），他在其中这样写道：

> 当我说“我正在写一本关于魔法的书”时，便会有人问：“是有关真正的魔法吗？”人们常常将真正的魔法理解为神迹、奇迹般的行为或者超自然的能力。我说：“不，只是些小伎俩，不是真正的魔法。”换句话说，真正的魔法不是真实存在的魔法，那些可现实操作的、真实的魔法不是真正的魔法。（Siegel, 1991, p. 425）

按照定义我们会说，“真正的魔法”不可思议，与自然法则相悖。很多人愿意相信真正的魔法确实存在。但魔术师、怀疑论者、驱魔师神奇兰迪（the

Amazing Randi）却成功地复制了尤里·盖勒（Uri Geller）这些自诩巫师者的魔术，他想向世人证明，那些惊人的效果并不源自真正的魔法，它们都只是些戏法而已。不过，这并没有说服所有人。多年前，兰迪在温尼伯曾有过一次演出，在节目之后的问答环节上，一些观众便开始控诉他，说他其实是在双重欺骗：你和盖勒一样都是专业巫师，你拆穿盖勒的魔法，只是想让人们觉得，只有你才是真正的魔法师，这样就可以乘着盖勒的东风收获更多的名誉和财富。这些质疑莫名其妙，但兰迪却很难反驳，除非他能给在座的观众澄清这些戏法的原理。可兰迪尊重魔术界的世界惯例，他不愿意那么做。魔术师组合佩恩和特勒（Penn & Teller）曾经倡导要揭露魔术中的秘密机关，于是顶着魔术师同僚们的谴责，他们在魔术表演的同时，揭露出魔术背后的秘密。

就像很多人热切希望有真正的魔法存在一样，这种希望也折磨着很多人对思想与大脑之间关系的考察。不少神经科学家、心理学家，甚至是哲学家，潜意识里还是会被这样的观念吸引：神经组织中的动态属性可以利用某种科学无法解释的潜在力量，做出一些让你觉得神奇的事情。也许他们的想法没错。但我们不能一开始就这样假设，我们的前提条件必须是：没有什么神奇的组织！

有些东西是可以绝对肯定的：在计算机程序中，没有什么东西是在物理上无法解释的；没有什么难以想象的力场，也没有什么神秘的量子论诡计，更没有什么“生命冲动”（élan vital）。不可否认，计算机中没有神奇组织。我们清楚地知道那些基础任务在计算机中是怎样完成的，我们也知道它们是怎样一步步地组合成为越来越复杂的任务的，在解释这些功能建构时不需要添加任何神秘色彩。现如今，对于计算机表现出的那些精湛技术，我们常常是赞不绝口，但尽管如此，作为一部机器，计算机对我们来说和一个开瓶器并没有什么差别，都一样平凡又熟悉。它里面没有什么“真正的魔法”，都只是些戏法！

这一事实非常重要，我们在下一章还会详细讨论。它的价值在于：无论计算机做出了什么看似神奇的事情，我们都有证据表明它无需借助神奇组织。也许大脑采用的是另外一种运行方式，也许它真会用到一些神奇组织，也许兰迪和盖勒都是真的魔法师，但我们还没有找到合适的证据。所以说，计算机在清楚解释事物方面扮演着非常重要的角色，不管是飓风、房地产泡沫、艾滋病病毒，还是人类意识，在理解事物时，我们有充足的理由要首先去开发它们的计算机模型。

神奇组织这一概念作为一件思考工具，它的功能类似于警察的警棍：你拿警棍惩罚别人，警示他们不要使用不正当的理论。当然，就像你可能滥用警棍一样，你也可能滥用这个概念。神奇组织这件思考工具与“奥卡姆剃刀”有相似的作用，所以它同样会引发一种系统式的保守主义，令人缺乏开创性和前瞻力。现代遗传学的创始人之一威廉·贝特森（William Bateson）清楚地说明了这一点，我很喜欢他的这个例子，以下就是他在1916年说过的那段话，时间还没有过去很久：

> 生物的特性在某种程度上是依附于它的物质实体的，或者也一定程度地取决于核染色质（染色体）。神奇的是，不管这些物质实体或者染色体粒子有多复杂，它们都拥有传递我们的特征和种族（基因）的力量。我们可以推测，染色体的粒子虽然彼此无法区分，几乎在所有已知的测试中都是同质的，却可以凭借自身的物理特性赋予新生命所有的特性，其能力远远超出了最深得人心的唯物主义理论的解释。

当然，贝特森想不到还有DNA的存在，人体的每一个细胞中都含有包含着三十亿个碱基对的双螺旋，这超出了他的想象。而幸运的是，不是所有的生物学家都如贝特森一般悲观，他们始终在研究，遗传信息是怎样通过一些神奇的微粒代代相传的。在探索道路上，这些生物学家们一直坚持“没有神奇组织”的原则。从遗传学角度看，对于自己研究对象所具备的各种能力他们早已了如指掌，剩下的任务是尽可能地做出一个物理模型，让它也同样具有类似的能力。

如今，我们也面临着同样的任务。实验心理学已经为我们提供了一张有关心灵能力和弱点的十分详细的列表，其中显现出了成功的知觉和失败的错觉，说明了语言学习的步骤，还包括造成注意力分散、欲望、恐惧及欢乐的各种条件。而现在，作为“深信不疑的唯物主义者”，我们需要向大家解释清楚大脑是如何做到这些的，不能借助神奇组织。

随着理解的不断深入，我们对神奇组织的看法也在改变。20 世纪 80 年代中期，“联结主义”和其他一些“神经网络”模型的突然出现[①]展现了小束神经元的学习能力和图形识别力，而就在几年前，这根本就是无法想象的。虽然我们仍然不知道大脑是如何产生这些理论模型所展示出的计算能力的，甚至不知道大脑是否真的是像这些理论模型描述的这样工作的，但至少我们现在可以假定神经网络有某种连接能力，只要设定的这种能力不超出应有的界限范围。作为前提，我们无需对此多做解释。兰迪不可能完全照搬盖勒的魔术，但我们可以就此得出结论，兰迪的表演多多少少可以解释盖勒的伎俩，这就给我们更深入地探索实际发生的过程指明了方向。反对神奇组织的主要理由是：它提供给我们的是一种逃避问题的方法，而不是一种解决问题的方法，因为神奇组织预设了这是一个根本无法解决的神秘问题。

① 相关的综述和介绍，可以翻阅我的文章《计算机方法的逻辑地理：从东极来看》(*Logical Geography of Computational Approaches: A View from the East Pole,* 1986)。要看决定性的第一手文献，请参考 McClelland, Rumelhart, and PDP Research Group (1986)。

INTUITION PUMPS

AND OTHER TOOLS FOR THINKING

23

身陷机器人控制室

初长成的大脑不是一块“白板”

根据定义来说，机器人没有神奇组织，所以它们可以为思想实验提供一个纯净无干扰的平台，我们可以举出这样的例子。

一天清晨，你醒来后突然发现自己身处在一个没有窗户、非常诡异的房间里，躺在一张从没见过的床上。屋内有两面装满了不同颜色的微型闪光信号灯的墙，另外两面墙上则布满了成千上万的按钮。信号灯和按钮上都写着数字，但没有标记出哪个与哪个相对应。在床边的桌子上，有人给你留下了一张字条：

早上好啊！我们麻醉了你，在你睡着的时候把你绑架到了这里。冰箱里有食物，角落处是盥洗的地方，在这里，你身体的各种需要都能得到满足。你现在是被囚禁在一个巨型机器人的控制室里，每盏亮起的灯都说明了大量有关机器人状态的信息，这些信息是由高度复杂

> 的神经网络分析器根据机器人的高清视频眼、麦克风耳、触摸传感器和嗅觉传感器摄入的原始资料分析得出的。按钮控制着机器人的行动，已经调试好，随时可以使用。
>
> 机器人所处的环境非常险恶，危机重重，但也存在机遇。你掌握着它的命运，与此同时，如何控制这个机器人在世界中生存也决定着你的未来。机器人一旦毁灭，你房间里的电力系统也会全线瓦解，电冰箱里不再会有食物，你将面临死亡！祝你好运！

这真让人恶心！你提心吊胆地开始按动按钮，每按一下都要看看有什么事情发生。你按下了编号为 4328 的黄色按钮，随即，那盏编号为 496 的蓝色信号灯渐渐熄灭了。这是在让机器人挠痒痒吗？或者是让它闭上眼睛？又或者是让机器人“吃”了些东西，补充它新陈代谢的需要？你第二次按下 4328 按钮，分散排布的几盏灯亮了。世界会因此发生什么呢？这到底意味着什么？你焦躁不安，你知道这些信号灯蕴含的信息数量庞大，但却不知道哪盏灯与哪条信息对应，也不知道每个按钮都控制着机器人的哪些动作。

要是信号灯上和按钮上都有标注该多好！要是标注用的语言你还都能看懂，那么你就可能摆脱这些困扰。又或者，如果这间屋子有扇窗户，打开它能看到外面，那么在按下按钮后，你至少能看到外部世界相应的变化。这个机器人有胳膊和腿吗？假如有了这扇窗户，你还能试着将外面世界的活动与墙上闪烁的信号灯相互联系起来。而没有这扇窗户，尽管所有的信息也都摆在那里，但它们却不能构成任何解释。你可以让机器人做成百上千个动作，但却无法搞清楚这些动作对世界造成了什么影响。

现在，你进退维谷。因为，不管你有多聪明、多有想象力，即便所有信息资料都任你取用，你也很难说出发生在墙面上的这些到底表示着什么。但是如果你无法解决这个问题，那就很矛盾了，因为现在的困境不也正是大脑所面临的困境吗？大脑也是被困在了一个没有窗户的房间里，也就是你的头盖骨，成千上万的输入线路在忙碌着为它传入外部世界和你身体状态的相关信息，成千上万的输出线路在淡定自若地操控着肌肉的收缩和舒张。大脑当然不会在头盖骨上凿出个窗户，朝外看看周围发生了什么事情。凿开这么一扇窗户到底能让你的大脑得到什么好处呢？它跟你不一样，它没有自己的双眼，只能收容你眼睛接受到的信号或处理过的信息；至于这世上各种事物的样子，它也没有什么先天的记忆。

有些人并不觉得大脑的工作原理有多难，因为在看一只鸭子的时候，我们视觉皮层表面的激活模式，也就等同于那些闪着光的信号灯，就会形成一个鸭子形的图案。[①]好吧，但如果你的大脑和你一样，通过学习认识到了鸭子的模样，那请问，它到底是怎样学习到一只鸭子的模样的呢？

如果信号需要“解码”，你的大脑该怎样才能认识到事物呢？解码后的那些信号都变成了些什么？土耳其语？如果你不懂这门语言的话，土耳其语标签对你来说就毫无意义。所以，要从输入资料那里得到些有价值的信息，我们的大脑是不是得先懂得一门语言？之前有过这样一种观点，大脑无需后天学习，它自身就带有一种内部语言：心理语言（Mentalese），也就是思想语言（Fodor, 1975, 2008）。看起来，这个撩人的观点似乎能带领我们往正确的道路上再迈进一步，但是，除非能了解到它最初的成形过程及运作的诸多细节，否则“存在一种内部语言”这个观点只是给问题换了一个名字，并没有将问题解决掉。

我们知道，大脑总是在以某种方式解决问题，它可以果断地为输入信息造成的那些窘况或者机会找出适当的对策并且输出。我们也知道，大脑解决问题的方式绝对不是使用了一门语言，比如英语或者土耳其语，因为这种解决方式

① 是的，你的枕叶（视觉皮层）还有其他区域的激活模式真的同你眼前所看到的事物形状相似，只是有些扭曲，但另一个问题是，你的大脑里有能看到这些图形的器官吗？也许大脑的某些组织结构有近似可以看到这些图形的功能。无论如何，这需要我们谨慎对待。

并不是像我们小时候学习母语那样学到的。或许大脑内部语言更像是书面语，由记忆在大脑存档中进行书写？又或者，它更像是纯粹的口语？它会有成千上万甚至上亿个“词语”吗？词语的排列顺序和意义有关吗？它有语法吗？大脑的某一区域能够准确地理解其他区域中的信息吗？

如果思想语言指的是封闭控制室里的一个小人儿所明白的那种语言，就像在机器人体内的操纵室里，你能读到信号灯和按钮上的标签一样，那么实际上，它是把“如何在由毫无理解力的部分组成的机制的基础上完成理解和学习过程”这一问题延宕了，根本没有给出回答。而如果将小人儿从思想语言的假设中取消掉，那么不管整个这套系统是什么，都跟语言没有多大的相似度了。而且到目前为止，还没有人对“思想语言是如何运作、如何在发育过程中产生的”这些问题给出过详细的说明，所以，也许我们不该再那样自欺欺人，不该再那样自我安慰地说，我们在这个方向上正在取得进展。其实我们一直都在原地呢！

这个直觉泵是想说明，困在控制室里的大脑和那时受困的你所面临的境况并不全然相同。对于大脑来说，输入的信息是与输出相连接的，大脑本身就拥有一些能力，知道要去认识什么，知道怎样才能使各种连接变得更加合理。这项任务是提前完成了的。这也以另外一种形式证实了那个广为人知的说法，初长成的大脑不是“白板”一块（Pinker, 2002），它已然经历了自然选择的雕琢，自身体现着各式的偏好、预设和衔联，而且，有些合适的连接是提前内置的，无需标注。

在理解产生之前，先要有一些不需要理解的能力出现，这是自然法则。细菌浑身都是超凡的能力，这些能力让它们过得很好，只是细菌无须去理解这些能力，它们是愚蠢的。树也有趋利避害的能力，但它们亦不必知道其中的缘由。自然选择的车轮滚滚向前，一路上造就出了无数精巧能干的事物，这个过程也不包含任何理解。

我们成年人类具有的那种理解能力是进化史近期才出现的一种景象，它是由一些结构组合生成，而这些结构所具有的能力应该也是由鱼或者蠕虫所有的那种类似理解力发展而来的。大部分时间里，这些结构发挥着应有的作用，但它们并不需要知道自己为什么会那样发挥作用。

而认为有一名发育健全的理解者被关在控制室里，面对着墙面上各种各样的输入和输出信息，这种观点注定是行不通的。为什么？因为如果这种理解力无法解释，那么我们就得建立一个神奇组织、一种神秘力量作为理论的基础。但是，如果这种理解力的运行过程是可以清楚解释的，是由一些不具备理解力的过程、活动和能力构成的，那么你又回到了解释理解力如何从其他能力中发展而来的道路上。既然如此，又何必绕这个圈子呢？

第三部分

关于计算机的思考工具

INTUITION PUMPS

AND OTHER

TOOLS FOR THINKING

也许你们已经发现，我前面已多次提到计算机，而在后面的章节，我还会写到更多有关它的内容。今天，计算机无疑已经成为了我们最有力的思考工具，这不只是因为它们承担起了单调繁重的苦差事，解放了智力劳动，而且，计算机科学家们发明出的许多概念也凭借着自身的实力成为了极好的思想工具。

如今，我们整日都在计算机术语（例如硬件、软件、带宽或者千兆赫）的浪潮中浸泡着，所以我们想当然地就会认为自己对这类专业术语的理解绝对准确可靠。然而，直到在课堂上真正列出了几个这样的词语时，我才发现，虽然每个孩子也都装模作样地点着头，但他们对这些词的理解程度却实在是参差不齐，有时这些孩子们甚至会将我所传达的意思曲解到几近诡异的地步，以致我自己都被弄糊涂了。那么接下来，我首先想要教给大家的是，怎样为世界上最简单的计算机编写程序。

现在，如果你肯花费时间和精力去掌握一点基础的计算机编程技巧，那么你将会对我下面所说的这些有更深刻的体会，而如果你现在已经是经验丰富的计算机专业人士，那就

INTUITION PUMPS
AND OTHER
TOOLS FOR THINKING

希望我解释问题的方法能在你向普通人说明问题时发挥一点儿作用，或者跳过这一段也可以。我曾尝试对数百名有“计算机恐惧症”的本科生讲授下面的内容，效果不错：即使是那些宁肯背诵一整页电话号码也不愿意解决一道难题的人也不得不承认，能让一台超级简单的计算机按照我们的意愿做事是一件让人极有成就感的事。而当你完成了下文中的所有练习后，你就将掌握有关计算机能力的 7 个秘密。

24

计算机施展魔法的 7 个秘密

部分之和大于总体的最好实例

计算机隐藏的那种巨大能量一定会被几个世纪之前的人们看作神迹，看作“真正的魔法”。不过，尽管很多计算机程序都复杂得吓人，但它们全部是由一些基本的步骤组成的，仅凭几个简单的术语我们就能把这些步骤解释清楚。计算机上的运算从不夹杂任何神秘成分，作为思考工具，这正是它的重要价值之一，而且解释这件事儿本身就是一个很有趣的哲学问题。到底计算机是怎样施展它的“魔法”的？能在一个比较基础的层面上理解这个问题非常必要，这一章会提供给我们一些相关启示。

先从一台我们能想到的最简单的计算机——一台寄存器机开始吧，看看它有什么能力以及为什么它会有这样的能力。然后，我们再去考察图灵机和冯·诺依曼机。其实它们也只是一些更高效率的寄存器机而已，笔记本电脑能做的事情寄存器机也都能做，只是你得用它算上几个世纪。之后，我们才能慢慢地搞清楚，更高级的那些计算机“架构”如何在寄存器机这台本体机上增长了速度、壮大了技能，而人类大脑正是其中最重要也是最有趣的一种架构。

等一下，我从没说过“大脑就是一部庞大的计算机”，没有，一次都没有。我想说明的是，如果大脑真的是一部庞大的计算机，那么我们就一定能够找到一种方法将大脑所有的活动都解释清楚，不留下任何神秘色彩。我们采用的这种方法就是逆向工程：探究一个复杂的系统，分析它能做什么，是怎样做到的。逆向工程让我们知道了，心脏是如何像一个泵那样履行自己的职责，肺又是怎样收集氧气排放二氧化碳的。神经科学是逆向工程应用于大脑研究的一种尝试。我们都知道大脑能做什么：预测、支配、记忆、学习，接下来还需要我们搞清楚的是，大脑是怎样做到这些的。

这是个充满争议的话题。2000 年，小说家汤姆·沃尔夫（Tom Wolfe）曾在自己的文章《抱歉，你的灵魂已死》（*Sorry, But Your Soul Just Died*）中详细描述过这一敏感话题，随即便引起了一场激烈的论辩。如果我们不想把时间都浪费在那些雄辩和谴责上，而是要真正探索这个艰险的领域，我们还需要一些更锐利的思考工具。我们的大脑是否真的具有并利用了计算机永远都无法企及的那些神奇能力呢？要想有根据地解决这个问题，我们首先得知道计算机都能做些什么，它们是怎么做到的。而要想圆满地证明“我们的大脑不是，也不会是一台计算机”，可用的方法是：（1）证明大脑某些“活动部件”所参与的信息处理工作是计算机无法模仿的；或者（2）证明我们平日熟悉和喜爱的那些精神壮举并不能由组合、汇总计算机部件的简单工作或通过任何计算机形式的处理方式来实现。

除了哲学家外，还有神经科学家、心理学家、语言学家，甚至物理学家都认为这种人类大脑的“计算机隐喻”极具误导性，因为大脑显然能够做很多计算机不能做的事情。他们通常（但也不绝对）先对“计算机是什么”或者“应该是什么”这个问题规划出一个很天真的预设，最后就得出了这个明显但又不相干的命题，即大脑可以做很多笔记本电脑不能做的事情，因为笔记本电脑没有充足的传感器和效应器，内存低，运行速度也有限。而事实上，关于“通常情况下计算机能做什么”这个问题，如果真要回答，我想我们需要弄清楚的应该是：在通常情况下，计算机的能力来自哪里，是怎样得以发挥的？

1957年，那还是计算机时代的初期，王浩发明了寄存器机这个神奇的东西。他是逻辑学家，是库尔特·哥德尔的学生，顺便提一句，他也是一位哲学家。寄存器机是一件简洁的思考工具，每个人的工具箱里都该有这么一件，可惜它至今还仍未被大家所熟知。[①]寄存器机是理想化的、假想出的计算机，它只是由有限数量的寄存器和一个处理单元构成的，具有十足完美的合理性。

寄存器是一些存储单元，每个寄存器都有自己各自的地址，比如寄存器1、寄存器2、寄存器3，以此类推，它的内容包含一个整数，如0、1、2、3，……。寄存器就像是一个一个的大盒子，里面可以放置任意多的（从0到无限多个）豆子。不管这些盒子有多大，而我们总是希望这些盒子能无穷大，因为那样它们才能装上无限大的整数。但我们对大盒子的这些设定是有目的的。

处理单元只具备三种简单的能力：它只能“遵循”三种“指令”，一次执行一条。每一串指令构成的序列都是一个程序，而每一条指令由一个数字来标

① 20世纪80年代中期，我和同事乔治·史密斯（George Smith）在塔夫茨大学曾共同教授过一次计算机导论课程，很感谢那个时候他向我引介了寄存器机。乔治·史密斯看到了寄存器机隐藏在教育学里的巨大潜能，并开发出了一种教学框架，我在本章就采纳了这种框架来面向稍有不同的听众，也就是读者您。正是得益于那门共同教授的课程，我后来才和乔治·史密斯在塔夫茨大学建起我们的课程软件工作室。

记，即给每条指令分配一个 ID 号。这三条指令分别是：

> **结束。**表示将自己停止或者关闭。
>
> **增量。**将寄存器 n 中的数字加 1，或者说在盒子 n 中再填入一粒豆子，然后进入下一步，步骤 m。
>
> **减量。**将寄存器 n 中的数字减 1，或者说从盒子 n 中拿走一粒豆子，然后进入下一步，步骤 m。

减量指令与增量指令的运行原理基本相同，只是减量指令中多了一个非常重要的难点：如果寄存器 n 中的数字是 0 该怎么办？我们已经无法再从中减 1，因为寄存器中不能持有负的整数，正如你无法从一个空盒子中再拿走一粒豆子，面临如此窘境只得另寻它路。办法是：跳转到其他地方运行下一步指令。每一个减量指令都需要在程序中列出那个接受跳转的位置，以应对当前寄存器数字为 0 的情况。所以，减量的完整定义应该是：

> **减量。**将寄存器 n 中的数字减 1，如果可以执行则继续进行步骤 m，如果寄存器 n 不能减 1，则跳转至步骤 p。

一部寄存器机能做的所有工作，简单表示就是：结束、增量、减量（或者跳转）。

乍一看，你会觉得这台机器的工作实在有些无聊，只做着一些把一粒豆子放进盒子里或者从盒子里拿出一粒豆子的工作（只要它能找到一粒豆子的话，如果找不到，它会跳转到另一条指令）。但事实上，它可以完成一台计算机能做的所有运算。

让我们从简单的相加开始吧。假设你想让寄存器机将某一个寄存器（比如寄存器 1）里的数字加到另一个寄存器（寄存器 2）里的数字上。如果寄存器 1 中的数字是“3”，寄存器 2 中的数字是“4”，那么，我们要设计出的程序就是：相加结束后，寄存器 2 中的数字为“7”，因为 3+4=7。这个程序用简单的 RAP（Register Assembly Programming，寄存器汇编程序）语言编写出来就是：

程序 1：相加 [1, 2]

步骤	指令	寄存器	下一步	跳转至步骤
1	减量	1	2	3
2	增量	2	1	
3	结束			

前两个指令构成了一个循环，寄存器 1 每减一次，寄存器 2 就加一次，直至寄存器 1 中的值变成 0，处理单元能“注意”到寄存器中数值为 0 这一点，继而会将运行步骤跳转到 3，即寄存器机停止工作。处理单元并不知道寄存器中的数字，它只能识别出寄存器中数字为 0 的情况。用盒子和豆子来打个比方：把处理单元想象成是一个盲人，它看不见盒子（寄存器）里面有多少豆子，但是通过探测，它可以识别出盒子空了。所以，尽管事实上处理单元不知道寄存器里确切的内容，但只要步骤 1 开始运行，寄存器 1 的内容（不管寄存器 1 中的数字是几）就会累加到寄存器 2 里（不管寄存器 2 中的数字是几），然后停止。（你能知道它为什么会这样运作吗？多试几个例子看看。）我们甚至可以这样说：即使不知道哪两个数相加，不知道数字是什么，甚至也不知道加法是什么，寄存器机也能完美地完成累加计算！

INTUITION PUMPS AND OTHER TOOLS FOR THINKING

练习 1

a. 运用程序 1，想一下寄存器机需要几步可以计算出 2+5=7？（“结束”也算是一步。）

b. 要计算出 5+2=7 需要几步完成？（你从中可以得出什么结论？）①

有一种图解可以很好地说明这一运算过程，我们称之为流程图。圆圈中的数字代表将要接受运算的寄存器的地址（它不是寄存器中的内容），“+”代表增量，“–”代表减量。程序从 α（alpha）开始，至 Ω（omega）处停止。箭头表示进入下一指令。请注意，每个减量指令处都会向外引出两个箭头，可以减量时有箭头指向一个步骤，而无法减量时（当寄存器中的内容为 0 时，遇 0 跳转）则有另一个箭头指向另外一个步骤。

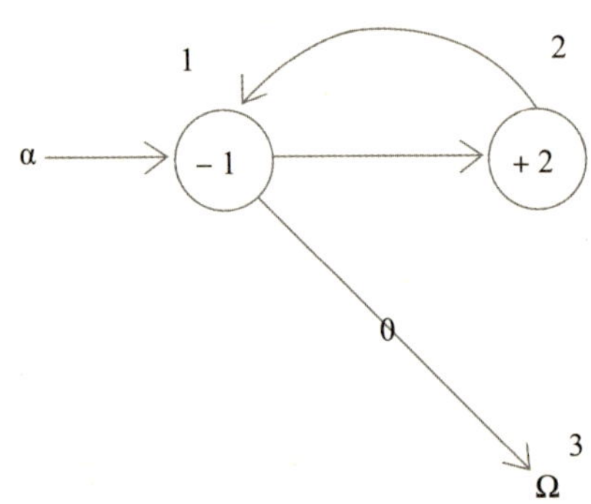

现在，我们就来编写一个程序，将一个寄存器中的内容移动至另外一个寄存器中。

① 习题的答案详见附录。

程序 2：移动 [4, 5]

步骤	指令	寄存器	下一步	跳转至步骤
1	减量	5	1	2
2	减量	4	3	4
3	增量	5	2	
4	结束			

流程图如下所示：

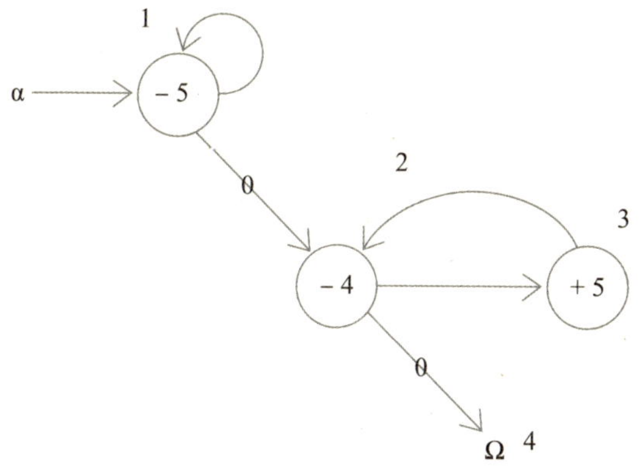

可以看到，第一个循环是清空寄存器 5。这样一来，不管一开始寄存器 5 中的数字是多少，它都不会影响到在第二个循环中要移进来的内容——第二个循环正是增量运算的环节，将寄存器 4 中的内容添加到已清空的寄存器 5 中去。这种初始化步骤被称作寄存器清零。它是一项非常有用的标准化运算，我们会不断用到它，好让寄存器能重新投入使用。

第三个程序是，简单地将一个寄存器中的内容复制到另一个寄存器中，被复制的那个寄存器中的内容保持不变。仔细观察这个流程图，思考它的程序设计：

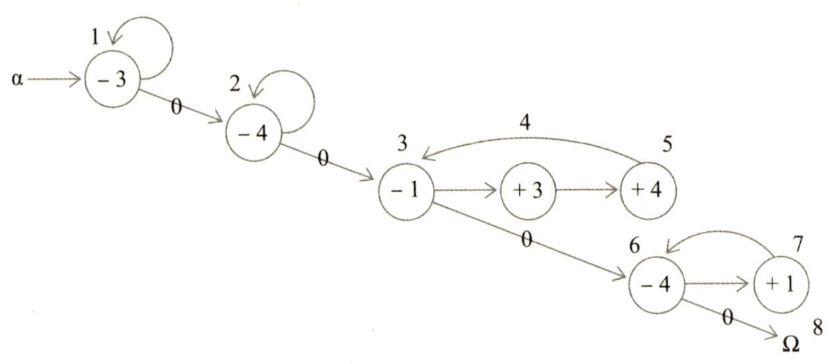

程序 3：复制 [1, 3]

步骤	指令	寄存器	下一步	跳转至步骤
1	减量	3	1	2
2	减量	4	2	3
3	减量	1	4	6
4	增量	3	5	
5	增量	4	3	
6	减量	4	7	8
7	增量	1	6	
8	结束			

显然，这是完成拷贝的一条迂回路线。首先，我们要将寄存器 1 中的内容移动到寄存器 3 中，同时比照 3 中的内容做一个副本，将它复制到寄存器 4 中。

最后，再将寄存器 4 中的内容重新移动到寄存器 1 中——也就是将寄存器 4 中的内容复制回了寄存器 1。程序就这样按部就班地运作，不管一开始寄存器 1、3、4 中的内容是什么，到程序结束时，寄存器 1 中一定保留着自己原来的内容，复制的内容保存在了寄存器 3 中。

如果你认为自己对这个程序的运作方式还不是很清楚，那么你可以尝试“手动模拟”整个过程。取出几个杯子充当寄存器（用铅笔在每个杯子上写一个数字，这是它们各自的地址），再找一些硬币或是豆子。在每个寄存器里都放置几枚硬币，然后记录下寄存器 1 和寄存器 3 中硬币的数目。接下来，依照程序按部就班地执行完毕，你会发现，寄存器 1 中硬币的数量与先前一致，而寄存器 3 中也拥有了与寄存器 1 数目相同的硬币。能将累加寄存器的基本运作过程都吸收内化是非常有必要的，我们得做到无需再去费劲思量它们。那么现在，就让我们先用几分钟去变成一部寄存器机吧（就像一个演员要去饰演哈姆雷特那样），因为接下来还要用到这种技能。

我发现好多学生常会犯这样的错误：他们认为，在做寄存器减量时，硬币从一个寄存器里取出之后就一定得放入到另一个寄存器中去。这是不对的。减量取出的硬币只需放回到那一大堆硬币中去即可，在简单的加减法套路中，有“无限多”的硬币可供你使用。

掌握了移动、复制还有归零这些技能之后，我准备重新回到之前的加法程序，对它进行改进。之所以要这样做是因为，程序 1 虽然成功地将加法运算的结果存进了寄存器 2 中，但在运行过程中，寄存器 1 和寄存器 2 中原有的内容却受到了破坏。我要设计出一个更加专业的加法程序，它能保留住原有的那些数值以备后用，将得出的结果放到另外一个地方。现在就让我们来思考这个程序，将寄存器 1 的内容与寄存器 2 的内容相加，两个寄存器中的数值保持不变，将结果显示在寄存器 3 中。

下面是完成这一程序的流程图：

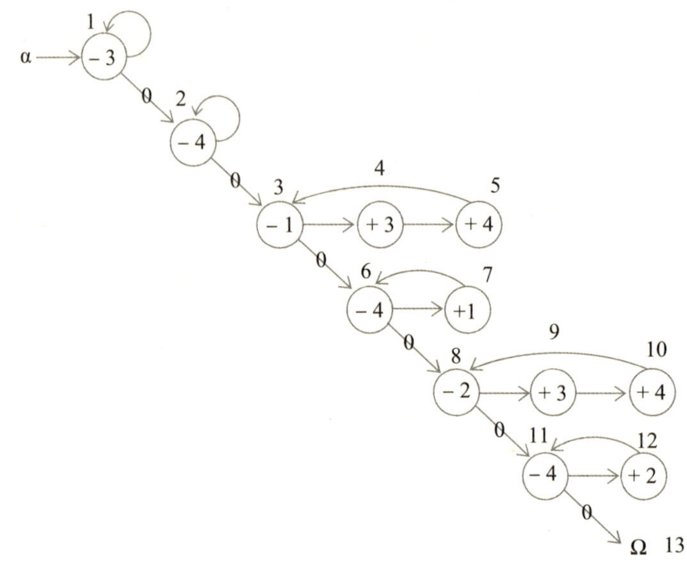

现在，我们就来分析一下各个循环，看看每一步是怎样运行的。首先我们要将显示最终答案的寄存器 3 归零，同时清零那个空闲的寄存器 4，让它充当临时的接受器或者缓冲器。然后，我们把寄存器 1 中的内容复制到寄存器 3 和寄存器 4 中，随后将寄存器 4，也就是缓存器中的内容再次移动到寄存器 1，让它恢复原有的数据；在这个过程中，作为缓冲器的寄存器 4 再次被清零，以备后用。接下来，我们将上一步的寄存器 1 替换为寄存器 2 再执行一遍，将寄存器 2 的数据加到寄存器 3 的数据上。待整个操作完成后，缓存器（寄存器 4）清零，加法答案显示在寄存器 3 中，同时，我们选用的两个加数也保留在了原来的出处——寄存器 1 和寄存器 2 里。

将这套由 13 个步骤构成的 RAP 程序改写成下面的流程图，可供处理单元读录：

程序 4：无损加法 [1, 2, 3]

步骤	指令	寄存器	下一步	跳转至步骤
1	减量	3	1	2
2	减量	4	2	3
3	减量	1	4	6
4	增量	3	5	
5	增量	4	3	
6	减量	4	7	8
7	增量	1	6	
8	减量	2	9	11
9	增量	3	10	
10	增量	4	8	
11	减量	4	12	13
12	增量	2	11	
13	结束			

我不建议你拿杯子和硬币去手动模拟这个程序。人生苦短，一旦你把这些基本步骤都刻入脑海，那就可以切实享受一下“义肢”给你带来的便利了，这副义肢叫 RodRego，你可以从网站 http://sites.tufts.edu/rodrego/ 上下载到这部寄存器机。

最初的寄存器机 RodRego 的网站首页，1986 年。

RodRego 有 PC、Mac[①] 两个版本可在您的计算机上运行。20 多年前，我和乔治在课程软件工作室里研发了这件思考工具，如今，成百上千的学生和其他行业的人员通过它成为了熟练的寄存器机思考者。你可以将自己编写的 RAP 程序键入电脑，观察它们如何运行，不管寄存器中的内容是数字还是豆子。另外，有的多媒体软件还可以顺着流程图将处理单元的程序路径淋漓尽致地展现出来，让你可以清楚地看到 RAP 指令与流程图各环节之间的相互对应。

接下来，我们再来看看减法。这是我的第一次尝试，从寄存器 1 中减掉寄存器 2 中的内容，将答案显示在寄存器 4 中。你能看出我这个流程图存在的问题吗?

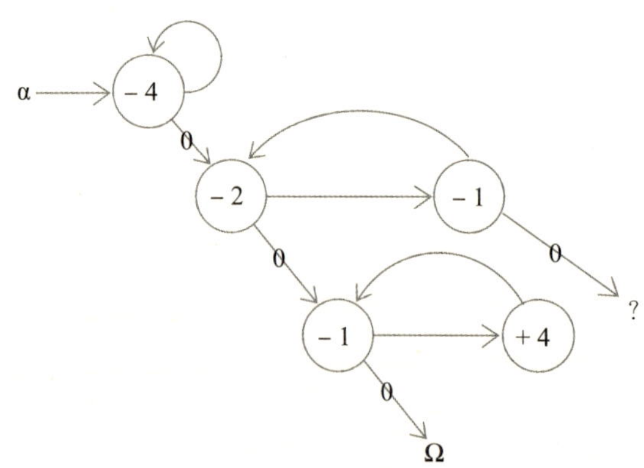

① PC 指运行 Windows 系统的电脑，Mac 指运行苹果 OSX 系统的电脑。——编者注

这个流程图只有在寄存器 1 中的内容大于寄存器 2 的内容时才能正常工作。但如果实际情况不是这样，又该怎么办呢？寄存器 1 在不断减量的过程之中就已被“清零”，那接下来会发生什么？此时我们不能中止电脑运行，因为那样的话，寄存器 4 中会留下一个错误的答案“0”。事实上，在寄存器 1 归零时，我们可以开启一个新的程序，它会先倒退半个循环，将寄存器 2 中最后减去的 1 再加回来。此时，将寄存器 2 中（而不是寄存器 1）的数字转化成负数，所得的结果就是正确答案。所以我们只需把此时寄存器 2 中的数字移动至寄存器 4 中（之前，其中的内容已清零），再将答案标注为负数即可。我们还需要另外一个寄存器，比如说寄存器 3。与寄存器 4 一样，寄存器 3 也要首先清零，然后，通过程序设计，它要像一面“旗帜”那样为答案做标记，内容为 0 时表示正号“+”，为 1 时表示负号“–”。下面就是这个程序的流程图，各个循环和步骤都有相关注释。（这些注释也可以写入 RAP 程序中供你以及其他人参考阅读，你要用“#”在其首尾做出标记，这样 RodRego 就会自动忽略掉它们）。

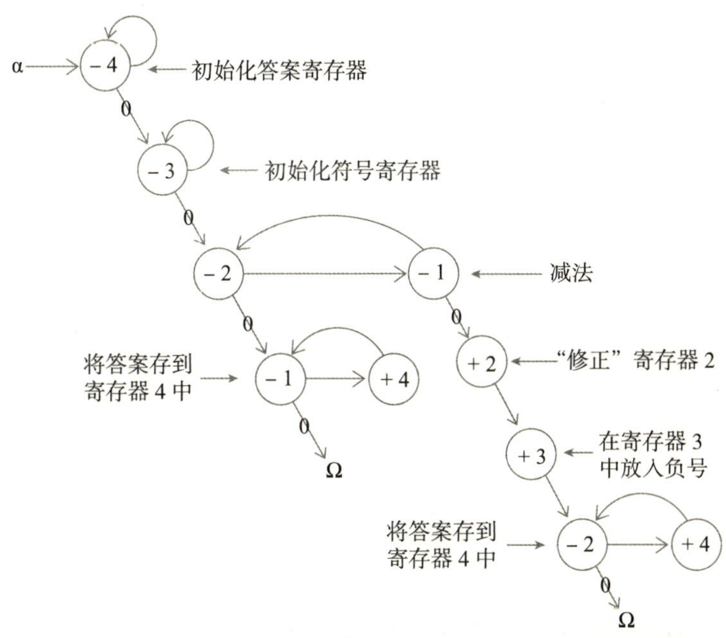

INTUITION PUMPS
AND OTHER
TOOLS FOR THINKING 练习 2

a. 请为这个流程图写出它的 RAP 程序。(请注意，由于程序有不同的分支，你可以采用不同的顺序为各步骤编号，只要“下一步”对应的步骤编号填写正确即可。)

b. 如果从 3 中减 3，或者从 4 中减 4，这个程序会出现哪些不同?

c. 将寄存器 3 在第三步之前就清零而不是推延到完成第四步之后，这样会避免哪些可能的错误?

熟练掌握了加法和减法的编程以后，再设计乘除运算就易如反掌了。n 乘以 m 表示 m 个 n 相加。我们可以这样来设计程序：用一个寄存器作为计数器，从 m 递减到 0，每完成一次加 n 的运算就减去 1。

INTUITION PUMPS
AND OTHER
TOOLS FOR THINKING 练习 3

a. 画一个流程图或者写一个 RAP 程序，让寄存器 1 中的数字与寄存器 3 中的数字相乘，将答案显示在寄存器 5 中。

b. (可选)[①] 利用复制和移动改进你上面写出的乘法编程，使寄存

① “可选”意味着没标“可选”的题都是“必选”的！我不是在开玩笑。如果你想从这个思考工具中得到益处，你就必须练习、练习、再练习，直到熟极而流。做那些简单的必选题或许会让你花上一两个小时，但绝对超值。

器 1 与寄存器 3 在程序停止后都能保持原有的内容，方便你在运算完成后清楚地检查输出和输入的内容正确与否。

c.（可选）画一个流程图或者写一个 RAP 程序，要求它能识别寄存器 1 与寄存器 3 中的内容（同时保证这些内容不受损坏），将内容较大的寄存器地址（1 或 3）显示于寄存器 2；当两个寄存器中的内容相等时，寄存器 2 中显示 2。（程序完成后，寄存器 1 和寄存器 3 中的内容要保持不变，寄存器 2 显示出所含数字较大的寄存器地址，当内容大小相等时，寄存器 2 将报出数字 2。）

与乘法类似，除法运算只需要从被除数中一次一次不断地减去除数并记录下相减的次数即可。如果有余数，我们可以留出一个专门的寄存器储存它。另外，我们还要小心地添加一个必要的检查项目：看看除数是不是 0（0 不能作除数，请问这是为什么？）。所以，在进行除法运算之前，我们得对除数作一个简单的核查——看看它能否被减量。如果可以，我们还必须再安排一次增量，以便使除数恢复原值，让除法运算继续进行。如果在进行减量核查时，除数真的是 0，那就需要拉响警报了。为此，我们可以专门准备一个寄存器负责报错：寄存器 5 里如果有 1 出现就表示，“快！我就要除以 0 了！”

下面就是一个除法流程图，用寄存器 1 中的内容除以寄存器 2 中的内容，将答案写入寄存器 3，余数显示在寄存器 4，醒目的寄存器 5 用来提示“错误信息”（显示 1 表示“我将要除以 0”）。

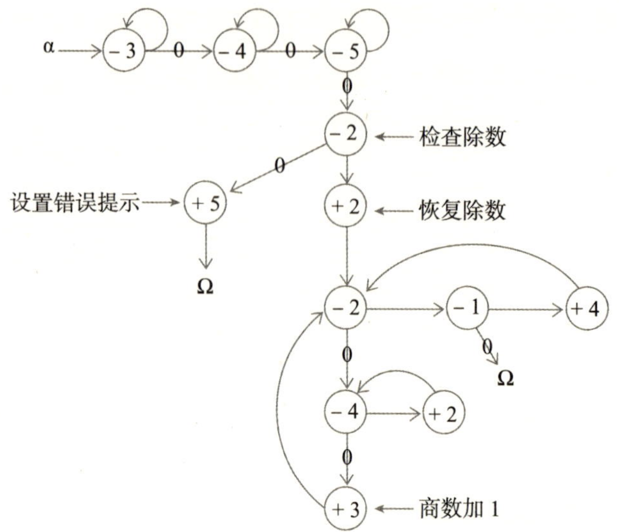

顺着这幅流程图梳理，你就能看到“除数为 0”是如何中止掉整个运算的，报错的旗帜究竟是如何竖起的。另外还需要注意的是，寄存器 4 身兼双重职责，不仅要复制并恢复除数数据，以便下次继续成功地减量，而且，还要时刻准备着成为一个余数寄存器。如果在寄存器 4 将自己的内容倾倒回寄存器 2 以备下次减量之前，寄存器 1 中的内容就已经为 0，那么留在寄存器 4 中的数字就是余数，它也正好显示在了余数寄存器中。

INTUITION PUMPS
AND OTHER
TOOLS FOR THINKING 秘密 1

发挥能力，无需理解力：有些东西——如一台寄存器机——它能完成精密的运算，但无需理解自己在做什么。

寄存器机没有头脑，因而它不能理解。但因为一碰上增量、减量、停这三条“指令”，它就会老老实实地执行，所以我们也有理由说，寄存器机是近似于明白这三件事情的。不过这三条指令不是真正的指令——它们只对于我们来说像是指令，但对于寄存器机，它们只是近似于指令而已。

也许你已经看到，减量跳转分支对寄存器机起着至关重要的作用。正是这个指令让计算机（近似）“注意”到了这个世界，继而它开始用这些注意到的事情指导自己之后的“行为”。其实这种条件跳转分支对所有存储程序计算机都是至关重要的。埃达·洛夫莱斯（Ada Lovelace）早在 19 世纪就认识到了这一点，这从她关于查尔斯·巴贝奇（Charles Babbage）的分析机的精彩论证中就可以看出。而分析机正是所有现代计算机的原型。①

其实，只要掌握一定的诀窍，组合这些程序就会变得轻车熟路。更何况，运算程序一经写成便可以多次重复地使用。现在，我们对各个运算程序进行编号，运算 0 是相加，1 为相减，2 是相乘，以此类推。复制可以是运算 5，移位是 6，等等。随后，当我们再次使用寄存器机时，就完全可以用数字来发号施令了。

INTUITION PUMPS
AND OTHER
TOOLS FOR THINKING

练习 4（可选）

写出一个流程图及它的 RAP 程序，用来将寄存器机转变成一台便携式计算器。

a. 寄存器 2 用来执行运算：

0= 相加

① 埃达·洛夫莱斯，诗人拜伦勋爵的女儿，是一位了不起的数学家，也有很多其他方面的成就。1843 年，她翻译了一篇阐释巴贝奇的分析机的意大利语文章，连同她自己的笔记一同出版。她的笔记比她翻译的那篇文章更长，更深入，里面描述了她仔细研究出来的系统，可以用巴贝奇的分析机来计算伯努利数。为此，她经常被誉为第一个计算机程序员。

1= 相减

2= 相乘

3= 相除

b. 在寄存器 1 和 3 中放入参与运算的数据。

那么“306”就表示“3 + 6”,“513”表示“5 – 3”,“425”表示“4 × 5”,“933”表示“9 ÷ 3”。然后，我们用寄存器 4、5、6、7 来显示操作结果：寄存器 4 用于表示符号，其中 0 代表 +，1 代表 –；寄存器 5 显示答案的数值；寄存器 6 用于存放除法结果的余数；寄存器 7 表示警示，即对输入的内容进行报错，例如除数为 0，或者寄存器 2 中出现了没有定义的操作的情况。

在这个例子中，寄存器中的内容（其中的数字）起到了四种不同的作用：表示一个数字，表示一种算数运算，表示数字的正负号，还有充当报错旗帜。

INTUITION PUMPS
AND OTHER
TOOLS FOR THINKING 秘密 2

寄存器中的数字会代表什么取决于我们所编写的是什么样的程序。

利用已经创造出的构造模块，我们可以建造出更厉害的操作程序。所以，只要有信心，我们就能写出一个程序并画出它们的流程图，例如：计算出寄存器 7 中数值的平方；或者是，算出从寄存器 1 到寄存器 20 这 20 个数字的平均数；或者，分解寄存器 6 中的整数，如果 5 是其中的一个因数，就在寄存器 5

中放入一个 1；或者是比较寄存器 3 和 4 中数值的大小，将较大的内容放入到寄存器 5 中，但假如它正好大出一倍，就用寄存器 7 示警。

我们可以写出一个程序，它能检索 100 个寄存器，找出具有特定内容的那个，并把所在寄存器的地址写入寄存器 101 中。这是怎么做到的呢？先将那个特定的数字存入寄存器 102，然后将它复制一份存入寄存器 103。清零 101，然后从寄存器 1 开始与寄存器 103 中的数字进行减法运算，被减数是寄存器 103 中的数字，但每次减量前都首先要在寄存器 101 中增量记录一次。需要找到的是减去特定数字后结果是 0 的那个寄存器。不是寄存器 1 就继而再检测寄存器 2，以此类推，直到检验出相减结果为 0 的那个寄存器，这时减法运算停止，该寄存器地址也正好写入了寄存器 101。在减量运算时，寄存器能及时“注意到”0 的出现，正是这种基本的“感知力”使我们得以将寄存器机的“目光”转向它自身，让它也尝试检测自己的寄存器单元：来回移动其中的内容，在需要的地方切换操作，等等。

INTUITION PUMPS AND OTHER TOOLS FOR THINKING 秘密 3

寄存器中的数字可以表示任何事物，这说明，寄存器原则上也可以处理任何事物，它们可以“识别”所有用数字（包括用一个数字或是用一系列数字）表示的图案或特征。

举个例子，一个大型寄存器库就可以是一张黑白图片（任何黑白图片，例如这一页书的照片），每个寄存器都占一个像素，内容为 0 时显示为白点，为 1 时显示为黑点。现在，请书写这样一个程序：可以从成千上万的图片中搜索出一张白底上画有一条黑色水平直线的图片。先不要着急去做。生命很短暂，请先详细地考虑一下，要完成这项任务会遭遇到哪些困难和费事繁琐的步骤。通过想象，如果你真的设计出了水平线识别器、垂直线识别器或者半圆形识别器，那么，再请思考一下该如何将它们与另外几个有用的识别器融合起来去鉴别出一个大写的A，包括它成百上千种的字体。光学字符识别（OCR）软件可以通过扫描，把页面上的图形非常准确地转换成一个计算机文本文件，这无疑是近代计算机程序的一次胜利。其中，每个字母或者数字符号都由一个美国信息交换标准码（ASCII）中的数字表示，所以我们可以搜索文本，还可以完成那些神奇的文字处理工作。利用的不是别的，就只是算术。那么OCR真的可以读懂些什么吗？不然。它并不理解摆在它面前的东西，它只是近似在读录。但对于我们那收纳丰富、装满了可动部件的工具箱来说，这无疑也是件不错的工具。

INTUITION PUMPS
AND OTHER
TOOLS FOR THINKING 秘密4

既然一个数字可以表示任何事物，那么它就一定能表示一条指令或是一个地址。

寄存器中的数字可以表示指令，例如增量、减量、移动或者搜索；也可以表示地址，即寄存器在计算机里的地址。所以，我们可以用一连串的寄存器来存储一整套指令。现在，我们有一个主程序：程序A，它让机器通过一个一个地执行寄存器中的指令来完成要求的任务，然后我们可以在这些寄存器中存入另一个程序B。在我让机器运行程序A的时候，它首先要做的事情是去访问这些寄存器，而这些寄存器发出的是程序B的指令，机器随即执行。我想要指出的是，其实我们可以在寄存器机中央处理机中的一组寄存器中一劳永逸地保存下程序A，使其成为烙印在只读存储器上的“固件”，然后再利用它去运行程序B、C、D，等等。正是因为在寄存器机中设置了这个程序A，我们便把寄存器变成了一台存储程序计算机。

有了程序 A，寄存器机才能忠实地执行我们通过数字输入寄存器的各项指令。寄存器机所运行的每一个程序都是由一连串数字组成的，它们顺次排列，程序 A 会依次访问它们，完成每个数字指定的任务。如果我们设置一套系统使这些指令互不混淆，比如，给每一条指令都以两位数字来命名（或任何相同位数的数字），那么我们就可以将构成程序 B 的一系列指令，例如，

86，92，84，29，08，50，28，54，90，28，54，90

改写成下面这一大串长数：

869284290850285490285490

这一长串数字既是程序 B 特有的“名称”，也是程序 B 本身，它需要通过程序 A 一步一步完成执行。这里是另外一个程序：

28457029759028752907548927490275424850928428540423

另外还有：

8908296472490284952498856743390438503882459802854544254789
653985

比较有趣的程序常常会有更长的名称，由成千上万个数字构成。你笔记本电脑里的那些程序，比如文字处理软件或者浏览器，就是由如此长串的数字写成的，通常由几百万个二进制数字构成。10 兆大的一个程序写出来基本就是 800 万个 0 和 1 构成的一长串数字。

INTUITION PUMPS
AND OTHER
TOOLS FOR THINKING 秘密 5

所有可行的程序都能由一个单独的数字指代，都可以被看作是一串指令，等待通用万能机去执行。

杰出的理论家、哲学家阿兰·图灵想出的是另一种简单的假想机。它在被分成一个一个小方格的纸带上来来回回、嘎嘎作响，根据磁头在当前小方格中读到的数字，即 0 或者 1 来决定自己的动作（啊哈，这就是条件分支）。图灵机的工作就是轻轻地敲出比特（清除 0 把它改写为 1，或者相反）或者保持比特不变，然后将纸带向左或者向右移动一个方格，进入下一指令。你可能会认为，仅靠一次移动一小方格，用二进制数字 0 和 1 而不是自然数 0、1、2、3、4、5 等来编写图灵机相加、相减程序或者运行其他功能，这听起来，比我们之前寄存器机的练习还要让人头疼，但事实上，两者的运行原理完全一致。带有程序 A 的图灵机就是通用图灵机，它可以从纸带上“读取”程序 B，并利用纸带上任意位置的数据或输入来执行程序 B。我们可以把王浩的寄存器机执行程序的过程分解为数字演算和按条件跳转，图灵的图灵机也是如此。两种机器都有着很强的提取程序数字名称并执行它的能力。我们要建造的是一个自带程序 A 的多用途通用机，而不是建造成千上万个固定不同功能的计算机器，让它们分别去执行各自复杂的任务。对于这台通用机，我们只要喂食各种程序（软件）它就能按要求办事，这就是虚拟计算机。

换句话说，通用图灵机就是一部通用拟态机。尽管名气稍逊，我们的通用寄存器机也是如此。你的笔记本电脑也如此。笔记本电脑能做的事情通用寄存器机也一样能做，反之亦然。但是先别大惊小怪，我并没有说两者有相同的运行速度。我们已经看出，寄存器机在处理某些问题时极其缓慢，例如在进行除法运算时，它需要很费劲地一遍一遍地做减法，我的天哪！就没有什么方法来提速吗？当然有。事实上，自图灵机出现以来计算机的整个发展进程，专家们所做的一切就是要让寄存器机能做的一切工作变得高效起来，其他别无所求。

INTUITION PUMPS AND OTHER TOOLS FOR THINKING 秘密 6

自图灵的假想纸带机之后，计算机所有方面的改善，提高的都只是运算速度。

例如，冯·诺依曼为第一台严格意义上的可操作计算机所设计的那种架构就是为了提高机器的运算速度。他拓宽了交流窗口，让图灵机的磁头从一次只读取 1 比特变成了一次读取多比特。早先的一些计算机可以读取 8 比特或者 16 比特的“字”，有时甚至还可以读取 12 比特的字。而今天，一次读取 32 比特已经司空见惯，虽然这也成为了一个瓶颈（即所谓的冯·诺依曼瓶颈），但与当年的图灵机瓶颈相比，它还是宽多了。简单说来，字会从存储器复制到特定的寄存器（指令寄存器）中，一次复制一个，在那里再接受读录和执行。每个字通常由两部分构成：操作码和地址。前者如相加、相乘、移动、比较、遇零则跳转，后者则告诉计算机所要操作的内容在哪一个寄存器。所以，10101110 11101010101 就表示，对地址为 11101010101 寄存器中的内容执行 10101110 操作，运算结果会显示在一个叫作累加器的特殊寄存器里。

寄存器机与冯·诺依曼机之间存在着一个巨大的差异：在寄存器机上，你可以在它的任何一个寄存器中进行操作，当然，只能进行增量和减量运算；而在冯·诺依曼机上，所有的算术操作都是在累加器中实现的，寄存器只负责存放复制、移动或者储存过来的内容以构成内存。硬连线可以单独完成各自的基本操作，这能省掉很多额外的移动和复制步骤。也就是说，有专门的电子路线负责加法，也有专门的电子路线负责减法，还有的负责遇零则跳转等等。操作码很像是区号或者邮编：指令要送到正确的地方才能执行。软件和硬件就这样相遇了。

今天的实体计算机中会有多少种原始操作呢？几百或者上千个？或者回归了旧时的美好，成了一台精简指令集计算机（Reduced Instruction Set Computer，即 RISC），运作的几乎全是原始操作，但条件是，它们必须得以闪电般的速度运行。要想单纯用增量和减量指令去替代相加硬连线，并在速度上领先，条件是：对于运行步骤小于一百万步的加法运算，增量和减量指令的运行速度要比相加硬连线的运行速度快一百万倍。

那今天的实体计算机中有多少个寄存器呢？数百万甚至数十亿个，但它们每一个容量是有限的，因此那些巨大的数字需要分散储存到许多寄存器中。一个字节是 8 比特，如果你电脑上有 64 兆字节的随机存取存储器（RAM），那么你就会有 1 600 万个 32 比特的寄存器或者是其他规格的等量物。我们已经知道，寄存器中的数字能代表的并不止是正整数。像 π、$\sqrt{2}$ 还有 1/3 这样的实数是由“浮点”系统来保存的，它将数字拆分为底数和指数两部分，就像科学记数法那样（“1.495×10^{41}”），使计算机除了运算自然数以外还可以近似运算其他数值。浮点运算是以浮点数作为数值的算术运算，突出运用在乘法和除法中。20 年前（这一章首版时），我们能买到的最快的超级计算机每秒钟可以完成超过 400 万次的浮点运算。

如果你还想要更快的速度，可以尝试将多台机器并行的方法，让它们在同一时间一起工作，而不是一个做完再交代给下一个做的串行式。并行机能做的事情与串行机大致相同，只是在速度上，它会略胜一筹。事实上，在过去的 20 年中，专家们一直都在致力于研究的并行机，大多是在标准的非并行冯·诺依曼机上实现的虚拟机。专用并行硬件开发出来以后，计算机专家们一面要忙着测算拓宽冯·诺依曼瓶颈所需的成本与最终获益，一面又要想方设法地提高数据传输速度，不惜调用协同处理器、高速缓冲存储器以及各种各样其他的途径。今天，日本富士通公司的超级计算机 K-computer 已经可以运行实现每秒超过一亿亿次的浮点运算。

这个速度基本上要与你大脑的即时运算速度旗鼓相当了。你的人脑是一台最卓越的并行处理机，包含着大约一千亿个神经元，每个神经元都相当于一个复杂的微型行动者，有着各自的行动规划。视觉“神经”有数百万神经元宽度的通道，单凭自己就可以把眼睛看到的视觉信息传入到你的大脑里。但神经元运行起来比计算机电路慢得多了，一个神经元在几毫秒（一毫秒是千分之一秒，不是百万分之一，更不是十亿分之一）之内可以转换状态并发送一次脉冲（可能是它们的增量或减量指令），而计算机使二进制数字移动的速度几乎接近光速。所以说，让机器更快速运转的一个至关重要的方法是要将它们做得更小。光走一尺大致需要十亿分之一秒的时间，如果你想让两个程序之间的通讯比之前更快，那就让它们离得更近些吧。

INTUITION PUMPS AND OTHER TOOLS FOR THINKING 秘密7

没有再多的秘密了！

也许计算机最美妙的地方就是，它由各部分（操作）简单地组合而成，而各部分本身也很简单地组合，简单到没有什么地方是无法给出解释的。这里没有仙气，没有“形态共振”（morphic resonance），没有无形的力场，没有未知的物理定律，也没有那些神奇的组织。要知道，即使你用计算机成功地模拟出一些情景，完成这一切的也只是一些算术运算而已。

目前流行的量子计算机是什么呢？量子计算机能做普通计算机不能做的事情吗？算是，但也不完全。得益于微妙而奇特的“量子叠加”态，那些不被观测的物质能够同时处于“所有可能的”量子态上，直到观测导致“波包塌缩”。这个性质使量子计算机可以同时计算大量数值，解决诸多问题。（要想了解更多，请查阅你最喜爱的那些物理科普书籍或网站。）基本上，在计算机的提速进程中，量子计算机的发明是最新一次的重大变革，可以说，在提高计算机的处理速度上，它实现了一次巨大的突破。图灵机沿着它的纸带喳喳作响，寄存器机奔波于各个寄存器之间不停地增量减量，但时间紧迫，在几分钟、几个小时或者几天内，它们能做的工作也总是显得那么有限。日本富士通公司的超级计算机 K-computer 数万亿倍地加快了运行速度，但还是不能解决所有的问题，这在密码学中体现得尤为突出。量子计算机本该弥补这部分的缺陷，只可惜，我们还没有克服工程上的诸多难题，没有让它变得更加稳定、更加实用。就目前来看，每秒钟运行一千万亿次的浮点计算就已经是天方夜谭了。

25

虚拟机

模仿硬件运行的计算机程序

一般来说，实体机器由可活动的物质部件构成。设计者们常常会根据其功能去命名它们，如：割草机、开瓶器、咖啡研磨机。它们的形状设计和构造各不相同，利用的是不同的物理定律。但它们也有共同之处：拥有相同名字的机器都在某种程度上做着与名字的描述相差无几的工作。它们基本上都能满足使用者的需求，可能有些会稍微好用一点儿。有私家庭院的人会挑选一款噪音相对较小的割草机，小咖啡馆的老板则更需要那种能精确研磨出不同粗细粉粒的咖啡机，尽管它操作起来非常复杂。有些机器是多功能的，比如一把电钻，插上不同的附件就能变成一把电锯或是一部打磨器。

计算机与这个类似，不同的是它不仅能按要求做几件不同的事，它甚至能做成千上万件事。而且，它也不需要插上不同的附件，你只要点开不同的程序，即点开一串串由 0 和 1 组成的超长数字，就能让计算机内部实现一些必要的切换，从而转换成不同的装置去完成不同的工作。每套装置系统都是一台单独的小机器，没有齿轮、轴承、电线或者滑轮，这就是模拟机，“构成它们的是指令”。不像和面团、压纸浆或者造钢坯，计算机处理的只有信息。

所以，对于计算机来说，指令就是那些齿轮和滑轮。所有的信息都要转换成二进制代码 0 和 1，它们是计算机能够和需要“读录”的唯一代码。印在芯片上的电路会数以万亿计地分流 0 和 1 这些代码，逻辑门不断地开合，将信息流输送到这条或者那条电路，并以这种方法来下达指令。计算机上唯一“可移动的部件”是硬件上数百万的小空位，它们可以在 1 态和 0 态之间任意切换。至于计算机在某一时刻具体是一台具有何种功能的机器，则取决于数千个至数百万个微型元件的设置。

若一台实体机的各部分相互配合可以呈现许多不同的状态，那它就具备极强的可塑性，只需要在其上施加一套特殊的指令，就能把它变成一部虚拟机。由于虚拟机处理的是信息，那么它就能够与实体计算机做相同的工作：后者中的“可移动部件”只是硬件中的状态变化，而前者可以直接操纵状态变化来代表那些“可移动部件”。这也不难理解：你可以在一张纸上用铅笔演算一个长除法，但如果足够熟练，你也可以“在头脑中”进行这种运算，即通过想象，在脑海中的纸张或者黑板上书写过程。两者都会收到很好的效果，原因是，在面对这类情况时，我们想要得到的答案只是一种信息。相比之下，想象出的一个火腿三明治是不能用来充饥的，你得真的去做一个。计算机十分擅长在“头脑中”处理信息事务，所以我们有时真的分不清自己在使用和操作的到底是一台处理专项信息的“专用”“硬连线”机，还是一部在多用途芯片上运行的虚拟机。

今天，几乎所有的升降机、空调，还包括你的汽车、电冰箱和电视机遥控器里，都有那种微小、廉价的计算机芯片，它们实际上就是一些多功能计算机，能运行你笔记本电脑里操作的所有程序。但我们却选择让它们倾其一生只运行刻录在只读存储器上的一个简单的程序，将它们所有杰出的能力都封锁在那一两个技能上，例如点火控制或者周期除霜，等等。原因是，比起去制作那种只负责专项工作的专用芯片，这样做的成本要低多了。

虚拟机的概念是计算机科学中出现的一个最有用的想象支架，在计算机界，这早已人尽皆知。现在，到了将它引入其他领域的时候了。因为要从广义上使用虚拟机这个词（我会在适当的地方说明原因），所以我们有必要先了解一下它最初的意思，也就是说它本身的意思。“虚拟机”是计算机科学家杰拉尔德·波佩克（Gerald Popek）和罗伯特·戈德堡（Robert Goldberg）在 1974 年引入的一个概念，它最初表示的是“实体机的一种独立有效的复制品”，即各种指令的一种复制品。实体机是实在的硬件，由硅芯片和电线之类的东西组成，我们称它为 A。而虚拟机是运行在另一台实体机 B 上的计算机程序，它能完美地模拟硬件 A：速度可能会慢点，毕竟它要首先保障自己硬件上的基本操作有效运行，才能组织起硬件 A 上的那些操作，但的确都是同样的程序。如果你写了一个在硬件 A 上运行的程序，那么硬件 B 在运行模拟硬件 A 的虚拟机时，该程序应该能在硬件 B 上畅通无阻地运行。

这是一个非常有用的方法。部分原因是，它显然可以让一些资源免于浪费：假设这里有很多只能在 Mac 上运行的软件，但是如果你没有 Mac，它们就无法使用。这时，如果可以在 PC 上编写出一个模拟 Mac 的虚拟机，然后成功运行，那么你电脑上的这些 Mac 软件就都可以运行了。你的电脑会“假装”认定它是真的 Mac，而那些软件则根本就浑然不知！试想一下，一个人胳膊骨折了，然后打上了石膏。石膏可以让骨折处不再活动，而它的重量和形状会让受伤者身体其他部分的动作产生一些相应的调整。现在，有个小丑想要模仿这个手臂上打着石膏的人，如果他技艺足够精湛，他就一定会让自己的肢体行动做出一些相应的调整，“显而易见”的是：他胳膊上打着石膏呢！如此说来，那些运行软件和我们这些旁观者可能就真的看不出此时是一台在运行 Mac 虚拟机的 PC 还是一台真正的 Mac。

但现实与上面的例子却多少有些出入。虽然人们已经开发出了 PC 上可运行的 Mac 虚拟机，但据我所知，这个软件并没有宣传的那么可靠。另一方面，Mac 却已经有了一个简单易行又非常可靠的虚拟机，它可以运行 PC 的操作系统 Windows，借用它，Mac 持有者可以运行所有自己喜欢的 Windows 软件。目前，绝大多数编写出的程序都需要专门的操作系统而不是专门的硬件，而相同的硬件上可以运行不同的操作系统。所以，虚拟机的概念还需要继续扩展，还应该包括对操作系统的虚拟模仿。一种操作系统本身就是一部虚拟机，它能让一个程序在略有差异的硬件上同样有效地运行。但一个操作系统毕竟只是一种软件，并没有模拟任何实际存在的硬件，它只是按照实际要求创建出虚构的机器，遵守相关的规定、接收特定的输入等等。

Java 虚拟机（Java Virtual Machine，即 JVM）已成为当今最流行的一种虚拟机，这是我们扩展虚拟机概念的又一个原因。Java 虚拟机不是对任何一种实体硬件机器的模仿，它只作为软件机而存在，比较像一个操作系统。可以说，是 Java 的出现让今天的因特网变得如此丰富多彩。有了它，你可以从网站上下载一些小程序（Java 的应用小程序），让你能够填纵横字谜、玩数独、探索地图、放大照片、与世界各地的玩家一起参加探险游戏。当然，它也能处理很多“严肃”的事务。用 Java 语言编写程序的网站不需要在意浏览网站的用户手上拿的到底是 PC、Mac 还是运行 Linux 操作系统的计算机。因为 Java 程序只在 Java 虚拟机上运行，而 PC、Mac 以及 Linux 操作系统上都有各自专门的 Java 虚拟机，匹配的 Java 虚拟机会自动下载到你的电脑上，几秒钟便可以安装完成。然后，各种 Java 小程序就都能运行了，犹如魔法一般。可能你有时会注意到 Java 更新正下载到电脑上，也可能你注意不到。理想状态下，你不用记住自己电脑上安装的是哪一款 Java 虚拟机，随意浏览网站就可以了，有时网站上的 Java 小程序能顺利在你的电脑里运行，而不能运行时匹配的 Java 升级软件就会自动下载安装，以确保能够继续运行。

从我说的这些虚拟机的扩展意义出发，我们可以看到，几乎所有的计算机程序都是虚拟机，因为它们都是由一系列指令构成的软件，一旦开始运行，就将通用计算机转变成了专用计算机，而这种专用计算机本可以专门设计并建造成专门的硬件。“通用”计算机，即今天我们所说的通用图灵机理念的提出，是阿兰·图灵为科学、也是为 20 世纪中期以来的人类文明做出的一项最杰出的贡献。只需要在上面简单地安装和运行程序，我们就能把它转化成任意一种功能清晰的计算机！（为了防止你想跳过这一部分，我在 24 章中已详细介绍过了。）你不用再去组装其他的硬件计算机，有一台就足够了，剩下的事情就交给软件吧。图灵机时代的开启让我们实现了一个非凡的想法：只要有一个大块头的硬件，在里面安装无数可塑可调的“记忆”盒子或者寄存器，把需要的指令放进这些记忆盒子里，让它们运行，这样你就把这个大块头的硬件变成了你想要的任何一种计算机。

图灵机，或是笔记本电脑，只能一条一条地执行指令。我们在这个基础上扩展出了“并行”计算机的概念，它可以一次执行多条甚至数百万条指令。硬件中的任何一个地方，只要它们本身保持着一种状态，收到指令后会变成另一种状态或者不变，那这个地方就是寄存器。这种状态可以是你电脑中一个比特的 0 态或 1 态，但不限于两种状态。以这种状态为基础，任何寄存器系统都可以完成一些特定的基础操作。例如，通过让寄存器由一种状态变为另一种状态，或者用寄存器的某一种状态判定下一步的操作，寄存器系统就可以按照“计算一个函数”或者“运行一个程序”来配置自己的各个寄存器。所以任意硬件上都可以运行利用了上述基本步骤的虚拟机。一种技巧可以使用一次就可以使用第二次、第三次、更多次，在硬件上部署一部虚拟机，虚拟机中可以再部署一部虚拟机，在其中再部署一部虚拟机……

请考虑一个下国际象棋的程序，它由 Common Lisp 这种高级计算机语言写成，在一台 PC 上运行的 Windows7 操作系统上运行。事实上，这台 PC 佯装成了一台 Windows 机器，这台 Windows 机器又佯装成了一台 Lisp 机，这台 Lisp 机又佯装成了一台国际象棋游戏机。对于那些谙熟计算机或者国际象棋的观察者来说，要是从最上面一层观察的话，这个程序的诸多细节还多少可以理解（“啊哈，这个子程序生成了所有移动“象”的合法走法，然后调用另一个子程序来评估每一步……”）。然而，要是让他们去看这个程序实际的机器代码，看着那一串串 0 和 1 被吃进硬件的指令寄存器，这倒十足成了一个让人抓狂的好办法。所以，还是让我们把注意力放在那些较高的层次上吧。

其实，无论在哪一层次上，我们都只能只见森林不见树木，较低级层次上的那些细节总是很容易忽略。计算机上虚拟机的层层嵌套和关乎心智的小人儿功能主义中小人儿的层层嵌套，两者之间的雷同并非巧合。虚拟机推动着人类的创造和理解，实质性地完成了一些至今都超越我们想象的任务，比如完成航线预定、下象棋、预测天气、做记录等等，这些惊人的成就鼓励着我们：如果对大脑也采用类似（仅仅是类似）的技巧来实施逆向工程，或许我们也能得到一些收获。

在面对“说法语的人的大脑之间的相似性”这个问题时，排除解剖学上那些显著的差异，也许利用虚拟机的例子能为我们展示出一种最好的解释：所有说法语的人都具备某种版本的法语虚拟机，它藏身于他们大脑数以亿计的寄存器中，是一套由细微的习性和连锁装置构成的系统。说英语的人的大脑里同样也有这么一套固定模式的系统，即英语虚拟机。当你对一个法国人说，“Donnez-moi le sel, s'il vous plait.（请把盐递给我）”你基本上就能预见到法语虚拟机会作出的反应，因为这种反应与你，这样一个说英语的人为自己脑中的英语虚拟机输入“Please pass me the salt.（请把盐递给我）”时所给出的反应是一致的。但现在的问题是，要怎样在人类的大脑中建立起一个法语虚拟机或者英语虚拟机？

人们在下棋或是在说法语时，大脑各个不同的层面上到底都发生了一些什么样的活动，到目前为止我们还不得而知。[①]毫无疑问，我们对此给不出什么精确的描绘，不像是编译器，这种程序可以将高层指令翻译成可在硬件上运行的代码，只要计算机程序员能在最高层面上设计出一个想法，它就有把握吐出一个可执行的程序来。这里出现了一个非常重要的概念验证：至少我们找到了一种方法，它能够清楚地道出“具有数万亿活动部件的计算机，它的那种高等能力到底是什么”，而无需动用神奇组织。

---

① 认知神经科学和计算神经科学都在研究如何勾画出这些不同的层次。两个领域有各自不同的侧重点，计算神经科学家们更愿意为自己的想法去创造实际的（计算机）工作模型，而认知神经学家则常常倾向于能够描画出有关能力和相互作用的更高层次的模式，他们认为，这些模式对于相对较低的层次也一定适用。类似这样的拉锯战在计算机领域也已经持续了数年。一方面是，人工智能空想家们孜孜不倦地写着他们的实用程序，却没有为任何一项任务程序成功地提供出数据事实。而另一方面，坚强不屈的工程人员们兢兢业业，直到找出任务实际运行的最终代码。除此之外，一切都只算是过眼云烟。他们懒得理那些只忙着推测的空想家们，但这与神经科学领域内不同派别之间的敌视比起来，根本不算什么。记得一位实验室主管（他主要研究神经突中的钙离子通道）曾对我说过，“我们实验室里有这样一种说法，如果研究一个神经细胞，那属于神经科学，而如果研究的是两个，那就属于心理学了。”没有任何赞扬之意！认知神经科学总是吸引着媒体的大部分注意，每个人都关心有关错觉、记忆、意识、讲说和理解方面的新突破，但人们对那成百上千种的神经调质以及它们的受体，或者是星形胶质细胞、钙离子通道等等却提不起半点兴趣，这让计算神经科学家们嫉恨至极，以致影响到了他们对认知神经科学研究者同僚们的态度。

26

算法

有效解决问题的策略机制

我曾在《达尔文的危险观念》中提到过，达尔文的那些伟大观念想要引出的是：

> 地球上的生命经由这种或者那种算法，在上亿年的时间里谱出了一棵布满枝桠的生命之树。

那么，准确来说什么是算法？事实上，这个概念有很多相互抵触的含义，而我取的是最广义上的那种理解。以下内容是我从《达尔文的危险观念》中摘录出来的，略有修改。

是达尔文发现了算法的力量。算法是一种特定类型的形式步骤，只要可以“运行”或者开始具现化，它就能合乎逻辑地产生特定类型的结果。其实，即使是在达尔文时代，算法也并不十分新颖。很多我们熟悉的算数运算，例如进行一个长除法或者结算支票簿，都是算法。另外，像走出井字棋的完美一步，还有按字母顺序排列单词时使用的那些判定程序，它们也属于算法。数学和逻辑学界对算法的本质和威力的理论反思出现得则相对较晚，它们是 20 世纪发展的产物，让我们开始重新认识达尔文的发现，直接关系到了计算机的诞生，而计算机的出现也让我们对算法的威力有了更加深刻、更加生动的理解。

要查看算法的词源，我们得向前追溯：经由拉丁文的 algorismi 到早期英语的 algorism，之后又错写为 algorithm 的现代形式。再往上，算法这一术语其实得自于波斯一位数学家 Mûusâ al-Khowârizm 的名字，他在 9 世纪写过一本关于算术步骤的书，到 11 世纪，巴斯的阿德拉德（Adelard of Bath）或是切斯特的罗伯特（Robert of Chester）把它译成了拉丁文。数个世纪以来，算法这个概念表示的一直都只是那种万无一失甚至略显“机械”的程序过程，20 世纪 30 年代，阿兰·图灵、库尔特·哥德尔还有阿隆佐·丘奇（Alonzo Church）这一代人经过了一系列创始性的工作，才多多少少确立起了如今人们对这个概念的一些理解。对我们来说，算法的概念有这样三个至关重要的特征，其中每一个总结起来都有些难度：

（1）底层中立：不管你用的是哪种符号体系，也不管你用的是铅笔还是钢笔，纸张或是羊皮卷，霓虹灯或者空中文字，它们都不会影响到你运算长除法的过程。运算程序依据的是逻辑结构，各种物质材料的因果力量也许能为运算保驾护航，但它们不直接参与运算。

（2）潜在无头脑：过程的整体设计可以非常华丽，结果也可能十分耀眼，但算法的各个既成步骤，包括步骤之间的过渡却出奇地简单。有多简单？一个听话的白痴或者是一个简单的机械装置就能执行。教科书中这样说：算法就像是为新手厨师设计的烹饪说明。一本写给主厨的料理书上可能多是这样的措辞：“放入葡萄酒适量，将鱼煮熟。”而转换成算法之后，它会变成这样：“取一瓶标签上写有‘干’字样的白葡萄酒，用螺旋开瓶器打开，把瓶中的酒倒入锅底至3厘米深，然后打开锅下的燃炉旋钮调到高火，……”整个过程分解得相当仔细，最后都落实到一个个简单得不能再简单的小步骤上。你只需要充当一部食谱阅读器就可以了，不需要做出什么明智的决策或是精准的判断，也不需要发挥直觉。

（3）结果有保障：不管什么样的算法，只要不出意外，它就能每次都按照同样的步骤运作。一种算法就是一份简单的、不易有出入的食谱。

显而易见，计算机就是靠这些特点成就的。每一种计算机程序都是一套算法：根本的组成元素是一些简单的步骤，它们的运行过程惊人地可靠，而运行机制却十分简单。电子电路是计算机常用的选料，虽然电子总是在硅芯片上飞来飞去，但计算机的能力却与它们的因果特性完全无关，运算速度除外。同样的算法，用在使用光纤分流光子的设备上就可以完成得更快些，而通过人力用纸和笔来计算就会变得很慢很慢。

达尔文发现的不是一种算法，而是一大类相关的算法，只是他还没办法对这些算法做出明确的划分。

INTUITION PUMPS
AND OTHER
TOOLS FOR THINKING

27

让电梯实现自动控制

机器取代人类的逻辑

在离开这段有关计算机的插曲之前，我还想再多介绍另外几个有用的概念——源代码、注释和目标代码，它们对于我们探索“大脑怎样产生意义”这个问题有很重要的作用。一般来说，比起直接去解决一个智力难题，先研究透彻一个简单纯粹的相关实例、抓住概念的一些实质对我们来说可能会更有帮助。在人工智能领域，这种简单实例叫作“玩具问题”。先解决掉玩具问题，顺势再让我们去处理现实中那些恼人的大问题吧！下面所讲的是一个有关升降机操作员如何被计算机芯片取代的故事，我是为了简单纯粹才编造了这个故事，但这一点儿也不影响它的现实性。

在我年轻的时候，那时候升降电梯里还需要有操作员，他们每天的工作就是跟随电梯上上下下，在需要的楼层停下机器，让乘客们出入。在那个年代里，他们操作的是一根很奇怪的手柄，手柄以顺时针或者逆时针方向转动，这样就能使电梯上升或者下降。能让电梯准确地停靠在某一楼层是需要技术的，那时的电梯总是停得要比楼层地面高出或者下陷三五厘米，所以在乘客们出入时，操作员不得不提醒大家要多注意脚下。先到哪一层，到了要说些什么，还有怎样开电梯的门等等，这些都是有规矩的，操作员们要接受训练，记住这些规矩，不断地练习操作，直到把这些规矩都彻底变成了他们的第二天性。规矩本身是发明者们在设计过程中经过多年的苦思冥想才制定出来的，期间还会进行大量的微调和改进。我的设定是这样的：这种电梯的设计已经基本固定，设计师们留下了一本详细的操作手册。无论什么人，只要按照手册正确操作就一定能成为优秀的电梯操作员。

现在，让我们来想象一下，要是操作员所有的工作都能由一个简单的计算机程序来完成，情况又会是怎样？事实上，随着各种自动机械的发明不断出现，纯技术性工作已经开始与人工操作发生分离，我们想象的这种情况也早已逐步实现，但现在我们的设定是，电梯从人工操作到彻底地实现计算机系统控制是一步到位的。

我们猜想，电梯制造商们会召集一批软件设计师，也就是程序员，把操作员一直使用的操作手册交给他们："这里有我们想要的产品规格。请根据书中的操作规则设计一个电脑程序，我们要求它能实现最棒的人工操作员所有的操作。"程序员们开始仔细对照这本操作手册，并列出了一个包括所有操作的清单，以及在哪些情况下操作必须执行或者禁止执行。在这个过程中，程序员可以避免手册中出现的那些不规范的情况。举个例子，如果给电梯安装上传感器，那么它以后就会在需要的层面准确地停下来，再也不需要操作员们像以前那样要根据不同的情况说"请向上迈步"或"请向下迈步"，升降机每次只需要简单地播放一句录音"第 × × 层到了，请注意脚下"即可。那么接下来，需要程序员们去做的是要用一种名为伪代码的语言写出这个程序的草稿。伪代码是介于人类日常语言和更严格、更系统的源代码语言之间的一种混合语言，一串伪代码写出来大概是这个样子："如果呼叫楼层 > 所在楼层，那么上升，直到呼叫楼层 = 所在楼层即停止；开门。等待……"

如果伪代码条理清晰，能够达到想要的操作效果，那么就可以把它转译成源代码了。源代码是一种更加规范严密、更加结构化的操作体系，而且，它还包含了各种术语的定义，例如变量、子程序等等。人类其实可以轻松地破译源代码，毕竟源代码也是我们写成的。一旦找到突破口，你就会发现，电梯操作手册中的那些规定和术语在源代码里表达得清清楚楚。而且，源代码下面的这两个特点还会让这个过程变得更加简单：一、变量和运算的名称直接显示它们自身的作用，例如呼叫楼层（callfloor），总重量（weightsum），报楼层（tellfloor），等等；二、就像我们在第 24 章中已经说过的，程序员们可以为源代码添加注释，这些附加说明能让其他人明白他们写这些代码的目的，弄清楚代码各个部分的功能。你在编写一个程序的时候也应该添加一些注释，防止自己忘记当时设计这串代码时的用意，在重新对程序进行纠错时，这些注释也会相当有用。

源代码必须严格按照语法编写，所有的构成元素和标点符号都要写在正确的位置。只有源代码书写格式完全正确，编译器才能读录，然后将它们以目标代码的形式转化成基础的操作序列，供实体机或是虚拟机执行。我们不能要求编译器从源代码中揣测程序员的意图，源代码必须让编译器准确知道该执行什么操作。不过，编译程序有能力利用多种途径去执行操作，它还会根据具体情况选择最有效的一种。编译器也有好有坏，如果将同一个程序的源代码输入到两个不同的编译器中，它们得出的目标代码程序很可能就会以不同的速度在计算机上运行。

举个例子：你编写了一个下棋的程序，然后将它的源代码输入到两台不同的编译器中，得出了两个版本的操作程序。将这两个程序输入同一台电脑让它们对抗。你会发现，尽管这两个程序“按照同样的顺序做着同样的思考”（当然会这样，因为它们源自相同的源代码），但也会分出胜负，因为两者的速度不一样，快的一方使用的基础计算周期较少，在有效的时间内它能预想得更多、更周全。

回到我们的电梯上来。编译器编译出目标代码以后，就生成了一个可执行文件，文件名中通常有扩展名“.exe”。这个文件就可以在虚拟计算机上运行了。也许还需要几经调试，比如回到源代码进行微调，甚至重写，它才能最终成为“完成”版的程序。我们将这套目标代码“烧”到一块小芯片的只读存储器上，而这块小芯片上通常带有一个通用计算机及其之上的很多层虚拟机，然后，我们将这块芯片安装到电梯上。安装时芯片的输入端要与传感器连接，传感器能接受到按钮发送的信息和电梯测量到的乘客们的总重量等；芯片的输出端连接的是效果器，它可以指挥电机转动来开门闭门、升高或者降低箱体，更新显示器，播放录音等等。

再见了！机器已经彻底把真实的人类取代了，而不只是取代了一个我们塑造出来的小人儿，它们就跟人类操作员一模一样，遵守着同样的规则。真的是这样吗？果真如此？好吧，但事实并不如此。它们只是近似于遵守着同样的规则罢了。这是一种很经典的中间状况，它既不像人类那样，能够逐字逐句地把规则保存在大脑中，然后随时查阅那些规则从而指导自己行动；也不同于那些行星，总是能不紧不慢地“按照”设定好的轨道运行。我们人类也常常处于这种中间状况。有时，通过不断训练一些显性规则就会内化或者变成一种惯例，我们甚至都忘记了它们，不自觉地就把它们丢弃了。比如，一般来说英语单词中字母“i”都会位于字母“e”前，除了这两种情况：一种是，前面的字母为“c”；另一种是，在“neighbor”和“weigh”中，发音近似于“a”时。一些还处于调试阶段的规则也似乎是可以遵守的：例如英语的语法规则，它对语言学家们来说一直是一个挑战。时至今日，他们费尽周折也没能写出一本标准的规则手册让我们把英语说得更好，而事实上，几乎每个十岁大的母语是英语的孩子都能调试建立起一些相当不错的目标代码，供他们脑中的英语虚拟机使用。[①]

在结束这一章之前，我还想提醒大家一点：植入到源代码中的那些注释可以帮助程序员们去理解软件中相互啮合的各个部分的意图，但是，在我们为了方便描绘人类大脑所创作出的那些硬件、固件和软件中，它们却并不出现。自然选择在我们的大脑中安装的那些功能结构就像是一些没有注释的代码，这些功能是有目的的，但由于代码并没有对结构的目的有所注释，大脑也就无从理解这些意图了。（在第 40 章中，我们会有更详细的讨论。）在发育和学习的过程中也存在着未加注释的调整或者是未说明意图的调整。就像是语言学家们那样，我们还在奋力实施着逆向工程来破译所有那些“规则”和“程序”，虽然它会比用逆向工程目标代码来复原源代码更有难度，但理论上的确可行。

① 我的同事雷·杰肯道夫这样来评论这种语言习得过程悖论：孩子们无意中就能吸收和遵循的一些语法规则，语言学家们费尽九牛二虎之力也未必能表述出来。

第三部分小结

几百年来，“大脑是灵魂的所在”这种观点一直在我们心中根深蒂固，而到了20世纪中期，它却突然变得荒诞了起来！我们都知道，大脑由很多形状怪异的器官结构组成，分配在左右两边，早期的解剖学家们给它们起了一些很生动的名字，例如海马体（形状像海马）、杏仁核（形状像杏仁）、褶皱皮层（看起来像树皮），那它们究竟都有些什么功能呢？它们不能消化食物或者净化血液吧？大脑就是一个可以冷却血液的器官吗？就像亚里士多德认为的那样，相当于一个散热器？这些器官通过神经纤维连接，因此可以彼此沟通。笛卡尔认为，神经纤维很像那种一头挂着铃铛的金属线，你拨动一头，另一头的铃铛就会有所反应，但这能说明什么呢？一声铃响就能让我们对大脑产生心智的过程理解得更深刻？但还有谁有更好的设想吗？[①]

① 事实上，笛卡尔这一伟大的设想已经触及到了一些非常好的想法。他认为，拉动金属线能为压抑已久的“动物生命之液”（脑髓液）打开一点小小的空隙，让它们奔涌而出，从而产生某种液压动能。真是个不错的力量放大装置！更重要的是，通过这种装置，某些智力活动就完全可以靠机械力实现了：比如无意识的反应。按照笛卡尔的设想，就要踩在一团烈火上时你收住了脚，是因为那种灼热拽动了挂着铃铛的金属线——所有这些都只是大脑的机械反应，不需要理智！

后来就出现了图灵机，它是在巴贝奇、帕斯卡和莱布尼兹等人创立的理论传统上建立起来的。他们认为，大脑可以由一些简单的部分组成，这些部分从根本上说都是机械性的，就像一个老鼠夹、一枚响铃、一套钥匙和锁、一个突触，它们可以以一种巧妙的方式组织起来彼此发生作用，自主地完成一些智能工作，没有人类的干涉，也不需要有幽灵来统领它们。它们可以计算。

在图灵机发明之前，“计算者（computer）”其实是一种职业，比如说，那时候工厂和政府部门会雇佣成千上万的人做计算者，为商业、航海业、枪炮制造业以及银行业做计算。也许阿兰·图灵是这样猜测的，大脑也可能是一名计算者，它通过奴隶般地履行大量的指令去完成信息处理，这些指令非常简单，就像增量和减量那样。当这些早期的认知科学理论家们，像阿兰·图灵、冯·诺依曼、控制论创始人诺伯特·维纳（Norbert Wiener）、信息论创始人克劳德·香农（Claude Shannon）等人明确地将这个观点表达出来时，所有人都恍然大悟、深表赞许，并扪心自问：为什么我们没有想到这一点？大脑首先从感觉器官吸收信息，然后通过某种计算方式对这些信息进行处理。经过多重细致的计算处理之后，大脑能从这些信息中提炼出一些有关意义的非常有价值的矿石，大脑把它们分类储存，用于指导人体的行动，而人体的行动反过来又可以为大脑提供必要的能量和保护。

图灵的设想最具创新力的地方在于，他淘汰了一些笨拙的环节，这类东西在早期设想的信息操作过程中异常明显：节骨点上永远得有一个员工，或是一个译者、一个图书管理员。总之，必须得有一个理解器，用于领会所有输入的信号。图灵明白，从某种意义上来讲，这种情况不可避免：在完成了对不同信号的辨识之后，还是需要智能操作为下一步的走向做出决定。图灵尝试要将这一过程中的理解成分降到最低：他发明了条件分支跳转，这个设置能够通过识别（近似识别）1 或者 0，A 或者 B，x 或者 y 来确定（近似确定）自己应该选择左边还是右边的路径。分支跳转和算法，这就是这个系统所需要的全部了，只要在虚拟机上叠加虚拟机，在其上再叠加虚拟机，一个个叠加下去，就能组装出具有各种识别水平的装置。

50年来，我们一直都在为这一愿景努力，但一路走来却发现了很多问题，它们很细小，解决起来也非常不容易。如果大脑可以比作计算机，那它肯定不是我们平时所用的那种计算机。我们需要提醒自己计算机的基本特性，这样我们就可以从更符合生物原理的角度提出大脑的可能架构，而不是那些在我们的刻板印象中存有的商业架构。

这段插曲的观点已经大体澄清，其中还加入了大量的细节分析。你可以把它当作一种思考工具，帮助你更好地解决接下来的问题：首先，进一步探索意义在大脑中或者在其他机器里是怎样生成的；还有，在没有优秀的程序员和杰出设计者的情况下，演化的力量如何设计出了这整套精妙的构架。在后面，我们还要去面对意识和自由意志这两个概念，它们最为狡猾，但之前所掌握的这些思考工具能助我们一臂之力。

第四部分

更多关于意义的思考工具

INTUITION PUMPS

AND OTHER

TOOLS FOR THINKING

28

红发人那事儿

大脑中的认知机制

有个还算诱人的想法：大脑携带的全部信息，包括信念、看法、记忆、策略等，被分解成了类似语句的片段，而这些片段则被分类存档以待再次唤起。我们已经发现，这个想法存在着一些问题。脑写入（brain-writing）不能简单地置入一个虚假信念，而人们可以共享某个信念，例如发生在伦敦的那起谋杀，犯不着共享用脑语写成的公式。但是，大脑里还有什么可以储存信息呢？我们人类可以“零打碎敲地”进行学习，所以肯定有一些让孤立事实逐个地、粗略地加起来的方法。

经济学家和其他一些人常喜欢说，你不可能仅仅做一件事情。做“一件事”通常有诸多后果。同样，说你只能学习一件事物也不一定对。但大体上说这还是可能的。在先前的章节中，你了解到有一种叫作普度鹿的哺乳动物。除非你合上书去查资料，否则，除了它们会照料幼崽、长有脊椎并且相对稀少等事实，你不大能确认任何有关普度鹿的东西，因为如果它们不是那么稀有，你之前就该听说过这种动物了。你是如何学到这些并不神秘：你只是读到一句话并相信了这句话。但是，动物或尚未学会说话的小孩能否从一些有趣的零星经验中获知某个单一事实呢，比如简单句所表达的事实？知识、信念或学习过程一定得分解为句子般大小的碎片这一想法大概只是拟人论的幻象。人们在一天当中会碰上许许多多的陈述句，有些是口语的，有些是书面语的，据此得以获悉形形色色的事实，同样也会误信一些谎言。其中一些我们放在图书馆或者档案馆储存，而另一些我们只存放在大脑里。我们很少逐字逐词地记住一个实实在在的句子，但当我们记下眼前的一个句子的要点时，它一定是在大脑中被存储成了某种类似句子的东西，例如，一段用脑语写成的公式。真的是这样吗？如果不是这样，还能怎样？

设想帕特说“迈克对红头发的人有点看法”。帕特大概是想说，迈克对红发人有一种刻板印象，这当然意味着迈克对红发人有些不敬，也影响了他对红发人的期望和同他们之间的交往。迈克并不只是对红发人抱有成见，他对红发人还有相当独特的看法。帕特可能是正确的，比他自以为的更正确！我们可能发现迈克确实持有某种东西，它不是想法或见解，不是信念或想象，也不是其他任何我们常说的能提供意识体验的东西，而是大脑中的某种“次人”的认知机制，该机制总归涉及红发人。也就是说，只要话题是关于红发人的，该机制就会系统地发挥作用，调整迈克认知机制中的各种参数，使他不大能接受或承认对红发人优点的各种恭维，在面对红发人时也更易产生相对激进的行为，等等。这个涉及红发人的运作可能十分复杂，也可能相当简单。

“迈克对红发人有看法”绝对为我们提供了一些东西，它的意义无法否认，然而，其意义无法以一个让人信以为真的语句的形式表述出来，这种表述顶多只是一个助记标签。所以，这种东西不能称为信念，无论是明确还是含混的，例如：所有红发人都是 F 开头的单词（“F”可以替换为任何一种对迈克的态度的表达，只要它足够公允）。毫无疑问，迈克对红发人抱有某种态度，但那不是一种特定的命题态度。用哲学术语来说，无论我们如何千方百计地在上述表达式中塞入不可兼条款、限定词、概率算符或是对其内容做显式调节，它都无法被处理为以下形式：

迈克相信：对于所有 x，如果 x 是红发人，那么……

哲学家以及其他理论家往往想将所有认知状态“还原”为可以由上述公式表达的信息负载状态（information-bearing states），并把它们称为信念或者欲望。虽然这种手段是提供心理草图的好办法，也就是意向立场，但是想把它们高度精确地表达出来的希望依然渺茫。若是乐意，我们可以说，各种各样的信念在系统中是隐式的。这意味着系统当前的运行“基于这一假设”，即世界上的红发人有着一些如此这般的特征。电脑程序员有时会在源代码中加入一段注释，注明这个系统基于一套确定的假设，他们知道自己不必为精确表达耗费心力，因为这些注释不过是为观察者设置的助记标签，并不是由电脑近似读取或理解的东西，即便对于我们这些观察者来说，注释也不是有关内容的“详细说明”，与化学家在描述分子结构时用到的化学式也不尽相同。

为某种次人的大脑结构给出一种意向立场的解释，类似于为几段代码加上注释；注释得当，它就为我们提供了一个启发性的标签，但这并不等于把某个在信息处理过程中用脑语表达的公式译成了英语或其他什么自然语言。有些哲学家没能看透这一点，他们生造出一些内在语句操控机制（internal sentence-manipulating machinery）的奇妙世界，在这些奇妙的世界里，用选言式谓词（我看见一个男孩或女孩）或者没有逻辑结构的谓词（我看见一个孩子）来表达一个特定的大脑事件的内容，是截然不同的。

这个直觉泵的目的是什么呢？它只是一次尝试，试图表明：对于力挺思想语言的那番熟悉的反诘“还能是什么呢”，或许会有一个令人满意的答案，到时候就能让那些认为思想语言显然成立的人无话可说。我真希望自己能给出一套宏大的计算架构，大获全胜地展示出一个可行的替代方案，可惜我不行。至今还无人能行，甚至几乎无人尝试，因为很多人依然坚信，思想语言就像某人很多年前说过的那样，是“最后的救命稻草”。但是切记，在认知科学领域，至今还没有人发展出一套可行的思想语言模式，甚至也不曾为此努力过。这是一个异常困难的问题。[①]但愿某个开放的心灵能受到这个直觉泵的启发，解决这个问题。

---

① 说点有关专家系统的题外话：CYC 项目（Lenat and Guha, 1990）无疑是最令人印象深刻的人工智能系统，它是思想语言这类想法的执行系统，一部百科全书（enCYClopedic），它拥有人工编制的海量数据库，并配有专属推理引擎负责管理该数据库。目前，CYC 项目的发展已经超过四分之一个世纪，参与人数众多，但就其设计而言，它力所能及的范围依然是冷冰冰的非生物、非心理的领域。参见 Wikipedia 上关于 CYC 的精彩介绍。几乎可以肯定，迈克有关红发人的看法不是一个用脑语表达的公理化的红发人微型理论，也未配备类似于 CYC 的那种大型数据库。我们尚不了解通过这类东西能做些什么。原因是，除了一些非常简易的模型，例如著名机器人制造专家罗德尼·布鲁克斯（Rodney Brooks）及其同事的类昆虫式包容架构（Brooks, 1987），我们目前仍未对此有过直接研究。布鲁克斯的 Cog 项目研制了一种类人机器人，这个项目的一个主要理论贡献在于：将这些高度非命题式的内容结构模型套用在人类心理上（Dennett, 1994b）。

29

彷徨的双币机、孪生地球以及巨型机器人

原初意向性和派生意向性存在明显的边界吗

我把“迈克对红发人的看法”以及源代码写在了同一段落，这似乎在鼓励读者无视基础问题中的裂隙，更确切地说，是我关于意向性讨论中的鸿沟：原初意向性（original intentionality）问题，这个术语是塞尔在1980年发明的。表面上看，他在原初意向性和派生意向性（derived intentionality）之间做出的明确区分总体上令人满意，甚至引人注目。原初意向性学说主张一些人造物，例如书籍、电影、电脑以及指示牌，可能从我们身上获得某种意向性，而我们所具有的原初（或内在）意向性则完全不是派生出来的。比如印在本页的文字关乎哲学，恰恰因为作者和读者拥有关于哲学的思想和信念，我们设法通过这些文字传达有关哲学的思想和信念，若没有我们这些文字使用者，它们根本什么都不是。

相比之下，思想和信念的意义独立于任何隐秘的使用者；它们展露了原初意向性，它们是人造物的所有派生意向性的终极源头。这些人造物不仅包括词句、书籍，同样也包括地图、电影、印刷品、符号、标志、图表以及其他技术表征，最重要的还有电脑。你写在小纸片上或记在手机上的购物清单为什么能帮你买东西呢？仅仅是因为你了解这些符号结构的使用，你赋予它们意义，你有购物的欲望并且确信超市就是该去的地方。与购物单相比，这些东西更为直接，也更加根本。亚里士多德说上帝是不动的原动者（unmoved mover），套用这一说法，我们便是无意的赋义者（unmeant meaner）。

我们完全同意塞尔的话，任何东西都不能单凭其物理形状或其他类似的属性获得内在意向性。请看下图的字母形状：

FREEBEER

假设，由于某种机缘巧合，这些形状出现在火星的岩壁上，无论地球人多想把它读作“免费啤酒”，它（“本来”）也不会是这个意思。这个图案不会是对任何东西的表示，不管它乍看起来像什么。如果这世界上有某些事件和物件是关于其他东西的，它必定会从它所处的表征和解释的意向系统中获得意义，该系统的状态，如信念、欲望、大脑状态等总得是已经具有意向性的才行。

接下来的问题是，是否存在具有原初意向性的东西呢？乍一看很明显，必须存在某些具有原初意向性的东西，因为派生意向性必须得从某种东西中派生而来。具有原初意向性的候选者显然就是人类心灵了。尽管一些有名的哲学家在许多方面都极不赞同塞尔，如杰里·福多尔和索尔·克里普克（Saul Kripke），但是，在原初意向性问题上他们倒是意见一致。他们和许多志同道合的人认为，人类心灵或心灵状态具有原初意向性，就此而论，人类心灵完全不同于机器人控制系统。

坦率地说，他们全都错了。是的，我不是在开玩笑。由于原初意向性和派生意向性之分有着无可争辩的魅力，任何敢于冒犯它的尝试恐怕都会被“好心人”误解：“他不会当真说我们错了，他一定是在借此表达一些深奥的哲学观点，只不过他愚蠢而荒谬地给它们披上了挑衅的外衣罢了！”也许，我只有提供一个生动、清晰的有关派生意向性的事例，才能让人们相信我是认真的。下面我会证明，通过一番更为仔细的考察，人们所钟爱的这组对照，即派生意向性与作为原初意向性的人类心灵，将被消解掉。这是一项艰巨的任务，但我还是要尽力而为。我需要三个彼此联系的直觉泵来完成这一壮举。

1. 彷徨的双币机

设想一种制式软饮料自动贩卖机，它在美国设计组装，并配有传感装置，可以接受25美分的硬币。我们可以把它叫作双币机（two-bitser）。[①]通常，当我们往双币机中投入一枚25美分的硬币时，它便会进入Q状态，“意为”（注意双引号，此处只是近似意为）：“现在，我感到或收到了一枚货真价实的25美分硬币。”这种双币机设计得相当精巧，但并非绝对安全，它们确实会“出错”。当投入金属片或外国硬币时，它们有时也会进入Q状态，而有时它们也会拒绝合法硬币，未能进入本该进入的Q状态。

毫无疑问，我们可以检测造成机器“错觉”背后的模式。同样，具有足够的相关物理学以及传感机制设计参数知识的人至少可以断定某些“误认”的情况。那么就可以直接从物理规律推理出：不仅合法的25美分硬币能触发Q状态，其他某种K型物件也能触发Q状态，但是过重的J型物件或者磁性的L型物件不能触发Q状态。如此说来，K型物件将是合适的金属片，它会可靠地“骗过”传感器。看看我在这段中多么不厌其烦地使用了“近似算子”，这样一

① 在一开始创造这个直觉泵时，我或许不该使用这种过时的俚语。但我是不得已而为之，因为这种东西曾是一种流通量颇大的货币，所以让我继续用它吧。用“two bits”表示25美分有着模糊不清的起源，这让我们回想起旧时的西班牙银币八里亚尔、达布隆或其他海盗时代的遗物。

来，在我给你们双币机的规格时就可以使用意向立场了。当你试着重写本段而不使用意向立场时，你会惊叹它多么有效，近似算子可谓不可或缺。

假使 K 型物件在双币机的正常使用环境中变得愈加普遍，我们就会期望双币机的拥有者和设计者研究出更高级、更敏感的传感器，以便可靠地区分真正的 25 美分硬币和 K 型金属片。当然，到时候狡猾的造假者可能会改变 K 型金属片的外观，因此，需要探测传感器的进一步升级，但技术上的升级可能带来收益递减，因为天底下本来就没有什么不会出错的机制。与此同时，工程师和使用者都清楚，这种基础版的制式双币机也能将就对付，为防范那些微不足道的造假者而做出技术上的升级太不划算。

唯有该装置的设计者、制造者、拥有者以及使用者之间的共同意向才能使之成为一部硬币探测器，而不是什么金属片探测器或者硬币 / 金属片二选一探测器。只有在这些使用者及其意向的环境或背景之中，我们才能挑出 Q 状态的某些情形，将其视为“切实”，从而把另外一些情形视为“出错”。也只有在意向的背景之下，我们才会一开始就将这种装置称为双币机。

我想，到目前为止，我已让塞尔、福多尔、克里普克等人点头称是了：意向正是如此这般地同人造物关联；这是一个关于派生意向性教科书般的案例，其间种种让人一览无遗。因此，没人怀疑，某种双币机直接从美国的工厂下线，贴上“A 型双币机”的标签，就可以安装在巴拿马的软饮料贩卖机上，并开始工作，接受或拒收巴拿马的法定货币巴波亚 25 分硬币。通过设计和加铸币印可以很容易地区分巴波亚硬币和美元硬币，但它们之间不能通过重量、厚度、直径或材质加以区分。

我可不是信口雌黄。我从稀有钱币飞鹰专柜的权威人士艾伯特·埃勒尔（Albert Erler）处获知，标准的自动贩卖机无法区分 25 美分硬币和铸造于

1966—1984 年间的巴波亚 25 分硬币。这没什么奇怪的，因为后者就是在美国铸币厂用美元硬币的储备造出来的。虽然与这个例子不甚相关，但我想补充一点，只当满足大家的好奇心：2011 年，巴波亚币兑美元的汇率是 0.98，所以今天的一枚巴波亚 25 分硬币的价值略小于一枚 25 美分硬币。

这样一个被带至巴拿马的双币机也会正常地进入确定的物理状态，无论将一枚 25 美分硬币、某个 K 型物件还是一枚巴波亚硬币投入该机器，我们都会以其物理特征来确认 Q 状态，但现在，被视为出错的情形不同了。在新的环境中，25 美分硬币就像 K 型物件一样，被视为引起机器出错、产生“错觉”和误认的金属片。反过来，在美国，巴波亚硬币就是一种金属片而已。

当双币机安装在巴拿马时，我们能不能说所谓的 Q 状态依旧发生了呢？该装置“接受”硬币时的物理状态依然发生了，但现在是不是应该说，我们将那种物理状态确认为“识别出”一种新状态 QB 呢？没错，我们该怎样说有相当大的自由，毕竟双币机只是人工制品，对其感知和误认、切实或非切实状态，也就是对其意向性的讨论，简言之，“只是隐喻”。双币机的内在状态，或随你怎么称呼，既不真正（原初地）意味着“现在收到一枚 25 美分硬币”，也不意味着“现在收到一枚巴波亚 25 分硬币”。塞尔、福多尔和克里普克等人会坚称，它没有真正意味着任何东西。它的内在状态仅仅近似于意味着某种东西，但是，对于我们这些原初意向性理论的欣赏者来说，这足以引发一些问题。让我们仔细地看一看。

双币机最初设计为一种用来检测 25 美分硬币的机器。这是它的“应有功能”（Millikan, 1984），毫不夸张地说，亦是其存在的理由。如果没有这种功能，没人会花时间把它造出来。鉴于此，一般说来，我们可以将这样一部装置主要地或恰当地刻画为双币机，它的功能是检测硬币，因此，相对于这一功能，我们不仅能确认它的切实状态，即正确地检测出硬币，也能确认它的错误状态。

但这不能阻止我们为一个新的用途而临时征用双币机。但只要是物理定律，任何新用途都可以被允许，例如，用作 K 型物件检测器、巴波亚硬币检测机、门挡，甚至一件致命的武器。对于它的新角色，也许会有短暂的混乱期或不确定性。当积累了多长的记录之后，某物就不再是双币机，而是变成了巴波亚硬币检测机（q 巴波机）、门挡或致命武器呢？[①] 一台双币机，经过 10 年的忠诚服役，刚刚变成了一部 q 巴波机，对于这部 q 巴波机的首次亮相，它的 Q 状态是否是对巴波亚硬币的正确检测呢？会不会有某种习惯性的怀旧错误导致它将一枚巴波亚硬币误认作一枚 25 美分硬币？

就像上面描述的，双币机与我们人类截然不同，它没有任何可成为过往经验的记忆，哪怕是其过往“近似”经验的“近似”记忆。但是，如果你认为这有影响，我们也很容易为它提供这种记忆。开门见山地说，假设原初意义上的双币机装有一个计数器，服役十年后它的记录为 1 435 792。设想，它运往巴拿马时计数器并未清零，所以它在巴拿马首次工作时计数器会跳到 1 435 793。这个数字意味着它还没能转接到正确地确认巴波亚硬币的任务吗？别忘了，它近似错误地将该事件当成了 Q 事件——检测 25 美分硬币；它的用途就是检测 25 美分硬币。这一主题的变种以及并发问题会沿不同的方向驱动你的直觉泵吗？拧开直觉泵上的所有旋钮，看看你的直觉到底发生了什么。

可以肯定的是，若严格地就双币机自身来考虑，不考量它先前的历史，双币机并没有什么内在的东西，使其区别于真正的 q 巴波机，也就是巴拿马政府委托订制的机器。然而，鉴于它的前世今生，它首次进入我们所谓的 Q 状态时，它的功能、用途和意义就没有任何问题吗？这是一个进入 Q 状态（意为“接收美分硬币”）还是 QB 状态（意为“接收巴波亚硬币”）的问题吗？

---

① 像你祖母常常用来熨衣服的那种尖头熨斗，就可以是一个相当不错的门挡。如果你想在旧货店或者“收藏品”网站淘一个的话，一定要确保它不是赝品。市场上有些不过是铁制的门挡，只是铸成了旧式尖头熨斗的样子。未来一百年也许就有人会造出稀奇古怪的门挡，看上去就像双币机，在硬币还能当钱用的年代，你的祖父还常常用它。你懂的。

我和有些人（Millikan, 1984）都认为，它在巴拿马的首秀被视为进入 Q 状态还是 QB 状态，完全取决于在其新的工作岗位上，我们是否选它来检测巴波亚硬币。例如，它被巴拿马百事可乐特许经营人选中。如果它被选中，那么，即便新的运营者忘了重置计数器，它的首次“感知”行为也会被当作一次作为 q 巴波机的正确辨认行为，因为这是它现在的用途。它的功能就是检测巴波亚硬币。另一方面，如果一台双币机被阴差阳错发往巴拿马，它的首次亮相将毫无意义，尽管用不了多长时间，那些为了新目的而征用它的相关部门就能意识到并认可它的作用，随后，它接下来的状态也就被视为 QB。在它用于检测巴波亚硬币之前，无论它检测巴波亚硬币的能力多么出色，它的接收状态也不会意味着（以其人造的、派生的近似意味方式）“现在接收巴拿马的巴波亚硬币”。

想必塞尔和他的同事对我这么说也会心满意足，双币机毕竟只是一个人工制品。它不具有原初意向性，因此也没有我们要试图揭示的什么“深度”事实。当隐喻式或者拟人化地谈论一部装置的状态时，他们会说，这不过是一个怎么说恰当的实际问题。

现在，我们已经牢牢地抓住了派生意向性，让我们看看非派生的原初意向性，即我们的意向性，有什么不同。在这一点上，塞尔、福多尔、克里普克等人不仅不同意我，也不同意哲学家露丝·米利肯（Ruth Millikan）、保罗·丘奇兰德（Paul Churchland）和帕特里夏·丘奇兰德（Prtricia Churchland）夫妇、认知科学家侯世达、马文·明斯基（Marvin Minsky），以及工作在人工智能领域的每一个人。历经 30 多年的聚讼，大家的情绪依旧高亢。我们在争什么呢？

2. 孪生地球

设想有个人，就叫琼斯吧，他望向窗外，以为自己看到了一匹马。窗外可能有也可能没有马。但塞尔及其同事会说，“他处在自以为看到一匹马的心理状态”这一事实，根本就无关于解释。这是一个粗糙的事实，也是一个原初意向性的范例。接下来，我们来构造一个与双币机高度相似的思想实验，看看会发生什么。这是一个归谬法的实例。设想有一个和地球几乎一模一样的孪生地球，除了那里生活着犸，我们这里生活着马。[①]犸看上去像马，除非让训练有素的生物学家用 DNA 测试，否则，可以说，它们几乎在任何方面都与马别无二致。但是，犸并不是马，就像海豚并不是鱼。孪生地球人可以管犸叫“马”“horse”或者其他什么名字，我们仅需记住：孪生地球与地球极其相似，除了那里生活着犸。

设想我们将琼斯送到孪生地球——犸的家园，对此他毫不知情。我们可以给他下药，安排他在孪生地球的床榻上醒来。当我们把他带至一匹犸前，他会很自然地说或者想：“看哪！一匹马。”当他这么做时，要么他确实被激发，进入了“相信自己看到了一匹马”的状态，有了一种错误的、非切实的信念；要么他被那匹犸激发，生平第一次切实地进入了“相信自己看到了一匹犸”的状态。我们如何分辨他进入了哪一个状态呢？由犸唤起的信念是真还是假？如果一开始他错误地认为“我看到了一匹马”是错误的，那么当他生活在这些犸中，并与孪生地球人谈论犸时，他需要多长的时间才会调整“马”这个音在其语言中的意义呢（期间他并没有意识到这一点）？如果他在孪生地球上还生养了几个孩子，那么他们从老爸那里学来的词“马”是指马，还是指犸呢？他们从未看到过马，记住，那里只有犸。

这显然是一个诡谲、极端的例子，但它确实带来一个好问题：是什么决定了我们词语的意义？怎么决定的？历史是否总是对所有东西都具有重要意义？

① 哲学家希拉里·帕特南（Hilary Putnam, 1975）多年前发明了孪生地球这一思想实验，我的直觉泵细致地模仿了相关细节。我的双币机的故事只是煞费苦心地重新设置了帕特南直觉泵上的旋钮。在过去 35 年间，哲学家们讨论过几十种甚至可能是上百种各式各样的变体。在最初的叙述中，帕特南选取了地球上的水和孪生地球上的水（其组成为 XYZ，而非 H_2O）作为例子，但这会引入一些与我们的直觉泵不相关的复杂情形，所以，在这段叙述中，我们选用了犸——就好比双币机中的巴波亚硬币。

当前对词语的使用能否克服或推翻历史？在本例中，琼斯并未向我们提供独一无二的洞察；他甚至不知道自己已不再生活在地球上，因此，他大概会坚称“马”意指马。他的词语，即从他嘴里说出的词，其意义来自他的感知信念，他知道他所相信的：他在看一匹马。这就是他为什么说“看哪！一匹马”的原因。他可能还会加上一句“这不是显而易见的吗”。假设让我们告诉他这次旅行，并告知马与犸之间微小但重要的差别，接下来他会说什么呢？或者说他应该说什么呢？更重要的是，是否有个好理由支持他，无论他说什么都是确切无疑的？难道他不正是做了我们每个人都会做的吗？无论是他还是我们都不具有理论化地阐释这一处境的专享信息。假设他说他的词“马”现在意指犸，而且当他看到一匹犸并称之为马的时候，他并没有犯任何错。入乡随俗嘛。

他能否只是靠着声明其言其意就把问题解决了？如果随后他忘记他所做过的声明，又该如何？有时我们也会这样做：“从今往后，我就用‘渣渣’来指盐啦！麻烦把渣渣递给我！”在科学理论化阐释的背景中，这种规定性定义是一种重要且已得到确认的做法，但它依赖于一个交往双方的合作共同体。如果琼斯具有原初意向性，想必在任何环境中，都应有一个关乎其词语意义的事实。但是，琼斯本人似乎无法参考他自己的原初意向性，他并不能比我们这些观察者做得更好。举例说来，设想我们骗琼斯说，他被我们送到了孪生地球；他相信了（在哲学家的直觉泵中，人就能这么轻信！），随后，如果他告诉我们，他的词“马”现在意指犸，这时他是对的吗？也许他应当说他不知道“马”现在意指什么。那么，由于我们知道自己也可能被送到了孪生地球，我们是不是也得承认，我们不知道“马”意指什么呢？

我们这些对原初意向性这一想法将信将疑的人已经有了关于这些问题的答案，但还需要第三个直觉泵使之更为清晰，以便同传统直觉来次难得的对战。所以，请读者们擦亮眼睛！我要设法诱使你们放弃你们珍视的直觉啦。

3. 巨型机器人

假设你想过25世纪的生活。已知的唯一办法是将你的身体保存在某种冷冻装置中，你会静静地、缓慢地进入沉睡，愿意待多久就待多久。你会在冷冻舱进入睡眠，直到2401年被自动唤醒。

设计冷冻舱并不是你面临的唯一工程难题，你还必须保护冷冻舱并提供必要的能量用来制冷或满足其他所需，使其可以运行400年。你不能指望你的儿孙负责日常管理，因为他们很可能活不到2401年，同样你也不大可能指望未来的后裔对你的生活计划感兴趣，你甚至可能根本没有后裔。因此，你必须设计出一个超级系统来保护你的冷冻舱并给它供应运行400年所需的能量。

有两种基本策略可供参考。第一种，你应该找一个你所能想到的最佳场所，在那里固定装置会很好地提供水、阳光和任何冷冻舱以及该超级系统本身所需之物。这样一套装置，或“设备”的一个主要缺点是，当有危害来临时它不能移动。比如，有人碰巧想在此处修一条高速公路。第二种策略更加复杂，但它回避了这一缺陷：为你的冷冻舱设计一个可移动的装置，配有所需的传感器和预警装置，使它可以避开可能的危害并寻找所需的能量。简言之，就是造一个巨型机器人并将冷冻舱安置其中。

显然，这两种基本策略均来自大自然，它们的区别大致相应于植物和动物的分野。第三种策略同样来自大自然：孢子或种子能够待在它坚硬的护甲里几乎无限期地存活下去，但这并不适合你，因为你的生命支持系统需要高能量，而孢子处在尽可能低能耗的惰性状态。由于动物的策略与我们的目的颇为相合，我们假定你决意造一个机器人安置你的冷冻舱。你应该试着将它设计为可以“自主决定”有助于实现你的最佳利益的行动。笨拙的行动或错误的转弯会使它不适合保护你到2401年，而这是它存在的唯一理由。毫无疑问，这是一个工程方面的老大难问题：这需要通过顶级的专门技术设计出一个“视觉”系统和其他一些“知觉”系统来保障运动。还有，在整个冷冻期间，你处于沉睡状态，因此你不能提供指导，并为它的策略做计划，所以你只能将其设计为可以自发制订计划以应对环境的变化。它必须“知道”如何“找到”并“识别出”可用的能量源、如何移动到更安全的区域，以及如何“预见”并“避开”危险。既然有这么多工作要做，而且还要做得快，那你最好想方设法精打细算：切勿赋予你的机器人超凡的识别能力，它只要能识别在这个世界上需要识别的东西就够了。

再次注意，我将所有意向词或“心智”词，例如“知觉”“找到”以及“预见”，都加上了双引号，用来表示这是一种特定的近似意向性：派生意向性。这种意向性完全取决于人类的目的。这是你制作的东西，无论它具有什么样的意向性，它都属于你——它的制作者。若去掉了双引号，我就会被指责为在鬼鬼祟祟地搞某种意识形态，因为工程师等人往往因循守旧，会不加双引号地使用这类言语谈论某个信息处理装置的规格，例如升降电梯控制器。我有意没有这么做。为论证方便起见，我承认，使用意向语言对人造物功能进行的任何描述或规定都是隐喻。同样需要注意的是，像双币机一样，机器人的机制服从经济上的考虑：它需要“检测”或“识别”许多东西，但它的“识别器”并非完美无瑕。它可以出错，但什么算作错误归根到底取决于制作者的需要和欲求。假使制作者想造一个在“认不清”东西的世界里四处瞎撞的、滑稽的机器小丑，那么，这些“错误”中就会有一些是弄对了的，是小丑控制器的巨大胜利。

现在让我们回到直觉泵。由于你不能指望你的机器人是唯一执行该任务的机器人，你的任务将变得愈发困难。如果你的奇想流行开来：你的机器人很可能发现自己在与其他机器人，以及你的人类子孙争夺有限的能源供应、新鲜的水、润滑油等（见 67 章关于其他行动者的重要性的简短讨论）。那么，毫无疑问，你必须将机器人的控制系统设计得足够精密，允许它能计算与其他机器人合作或者结成互惠互利联盟的利益及风险。但是，再提醒一下，这种计算一定是“马马虎虎”的近似，是迫于时间压力的任意简化。

这一设计方案的结果将是一个能够表现出某种自我控制能力的机器人，因为你本人一旦进入睡眠状态，就不得不放弃对机器人的精细控制和实时操纵。因此，它能够评估当前状态与始终保护你的终极目标，并从中得到它自己的附加目标。这些次级目标可能要上百年的时间才能实现，尽管你在设计阶段尽了最大的努力，但其中一些目标可能仍不明智。也许，在被其他机器人“说服”去保护他人之后，你的机器人一行动就与你的目的背道而驰，甚至是自杀式的。

注意，在这个时候，即便机器人所有的意识状态和行为都源自你的目的，它们也会开始变得有点脱离你的目标了。因为你设计的机器人在某种程度上是“自主思考”的，它的“思考”可能超出你的预期。

考虑现实世界中一个非虚构的例子，比如一台国际象棋计算机，它可以击败它的创造者。我们说计算机正在“琢磨”车的行动，“决定”不去王车易位，这么说的唯一理由是因为人类设计者设计它做那种事。但是，由于设计者的目标是造出一台优秀的国际象棋计算机，所以，对于计算机的状态（派生性地）应当关于什么的许多决策，其实是在倒逼自己：既然国际象棋程序需要游戏规则和游戏状态的准确信息，就一定存在着诸多涉及每个象、每个兵的状态，还有在电脑的“后”吃掉了对手的“马”时对整个棋局进行评估的状态，等等。如果计算机的状态没有恰当地关联到棋盘上每一个兵的位置，无论设计者怎么做，这个状态都不会（派生性地）关涉存活在棋盘上的兵的数量。一旦确定了设计者的最大目标，比如制作国际象棋程序、巨型机器人或飓风模拟器，暴虐的大自然就会接管过来，并决定什么可行，什么不可行，哪个系统中的哪些状态是错误的或不准确的。

诗人可以通过一首看上去关于马但其实是关于教授的诗来表达自己的观点，比如威廉·布莱克（William Blake）告诉我们“愤怒的老虎比听从教导的马更有智慧”，然而计算机工程师却不能将自己的意图强加给他们的造物。

接下来让我们稍加盘点。巨型机器人精神状态的模造（simulacrum）只是这样：它并非在真的做决策、看、思考、规划，它不过是好像在做决策、思考和规划罢了。我们应该停下来想想这种说法包含了什么。我们设想的机器人肯定比不起眼的双币机复杂得多；我们赋予它“规划”新的行动方案、“从过去的错误中学习”、“养成忠诚”以及与其竞争对手“沟通”等能力。此外，为了能让它“规划”“学习”和“沟通”，我们不得不为它提供复杂的控制结构，赋予它自我反思或自我监控的能力。换句话说，它像人一样，可以通达自己的内部状态，当它“决定”不“想”向我们“撒谎”时，能够“报告”“坦承”以及“评论”其内部状态“需要”输入什么。它对这些状态的含义有“意见”,无疑，我们应该严肃地将那些“意见”视为充足的证据（这大概是我们能轻松拿到的最好证据），来证明这些状态在隐喻的意义上“意味着”什么。

切记，它不过是件人工制品，没有原初意向性；我们正在考察的是其派生意向性，对于观察者而言，其派生意向性与我们这些“真正”的行动者的意向性同样不明显。双币机没有能力动摇我们的解释性判断，因为它无法提供确定无疑的“声明”，表明它不知道自己现在身处巴拿马，或者看到巴波亚硬币让它感到意外。

对于这一直觉泵，可以有若干回应，我们将对它们略加检视。不过，我首先想引出我们在做出初始假设时所持立场的最显著含义：不管多少神奇的人工智能妙法植入其中，人工制品都不会有什么派生意向性。若坚持这一观点，我们就不得不接受，我们自己的意向性和机器人的意向性完全一样，因为我讲的科幻故事并不新鲜，它是理查德·道金斯（Dawkins, 1976）看法的另一种形式：

我们和其他所有生物都是“生存机器”，其目的是延续我们自私的基因。我们是被造物，是历经亿万年设计而成的用来保障基因的生存机器，因为基因无法出于其利益迅速地、知情地行动。我们设想的自身利益和基因的“利益”很可能相悖，即便我们存在的目的就为了基因的“利益”。基因的保存是我们的原初存在理由，虽然我们学会了无视这个目标，并仰赖基因业已安放在我们身上的智力、学习能力，设计出自己的至善（summum bonum）。因此，我们的意向性源自“自私”基因的意向性。它们是无意的赋义者，而非我们！

当然，在任何意义上，我们基因的意向性都不是内在的；基因的“意义”首先取决于蛋白质的合成、发育，也就是说，取决于进化而来的、由 ACGT 密码子构成的“字母表”系统。原初只是说它是许许多多进化而来的表征系统（representational system）中的第一个。后来的所有系统都有行动者，即意向系统，行动者的表征从其推进的目标中获得意向性，就像巨型机器人的意向性那样。①

虽然这一图景为我们自身的意向性从何而来提供了一个满意的答案，但它似乎让人有点尴尬：我们自身的意向性派生自基因实体，而基因的意向性仅仅是类意向性。字面上的东西如何依赖于隐喻层面的东西？此外，在我的科幻小说和道金斯的故事之间显然有许多不同：在我的故事里，我假定，制造巨型机器人所涉及的工程是一个有意识的、慎思的、有远见的过程。即使如道金斯所言，我们是设计过程的结果，在此过程中，我们的基因是主要的受益者，那也是一个完全不存在有意识、慎思、有远见的工程师的设计过程。不过，我们马上就会看到，这不是一个好的反对意见。

---

① 特库姆塞·菲奇（Tecumseh Fitch）在其重磅论文《纳米意向性：为内在意向性一辩》（*Nano-Intentionality: A Defense of Intrinsic Intentionality*, 2008）中提出，最早进化出“内在”意向性的实体是真核细胞，而非其祖先原核细胞。按他的说法，这是因为它们自我保全的天赋远较其祖先高超。他对单个细胞的自治性（能动性）的重视强烈影响了对我的小人儿式机械主义的各种修正（见第 20 章）。不过，对于他止步真核细胞的打算，我不表苟同。原核细胞与真核细胞一样，不能“被机器替代”；能动性可以一路下落直至蛋白质，最后就是自私的基因。

自然选择理论的美妙之处在于，它告诉我们如何在关于种种起源的解释中将智能造物主排除出去。自然选择过程理应对这种非凡的、机巧的设计负责。基因不是设计者，它们本身再愚蠢不过了，它们不能推理、表达或理解任何东西。基因不能设计自己，它们仅仅是设计过程中的受益者，你可能会说，它们只是客户。在我们的故事里，基因可比作非常愚蠢、非常有钱的客户，他们雇佣最优秀的工程师为其建造生存机器。若不是他们，工程师就无钱可用，而且他们的存活正是其造物的代价。是谁或什么东西做的设计？当然是大自然母亲，或更直白地说，是自然选择压力下漫长而缓慢的进化过程。

在我看来，进化过程最令人着迷之处在于，它以其不可思议的能力映射出人类心灵（智能设计者）的某些性质。第五部分我们将更多地讨论如何思考进化，眼下，我想澄清一下可接受的意义理论和进化论之间强有力的联系。自然选择既无前瞻性，亦无目的性，虽然这怎么强调都不为过，但我们也不应无视这一事实：在对许多微妙关系做出无数有识别力的“选择”“辨别”和“鉴赏”之际，自然选择过程已然表明它对基本原理有着近乎完美的敏感。更挑衅地说，当自然做出选择时，它可以出于特定的理由来“挑选”特定的设计，却从不曾有意或无意地“表现出”选择或理由。自然“选择”心脏作为血液循环泵是出于其优越之处，并非出于它们跳动时迷人的节奏，尽管后者也可能是自然“挑选”其他东西时的理由之一。

巴拿马百事可乐的特许经营人可以因识别巴波亚硬币的功能选择双币机，把它用作一部巴波亚硬币检测器，同样的道理，进化也可以因为血液供氧的能力选择某个器官，将其作为肺。只有相对于这类设计“选择”或进化“认可”的目的，我们才能确认行为、动作、感知、信念或常识心理的其他范畴。[①]

---

① 对本段坚持不懈而又激情四溢的反对来自福多尔和皮亚泰利 - 帕尔马里尼（Piatelli-Palmarini）的《达尔文弄错了什么》（*What Darwin Got Wrong*, 2010）。本书和那本书之中，肯定有一本是在大放厥词。至于为本书观点所做的详细辩护，见本书第五部分及拙作《理性的进化》（*Evolution of Reasons*）。

我们是自然选择设计出的造物，这一想法既熟悉又引人入胜；但有些人可能会说，这种想法超出了严肃论争的范围。[①]然而，为什么不仅是创造论者、“智能设计”理论家，就连塞尔、福多尔及其拥护者也有点儿下意识地抵制它呢？

我觉得，这一想法有两个相当不明显的含义让一些人难以接受。首先，如果我们“仅仅”是造物，那么，我们这些拥有思想的思考者就没有任何特别的权威来确认我们内心深处的思想意味着什么，甚至不能确认它们是否在根本上无所意味。用不着改变任何内在性质，双币机就可以变成 q 巴波机；过去常常用来指一种物事的状态现在意味着另一物事。所以，原则上，如果仅仅是造物，如果我们自己的意向性因此是派生的而不是原初的，同样的事就会发生在我们身上。例如，琼斯没有权威可以来认定他是在考虑马还是犸。其次，如果我们是这样的造物，我们非但不能保证有权通达深层事实来确定我们思想的意义，而且根本就不存在所谓的深层事实。功能解释有时是显而易见的，比如，心脏显然是一台泵，眼睛显然是用来看东西的。但是，当它并非显而易见时，比如当我们试图理解大自然母亲的心智时，那里并不存在任何可供解释的文本。当有关功能的“真相”（the fact of the matter）有争议时，也就是说，当多个解释都讲得通时，那里就不存在任何真相。

① 自 1984 年以来，露丝·米利肯发表了一系列才华横溢的著作，她较我更为细致地发展了这一主张。欲了解最新动态请参阅《米利肯和她的批评者》（*Millikan and Her Critics*, *Ryder et al.*, 2013）。

30

彻底翻译与蒯因式填字游戏

不存在绝对正确的翻译

当两个同样优秀的功能解释冲突时，有主张认为，根本不存在深层事实可以解决这一冲突，哲学家蒯因（Quine, 1960）以其彻底翻译的不确定性原理巧妙地捍卫了这一主张，他得益于一个著名的直觉泵。设想，在太平洋中心发现一座孤岛，岛民使用一种岛上特有的语言。由于没有双语翻译的帮助，人类学家或语言学家不得不通过观察、与岛民进行互动式试错来理解这种语言，这一任务被蒯因称为“彻底翻译”。蒯因认为，原则上，如果有两位调查员担负起为这种异域语言制作翻译手册的任务，他们大致可以做出相当不同但却同样优秀的翻译手册，并会为岛民的话语赋予不同的含义，因此不存在事实上正确的翻译。对许多哲学家而言，这种想法似乎过于极端，不值得认真对待，所以，他们对此只是不屑一顾，并继续固执己见。下面介绍的这种思考工具可以让上述想法看起来合情合理，甚至显而易见。有两件事需要解释:（1）蒯因的说法如何在“原则上”可能为真;（2）就算该说法原则上成立，我们为什么几乎无法给出一个实例。

我常用下边这道英语填字谜题考我的学生。片刻之后，他们中的大多数人都宣布做了出来。你可以在阅读下文前试试。

1.	2.	3.	4.
5.			
6.			
7.			

横排:
1. 脏东西
5. 一种伟大的人类需求
6. 使平整
7. 某影星

竖列:
1. 一种水上交通工具
2. 我们常常想要的东西
3. 正上方
4. 美国的一个州（缩写）

你做出来了吗？如果做出来了，你得到的是哪个答案？这道题有两组很棒的答案，它们藏在本书的第 76 章，在答案揭晓前给你一个机会做出这两组答案。这道题尽管小巧，但我花费了好几个小时才把它设计出来，因为横排和竖列之间的相互影响必须满足多重约束条件，它强烈地限制了设计的可能性。如果你有所怀疑，可以试着构造一个更大、更好的填字谜题！（如果你做到了，烦请发给我一份。我在其他地方会用得着的。）

有人会问，“第一竖列的单词应该是什么？”这代表了某种不合时宜的实在论。这道题根本就不存在唯一的答案。我是有意这样设置的。比如说，我并没有先定下一组答案（历史上第一个或原初的答案，“因此”是真正的答案），凑成这道填字谜题，然后再找出另一组答案。相反，我平时就收集了一些意思相近的四字母单词，从中我取出几对一并制定了这两组答案。

因为定义的规范允许有一些弹性，所以我们能构造出这样的一道谜题。这两组答案中都包含勉强满足定义的单词，但是，哲学家称之为整体论的那种严丝合缝的周边条件，却把这些单词放入了两个完全稳定的结构。你觉得有多大概率存在着与这两组答案平等竞争的第三组答案呢？通常，密码学家会抱持这样的信念：你若找到谜题的一个解决方案，你就已经发现了这道谜题的唯一解决方案。只有在特殊情况下才可能存在两个解决方案，但类似这道填字谜题这样的情况表明，存在一个唯一的解决方案并不是形而上的必然，而仅仅是在强大的约束条件下极其可能的一种结果。

人远比填字游戏或计算机复杂。人类复杂的大脑里充满了神经调质，大脑又连在身体上，而身体与整个世界深深地交织在一起，其进化史以及个人历史内嵌于世界，相互贯通，远超一个内嵌于语言共同体的字谜游戏。所以，米利肯等人是对的：鉴于设计约束的本质，在极端情况下不可能存在相异的解决之道，给出两个完全不同、有着全局不确定性且不分轩轾的解释。彻底翻译的不确定性在实践中当然可以忽略不计。不过，该原则依然有效。我们没有彻底翻译的不确定性，不是因为脑袋里存有“真正的意义”（蒯因称之为意义的“博物馆神话”，这是他的主要攻击对象）这个形而上的事实。

现实世界中我们没有不确定性，是因为有很多个独立的约束条件需要满足。密码学家的座右铭向我们保证了，这只是一个微不足道的烦恼。当现实世界遭受不确定性的威胁时，解决问题、确定解读的始终是更具“行为性”或“倾向性”的事实，而非某种神秘的“因果力量”或“内在语义性质”。意向解释几乎总是竭力达到某个单一的解释，但是，可以想象，在极端情况下双重解释通过了所有测试，于是就不存在任何深层事实可以确定哪个解释“正确”。事实确实能够确定解释，但始终是“浅层”事实在发挥作用。

INTUITION PUMPS
AND OTHER
TOOLS FOR THINKING

31

语义引擎和句法引擎

大脑只是通过句法引擎模仿语义引擎

意义如何能产生影响？它似乎并没有某种物理性质可以引发什么，如温度、质量或化学成分。大脑从激荡于感觉器官的能量流中提取意义，改善身体的发展前景，而身体则用以安置大脑并为之提供能量。大脑产生对世界上各种重要东西的预期，用这种形式“制造未来”，从而恰当地引导身体。大脑是一个非常耗能的器官，若不能完成这份重要的工作，它们就活不下去了。换句话说，大脑应该是语义引擎。大脑由大量的分子片段构成，这些片段的相互作用服从严格的化学定律、物理定律，对分子形状和分子力做出响应，换句话说，大脑事实上只是句法引擎。

设想你跑去找工程师，要他们为你打造一部验钞机或者其他类似的赝品检测器，要求它能将所有的真钞叠成一沓，而把所有假币堆成另一沓。工程师说，这不可能。我们造出来的东西只能响应“句法”性质，也就是各种物理细节：厚度、形状、纸张的化学成分、油墨的颜色模式以及其他难以伪造的物理性质。他们只能基于这类“句法”性质造出一部运作良好但并非万无一失的验钞机。做成你要求的那样太过浪费，间接、有瑕疵的检测就足够了。

大脑任何一部分的结构都受到同样的限制。无论大脑做什么，无论其输入意味着什么，或仅仅是近似意味着什么，都是由物理化学力引起的。虽然大脑有生命力，由蛋白质而不是硅和金属构成，但是，不要臆想大脑能凭借它内部的神奇组织直接地检测到意义。物理学永远胜过意义。直接响应意义的语义引擎像永动机一样，在物理上是不可能的。那么，大脑如何完成指定给它的任务呢？——作为句法引擎，它具有可以跟踪或模仿语义引擎的能力。[①]但这可能吗？一些哲学家辩称，假使大脑运作的微观因果解释是完整的，没有任何未解的空白，那么，根本就没有意义发挥影响的余地。在第 33 章，我们会遇到一个直觉泵，通过展示语义性质，例如真理、意义以及指称在一些简单的因果过程中发挥着不容抹杀的作用，来证明上述看法是错误的。但在转向那个略显复杂的直觉泵之前，我打算检视一个更为简单的模型，它有助于驱散对哲学家的直觉泵的怀疑，若一切顺利，还可以消除一些可能会干扰理解的疑虑。

---

① 哲学家约翰·豪格兰德（John Haugeland, 1981）说，人工智能的第一原则是，“你若搞定句法，语义将自己搞定自己”。人们对这一口号有着不同的理解。最初的版本抱着过高的希望，鼓励人们去检索大数据库：这种数据库是一个世界知识的公理化形式体系，可以由某个纯粹句法的推理引擎维持并加以利用，CYC 就是最好的例子。这在大多数专家眼中已被视为是不可行的，但我们不妨将该口号看作是对以下想法的优秀表述：大脑是一种计算机器，并因此是一部句法引擎，得益于其设计，它大致在做语义引擎的工作。

32

沼泽人遇上母牛鲨

哲学家最喜爱的直觉泵

直觉泵理应有效利落地工作，抽取待寻找的直觉，继而返回待命状态。但直觉泵往往会引发激烈的辩驳、反辩驳，对思想有所调整、有所扩展。20 世纪美国优秀的哲学家唐纳德·戴维森（Donald Davidson）曾对我说，他后悔发明了这个直觉泵，因为它怂恿了一种毫无节制且不具持久启发性的争吵。下面所述的是沼泽人直觉泵，也是哲学家最为钟意的直觉泵之一，尽管它不算是戴维森的得意之作：

> 设想一道闪电击中了沼泽里的一棵枯树，而我此时正好站在边上。我的身体被分解为各种元素，与此同时，完全出于巧合的是，那棵树中完全不同的分子变成了我的物理复制品。我的复制品，即沼泽人，和我的行动一模一样；出于天性，它离开了沼泽，碰上了我的朋友，

它似乎认出了他们，说着英语同他们寒暄问候。它回到了我的家，似乎开始撰写有关彻底翻译的文章。没人能看出不同。

但有一处不同：我的复制品并没有认出我的朋友。它不能辨识任何东西，因为它本来就不能对任何东西有所认知。它无法知道我朋友的名字，尽管它看起来知道，也无法记得我的家在哪儿。它根本无法领会我所说的“家”的意义，例如，它发出的“家”这个声音并不是在某个背景中习得的，而只有这样一个背景才能在根本上给出“家”正确的意义，或无论任何意义。实际上，我不知道我的复制品怎么能通过发出各种声音来意指任何东西，或拥有任何思想。（Davidson, 1987, pp. 443–444）

当诸如孪生地球、沼泽人这种话题成为正儿八经的思考时，其他领域的学界中人，特别是科学领域的专家们，常常就哲学家这种不可思议的娱乐发难，对此，哲学家并非没有注意到。是科学家没文化、精妙莫测的哲学探索于其不过是对牛弹琴，还是哲学家错失了对实在的把握？我还是不要说了吧。

这些古怪的例子有意保留了某现象未被重视的一个特征，将其他所有特征的影响降至最低，并由此来证明概念上的要点，使真正重要的东西凸显出来。孪生地球一例设置了最大程度的内在相似性，即你被发送至孪生地球，却没注意到这次大转移，以便你的直觉能将外部环境的影响可靠地显示出来。而沼泽人直觉泵在让未来倾向和内在状态保持不变的同时，将“历史”的影响降到了最低。因此，此类思想实验在设计上模仿了科学实验，通过让其他变量保持不变，试图将变量间重要的交互作用隔离出来。这类实验的一个困难是，由于它们是直觉泵，因变量就是直觉，所以在产生直觉的过程中，想象力的贡献比哲学家认识到的更难控制。我们将拆除一些吊杆托架，它们实际上妨碍了读者的想象力，扭曲了他们的直觉，并因此使思想实验的“结果”变得毫无效力。

此外，这类实验还存在深层次的困难。凭空想出个例子就来“证明”深层的概念要点不过是小儿把戏。假设一头母牛诞下了某种生物，它同鲨鱼分毫不差。你若去问生物学家，它是鲨鱼吗？善意的反应可能是，你在费力不讨喜地搞笑。或者，设想在室温下，一个恶魔微微一笑就能将水变成冰。恶魔之水是冰吗？这种傻乎乎的假想根本不值得得到回应。一些哲学家认为，微笑的恶魔、母牛鲨①、僵尸以及沼泽人在逻辑上都是可能的，尽管它们在自然法则上（因果上）不可能。他们认为这一点很重要，但我不这样看。大概，广泛撒下反事实性网的动机是，我们获得的答案会告诉我们论题的本质。但是，这世道谁会相信真正的本质呢？反正我不会。

下面，考虑一个会问及磁性物质的类似问题，我们注意到，对于磁性物质，有两个相互竞争的候选“真理制造者”，即典型性质或本质：（a）所有磁性物质都能吸引铁屑；（b）所有磁性物质都有某种内在结构，且称之为 M 阵列。老式的行为准则（a）会不会最终被新的内在结构准则（b）所取代呢？或者，后者不过是在还原意义上对前者做了解释？为了一探究竟，我们必须想着为科学家提出以下这些沼泽人式的问题。设想你发现了某种物质，它能够吸引铁屑但却不像标准磁性物质那样拥有 M 阵列。你会把它叫磁性物质吗？或者，设想你发现某种物质具有 M 阵列却不能吸引铁屑。你会将其称为磁性物质吗？物理学家可能会回应道，若真见到了这些假想的物质，他们会留意那些更为重要的事情，而不是思考管它们叫什么。他们整个的科学图景有赖于磁畴中原子偶极子的排列与铁吸引力之间的深层规律，打破这一规律在逻辑上是有可能的，但他们对这种“事实”毫无兴趣。“结构”因素和“行为”因素之间真正的协变关系才是值得关注的。如果发现规律不适用了，物理学家就会相应地调整他们的科学理论，重新安置这些术语。

沼泽人是否有思想？是否说英语？母牛鲨是不是鲨鱼？它像鲨鱼一样游

① cow shark 是六鳃灰鲨（Hexanchidae）的俗称，作者的例子可能源于此。——译者注

动，还能同其他鲨鱼成功交配。天哪，我没告诉你们吗？除了在它的所有细胞里都是牛的 DNA 之外，它同鲨鱼毫无二致。不可能吗？哲学家会说这在逻辑上也不是不可能。正是如此明显的不可能造成了后续没营养的讨论。正如戴维森的记忆“痕迹”出现在沼泽人的大脑结构中在物理上不可能一样，一条鲨鱼由包含牛的 DNA 的细胞构成同样在物理上不可能。沼泽人也许在逻辑上可能，如果仅仅因为想象某种宇宙巧合就能产生沼泽人这种东西，那么，根据定义，它们在逻辑上是可能的，但这种事从未发生过，谁会在乎如果它们发生了，我们该怎么说呢？

“我在乎啊，”注重反问的哲学家会说，“我认为，以最大的严密性定义你的用词以及所有逻辑可能的事项向来非常重要。这才是追寻真理之道。”是这样吗？在真实世界中，进化、发展以及学习的多重扭结将过去的历史和未来的作用束缚在一起。正是因为戴维森的身体有其特定的发展轨迹，假以时日，它就能形成戴维森所有的记忆、信念以及期望，这些自然累积的过程不会有一个真正的替代品。虚构的情形违背了这些限定条件，它所能达成的结论，就我所见，没有任何用处。事实上，这种费尽心力搞出来的例子给我的印象是，为某种假想的两分创造条件，好让你有恃无恐。“不，不，”哲学家说，“它不是虚假两分！为论证起见，我们悬置了物理定律。伽利略在其思想实验中忽略了摩擦力，他不也做了同样的事吗？”确实如此，不过两相对照，我们可以看到一个一般性的经验法则：思想实验的效用与其脱离现实的程度成反比。

孪生地球在物理上不可能，但其不可能并非沼泽人的不可能！千万别想用量子力学的多重宇宙解释，它虽表明孪生地球归根到底在物理上是可能的，但该理论只有在某些领域得到青睐；即便真的有无限多的宇宙，它们中又有无限多的星球与地球几乎一模一样，我们也不能发送地球人到这些星球访问。相比之下，双币机到巴拿马一游是可能的，有关它的种种事情也都会发生。不必悬置任何自然定律，我们就能设想我们希望设想的有关双币机的一切细节。

33

两个黑盒子

究竟是什么让红灯闪烁

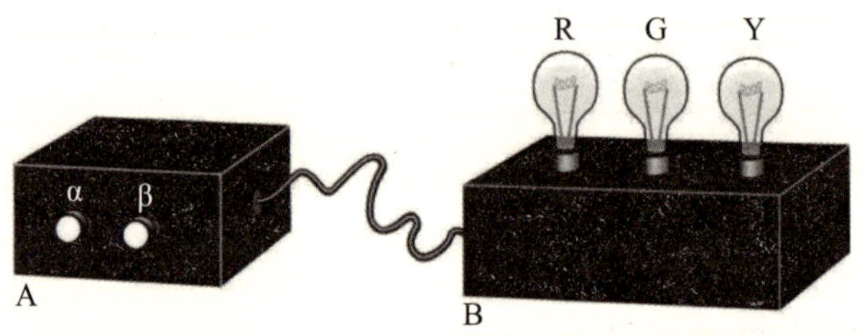

有两个大型黑盒子 A 和 B，它们之间由一条绝缘的铜电缆相连。A 盒子上有两个按钮，标着 α 和 β ；B 盒子上有三个灯泡，颜色为红（R）、绿（G）、黄（Y）。研究黑盒子行为的科学家观察到：按下 A 盒子上的 α 按钮，B 盒子上的红灯会短暂闪烁；按下 β 按钮，绿灯会短暂闪烁。黄灯似乎从不闪烁。他们在各式各样的条件下进行了几十亿次的实验，并没有发现例外。于是，他们得出结论，认为其间存在着某种因果规律，并简单地概括如下：

α 按钮导致红灯亮

β 按钮导致绿灯亮

他们确信，这种因果规律以某种方式通过这条铜电缆传导，一旦切断电缆，B 盒子就不会有任何反应；把两个盒子各自屏蔽起来，保持电缆连接，却不会破坏这种规律。他们当然很好奇，这种因果规律是如何通过电缆传导的呢？他们认为，也许按下 α 按钮会导致一个低压脉冲传至电缆，同时触发红灯亮；而按下 β 按钮将产生一个高压脉冲，它将触发绿灯亮。或者，按下 α 按钮引发单脉冲，触发红灯亮；按下 β 按钮则引发双脉冲，触发绿灯亮。显然，当科学家按下 α 按钮时，电缆中总是发生了什么事，而当他们按下 β 按钮，总是发生了一件与之不同的事情。揭示出这两个事情是什么，就能解释他们所发现的这种因果规律。

很快，对电缆进行的信号检测表明情况要复杂得多。无论何时按下 A 盒子上的按钮，一串脉冲流——开或关，或比特串，确切地说，10 000 比特就会快速地沿电缆发往 B 盒子。但是，比特串的模式每次都不一样！

在比特串触发红灯或绿灯的情形中，一定有某种特征或性质。它会是什么呢？科学家们决定打开 B 盒子看看，当比特串送达其中时发生了什么。科学家在 B 盒子的内部发现一个普普通通的串行计算机，配有一个大型存储器，内含一个庞大的程序和数据库，当然也是由很多比特串写成。当他们跟踪比特串到达该程序时，并未发现什么奇怪的事情：输入串总是会以正常的方式进入中央处理器，在那里它会在极短的时间内引发几十亿次操作，并以 1 或 0 这两个输出信号中的一个结束，而输出 1 会打开红灯，输出 0 会打开绿灯。他们发现每一次都能在微观层面上解释这种因果规律的每一个步骤，没有任何困难或矛盾之处。他们并不认为运行过程有任何神秘原因，例如，当他们反复输入同一个序列的比特串，B 盒子中的程序总是产生同样的输出：红灯亮或绿灯亮。

但这还是有点儿让人困惑，因为，尽管B盒子始终给出同样的输出，但其中间步骤并不相同。事实上，在产生同样的输出前，它几乎总是经历不同的物理状态。于其自身而言，这并不神秘，因为该程序存有每个输入信号的副本。因此，当同一输入信号一而再再而三地送达时，计算机存储器的状态在每一次会稍有不同。但是，输出总是相同的：如果某个特定比特串的首次输入使红灯变亮，那么从此以后，同样的比特串总是会使红灯变亮，同样的规律对绿串（科学家开始这样称呼这些比特串）也适用。科学家很容易就假定，所有比特串要么是引起红灯闪烁的红串，要么是引起绿灯闪烁的绿串。当然，他们并没有测试所有可能的比特串，而是仅仅测试了由A盒子发出的比特串。

科学家们决定验证他们的假设，他们临时断开A与B之间的联系，并略微修改了由A发出的输出信号。令他们感到迷惑和沮丧的是，一旦他们修改了来自A的比特串，黄灯就会闪烁！仿佛B盒子侦测到了他们所做的改变。但是，毫无疑问，B盒子能够接收人造的红串或绿串。只有当红串或绿串中一个或不止一个比特发生改变时，黄灯才会变亮，几乎总是如此。在看到一个“修改后的”红串变成了黄串，有人脱口喊道：“你们杀了它！”这还引发了一番猜测：红串和绿串在某种意义上是活的，也许分别代表了雌性和雄性，而黄串是死的。这个猜想很有吸引力，但它得不到什么结果，尽管科学家对数十亿有着随机差异的10 000位比特串进行了实验，这些实验强烈地提示科学家，实际有三种比特串：红串、绿串和黄串，而且黄串的数量比红串和绿串的数量多了很多个数量级（更多内容见第35章）。几乎所有的比特串都是黄串。这让他们发现的红/绿规律更令人兴奋，也更让人费解。

是什么东西让红串打开了红灯，绿串打开了绿灯？毫无疑问，对于每个特定的情况来说，根本没有神秘性可言。科学家可以通过B中的超级计算机来跟踪每个特定比特串的因果效力，从而带着令人满意的决定论看到它在不同情况下点亮红灯、绿灯或黄灯。然而，单是检查一个新比特串，在没有“人工模拟”它对 B 盒子的影响的情况下，科学家无法预测它会产生这三种效果中的哪一个。他们从经验数据中得知，除非一个新比特串是由 A 盒子发出的已知比特串，否则一个新比特串成为黄串的概率非常高，几乎可以认为，任何新比特串都将是黄串，在这种情况下，一个新比特串只有十亿分之一的概率是红串或绿串，但是，不用 B 盒子里的程序来运行该比特串，就没人知道它究竟会是哪种。

也许，秘密在于 A 盒子。于是，科学家打开它，发现了另一台超级计算机，它有着不同的款式和型号，运行着不同的巨型程序，尽管如此，它也只是一台普普通通的数字计算机。科学家很快查明，这台计算机内部有一个“时钟”，滴答滴答地走着，每秒百万次，无论他们按下哪个按钮，计算机做的第一件事就是从时钟处获取“时间”，比如，101101010101010111，并将其分解成串，从而确定调用哪个队列里的哪些子程序，以及在其准备将比特串送至电缆期间首先访问哪一部分内存。

科学家弄清楚了，实际上，正是这个保持着良好随机性的时钟查询机制保证了同一个比特串从来不会被重复发送。尽管依赖于这种随机性或伪随机性，但它还是能够保证，每当科学家按下 α 按钮，计算机产生出红串；按下 β 按钮，送出的比特串最终是绿串。事实上，科学家们发现了几个异常情况：在大约十亿分之一的实验中，按下 α 按钮会发出一个绿串，或按下 β 按钮产生一个红串。这个小小的瑕疵吊足了科学家的胃口，他们想去解释这一现象。

后来有一天，两个负责制作这些盒子的人工智能黑客出现了，他们解释了这一切。（如果你想自己弄明白就不必往下看了。）制作 A 盒子的黑客 Al，已经为某个“专家系统”工作了多年，该专家系统包含一个天底下所有“真命题”的数据库以及一部推理引擎，推理引擎可以从组成该数据库的公理中推断出进一步的结果。数据库中包含有美国职业棒球大联盟的统计数据、气象记录、生物分类学、世界各国的历史，以及大量的琐碎数据。与此同时，制作 B 盒子的瑞典黑客 Bo，为了打造自己的专家系统，一直在研发能与对手抗衡的“世界知识”数据库。在时间所能允许的条件下，他们都在往各自的数据库中塞入尽可能多的“真理”。[①]

但随着时间的推移，他们都觉得专家系统无聊乏味，该技术承诺的实际功能被大大高估了。事实上，该系统并没有很好地解决有意思的问题，也没能“思考”或“发现创造性的解决方案”。借着推理引擎，它们都善于以其各自的语言生产非常非常多的真语句，善于检测输入语句相对于它们的近似知识为真还是为假。因此，Al 和 Bo 想看看他俩费尽心力搞出来的东西如何能够派上用场。于是，他们决定做一个哲学玩具。他们选择了一种通用语来翻译他们的系统，实际上，两个系统发送的都是以标准 ASCII 码写成的英语[②]，他们还把两部机器用电缆连起来。每当你按下 α 按钮，就会指示 A 随机或伪随机地择取它的某个“信念”，即某个存储在数据库中的公理或由公理集产生的推论，并将其翻译成英语（计算机中的英文字符已经是 ASCII 码的形式了），然后在末尾加入足够多的随机位使总位数达到 10 000 位，最后将该比特串发送至 B，而 B 将输入的比特串翻译成自己的语言即瑞典版 Lisp 语言，并与自己的“信念”（它的数据库）做比对。由于两个数据库均由真理组成，而这些真理大致相同，依赖于它们的推理引擎，每当 A 发送一个它所“相信”的东西，B 也同样

① IBM 超级电脑沃森的及时出现几乎将我的科幻故事变成了科学事实。如果乐意，你可以想象把沃森放入 A 盒子，而 B 盒子包含一个瑞典版的沃森，由 Bo 独立开发。当我首次发表该思想实验时（Dennett, 1995a），我所能说的不过是：“想知道真实世界中的一个例子，看看道格拉斯 · 莱纳特（Douglas Lenat）在微电子与计算机技术公司（MCC）的巨型 CYC 项目（Lenat & Guha, 1990）。”参见第 28 章关于 CYC 的脚注。沃森所采用的人工智能方案早在 1995 年还是难以想象的一件事，但它现已取得了巨大的进步。不同于 CYC 主要由手工编码，沃森可以在无人值守的情况下从互联网上获取事实信息，并能使互联网上那些可用数据的统计特性发挥强大作用。沃森和 CYC 均能以各自不同的方式近似理解它们数据库中的数据，它们对数据的理解远比其他拥有大型数据库的计算机强得多。

② 在我一开始写这个直觉泵的时候，ASCII 码（美国信息交换标准码）几乎是所有文字处理、电子邮件以及互联网语言的标准格式。现在，它已经被一种扩展了的逆向兼容格式 UTF-8 所替代，UTF-8 意为 8 位的通用字符集转换格式。也就是说，ASCII 码是 UTF-8 编码格式的一部分。

“相信”，并以红灯闪烁来示意。而一旦 A 发给 B 一个它认为是虚假的东西，B 会通过闪烁绿灯表示确实如此。

一旦有人篡改了传输过程，几乎总是会产生一个不合语法规则的英语语句的比特串，除非所有的修改只发生在末尾无意义的随机位。由于 B 对格式错误零容忍，所以它闪烁黄灯做出回应。假使有人随机选择了某个比特串，这个比特串就极有可能不是合乎语法的真理或谬误，所以黄灯总是占优。

所以，Al 和 Bo 说，神秘的因果性质“红”实际上是英语真语句的性质，而“绿”是英语假语句的性质。突然间，让科学家多年来百思不得其解的探索成了小孩子的过家家。任何人都可以反反复复构造出红串。他只要写下“房子比花生大”“鲸不会飞”或“三乘四比二乘七少二”等语句的 ASCII 码就可以了。如果你想得到绿串，试试“九小于八”或“纽约是西班牙的首都”。哲学家很快就发现了一些小把戏：有些比特串在开始的头一百次是红串，尔后却变成了绿串。例如，ASCII 码编制的这句话：“这句话送往你那里做评估的次数少于一百零一次。”

但是，一些哲学家说，比特串的性质是红或绿并不真就是英语语句的真或假。毕竟，有些通过 ASCII 码表达英语真语句需要数以百万计的比特位，此外，即便尽了最大的努力，Al 和 Bo 在他们的程序中加入的也并非全是事实。例如，一些事以当时的常识看来为真，但在它们被收入数据库后，这些知识已被证明为假。为什么比特串的因果性质“红”并不等同于英语语句的真理性呢？理由很多。因此，也许这样定义“红”会更好：一段相对较短的表达式，用英语 ASCII 码写成，是近似信念几乎全为真的 B 盒子近似信以为真的东西。这个定义能让一些人满意，但出于种种原因，也有人吹毛求疵：它不够精确，或存在一些我们不能以任何非特例的形式排除的反例，等等。

但是，正如 Al 和 Bo 指出的，对于有待发现的性质，并不存在更好的描述，而且科学家念念不忘的不正是这种解释吗？难道红串和绿串的神秘性没有被完全消解掉？此外，既然神秘性被消解掉了，难道没有人发现，如果不使用某些语义学或心智学的术语，我们根本就看不到有任何解释我们故事开头讲的“α 按钮导致红灯亮，β 按钮导致绿灯亮”这种因果规律的希望？

一些哲学家辩称，虽然对电缆活动规律的新描述可以用来预测 B 盒子的行为，但说到底它不是因果规律。真理与谬误，以及刚刚考虑过的任何经过调整的替代者都是语义性质，其本身完全是抽象的，因此，它们不可能导致任何事情发生。其他人则反驳道，这是胡说八道，按下 α 按钮打开红灯正像是拧动点火钥匙发动汽车。如果发送到电缆上的东西无非是高电压、低电压，或单脉冲、双脉冲，人人都会同意这是一个典型的因果系统。该系统原本就是一部戈德堡式的机械[①]，但这并不意味着 α 和红灯闪烁之间联系的可靠性没有因果关系。事实上，科学家每一次都能描绘出确切的微观因果路径，并用来解释实验结果。[②]

其他一些哲学家被这番推理说服，他们开始论证道，这表明红、绿、黄这些性质根本就不是真正的语义性质或心智性质，它们模仿语义性质，仅仅是“好像”语义性质。真正说起来，红和绿是非常非常复杂的句法性质。但是，这些哲学家拒绝进一步说明它们是什么样的句法性质，也拒绝解释为何连小孩子都能快速可靠地举出关于它们的例子，或是识别出它们。尽管如此，这些哲学家坚信，必须对该规律做出纯粹句法层面的描述。毕竟，成问题的因果系统“只是”计算机，而计算机“只是”部句法引擎，不可能有任何真正的“语义性”。

“让我们设想，”Al 和 Bo 反驳道，“如果你们在黑盒子里发现了我们，做

① 鲁布·戈德堡机械（Rube Goldberg machine）是一种设计得过度复杂的机械组合，以迂回曲折的方法去完成一些其实非常简单的工作，例如倒一杯茶或打一只蛋等。——译者注

② 本注只写给哲学家：已有人论证，我关于“实模式”（Real Pattern, 1911b）的解释是内容的副现象论（epiphenomenalism）。这就是我的回复。

着同样的事情，那时你们的态度就会缓和，同意运作中的因果规律就是实情或信以为实情。你们能提出做出这种区分的充足理由吗？”该反驳迫使一些人表态：既然 Al 和 Bo 创建了各自的数据库，并将其作为自己信念的模型，那么，在一个重要的意义上，Al 和 Bo 就已经在盒子里了。同样，这也使其他一些人否认说：这世界上不存在任何语义性质或心智性质。他们说，内容已经被消解掉了。尽管多年来一直众说纷纭，但我们一开始说的那种神秘性消失了。

堵住出口

黑盒子的故事到此为止。不过，经验告诉我们，天底下还没有哪个思想实验能清晰到让哲学家不误解它，因此，为了防止引发某些最具诱惑力的误解，我会不甚优雅地指出一些关键细节，并解释它们在这一直觉泵中的作用。

（1）A、B 盒子中的装置不过是自动化的百科全书设备，它们甚至都不是“活的百科全书”，仅仅是“真理盒”。我们并没有在故事里预设或暗示这些设备是有意识、能思考的东西，或是行动者，除了在一个同样最低限度的意义上，我们可能会说温控器是行动者。它们是无聊透顶的意向系统，被严格地约束在一个单一的、简单的目标上。（当然，IBM 的沃森同样如此。）它们包含大量的真命题以及某种推理机制，该机制可以产生出更多的真理，并能通过与数据库中已有内容对比来检测某个候选命题是不是“真理”。

（2）这两套系统是独立研制出来的，因此，很难认为它们恰恰包含着相同的真理，但出于戏剧效果以及我对它们在故事中所起作用的要求，必须假定它们之间有着非常大的重叠，这样一来，B 就极有可能识别出由 A 产生的真理。我认为，以下两方面考虑可以让这一点变得合情合理：（i）Al 和 Bo 可能生活在不同的国度，操不同的语言，但他们生活在同一个世界。（ii）尽管关于那个世界，即我们的世界的真命题的数量非常巨大，但Al和Bo都想打造出有用的数据库，这一事实将保证两套被独立研发出的系统高度重叠。虽然Al可能知道，在他20岁生日那天，他的左脚的位置更靠近北极点而不是南极点；而Bo也并没有忘记他的第一个法语老师叫杜邦，不过这些都不是他们会放入各自数据库的真理。单单因为他们都热衷于打造各国可用的百科全书系统，就能保证他们各自的数据库有密切的对应关系吗？如果你对此有怀疑，那就添上一个不痛不痒的事实：在多年奋斗期间，两人就要讨论的主题交换了意见。

（3）为什么不是Al和另一个美国人Bob呢？或者，单就此事而言，为什么不干脆在B盒子里拷贝一个Al的系统呢？因为我不能让这种规律仅仅是显而易见的句法匹配，这一点对我的故事至关重要。在A进行语句生成任务、B进行语句翻译及真理检测任务期间，我们要避免被窥探到潜伏于数据查询结构之间的底层语义共性。这就是Bo的系统为什么采用瑞典版Lisp语言的原因。电子计算机作为一个物理系统，充其量也不过是一部句法引擎，它直接回应物理上可转换的差异，而不是意义。但是，A和B都被设计为一个尽可能接近我们想象中的无所不知的系统，一部语义引擎，其中装满了可被充分理解的真理。所以，当A和B这两种不同的句法系统被设计为如实反映同一个语义引擎的时候，为了解释它们所揭示出的那种引人瞩目的规律，唯一的方法便是上升到语义引擎的层面，在那里，真理得到认可，断言得到证实。我们的想法是创造出两个系统，它们的外部行为表现出令人着迷的规律，但内部则尽可能地不同，因此，只有当它们各自的内部结构同为一个共同世界的系统性表征时，才能解释那种规律。回想一下，这正是我在第13章想要的阐释的主题。

我们可能会停下来问，这样的系统是否真能如此不可思议，让逆向工程也对它无可奈何？或者换句话说，科学家们是不是真的困惑良久？鉴于密码学已经成为一个高度专门化、相当晦涩难懂的领域，一个人在回答上述问题前应当三思。我不知道是否有人能提供一个彻底有效的论证，来证明存在或不存在某种牢不可破的加密方案。但撇开加密术不提，黑客们都知道，当一段源代码程序编译完成时，所有源代码中的注释以及其他标注必须删除，只留下一段几乎无法破译的由机器指令组成的代码。“反编译”，也就是对目标代码进行逆向工程以及恢复源代码，有时在实践中是可能的（也许在原则上始终是可能的？），虽然它无法恢复注释内容，只是在高级语言中重新译出显著的结构。我认为科学家对程序进行反编译、解密数据库的努力会终成泡影。如果有必要的话，我们可以通过设想一种加密方案来强化我的观点。

在上述故事中，我们必须承认有件事非常奇怪：科学家们从来没有想过检查电缆中的比特流是不是经 ASCII 码翻译的。他们怎么能这么傻呢？有道理啊。你可以把整个装置，A、B 盒子以及连接线，发送到“火星”来解决这个思想实验中的缺陷，让火星科学家试着找出其中的规律。他们同样也会看到 α 按钮导致红灯亮，β 按钮导致绿灯亮，而随机比特串导致黄灯亮，就像我们看到的一样。但他们对 ASCII 码一无所知 。除非火星科学家无意之中猜到每个盒子都包含着对某个世界的描述，而且它们描述的是同一个世界。否则，对他们来说，这份来自外太空的礼物将呈现出一种完全神秘的规律性，完全超出了所有的分析调查[①]。针对同样的东西，两个盒子担负着五花八门的语义关系，通过不同的“术语学”和公理化系统表达。这一事实才是这种规律性的基石。

丹尼·希利斯（Danny Hillis）是连接机的发明者，连接机是 20 世纪 80 年代初他的公司“思考机器”（Thinking Machine）率先建成的大规模并行计算机。当我在他那里试用这个思想实验时，他立即为这一难题想到了一个密码学的

① 一旦他们猜到了这种假设，火星人就能参与到蒯因的彻底翻译任务中，但是他们的任务将变得愈发困难，因为他们不能对“信息来源”，也就是 A 盒子或 B 盒子发问，比如拿起一个物体问，这是“球”？“铅笔”？诸如此类。

“解答”，然后还理所当然地认为，我的解答正好可以看作是他的解答的一个特例：“Al 和 Bo 把世界当作‘一次性密码本’了啊！”这个词算是对标准加密技术的恰当说明吧。你可以通过想象另一种情形了解到这一点。比如，你和最要好的朋友即将被敌人（就算是太空海盗吧）抓住，他们懂英语，但对你们的世界知之甚少。而你们两人都懂摩尔斯电码，所以你们突发灵感想出了下边的加密方案：划表示讲真话，点表示讲假话。绑架者可以听到你们在说话。你说：“鸟会下蛋，青蛙会飞；芝加哥是一个城市，我的脚不是锡做的，美国职业棒球联赛 8 月开赛。”这样，无论你的朋友刚才问的是什么，你都在回答“No”（-·，---）。[①] 而当下一回你需要说“No”时，你得用一些不同的句子。所以，即便抓住你们的人也知道摩尔斯电码，除非他们也能确定这些句子的真假，否则他们无法察觉是什么性质代表着点和划。

这种情形也可以作为噱头添加到我们的故事里，比如：我们不是把盒子里的计算机系统运到火星，而是把 Al 和 Bo 塞进盒子并将他们运送到火星。如果 Al 和 Bo 重施摩尔斯电码的恶作剧，那么，火星人也会对他们的行为感到困惑不解，就像他们对计算机的行为感到困惑不解一样，除非火星人得出结论：盒子里的这些东西需要语义解释。这对我们而言显而易见，但我们不是火星人。

这则故事的要点再简单不过了。没有什么东西可以代替意向立场，你要么采用意向立场的方式，找出语义层面的事实来解释这一模式，要么永远被这种显而易见的因果规律所困扰。[②]

在这个节骨眼上，你可能像许多哲学家一样，又一次被这样的主张所迷

---

① 英文字母 N 和 O 对应的摩尔斯码分别是 -·，---。——译者注

② 在解释进化史的历史事实时，我们可以得到同样的教训：即便你能细致入微地描述每只长颈鹿生活过程中的每一个因果事实，也永远无法解释那些显而易见的规律，比如，长颈鹿为什么长着长长的脖子，除非你上升一到两个层面追寻大自然母亲的理由，追问“为什么”。（更多讨论见本书第五部分。）

惑：该直觉泵之所以产生这样的效果，仅仅是因为A和B两个盒子是人工制品，它们所具有的意向性纯粹是派生性的、人造的。它们内存中的数据结构获得的这些参照项（如果它们可以得到任何参照的话），间接依赖于感觉器官、生活史以及它们的创造者Al和Bo的目的。人工制品中的意义、真理或语义性的真正根源在于这些东西的设计者。Al和Bo具有原初意向性，而A和B都只有派生意向性。（当然，这就是为什么说在某种意义上Al和Bo都在各自的盒子里。）我其实可以把这个故事讲成另一个版本：盒子里面是两个机器人Al和Bo，在把它们塞进各自的盒子里前，它们“终其一生”在世界各地游荡以搜集事实。我选择了一个更简单的版本，是为了避免有人问及A盒子或B盒子是不是在“真正地思考”，但如果你想重新考虑这个思想实验以及与此相关的复杂情形，那么你要注意，巨型机器人的直觉泵已经对“真正的意向性不可能出现在任何人工制品上”这一想法提出了质疑。

第四部分小结

为了处理意义的基础概念，21 种思考工具，包括十几个直觉泵和一些有用的概念悉数登场并投入使用。在它们的帮助下，我们做出了什么呢？它们是否全部奏效了？注意，证明一个直觉泵是否有价值有两种方法：首先，如果制作精良，它泵出的直觉就是可靠的、有说服力的，能够有力地遏制一些使人浮想联翩的错误路径；其次，泵出的直觉依旧可疑，但直觉泵可以帮助我们把注意力集中在它的前提上，看看出了什么问题。在这两种情况下，直觉泵都是一种杠杆，就像跷跷板，一边升，另一边就必须降，且唯有当它不会弯折或从中间断裂时方能奏效。直觉泵比跷跷板更复杂，因此，正如我在两个黑盒子的例子中所说的那样，我们需要拧一拧上面的旋钮，但毫无疑问，在接受它的结论前，我们还须检查其他旋钮。

对于意义，这一部分给出了什么样的结论呢？喜忧参半。意义不会是某种易于映射到大脑中的简单性质，我们也不会在任何地方找到可以解答某个句子、某个思想或某个信念的真正意义的“深层”事实。我们所能做的不过是，找到并锚定全部物理立场和设计立场以及现有资料的最佳解释。如果我们能找到解决蒯因式意义困境的一个方法，那么，几乎可以肯定，我们就已经发现了唯一的解决之道，这是说，我们可以确信，不存在某个尚未发现的更好的解决办法了。正如前往巴拿马的双币机表明的那样，意义总是相对于某个功能背景，它并不需要什么原初意向性，除了我们（近似）自私的基因的意向性。自私的基因从经自然选择而进化的功能背景中获得其近似意向性，而不是从一个智能设计者那里获得这种东西，就像那个订购巨型机器人的有钱客户一样。两个黑盒子的直觉泵表明，要理解并解释世界上的因果规律，意向立场，连同它接纳的所有近似信念之类的东西，并不是可选项。

在 21 世纪，我们对这些问题的研究大大增强了，第一次可以严格地、积极地对那些有着数以万亿计的活动部件的机制进行思考，它们的运作方式并不神秘。多亏了图灵，起码我们现在可以隐约看到一条路径，让我们从无理解能力的物质（物理立场）开始，经由一系列重新安排（设计立场，以及近似意义）达到这样一种自我理解：我们是信者、知者、理解者的典范，经由意向立场简化为意向系统。

这些命题中的每一个都存有争议，或曾经存有争议，而且现在仍有许多专家不同意所有的这些命题。也许，将这些命题有序地组织起来会增强其说服力，同时我们会发现一个“临界质量”现象：它会吸引那些还不曾看到诸多部件是如何巧妙地啮合的人。另一方面，把这些命题像这样组织起来能让批评者更容易地找出一条贯穿其中的错误主线。不论怎样，我们都能由此获得进步。或许我们会发现其中的花招，它们遮蔽了真理，而不是照亮了真理。要找到其中的破绽，我们得回过头去转动更多的旋钮，看看会发生什么。最起码，发现这些破绽是一种辛酸的进步：它暴露出那些诱人的错误思想，而且几千年以来一直有哲学家身陷其中。

我并不是说该部分给出了一种意义理论。它给我们的只是一个相当宽敞的逻辑空间，如果我是对的话，一个恰当的有关意义的科学理论必须能容纳于其中。[①]既然我们对心灵的内容方面已经有了一个大致确定的了解，我们可否转向意识这一谜中之谜呢？还不行。我们需要建立更多的基础。理解意识的过程中浮现出很多问题，正如我们在这一部分已经看到的，这些问题都有着与进化相关的预设或影响。许多我们还在探索的主题已经涉及了进化，所以，在继续探索之前，让我们揭示这些主题，并对其加以澄清。这可是一个无限迷人的话题。

① 我有预感，一个恰当的有关意义的科学理论将呼之欲出，它会取代有效的老式人工智能的布尔式刚性逻辑结构，代之以一个更灵活的、基于模式搜索算法的贝叶斯统计或概率网络，但是要实现这些想法尚需时日。

第五部分

关于进化论的思考工具

达尔文认为万物经自然选择而进化，在我看来，这是人类有史以来最为杰出的想法，因为它大胆地尝试将物质与意义联结在一起，而现实的这两个方面似乎有着天壤之别：一方面，我们拥有心灵世界以及它们的意义，我们有目标、希望、渴求，以及最为尊贵同时也是最为平常的哲学话题——生命的意义。另一方面，我们头顶的银河不知疲倦地旋转，行星漫无目的地沿着轨道上升下落，无生命的化学机制按照物理规律运行，这一切毫无目的、毫无理由。

然而，达尔文出现了，他告诉我们前者如何从后者中孕育而生，创造了意义，这是一种关于诞生的重要性的冒泡式（bubble-up）图景，它颠覆了传统的涓滴式（trickle-down）图景。自然选择的想法并不十分复杂，但非常强大，以至于让有些人无法直视，他们拼命转移注意力，仿佛它是一剂让人厌烦、难以下咽的苦药。这里有一些思考工具，它们有助于我们看到这个想法是如何照亮存在中阴暗的角落，如何将奥秘转变为我们可以解决的问题，并揭示出前所未有的自然荣光的。

34

万能酸

摧毁一切的达尔文思想

你可曾听说过万能酸？在学生时代，这一奇思妙想一度让我和同学们觉得很好玩。我不知道它是我们发明的，还是从其他人那里流传下来的，它和西班牙乌蝇、硝石一样[①]，都属于地下青年文化的一部分。万能酸是一种腐蚀性很强的液体，能腐蚀掉任何东西！但是，你怎么盛它？它能轻松地溶解掉玻璃瓶和不锈钢罐，就跟溶解纸袋一样。万一你不小心发现或造出点万能酸，会发生什么情况呢？整个星球都终将毁灭吗？它会留下什么呢？当所有东西与万能酸不期而遇并被其改变之后，世界会变成什么样子？我完全没料到，几年后我遇上了达尔文的想法，它同万能酸非常相像：它几乎蚀穿了每个传统概念，留下一幅发生了革命性剧变的世界图景，虽然大部分的旧地标还依稀可

① 西班牙乌蝇（Spanish fly），又称斑蝥，据说是臭名昭著的萨德侯爵发现了它的催情功能；传闻硝石（主要化学成分为硝酸钾）也有类似功能。——译者注

辨，但整体上却发生了根本性的改变。[①]

1995 年，我首次引入了达尔文这一危险观念给出的图景，但许多因达尔文理论而感到恐惧的人也许是有意地错失了其中的要点。我费了些笔墨安抚读者，在万能酸席卷他们钟爱的伦理、艺术、文化、宗教、情绪乃至意识等话题之余，也留下了一些颇为精彩，甚至在许多方面更胜一筹的东西，只是发生了微妙的变化。达尔文的想法是一个革命性的想法，这点毋庸置疑，但它并没有毁掉我们珍视的那些东西，相反，它使那些东西的价值建立在更好的基础之上，并把它们与知识的其他部分优美地联结起来。几个世纪以来，人们认为，“人文与艺术”不但从科学中分化了出来，而且在一定程度上还免受科学审查的侵扰，但这种传统的隔离手段并不是保护我们珍爱之物的最好方式。将这些瑰宝掩藏于神秘面纱之下的企图会让我们无法在物理世界中为其锚定一个合适的位置。这是一种屡见不鲜的错误，特别是在哲学领域中。

一旦人们发觉自己钟爱的事物遭到了威胁，第一反应便是筑起一堵“坚不可摧”的高墙、一道马其诺防线。仅仅是为了多点安全感，他们就决定在防御工事内部再圈出一些缓冲地带。这看上去是一个很好、很审慎的想法。似乎这样就可以防微杜渐，对那些可怕的灾难防患于未然，但人人皆知它们会得寸进尺。那就深挖洞！高筑墙！尽可能地做好准备。但这一策略往往让捍卫者为一大堆难以置信、站不住脚的教条所拖累，所以到最后，他们的捍卫一定会变成绝望的孤注一掷和声嘶力竭的无奈呼喊。

在哲学上，这一策略往往表现为某种绝对主义：人类生命的神圣性是无穷无尽的；神圣、不可思议的天才寓于伟大艺术的核心；意识问题太难了，我们这些肉身凡胎难以理解。还有我最喜欢攻击的靶子之一，我称之为歇斯底里

① 一些评论人士认为，我将进化论同万能酸两相对照的灵感来自 DNA，因为 DNA 是脱氧核糖核酸的缩写，但我想表达的内容更为普遍：在我们的星球上，DNA 并不是进化的唯一媒介，而且谁知道宇宙间是否还有其他进化图景呢？

现实主义（hysterical realism）：总是会有解决意义难题的深层事实。这些事实是真实的，是真正的真实，虽然我们无法系统性地发现它们。这确实是一个诱人的想法，部分原因在于它求助于凡夫俗子的谦卑感。我们凭什么说，没有任何事实可以解决这些问题呢？爱因斯坦对量子力学不确定性原理的抵触众所周知，他是这一诉求最可敬的示范。“上帝不掷骰子”是他的衷心之言，但这种抵触情绪根本没有合理根据。你平心静气地想想，我们或爱因斯坦凭什么说上帝不掷骰子？你会发现这不大可能是处理此类问题的方法。稍后，我们会看到歇斯底里现实主义反击的一些机会，并了解如何抵制它。进化论的思路是一剂解毒灵药。

35

孟德尔图书馆

只有极少数的 A、C、G 和 T 组合才是有意义的

人类基因组测序的工作已由克雷格·文特尔(Craig Venter)① 等人完成，但这到底意味着什么呢？不是说每个人的 DNA 都不相同吗？是的，非常不同。事实上，单凭留在犯罪现场的一小段 DNA，我们就有超过 99% 的把握确定凶手。然而，人类 DNA 也非常相似，只要给出其他物种 DNA 的片段，科学家就能将其与人类 DNA 区分开来。这怎么可能？我们每个人的 DNA 怎么会如此不同，却又如此相似呢？

理解这一惊人事实的一个好方法是将书本中的文字与 DNA 做一番对比，阿根廷作家豪尔赫·路易斯·博尔赫斯（Jorge Luis Borges）提出了一个小巧的寓言“巴别图书馆”（The Library of Babel, 1962），形象地说明了这种差异性和相似性的共存之道。博尔赫斯讲述了一群人进行着孤独的探索和猜测：他们发

① 克雷格·文特尔的著作《生命的未来》中文简体字版已由湛庐文化策划引进。——编者注

觉自己置身于一个巨大无比的图书馆之中，它的结构很像蜂巢，由成千上万甚至上亿个六边形通风井组成，这些通风井四周布满露台，露台上排放着一排排书架。站在露台的栏杆边上向下探视，没人能看到尽头，也从来没有人发现哪个通风井不被其他六个通风井包围着。于是人们怀疑，图书馆会不会是无限的？最终，他们认为它不是无限的，但也可能是，因为书架上似乎杂乱无章地躺着所有可能的书籍。唉！

假设每本书有 500 页，每一页包含 40 行，每一行有 50 个字符，那么每页就有 2 000 个字符。每个位置要么是空的，要么被印刷字符所占据，这些字符是从 100 个字符中选出的，包括英文以及其他欧洲语言的大小写字母，外加空格和标点符号。① 巴别图书馆某处的一本书可能全部由空白页组成，而另外某处的一本书的内容则可能全是问号，但绝大多数的书的内容都是由乱码构成的，没有拼写规则，没有语法，也毫无意义。每本书有 500 乘以 2 000，即 100 万个字符位，所以，如果我们用这些字符的排列去填满一本书，那么，巴别图书馆将有 $100^{1\,000\,000}$ 本不同的书。然而，据估计 ②，我们目前能观察到的宇宙区域中只有 100^{40} 个左右的粒子（质子、中子和电子），所以，巴别图书馆是一个物理上绝对不可能的对象，但由于博尔赫斯在他的想象中建构了严格的规则，我们倒可以清楚地想一想这件事。

这会是所有可能书籍的真正集合吗？显然不是，因为它们被严格地限制"仅仅"用 100 个不同的字符印制而成，可以设想该字符集并不包括希腊语、

① 博尔赫斯选了一组稍微不同的数字：每本书有 410 页，每页有 40 行，每行有 80 个字符。所以他的每本书的总字符数为 1 312 000，和我的设置 1 000 000 个字符大致相当。只是为了便于操作，我才选择了一个整齐的数目。博尔赫斯所采用的字符集只有 25 个元素，这对于大写的西班牙语来说已经足够了，而且他的标点符号只有空格、逗号和句号，但这并不适用于英语。所以我选择了一个更为宽裕的字符集，可以容纳 100 个字符，使它足以包含所有使用罗马字母的语言中的大小写字母以及标点符号。

② 斯蒂芬·霍金（Stephen Hawking, 1988）故意这样说："在我们能观察到的宇宙区域中，有一万万万万万万万万万万万万万万万万万万万（1 后边 80 个零）个粒子。"对于可观察的宇宙，迈克尔·丹顿（Michael Denton, 1985）估计存在着 10^{70} 个原子。曼弗雷德·艾根（Manfred Eigen, 1992）算出宇宙的体积为 10^{84} 立方厘米。

俄语、阿拉伯语以及中文字符。因此，这个图书馆中肯定缺失了许多极为重要的真实书籍。当然，巴别图书馆藏有这些书的英文、法文、德文、意大利文等语言的精良译本，同样还有不计其数的低劣译本。那些超过 500 页的书会分册印制：从一册到另外一册，中间没有任何间断。

一想到在巴别图书馆中必定有某些书让人觉得很好玩，比如一本整整 500 页关于你的翔实传记，记录了从你诞生之日起，直到你逝去的那一刻之间所有的事情。然而，想要在图书馆中找到它几乎不可能，因为这里边还存有大量关于你的其他传记，准确记录着直到你 10 岁、20 岁、30 岁、40 岁生日为止的所有事情，而这些书的后续部分则以相当不同、相当有趣的方式，彻头彻尾完全错误地记录了你的余生。即便如此，在这座庞然大馆中找出一本可读的书也还是希望渺茫。

我们需要一些术语来称呼这里涉及的数量。巴别图书馆并不是无限的，所以在其中找到任何有意思的东西的机会也并不是真的微乎其微。[①] 这些话都是耳熟能详的夸夸其谈，但我们应该避免这种谈论方式。不幸的是，所有流行的有关数量的隐喻，九牛一毛啊、大海捞针啊、沧海一粟啊，都远远不够。甚至任何实际的天文数字，如宇宙中基本粒子的数量、宇宙大爆炸以来以纳秒为单位所记录的时间长度，在这些庞大但却有限的数字背景中都会湮没不见。如果在巴别图书馆中找出一本可读的书就像在大海中随便找出一滴水那般容易，那我们倒不妨一试！随意来到图书馆一隅，找到一本哪怕只包含一句合乎语法规则的句子的书的机会也是相当微渺，我们应该好好领会“微渺”（vanishingly

① 巴别图书馆是有限的，但奇怪的是，它包含了所有合乎语法的英语句子。但这是一个无限集，而图书馆是有限的！尽管如此，任何一个任意长度的英语句子都可被拆分为 500 页一个的字符块，散布在图书馆的某个地方！这怎么可能？——有些书可能会不止一次地被使用。最极端的情况是最容易理解的：因为某些书仅仅包含单个字符，而有些书纯粹是空白的，重复利用这一百本书就能创建出任意长度的任何文本。正如蒯因在其颇具信息量且不失风趣的文章《万有图书馆》（*Universal Library*, 1987）中指出的那样，如果你利用这一策略，即反复使用这些书，并将所有内容都翻译成可供文字处理器使用的 ASCII 码，那么你就可以将整个巴别图书馆存储在两本极薄的书中，其中的一本印着一个“0”，而另一本印着一个“1”！蒯因还指出，心理学家西奥多·费希纳（Theodor Fechner）早在博尔赫斯之前就提出了万有图书馆这一奇思妙想。

small）这个词，同时，我们给它配了一个对偶词“浩瀚”（vastly），作为“远远超乎天文数字”（very-much-more-than-astronomically）这一意思的简称。[①]

这里还有另一种方式来理解巴别图书馆是如何大得离谱。正如刚才所述，在这些书籍当中，只有其“微渺”的子集是由英语单词组成的。该子集本身仍然异常“浩瀚”，只有“微渺”子集中的单词是按照语法规则排列的，而数量“浩瀚”的书籍中充满了这样的字符串：“好是因为巴黎帮助容易来自民主的脱衣老虎”。在那些合乎语法的书籍当中，存在某个“浩瀚”但却“微渺”的子集，它由有意义的句子构成，其余书籍由合乎语法规则的句子构成，但这些句子随机选自那些合乎语法的书籍；在那些有意义的书籍当中，又存在某个“浩瀚”但却“微渺”的子集，是关于某个名叫约翰的人的书籍集合；而在这个子集当中，又有某个“浩瀚”但却“微渺”的子集，是关于约翰·肯尼迪遇刺的；这其中又只有某个“浩瀚”但却“微渺”的子集讲的是肯尼迪的真人真事；在这些真实的书籍当中，还有某个“浩瀚”但却“微渺”的子集完全由打油诗组成！没错，这些可能存在的关于肯尼迪之死的戏谑之作，比美国国会图书馆中的卷宗还要多！不过，这里边任何一本书基本上都未曾出版过，这倒也是一件好事。

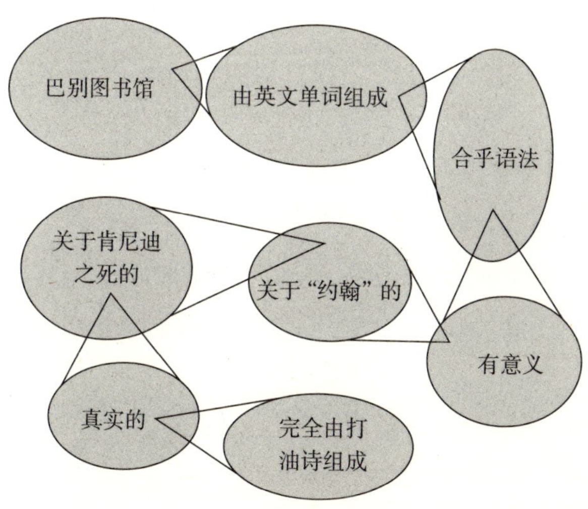

① 蒯因（Quine, 1987）出于同样的目的发明了“超宇宙的”（hyperastronomic）一词。

巴别图书馆中藏有《白鲸》(*Moby-dick*)，而且还收藏着与正版《白鲸》相差一个印刷错误的变异版《白鲸》，为数 100 000 000 部。这并不算一个特别“浩瀚”的数字，但一旦我们加入相差 1 个、10 个甚或 1 000 个变异字符的变种，变异版《白鲸》的总数就会迅速升高。即使一本书里有 1 000 个变异字符，相当于平均每页两个变异字符，我们还是可以明白无误地将其识别为《白鲸》，而这些书的数量将是非常“浩瀚”的。不过，你读到的是哪一本根本无关紧要，你甚至可能一本都找不到！几乎所有的《白鲸》都同样精彩，并且都讲述了同一个故事，除了可以忽略不计的、几乎无法识别的差异。然而，它们也并非都差不多。有时候，一个关键位置的变异字符很可能是致命的。另一位颇具哲学趣好的作家彼得·德弗里斯（Peter De Vries）曾有部小说[①]这样开头：

> “给我打电话，以实玛利。”（Call me, Ishmael.）[②]

哇，看一个逗号多有用！当然，句子也可能会变异为：“把我团成球以实玛利。”（Ball me Ishmael.）

在博尔赫斯的故事里，所有的书都杂乱无章地摆放着，但是，即便它们严格按照字母表顺序排列，也无法找到我们想要找的书，例如《白鲸》的“精华”版。试想一下，我们乘飞船在巴别图书馆的《白鲸》星系畅游。由于这个星系本身大大超过了整个物理宇宙，所以就算你能以光速沿任意方向行进几百年，你所看到的东西也只是与《白鲸》几乎没有任何区别的副本。你永远不会看到其他任何东西。我们知道，通过一点点积累印刷错误，有无数多条路径可将一部伟大作品变成另一部作品，但即使我们知道一定存在一条最短路径，从《白鲸》到《大卫·科波菲尔》(*David Copperfield*) 也是遥不可及、远到难

---

① 这部小说名叫《笑声之谷》(*The Vale of Laughter*, *De Vries*, 1953)。文中继续写道：“请随意。无论白天黑夜，随时给我打电话都可以。”德弗里斯相当于发明了一种游戏，看看一个印刷错误能带来多大的效果，无论这种效果是否对文意有害。

②《白鲸》的原文是“Call me Ishmael”（叫我以实玛利），与该句相差一个逗号。——译者注

以想象的。如果你发现自己在这条路径上，就算你手头上有这两本书的文本，你也会发现，单凭局部观察几乎不可能发现哪个方向能通往《大卫·科波菲尔》。

换句话说，这个逻辑空间太过“浩瀚”，因此我们无法直接应用许多关于定位、检索和查找的通常办法以及其他诸如此类的流行做法。博尔赫斯让书架上的书以随机顺序摆放，这一画龙点睛之笔为我们带来了一些可谓令人赏心悦目的反思，但让我们来看看如果他设法以字母表顺序安排所有的书，会为自己制造怎样的难题吧。由于只可用 100 个不同的字母字符，所以我们可以将其中的某一特定顺序当作字母表顺序，比如，a、A、b、B、c、C…… z、Z、?、;、,、.、!、)、(、%…… à、â、è、ê、é……然后，我们就可以把所有以相同字符开头的书摆在同一楼层。

现在我们的图书馆只有 100 层高，比芝加哥的西尔斯大厦还低一些。我们可以把每一层楼划分成 100 个走廊，并按字母表的顺序标记这些走廊，每个走廊中书的第二个字符都相同。接着，我们在每个走廊放置 100 个书架，每个书架用来存放第三个字符相同的书。因此，所有开头为“土豚喜欢莫扎特”（aardvarks love Mozart）的书都将摆置在第一层楼第一个走廊的同一个书架（“r”架）上。但这会是一个非常非常长的书架，也许，我们最好把书放在与书架成直角的抽屉中，每个抽屉用来存放第四个字符相同的书。这样的话，每个书架大概就只有 30 米长了。但是，现在每个放书的抽屉都深不见底，而且还会抵到相邻走廊抽屉的背面，所以……但我们已经用尽了所有的维度去安排这些书。

我们需要一个 100 万维的空间将所有书整整齐齐地存放起来，但实际上我们只有三个维度：上下、左右和前后。因此，就不得不假装我们可以想象一个高维空间，其中的每个维度都与其他维度“垂直”。即使我们不能形象化地表现它们，也还是可以设想这样的超空间（hyperspace）。一直以来，科学家们利用它们为自己的理论表达赋予生机。无论它们是否只是想象，这种空间的几何结构表现优异，数学家们对此也进行了深入的探索。所以，在这些逻辑空间中，我们就可以安心地谈论位置、路径、轨迹、体积（超体积）、距离以及方向。

现在，我们接着考虑博尔赫斯主题的一个变种，我打算称之为孟德尔图书馆。这个图书馆包含“所有可能的基因组”——DNA 序列。理查德·道金斯在《盲眼钟表匠》（*The Blind Watchmaker*, 1986）中描述了一个类似的空间，他称之为生物形态园（Biomorph Land）。他的讨论激发了我的灵感，我们俩的解释完全相容，不过我想强调一些他轻描淡写的内容。

设想孟德尔图书馆是由对基因组的描述组成的，那么该图书馆就恰好是巴别图书馆的一部分。描述 DNA 的标准代码只包含四个字符，A、C、G 和 T，分别代表腺嘌呤、胞嘧啶、鸟嘌呤和胸腺嘧啶四种核苷酸。因此，所有用这四个字母填满 500 页的排列已经在巴别图书馆里了。但是，典型的基因组要比普通书籍长得多，人类基因组中大约有 30 亿个核苷酸，因此一个人的基因组，比方说你的基因组，就将占用巴别图书馆里的大约 3 000 本书。

现在，人类的基因组与《白鲸》星系的这种比较对人类基因组之间的差异性和相似性做出了解释。如果人类个体的基因组各不相同，不只是在某一处不同，而是在成百上千的位置（用遗传学的话说，叫作基因位点）上都有所不同，我们又何谈为全体人类基因组测序呢？就像大家熟悉的雪花、指纹那样，没有两个人类基因组是完全相同的，包括同卵双胞胎的基因组，遗传代码变异的机会总是存在的，即使对于同一个个体的细胞来说也是如此。人类 DNA 可以毫无困难地同其他任何物种的 DNA 区别开来，即便对于黑猩猩也同样如此，虽然它与人类有 90% 以上的相同位点。

所有存在过的某个人类的基因组都被包含在一个可能的人类基因组的星系中，它同其他物种的基因组之间遥不可及，然而，该星系有足够的空间使任何两个人的基因组都不一样。你的每一处基因都有两个变体，一个来自你的母亲，另一个来自你的父亲。他们恰好将自己一半的基因传给你，而他们从他们的父母，即你的祖父母和外祖父母那里通过随机选择获得了这些基因，但因为你的祖父母和外祖父母也是智人中的成员，他们的基因组几乎在所有位点上都一样，因此，在绝大多数时候，不管你的哪一位先祖为你提供了基因，都没有差别。但他们的基因组仍然在成千上万的位点上不同，而在这些有差异的位置上，你得到哪个基因完全是偶然的，就像在双亲对你 DNA 的贡献过程中内置了一个掷硬币机制。此外，在哺乳动物中，突变积累的速率大约是每代每个基因组 100 个突变。“也就是说，你的孩子与你们夫妻二人的基因会有 100 处不同，这是酶的随机复制错误产生或宇宙射线造成卵巢及睾丸突变的结果。”（Ridley, 1993, p. 45）

对马、兔子或章鱼的基因组描述也由同样的字母，即 A、C、G 和 T 组成。大多数动物的基因组比人类基因组小，但是一些植物的基因组要比人类的基因组大 10 倍以上，而一些单细胞生物的基因组还要更大！单细胞生物变形虫（amoeba dubia）是当前世界记录的保持者，据估计，它的基因组拥有 6 700 亿个碱基对，是人类碱基对数量的 200 倍还要多。但让我们姑且假定孟德尔图书馆都是由基因串的描述构成，而且，这些描述写在一套全部由四个字符印制而成的 3 000 册丛书上。这样这个图书馆将包含足够多“可能”的基因组，完全能够满足任何用意严肃的理论需要。

在描述孟德尔图书馆时，我夸张地说它包含“所有可能的基因组”。然而，正如巴别图书馆忽视了俄罗斯语和汉语等语言，孟德尔图书馆也忽视了显然还存在其他遗传系统的可能性，例如，基于其他化学构造的遗传系统。所以，一旦我们试图将得到的任何结论应用在一些更为宽泛的可能性概念之上时，我们也许就不得不重新考虑对这座孟德尔图书馆来说什么是可能的。这实际上是一项策略上的优势，而非缺陷，因为我们可以对我们所谈论的那种适度的、有所限制的可能性保持密切关注。

DNA 的重要特征是，腺嘌呤、胞嘧啶、鸟嘌呤和胸腺嘧啶的所有排列都具有同样稳定的化学性质。原则上，在基因拼接实验室，所有碱基组合都有可能被构造出来，而且一旦将其组装出来，它们将具有无限保质期，就像图书馆里的书一样。但在孟德尔图书馆，并非每一个这样的序列都对应着一个可行的生命体。大多数 DNA 序列都是乱码，毫无生机可言。所有我们见到过的基因组，那些到今天还实际存在的基因组，是几十亿年以来调节和修正的结果，是盲目编辑过程的产品，这一过程之所以有效，是因为大部分的乱码会被自动放弃，而只有数量微渺，但有意义、有用的“文本”会留存下来，翻来覆去地被使用、被复制。

就在现在，你身上就有超过一万亿份你的基因组副本，每个细胞中均有一份，而且在每一天，随着新的皮肤细胞、骨细胞和血细胞被制造出来，新的基因组副本也被安置于其中。可被复制的文本得以复制，因为它驻留在持续运转的活细胞中，而其余的则被消解掉——要么发表，要么灭亡（publish or perish）。

36

什么是基因

基因就像软件中的子程序

正如我们刚才看到的，将基因类比为字词非常有用，但还有一个更好的类比，我们借助这段有关计算机的“插曲”就能明白。理查德·道金斯在其杰作《祖先的故事》(*The Ancestor's Tale*, 2004）中就进化论问题对另一位才华横溢的作家马特·雷德利（Matt Ridley）大加赞赏，缘由是后者在他的书《先天后天》(*Nature via Nurture*）中指出基因和软件子程序之间深刻的相似性。我通常不会在自己的书中大段大段地援引他人的文字，不过我发现，如果只是为了一丁点原创性，就去改述这段话的话，那么我总是会牺牲掉明澈性与生动性。所以，经道金斯许可，我沿用了他的原始表述。

我们所测定的大多数基因组并不是一套用以创造一个人或一只老鼠的指令集，也不是什么计算机主程序，尽管有一部分基因组充当这种功能。如果真是这样的话，我们确实会预期我们的程序比老鼠的大。但大多数的基因组更像是可用于写出这套指令集的词典，或者说像是被主程序调用的子程序。如雷德利所言，《大卫·科波菲尔》和《麦田里的守望者》中用到的单词几乎完全一样，两者都出自一个受过教育、以英语为母语的人的词汇表。这两本书的不同之处在于这些单词连接在一起的顺序。

当一个人或一只老鼠形成的时候，两者的胚胎均借鉴了一部相同的基因词典：哺乳动物胚胎学标准词汇表。人和老鼠的区别在于从共有的哺乳动物词汇表中所引用的基因的不同顺序，以及这些基因在身体的不同位置与时间表达上的差异。这一切都在某些特殊基因的掌控之中，这种基因的作用是以一种复杂精妙的定时级联的方式发动其他基因。但是，在整个基因组的构成中，这种主控基因只是很小的一部分。

不要将这里所说的顺序误解为基因在染色体上排列的顺序。除了极个别的例外以外，……这些基因在染色体上排列的顺序就像单词在词典里排列的顺序一样，通常是按照字母顺序排列的，但有时也会按照方便使用的顺序排列，就像给国外游客用的小册子，按照机场常用词汇、就医常用词汇、购物常用词汇等排列。基因在染色体中存放的顺序并不重要。重要的是细胞在需要的时候启动正确的基因，而这其中的机制我们正理解得越来越多。

在某一方面，这种基因和单词的类比是具有误导性的。单词比基因更短，所以有些作家会将基因比作句子。但出于其他原因，句子也不是一个很好的类比。不同的书并不是由固定不变的句子排列而成的，大多数句子都是独一无二的。基因更像字词而不像句子，它可以在不同的上下文中反复使用。比单词或句子更好的类比是将基因比作计算机中的工具箱子程序……

> 苹果电脑的只读存储器或启动时加载的系统文件中存放着程序工具箱。这些成千上万的工具箱子程序各自执行特定的任务，它们在需要时以不同的方式在不同的程序中被反复调用。例如，模糊指针（ObscureCursor）这一工具箱子程序的作用是在鼠标下次移动之前将屏幕上的指针隐藏起来。每次当你打字的时候，系统就会调用模糊指针这个“基因”，将鼠标指针藏起来。工具箱子程序支持着苹果电脑以及在 Windows 系统中与之对应的东西中所有程序共有的特征：下拉菜单、滚动条、在屏幕上拖动鼠标改变窗口的大小等。（Dawkins, 2004, pp. 155–156）

所有这一切都有助于让我们了解到专家为什么能如此轻松地识别出哺乳动物的基因组。原因是，我们拥有哺乳动物的工具箱，它里面除了专门制作哺乳动物的工具外，还包含来自爬行动物、鱼类，甚至蠕虫工具箱中的工具。这套工具中最古老的工具为所有生物所共享，其中甚至包括细菌。

37

生命之树

我们人类与谁有着共同的祖先

现存基因组由世系谱线连至其父系、祖系等的基因组，可以追溯到地球上的生命之初。本书插页中的生命之树，显示出每个人同其他人的关系有多么密切：人类在 10 万年前有共同祖先，在 2 亿年前与狗和鲸有共同祖先，在 20 亿年前与菊科植物和红杉有共同祖先。

绘制生命之树有多种方式。在目前这种绘制方案中，各个分支外缘的顶端代表现在，也就是说，只有到达外缘的世系存活到了现在。该图表明，恐龙早在 6 000 万年前就已灭绝，而它们的后裔鸟类则存活至今。所有世系的谱线最终都连回到生命之初，同时也连至后来者。如果将该图放大一万亿倍，我们就可以看到曾经存活过的每一只两翼昆虫、每一条鱼以及每一只蛙的系谱，看到它们当中的大部分无后而终，有的则繁衍至今。

38

自然选择 VS 智能设计

“起重机”VS“天钩”

生命令人称奇。想想这宇宙间有无数几乎完全死气沉沉的恒星系统，我们便会惊讶竟然还有生命的存在。同样令人称奇的是那些形形色色的生存之道，从细菌到鱼类、鸟类、雏菊、鲸、蛇、槭树，再到人类。也许最为神奇的是生物的坚韧不拔：它们千方百计地顽强生存、繁衍，面对巨大的阻碍竭力谋生。这一切都要归功于数以百万计的巧妙装置和安排：从细胞中蛋白质机器错综复杂的级联，到蝙蝠的回声定位、大象的鼻子，再到我们的大脑所具有的能够反思“天底下”所有问题的能力等。

达成这一切的鬼斧神工需要解释，因为这不可能是出于纯粹的机缘巧合或偶然。已知只有两种可能性：智能设计或经由自然选择的进化。无论是借由智能设计者奇迹般的设计，还是通过自然选择步履笨拙、毫无先见、愚蠢且非奇迹的进化，两种方案都需要极大量的设计工作。我们称其为研发（resaech and development）。研发的代价总是巨大的，且需要时间与精力。达尔文伟大想法的美妙之处在于，他看到了历经几十亿年的运作和数量惊人的“无用”功（不计其数的尝试以失败告终），设计改进如何以一种自然而然、非奇迹的方式累积，不需要任何目的、预见和理解。达尔文最热心的批评者罗伯特·贝弗利·麦肯齐（Robert Beverley MacKenzie）曾雄辩地抨击道：

> 对于这种理论，我们必须得有一个绝对无知（Absolute Ignorance）的设计者，以便我们可以将其解释为整个体系的基本原则，即：要想创造出一架完美出色的机器，我们并不需要知道如何去造。细加检讨，不难发现，该命题凝练地表达了进化论的宗旨，只言片语就说出了达尔文先生的所有想法：经由一种奇怪的推理倒置，他似乎认为，在创造性技能的所有成果中，绝对无知完全有资格取代绝对智慧（Absolute Wisdom）。（MacKenzie, 1868）

没错，自达尔文提出这个惊人的想法之后，怀疑者们就质疑是否有足够的时间来完成所有这些创造性的工作。如何设想所需完成的设计工作呢？一个简单的决窍是将其想作设计空间中的提升。什么是设计空间？最好将它想象为一个多维空间，就像巴别图书馆或孟德尔图书馆那样。事实上，设计空间不但包括这类图书馆，而且还包括其他图书馆，因为它不仅包括所有经由构思而创作的书籍和经由设计而进化的生物，而且还包括由设计立场所描述的其他物事（见第 18 章），例如，房屋、捕鼠器、战斧导弹、计算机和宇宙飞船。正如巴别图书馆中的大多数书籍是乱码，设计空间中的大多数处所也都充满了毫无用处的垃圾。如果你和我一样，只能一次想象三个维度，请相信我，你越是在想象中摆弄这种想法，就越容易以这种熟知的三维为基准想象出更多的维度。这是一种思考工具，你用得越多就越有提高。

设想把生命之树置于孟德尔图书馆，我们便可以看到，所有曾经存在于这个星球上的生灵，它们的世系如何彼此联系。这些世系传递着自然选择所“发现”的基本的设计改进，为所有后继生命保留了最初的研发成果。从细菌到脑细胞，每一个细胞都拥有这种“机械装置”，包括不计其数的、已经运转了超过30亿年的精巧的纳米装置，那是我们同树木、鸟类和酵母细胞所共享的生命的基本引擎舱。在多细胞层面，我们可以看到心脏、肺、眼睛、手臂、腿以及翅膀，它们“仅仅”在20亿年前才被首次研发出来,并经过了重新利用和改进。但是，除了生物的器官，还有它们的造物，例如，蜘蛛网、鸟巢以及河狸修建的水坝。这些东西同样也是研发确凿无疑的证据，而且研发的丰富成果也以某种方式一脉相承，不单在基因中传递，同样也借由子代复制父代这一过程传递。新奇事物通过突变、试验或意外不时地涌现出来，这是一种改进，它一次又一次地得到了复制。而失败的试验品走向了灭绝。再说一次，要么发表，要么灭亡。

再有就是人工器物：耕犁、桥梁、教堂、绘画、戏剧、诗歌、印刷机、飞机、计算机、剪草机等，以及思考工具。它们是怎么回事？难道它们不属于生命之树中人类世系这一分支吗？它们不仅仅依赖于一个作者或发明者，同样也极大地依赖于背后众多的研发贡献者们。贝多芬不必发明交响乐，因为它已经存在了，同样，莎士比亚也没有必要创制十四行诗。一个链锯由几十或几百个“现成”的元素构成，它们已经被发明出来了，而且已经得到了优化。人类的一些器物很可能复制了其他动物所创造的东西。织巢鸟的巢有没有激发出织布工艺的发明呢？因纽特人圆顶冰屋里的活动地板可以使冷空气从地下出口排出，是不是模仿了北极熊窝里类似的活动地板呢？还是说这些是独立自主的发明？或者是北极熊模仿了因纽特人？

心脏与水泵、蝙蝠的回声定位与声纳和雷达、河狸坝与灌溉水坝、眼睛与相机，它们之间在功能方面深层次的相似性并不出人意料。在过去的许多个世纪中，同样的研发探索过程已经将它们打磨成形，并不断改进。它们可以被放置在同一个设计空间里，即所有可能的设计空间。

这一说法在生物学家中间是有争议的，我自认为理解个中缘由，并对此深表遗憾。许多生物学家都极不愿意谈论对生物的“设计”，因为他们认为这会为智能设计运动提供某种支援或慰藉，而智能设计论是不真诚的，是伪科学，是某种隐秘的“宗教”，有损进化生物学当之无愧的权威。在这些抵制人士当中包括两个我最为敬重的同事兼朋友：进化生物学家理查德·道金斯和杰里·科因（Jerry Coyne）。通过讨论自然的目的和设计，我们显然为支持智能设计的那帮人提供了半数案例。有些人认为最好对此类主题严厉封杀，他们坚持认为，严格说来，生物界不存在任何被设计的东西，除非它是由人设计的。大自然用以生成复杂系统，例如器官、行为等的方式与设计者所采用的方式非常不同，我们不应该使用相同的语言描述它们。所以，道金斯偶尔才会谈到生物类设计的特征。在《祖先的故事》中，他说道：“由达尔文的自然选择学说带来的设计幻象具有一种鼓动人心的力量。”我对这种紧缩策略并不认同，因为它很可能适得其反。

近日，我无意间听到酒吧里的一群年轻人在谈论细胞中发现的纳米机器。其中一位感慨道：“看看这些奇妙的小机器人，你怎么能相信进化论！”而其他人若有所思地对此点头称是。不知怎的，这些人得到的印象竟然是进化生物学家认为生命并不复杂，构成生命的组件也不是奇妙无比的。这些进化论的怀疑者可不是不学无术的人，他们是哈佛医学院的高材生！他们极大地低估了自然选择的力量，因为进化生物学家三番五次地告诉过他们，自然界不存在任何真正的设计，它们只是看起来像设计。这个故事强烈地提示我，“常识”中已经开始接纳了一种错误的想法，即进化生物学家不愿意“容许”或“承认”自然界中存在显而易见的设计。

说到这里，让我们来看看克里斯托夫·舍恩博恩（Christoph Schönborn）的话，他是天主教的维也纳大主教，被智能设计那帮人愚弄了的家伙。在《纽约时报》的专栏文章《寻找自然中的设计》（*Finding Design in Nature*）中，他写了一段众所周知的话。

> 在把地球生命史的诸多细节托付给科学之后，天主教教会依然可以宣称，凭借理性之光，人的理智可以很容易、很清晰地领悟包括生物世界在内的自然世界的目的和设计。在共同祖先的意义上，进化可能是真的，但新达尔文主义认为进化是无导向、无计划的随机变异和自然选择过程，这并不正确。任何否认或寻求压倒性的证据来消除存在于生物之中的设计的思想体系都是意识形态，而非科学。

我们这些进化论者想要将论战带向何方呢？是要试图说服门外汉，让他们相信他们看到的那些存在于每一个生物尺度上的显而易见的设计并不真实，还是该努力表明，达尔文只是揭示了真正的设计也可以无需借助智能设计者之手？我们已经说服全世界相信地球绕着太阳转，时间是相对的，不是绝对的。可为什么当我们试图表明可以存在没有设计者的设计时，就变得畏缩不前了呢？所以，在这里我要再次捍卫以下主张。

生物界充满了设计、目的和理由。我所说的设计立场预见并解释了贯穿生物世界的全部特征，同样的假设在对多少有点聪明的人类设计师所做的设计进行逆向工程时运作良好。经由自然选择的进化是一系列过程，该过程“发现”并“追踪”了事物被如此安排而非另有安排的理由。进化过程所揭示的理由和人类设计者所发现的理由之间的主要区别是，后者通常（但并不总是）会在设计者的头脑之中被表达出来，而前者一般在人类探索者首次成功地对自然造物进行逆向工程之后才会被表达出来。也就是说，人类设计者会思考其造物之所以具有某种特征的理由，并因此有了表达这些理由的想法。他们通常会欣赏、制定、细化、传达、讨论、批评这些设计理由。进化过程并没有这么做，只是通过它产生的变异盲目地进行筛选，使好的东西得以复制。这些东西之所以是好的是有理由的，但自然选择过程并未表达这些理由。

用类设计（designoid）去标识那些仅仅看上去像是设计的东西可能颇有助益，但在生物学上并非如此。当我一想到那些仅仅看上去像是设计的东西，我立刻就会联想起漫画家设置的一些场景：大胡子理论家们或站在布满了实际上毫无意义的符号的黑板前，或置身于一间化学实验室，其中堆满了令人印象深刻的形形色色的试管和烧杯，还有疯狂发明家在摆弄时间机器，上面天线林立，密布各式各样的仪表盘和高科技玩意儿。这些东西不能做任何实际的工作，它们只是看上去有用。但是，大自然的设计是真正有效的。事实上，它们通常要比任何人工设计更为有效和强大，能与之匹敌的人工设计还没发展出来呢。

就没有一个优雅的解决方法吗？

一个身体健康的年轻人携带所需的食物和水，一周大约能步行 240 公里。水是关键负重：在背包中携带 23 千克的水、7 千克的食物以及 5 千克的装备会使之感觉非常沉重。若能在路途中找到水，这个人也许能坚持步行好几个月。作为比较，让我们看看康奈尔大学的机器人专家安迪·鲁伊纳（Andy Ruina）和他同事的心血：迄今为止行进距离最长的步行机器人“游侠”（Ranger），这部机器人曾在日本2001年5月1日至2日举办的机器人超级马拉松大赛上马不停蹄地走了65.2公里。游侠的设计者们利用肢体动力学创造了一个强健的高能效步行机器人，可以被摇杆遥控着在平坦的赛道上一圈又一圈地行走。另外一个出色的四足步行机器人是“大狗”（Big Dog），它的能源利用率比游侠低15倍，但更令人印象深刻的是它适应复杂地形的能力。尽管如此，人体传动装置的效率仍然是游侠动力效率的四五倍，还有，人类不像游侠，他们可以自主地对这个世界上形形色色的地理特征做出回应（Ruina, 2011）。

看来，我们必须放弃某种东西。要么将“设计”定义为某个智能设计者的作品，例如诗歌、汽车；要么承认有可能存在无需假借智能设计者之手的真正设计。传统以及词源上的解释似乎偏向于前者，但考虑一下这种情况：“atom”一词来自希腊语a加上tomos。a意为“无”；tomos来自temnein，意为“切割”或“切开”。原子一词最初的意思是“无法切开的东西”，然而后来科学发现原子可分，这与其定义并不矛盾。我认为，科学同样也揭示出没有一个有头脑、有先见之明、有意向的设计者的设计不但是可能的，而且就在我们身边。经由进化做出的设计是一个真实的、易于理解的过程。它在一些有趣的方面不同于工程师的设计，但它们也高度相似，都具有震撼人心的“独创性”。一次又一次，生物学家对自然界中那些看似无用或有点笨拙的糟糕设计颇感困惑，但最终意识到自己低估了自然造化的神妙。弗朗西斯·克里克调皮地将这种趋势冠以他同事莱斯利·奥格尔（Leslie Orgel）的名字，即所谓的奥格尔第二定律：“进化比你们聪明。”将自然选择过程拟人化地比作大自然母亲这一策略显然是考虑不周的，但我们将会在适当的时候为这种挑衅性的人格化说法进行辩护。它不只是一个有趣的隐喻，其本身就是一种思考工具。

下面，让我们回到设计空间，这个包含所有可能设计的多维空间不仅包括实际的生物、汽车和诗歌，而且和巴别图书馆一样，包含着所有从未进化、从未被构造出来的设计，比如，能说话的袋鼠、会飞的蛇、核动力爆米花桶和水下轮滑鞋。基础设计元素的词汇表应该是什么样的呢？

我们并不打算造一个设计空间出来，只是要设想一下，所以我们尽可以肆无忌惮。比方说，设想词汇表是那些来自元素周期表中原子的所有可能组合。这个浩瀚空间中甚至包括所有并非设计出来的东西的复制品，比如，海滩上的每一块鹅卵石以及珠穆朗玛峰，因为没有任何东西阻止某人去设计或建造这些实体的复制品。那么，勃拉姆斯第三交响曲会在设计空间的什么地方呢？乐谱以纸上的墨迹等形式会出现在很多地方，磁带和唱片又会出现在其他地方，因此，它一定在设计空间之中。只通过口述留存和传诵、从未被记录下来的歌曲很难被归置于上述原子家族，但是，随着时间的流逝，一个足够复杂的设计空间的子空间将可以容纳它们。

正如巴别图书馆的绝大部分地方摆满了毫无意义的书籍，设计空间里也充满了无意义的东西，这些东西毫无生趣、缺乏用途，也没有任何作用，但不经意间，真实或可能设计的那微渺的线索便会闪烁一缕微光。万物不是仅仅在热力学第二定律的无情法令下静候灭亡的，它们自有其作为。

借助设计空间这一粗糙的想法，现在我们就可以“一窥”自从达尔文时代就一直困扰进化论的那些争论是如何成形的：无论是自然的还是人工的，是否存在一种真正的设计，它既非直接、又非间接地来自那棵单一的生命之树？

以下是一些备选答案。

(1) 不存在。

(2) 存在。一些自然的奇迹太奇妙了，有着“不可还原的复杂性”，而单调乏味的进化设计过程根本不可能造就这样的奇迹。它们必定是由一个智能设计者创造出来的。

(3) 存在。一些人造的东西，比如说，莎士比亚的戏剧、哥德尔定理，它们太过神奇，不可能“仅仅”是经由进化而来的人类大脑的产物。它们是不可思议的天才之作，单调乏味的进化设计过程无法理解它们，绝对无法企及。

我们可以认为（2）（3）这两个回答高度依赖于这一对比：完全低效、单调乏味的自然选择过程（麦肯齐所谓的“绝对无知”）和莫扎特轻快灵动、不费吹灰之力的卓越才智（或者，你也可以换成任何一位“神一样”的天才）。第 49 章将探讨这个问题。借助我们在提升和研发之间做出的类比，可以看到，这两个答案都需要天钩（Skyhook）。《牛津英语词典》对“天钩”的解释如下：

> 天钩：源自飞行器驾驶员。一种想象中联结至天空的装置；一种想象中悬停在空中的方式。

《牛津英语词典》记录该词最早出现于 1915 年：“一名飞行员被要求停留在原位置（高空处）一小时，飞行员答道：‘飞机未配备天钩。’”天钩概念也许是古希腊戏剧学中天降救星（deus ex machina）①的衍生物：一旦一个二流剧作家发现剧情让他们的主角进退维谷，通常就乐于在场景中设计降下一尊神以力挽狂澜，就好比超人那样。或者，天钩可能完全是诸多民间传说独立演变而来的产物。拥有天钩可能会是件美事，因为它非常适合在困难的情况下起吊笨重的

① 古希腊和罗马戏剧中用以完结剧情的神，其字面意思为“机关里跑出来的神”。在演出时，扮演神的演员会被某种装置送入舞台，故名。——译者注

物体，用以加快各类项目建设。不过，说来让人失望，它们是不可能的。①

还好我们有起重机。起重机可以做想象中天钩所做的提升工作，而且它们可以以实际的、非循环论证的方式完成这种工作。它们很昂贵。我们必须从手头上已有的寻常部件开始设计和建造它们，它们也必须坐落于一个真实存在的坚实基础之上。天钩是件神奇的升降装置，无根无据。而起重机是件毫不逊色的升降装置，且具有真实可行的优势。任何像我这样一直在建筑工地旁边观察的人都会相当满意地注意到，有时候我们需要用一部小型起重机装配一部大型起重机。许多其他旁观者也必定注意到，原则上，这架大型起重机可用于启用或加快更大型的起重机的安装。起重机的级联是一种策略，在现实世界的建设工程中我们很少会采用这种策略，但原则上，用以级联的起重机的数量是没有限制的，我们可以用它们来完成一些宏伟的工程。②

现在想象一下，要想创造出我们在这个世界上看到的诸多壮丽的生物体以及其他造物，必须在设计空间中完成所有的“提升”。自生命曙光乍现，从最早期、最简单的自我复制的实体开始，造物必须穿越巨大的距离，向外（多样性）、向上（优越性）扩散。达尔文为我们提供了一种最原始、最基本，同样也是最笨拙的提升过程：自然选择的斜面。经由极为微小的步骤，这一过程在极长的时间内能够逐渐跨越这些巨大的距离。至少达尔文是这样说的。在任何地方都不需要天降奇迹。每一步都始于早期攀爬的诸多努力所营造的基础，经由粗糙、机械、系统渐进式的攀爬而实现。

---

① 好吧，其实也不是完全不可能。轨道运行与地球自转同步的地球同步卫星就是一种真正的、非奇迹的天钩。它们值得大笔投资的价值在于，我们常常很想让某些东西，如天线、摄像仪以及望远镜悬停在高空中。不过，将卫星用作提升重物是不切实际的，因为它们必须安置在极高的高空。人们曾经认真地探讨过这种想法。然而事实证明，提升所用的绳索即使由最强人造纤维制成，其顶部的直径也必须超过 100 米，越往下绳索可以越细，直至变成几乎看不见的鱼线。这还只是为了承受其自身的重量，更谈不上任何有效负载。即便你能织出这样的绳索，你也不会希望它从轨道上掉落到下面的城市中去！

② 我很高兴地看到，2012 年 8 月 6 日，好奇号火星探测器在“天空起重机”的帮助下在火星着陆。尤其令人高兴的是，这个着陆设备被称作天空起重机而不是天钩，因为它是一件工程杰作而非一个奇迹。

这一切看似令人难以置信。它真的能发生吗？或者，这个过程会时不时地需要某种天钩“帮一把”？抑或只在非常早的时期被帮了一把？一个多世纪以来，怀疑者一直在试图证明达尔文的观念并非有效，至少不是自始至终有效。他们一直希望觅得天钩，这是他们眼中前景黯淡的达尔文渐进系统的例外。他们屡屡提出了一些确实很有意思的挑战：跳跃、断层和其他奇迹，乍一看这些似乎都需要天钩。但是，起重机随之而来，在许多场合，它们正是被那些希望找到天钩的怀疑者们发现的。

是时候做一些更细致的定义了。这么解释吧，天钩是一种“心智至上”的强大力量或过程，是“所有设计以及看似设计的东西最终都是无心智、无动机机械过程的结果”这一原则的例外。相反，起重机是一个设计过程的子过程或其特殊性质，被证明可以对自然选择这一基本、缓慢的过程进行局部加速，而且起重机本身就是这一基本过程可预测的或回过头来能被解释的产物。一些起重机是显而易见、没有争议的，其他一些起重机则还处于激烈的争论中。为了让我们对这个概念的广度和应用有个一般的概念，让我举三个非常不同的例子。

“共生”是部起重机。我最喜欢的例子之一就是真核生物的共生起源。如果看看生命之树，你就会注意到，多细胞生物波澜壮阔地呈扇状展开，其中包括所有动植物，它们的出现时间约在真核生物之后。大约十亿年间，这个星球上唯一的生物只是单细胞生物：细菌和古生菌，统称为原核生物。然后，某个幸运的一天，一个原核生物碰巧撞上了另一个原核生物。毫无疑问，这一过程发生得非常频繁，时至今日仍然如此。但那一次，产生的结果并不是其中的一个生物吞噬或分解掉另一个，也不是相互排斥，而是它们强强联手了，用大致两倍于各自的数量和更多种类的工作部件制成了另一种全新的、有生命的东西。两个研发世系曾缓慢地各自进化了数百万年，磨炼了其独有的能力，现在它们走到了一起，并最终一“战”成名。“技术转让”并不总能产生良好的效果，这种事不常发生，可是一旦发生，结果便会蔚为壮观。两个世系中的任何一个都犯不着重塑另外一个世系的生存策略和体系，因为它们各自能力的结合正好是净收益，流行的说法叫“协同增效”，真核生物比它们各自任何一种都更适于生存，所以真核生物的世系繁盛起来。

以前，人们对于真核生物的起源是一个共生事件的主张是有争议的，但现在有非常多的证据支持这一主张，而且该主张已经稳稳地写入了教科书。若能证明细菌鞭毛的起源得益于共生这部起重机，那就令人心满意足了，毕竟这是智能设计论支持者长期坚持的“不可还原的复杂性”的招牌例子。然而，已故生物学家、真核生物共生起源的拥护者林恩·马古利斯（Lynn Margulis）曾不遗余力地捍卫这一主张目前的证据支持对鞭毛的起源做出另一种进化解释。鉴于这么多丰富的证据，声称鞭毛的起源需要天钩显得特别凄凉。

看一眼生命之树便知，真核生物为所有多细胞生物的出现做好了铺垫。细菌和古生菌右侧那些多姿多彩的世系都属于真核生物。大致而言，能被肉眼看到的生物都是真核生物。真核革命为设计空间开辟了巨大的领域，但它的发生并不是为了让所有这些设计能够出现。起重机必须在局部就能带来好处，它所传递的那些设计革新要带来直接收益。但是一旦这些起重机建立起来，就会有更深远的影响。同样的道理，电脑的发明并不是为了使用文字处理器或互联网，但是，一旦进入了一个可能的计算机应用程序空间，设计过程便开始超速运转，创造了我们现在每天所依赖的所有“物种”。

性也是一部起重机。现在，进化理论家们普遍认为性是一部起重机。有性繁殖的物种可以比无性繁殖的物种更快地穿越设计空间。此外，它们还可以“识别出”进化进程中的设计改进，而无性繁殖的物种对此“毫不知情”（Holland, 1975）。然而，这不可能是性存在的理由。进化过程是盲目的，所以，任何它所建立的东西必须有立竿见影的回报以抵消成本。

正如最近理论家们强调的那样，“选择”有性繁殖需要承担巨大的直接成本：

在任何一次交易中，生物体只能将它们基因的50%传给下一代，更不要说确保交易成功需要付出的努力以及交易进行所面临的风险。因此，效率、敏感度和再设计速率的提高虽然使性成为一部宏伟的起重机，但这些特性所带来的长期回报对短视的局部竞争来说一无是处，而正是局部竞争确定了下一代当中的哪些生物体更能获得青睐。必然有其他一些短期利益维持着有性生殖所需的正向选择压力，使得很少有物种可以拒绝这一选择。生物学家约翰·梅纳德·史密斯（John Maynard Smith）最早强有力地提出了多种多样的引人注目且相互竞争的假设，这些假设可能会解决这一难题。对于进化生物学中这一重要议题的清晰介绍，可以看看马特·雷德利的《红色皇后：性与人性的进化》（*The Red Queen: Sex and the Evolution of Human Nature*, 1993）。

基因工程也是一部起重机。性揭示了拥有超凡威力的起重机的存在也许并不是为了彰显这一力量，尽管作为一部起重机，它的力量可能有助于解释它为什么会一直延存至今，但它的存在却是出于其他理由。显而易见，基因工程是被当作一部起重机而创造出来的。毫无疑问，现在基因工程师可以穿越设计空间实现巨大的飞跃，创造出用“平常”方式绝不可能进化出的生命体。基因工程师以及他们在操作中使用的各种器物本身就是早前缓慢进化过程的产物，因此这并不是奇迹。

但如果神创论者是对的，即人类这个物种本身是神圣的，无法经由简单粗暴的达尔文式路径达到，那么基因工程将根本不是一部起重机，要创造出这部起重机还需借助某个至关重要的天钩。我无法想象有基因工程师会认为自己是用这种方式被创造出来的，但该想法确实是一个有效的逻辑支点，虽然这个支点并不可靠。还有另一种说法看上去不那么愚蠢：如果基因工程师的身体是进化的产物，但其心智能够完成创造性的工作，而这些工作是不能再简化的非算法形式，也无法通过任何算法路径到达，那么基因工程的飞跃就很可能涉及天钩。稍后我们将简要地探讨这一图景。

39

小布谷鸟为什么会把宿主的蛋推出鸟窝

无需理解的能力之一

绝对无知是“创造性技能所有成就”的源头。达尔文的这一想法被麦肯齐描述为“奇怪的推理倒置”，因为它颠倒了一个再“明显”不过的想法：理解是能力的来源。我们为什么要送孩子上学？为什么要强调“理解概念”而不是“死记硬背”？因为我们认为，在任何领域的活动中，理解是能力的最佳达成路径。不要满足于做一个没头脑的人！无论我们在做什么，只要理解了事情的原则，就可以做得更好！对于人类活动的大部分领域来说，这无疑是条很好的忠告。但我们也发现存在一些极端的特例，比如，某些天才音乐家不识乐谱，但听到一段音乐就能演奏出来；某些天生的运动员似乎总是表现出色，却不能解释他们为什么这样做、是怎么做到的，因此也不能指导别人。还有所谓的“白痴专家”，他们在很多方面的能力都很欠缺，而在某些有限的领域中却能力超凡。但总的说来，经验法则无法否认：理解通常是人类能力的关键。

达尔文确实倒置了整个推理，正如麦肯齐颇为生动地指出的，他表明绝对无知是一个能工巧匠。自然选择过程具有惊人的能力（想想奥格尔第二定律），但却是全然无知的。此外，生物从它们的设计带来的精良装备中获得了诸多好处，而无需理解它们为什么有此天赋、天赋是怎样运行的。我最喜欢的例子是布谷鸟。布谷鸟是种巢寄生鸟类，它们自己不筑巢。相反，雌性布谷鸟偷偷将蛋下在其他鸟类的巢中，在那里，布谷鸟的蛋等待得到被蒙在鼓里的养父母的关注。通常，雌性布谷鸟会将一个寄主的蛋从鸟巢中推出去，以防寄主发觉！当小布谷鸟孵出来时，由于它往往要比寄主的蛋孵化得快，羽翼未丰的它们会努力将剩余的蛋推出鸟巢！为什么？为了最大限度地获得养父母的关注。

40

白蚁城堡是谁设计的

无需理解的能力之二

自然选择是一个自主的理由搜寻者，它历经多个世代“发现”“认可”，并“集中”了诸多理由。这些引号是为了提醒我们，自然选择并没有心智，其自身也没有理由，但它却可以胜任设计改进的“任务”。这本身便是一个无需理解就能胜任的实例。我们要知道如何落实这些引号。考虑一下，某个种群内部有大量的变种。其中一些成员活得不错，也善于繁殖，而大多数成员并不精于此道。对于每一种不同的情况，我们都可以问为什么。为什么这个个体有后代，而其他个体却没有？在大多数情况下，根本没有任何理由可言。它只是撞大运而已。但是，如果该种群中有一个子集，也许是一个非常非常小的子集，在这个子集中，某种个体间的差异会有所作为，那么，这些共同的差异就会萌发出某个理由。这就使得功能性得以通过一个盲目跟进理由的过程得到累积，从而创造出带有目的的东西，而且不需要知道目的的存在。需知原则

（The Need to Know）主宰了整个生物圈，而自然选择过程本身并不需要知道它在做什么。

因此，在有能够表述理由的个体之前就存在着理由了。我将这种演变过程所跟进的理由称为“自由浮动的理据”（free-floating rationales），这一术语显然刺痛了某些思想家的神经，他们怀疑我变出了某种幽灵、某种奇怪的非物质理念，它没有理由出现在一个冷峻严肃的唯物主义者关于实在的解释之中。实情当然不是这样。自由浮动的理据和重力、重心一样，并不是幽灵或有问题的。在人们发明出清晰准确的算术方法前，就已经存在着九大行星；[①] 在物理学家想到重心的概念和计算方法前，小行星就有重心。将数等同于阿拉伯数字、罗马数字或其他什么数字是一个错误，数字不过是我们所使用的数的名字。数字是人类的发明，而数不是。我所使用的“理由”这一术语更像数，而不是数字。在人类探索者或其他心智表述、体现这些理由之前，它们已经由进化过程所揭示。让我们仔细看一看下图中两个引人注目的相似结构。

蚁冢和圣家族大教堂

① 2006 年 8 月 24 日，在布拉格举行的第 26 届国际天文学联合会通过第 5 号决议，将冥王星划为矮行星，自此冥王星被从太阳系大行星行列中除名。所以，目前太阳系只有八颗大行星。——译者注

蚁冢和高迪设计的圣家族大教堂在形状上非常相似，但在成因和施工上完全不同。蚁冢的结构和形状自有其理由，但并没有任何白蚁将这些理由表达出来。不会有策划这一结构的白蚁建筑师，也不会有任何白蚁个体知道它们筑巢方式的蛛丝马迹。无需理解亦能胜任。同样，高迪这一杰作的结构和形状也有其理由，但这些主要是高迪的理由。高迪造出这种形状有他的理由；蚁冢成为这种形状也有理由，但白蚁却没有这些理由。树木为何如此分支是有理由的，但这并不是树木的理由。海绵的行为有理由，细菌的行为也有理由，甚至病毒的行为也有理由。但它们并未拥有这些理由，也不需要拥有这些理由。

这些行为背后存在着大量理由，但在一般情况下，生物体并不需要理解这些理由。生物体与生俱来的行为进化过程中良好地设计出来，它们是这些设计的受益者，而无需了解这一过程。这一特征在自然界无处不在，但它往往为我们采用意向立场的倾向所掩盖，我们总会倾向于将行为解释得比实际更理性和有意为之。白蚁是多么巧妙地精心布置蚁冢的通风管道啊！松鼠是多么有远见地储存食物过冬啊！梭鱼是多么狡猾地静候它的猎物啊！这些行为的确是在无情竞争的大自然中取得成功的杰出策略，但其受益者并不需要感谢我们发现了这些策略。我们是表述出这些理由、为这些成功的安排做出解释的首批具有心智的生命。

鱼类
肺鱼
两栖动物
爬行动物
鸟类
哺乳动物
次大灭绝
第三次大灭绝
第四次大灭绝
第五次大灭绝
人类
1000
700
541
444
370
252
201
66
今天

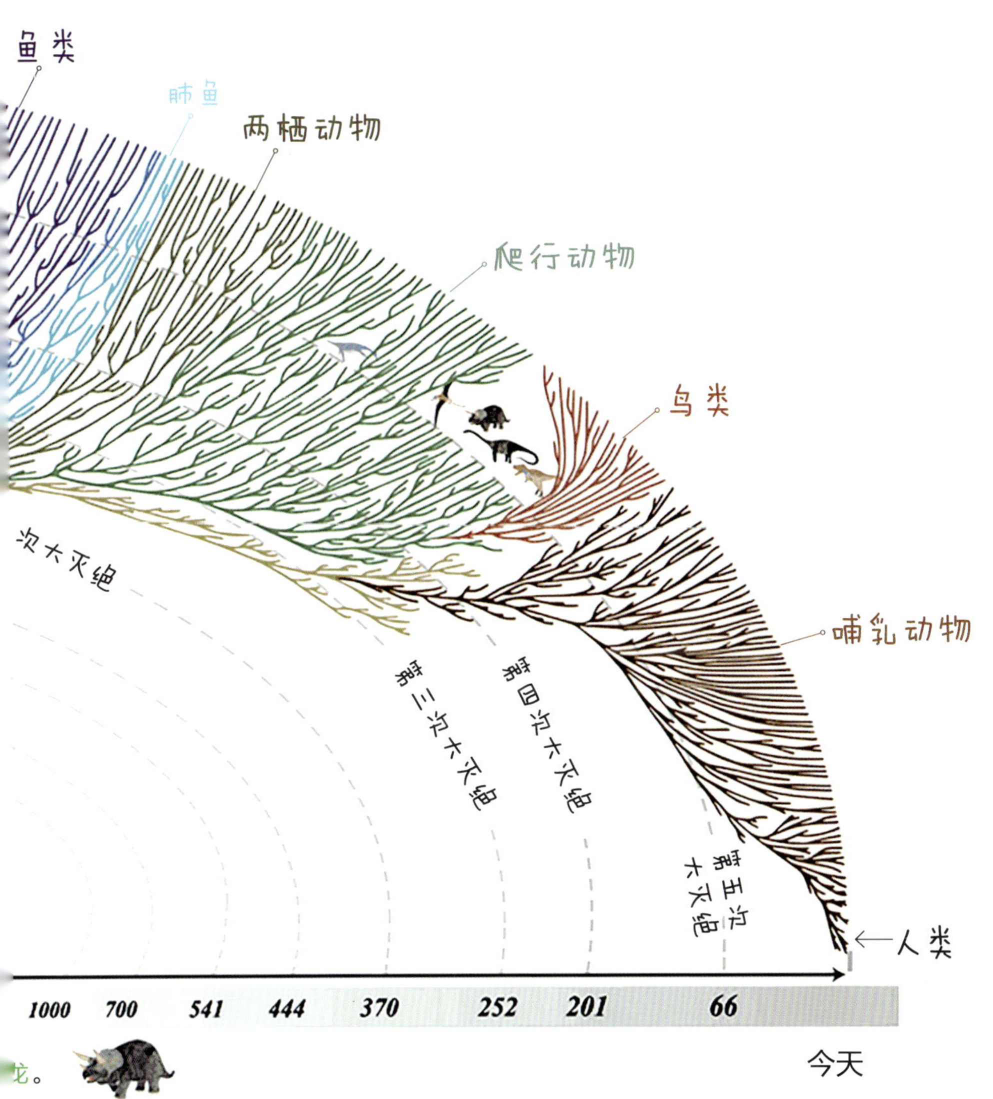

龙。

41

蝉知道素数的含义吗

无需理解的能力之三

为了把数与数字的不同、自由浮动的理据与得到表述的推理的不同搞清楚，让我们看看十七年蝉。1977 年，斯蒂芬·杰伊·古尔德写下一篇极富洞察力的、令人钦佩不已的文章，他注意到这样一个古怪的事实：某些蝉的繁殖周期，若以年计，等于素数，例如，十三年或十七年，但从来不会是十五年或十六年。古尔德说：“作为进化论者，我们苦苦寻觅这一现象的原因。为什么会存在这样惊人的同步进化？为什么这种蝉有性繁殖的时间间隔这么长？”答案回想起来很美妙：在这种蝉两次出现之间有一个较长的素数周期，这样，它们便可以降低被其二年生、三年生或五年生的天敌发现并当成一道美餐的可能性。如果这种蝉的繁殖周期是十六年，那么，一年生的天敌就不会针对它们，但是它们会成为二年生或四年生天敌的可靠食物源，而对于与它们步调相合的八年生天敌来说，这将变成一场机会均等的对赌。反过来说，如果它们的繁殖周期并非一个较小数目的倍数，那么，除了那些有幸同它们拥有完全相同或成倍繁殖周期的物种（比如传说中的三十四年生“知了终结者”）会过上养尊处优的生活，它们就不值得被其他捕食者“努力”追踪了。

这种解释的可靠性虽然可能尚未建立，但它并不依赖于假设蝉能理解算术，更别说什么素数了，这一点很清楚。同样，它也不依赖于假设自然选择过程会理解素数。无意识、无理解能力的自然选择过程能够利用某些数的重要性质而根本用不着理解它们。还有一个例子：几何学断言六边形是蜂窝隔间的理想形状，但蜜蜂或大自然母亲并不需要理解几何学。当然，我还可以引用更多的例子来说明进化过程中这种无需理解亦能胜任的数学能力。

42

瞪羚的弹跃

无需理解的能力之四

还记得两个黑盒子的直觉泵所揭示出的令人困惑的规律吗？你不必对盒子有语义解释或意向解释就能知道：α 按钮导致红灯亮，β 按钮导致绿灯亮。这一显而易见的模式需要一个解释。对于按下按钮的每一种情形，科学家们能精确地了解计算和传输过程的每一步，但是，他们的解释不能普遍化。你需要一个语义解释来说明为什么会存在这种规律。换句话说，“宏观因果”层面上的解释不能“下降”到“微观因果”层面。

对于这种非常普遍的现象，我还可以给出另外一个实例。你可能看过瞪羚被捕食者追逐着穿过草原的视频，也许会注意到其中一些瞪羚在试图逃避捕食者时会高高地跃起。这就是所谓的弹跃。瞪羚为什么会弹跃呢？这显然是有好处的，因为那些很少做出弹跃动作的瞪羚会被捉住吃掉。这是一个已被细致观察过的因果规律，就像按钮与灯之间的规律一样。但这也会让人感到困惑。所有瞪羚以及追逐它们的捕食者的所有细胞中的蛋白质的行为均不能解释这一规律为何存在。

为此，我们需要进化论的一个分支理论，它被称为高成本信号理论（costly signaling theory；Zahavi, 1987；FitzGibon & Fanshawe, 1988）。最强壮、最敏捷的瞪羚跳起来向追逐者宣示它们身强体壮，这实际上释放了一种信号："别自寻烦恼地追我，我很难抓住哦，专注于我的小伙伴吧，它们不能跳，多容易吃到啊！"捕食者会把这看作是难以伪造的真实信号，进而无视那些做出弹跃动作的瞪羚。这便是自由浮动的理据，瞪羚和捕食者都无需领会这一理由。也就是说，一只能够弹跃的瞪羚完全不必知道弹跃为什么是一个好主意，而狮子等捕食者也用不着理解自己为什么会去捕食相对于那些弹跃的瞪羚而言毫不起眼的猎物。

但如果这一信号不是真实的高成本信号，那么，它便不能维系捕食者和猎物之间在进化过程中的生存竞赛。如果进化过程试图采用一个"廉价"信号，比如甩尾，那么每一只瞪羚，无论强壮还是羸弱，都可以释放这一信号，它就不会引起狮子的注意，所以，瞪羚不会采用这一信号。根据自由浮动的理据做出的这些解释不能还原到较低的层面，比如分子层面，但重要的是要认识到，即便站在意向立场（从狮子的角度看瞪羚的弹跃行为能得出什么结论）上能够解释瞪羚为什么弹跃，狮子或瞪羚个体也不需要理解弹跃的意义，它们只要近似知道就可以了。

43

世界上第一只哺乳动物是什么

压根儿就不存在

你可能会认为自己是哺乳动物，狗、牛、鲸也是哺乳动物。可是，压根儿就不存在哺乳动物。不可能存在！这里有一段哲学论证可以证明这一点（改述自 Sanford, 1975）：

1. 每个哺乳动物均有一个同为哺乳动物的母亲。
2. 即便存在哺乳动物，它们的数量也是有限的。
3. 如果曾经存在过一个哺乳动物，那么由第一条可知，一定存在过无数的哺乳动物，这与第二条矛盾，所以不可能存在任何哺乳动物。该说法自相矛盾。

我们完全清楚，哺乳动物是真实存在的，所以，我们只是将其作为一个挑战来认真对待，以便发现其中潜伏着什么样的谬误。这是一个简单的归谬法，因此必须舍弃掉某种东西。我们也大体知道要舍弃掉什么：如果你在任何哺乳动物的谱系树上回溯得足够远，你最终会到达兽孔目，这是一种已经灭绝了的奇怪的过渡物种，介于爬行类和哺乳类之间。

在从明确的爬行类到明确的哺乳类之间逐步过渡的过程中，有着许多难以归类的中间形态。要在逐渐变化的连续谱系上画出一条条界线，我们可以做些什么呢？我们能否确认一只没有哺乳动物母亲的元初哺乳动物（The Prime Mammal），从而否定掉前提（1）？有何依据呢？无论是什么样的依据，都势必要与另一种判定那只动物不是哺乳动物的依据相冲突。毕竟，那只动物的母亲是兽孔目。这不就是证明那只动物属于兽孔目的最好证据吗？假设我们列出了区分哺乳类和兽孔目的 10 个主要差别，并且说明，拥有 5 个或 5 个以上哺乳类标志的动物就是哺乳动物。可为什么是 10 个而不是 6 个或 20 个差别呢？难道不应该给这些差别按重要程度排序吗？且不提这种判定的武断之处，任意一种一刀切的方法都将产生大量我们不希望看到的结论，因为在从明确的兽孔目动物过渡到明确的哺乳类动物这段非常长的时间内，拥有 5 个或 5 个以上的哺乳类标志的哺乳类动物会同只拥有少于 5 个的哺乳类标志的兽孔目动物交配，产生大量的后代，哺乳类诞下了兽孔目，兽孔目又诞下了哺乳类，如此等等。

当然，我们可能需要一部时间机器才能观察到所有这些异常现象，因为在亿万年后的今天，所有这些细节都已经检测不到了。这倒也无妨，因为这些细节也并不重要。那我们该做些什么呢？我们应该压制划界的欲望。我们不需要划界。我们可以泰然面对这一平淡无奇的事实：所有这些变化在数百万年间逐渐累积，最终产生了无可否认的哺乳动物。同样的道理，我们并不需要标定湖泊、池塘、湿地和沼泽之间的差异，就连湖沼学家也不需要。

然而，哲学家往往有洁癖，他们是挑剔的词语使用者。自苏格拉底坚持要求准确标识出德性、知识、勇气以及类似概念的典型特征以来，哲学家们总是按捺不住这样的想法：通过认定某种可以阻止退行的东西来防止无限倒退，如本例中的元初哺乳动物。这往往让他们得出深陷神秘（或至少是迷惑）之中的学说，也让他们委身本质主义（essentialism）。元初哺乳动物必须是哺乳动物集合中首先拥有全部哺乳动物本质特征的那一只。如果没有可定义的哺乳动物的本质，这些哲学家就遇上了麻烦。然而进化生物学告诉我们，确实不存在这样的本质。所以，作为一个一般规则，我们可以无视哲学家对本质、典型特征或某个“真理制造者”的需求。它通常始于一场徒劳的追寻，可能颇有意思，但最多只能算作无关痛痒的启发。虽然也并非总是如此。

放弃这个需求像是一剂让许多哲学家难以下咽的苦药。用理性的方式从事哲学是从苏格拉底那里传下来的方法，它几乎总是提出“请定义你的用词”这样的要求，从而将大家置于某个本质主义的教条中，即便只是为了论证方便起见。如果我们不得不放弃本质主义，我们所钟爱的一些论证形式就几乎没用了。例如，让我们看看下面这个论证的结构，它始自一个平淡无奇、显然为真的析取式：

1. 要么 A，要么非 A（你如何论证这一点？）。
2. 如果你选择路径 A，接着，喋喋不休大肆论证一番，那么你将得到结论 C。
3. 同样，如果你从非 A 开始，接着吧啦吧啦论证一番，那你也可以得到结论 C！
4. 因此，C 成立。

但是，假使明显存在着大量的中间地带，那么对那些说不清它们是 A 还是非 A 的情况该如何对待呢？比如哺乳类或非哺乳类、活着的或没有活着的、有意识的或无意识的、信念或非信念、道德或不道德，等等。为了摒弃这种担忧，你必须“划清界限”，区分 A 与非 A，从而驱散所有有关“近似”的谈论。若没有这种泾渭分明的界限，标识出某个本质就从来都是危险之极的，我们也根本无法构造出这种论证。在数学上，这种论证方式所向披靡，因为在这个领域你真的可以划出界限：一个整数不是奇数就是偶数，一个实数要么是有理数要么是无理数，一个多边形要么是三角形要么不是。但在这种抽象的领域之外，这种论证远不够成功。

必定存在着元初哺乳动物，即使我们永远无法知道它存在于何时何地。坚持这一想法是歇斯底里现实主义的一个表现。它使我们认为：只要知道得足够多，我们就必定能看到哺乳动物身上具有某种特殊性质，这种性质可以一劳永逸地定义何为哺乳动物。哲学家有时会说，否认这一点是混淆了形而上学与认识论：混淆了什么是真正存在的和什么是可以知道存在的。对此，我的回应是，思想家确实可能因为混淆了形而上问题和单纯的认识论问题而走上邪路，但这需要证明，而不仅仅是做出断言。

44

物种形成于何时

某个精确但又不为人知的时刻

经自然选择而进化的过程有一个奇怪的特征：它在很大程度上取决于那些“几乎从未”发生过的事件。例如，物种形成，即生物偏离了自己的亲本，从而产生出一个新物种。这是一个极为罕见的事件，但是，已经存在于这个星球上的数以百万计的物种中的每一种都是从某个物种形成事件开始的。每条世系中的每次降生都是一个潜在的物种形成事件，但该事件几乎从未发生过，百万次降生中也不会有一例。DNA 的突变也几乎从不发生，一万亿次复制过程中也不会有一例突变，但是，进化却依赖于它。此外，绝大多数的突变要么有害，要么是中性的；偶然的“有利”突变更是几乎从不发生。但进化恰恰依赖于这些极为罕见的事件。

考虑一个关于可能性的直觉泵：就我们所知，目前在这个星球上只有一种人科动物，即智人（Homo Sapiens）。假设五十年后，我们大部分的后代都被某种病毒消灭了，只留下两种幸运的存活者：一千名因纽特人栖居在边远的康沃利斯岛，离格陵兰岛不远，而一千名安达曼人生活在印度洋腹地一个与世隔绝的海岛上。这两个群体相互隔离了数千年，为了适应不同的生存环境各自产生了特有的生理差异，但是，我们并没有理由怀疑他们不属于我们这个物种。假设这些人在地理隔离和生殖隔离的情况下又生存了一万年，最终成为两个物种，繁衍遍布至整个星球。直到有一天他们彼此遭遇，发现没有兴趣同对方交配，少数无意中发生的交配也无果而终。这种由长时间的地理隔离产生的生殖隔离是异域性物种形成的典型标志。

他们也许想知道，这次物种形成事件到底是在什么时候发生的？他们最近的共同祖先很可能生活在三万多年前，但物种形成事件并不是在彼时彼地发生的，但在这两个种群重新相遇之前，物种形成事件仍可能在分离后几千年间的某个时候发生。物种形成事件发生于农业革命之前，还是互联网诞生之后呢？我们不可能心安理得地给出一个笃定的答案。他们之间一定存在一个最近的共同祖先，道金斯称之为“共同祖先”（concestor），他兴许生活在三万年前，其后代最终有可能在适当的时候成为这两个物种的创始者，但是，我们始终无法确定，这次事件是否开始于那时。

这里应当发生了一个事件，一次对人类以及人类之后的历史举足轻重的降生，这次降生发生在一个精确的时间地点，但直到数千年后它带来的后果被确定了，它才会获得特殊的地位。这从来都是无法预先决定的。倘若有一船或一飞机的岛民来了趟旅行，让两个分支“过早”相聚，这次降生就永远成不了物种形成事件了。可以想象，物种形成事件实际上发生于某个精确但又不为人知的时刻，该时刻介于最初的分离和两个物种最终形成之间，但是怎样才能界定这个时间点呢？根据两个世系间染色体发散（chromosomal divergence）的累积程度，倘若存在跨世系交配的尝试，该时刻很可能就是这类尝试首次无果而终的时刻。但这类有违事实的猜测并没有什么意义。

横贯美洲大陆的铁路将北美野牛分成了诸多生殖隔离的种群，但野牛比尔·科迪（Buffalo Bill Cody）及其同伴很快就将潜在的物种形成事件消灭在萌芽状态，他们几乎将野牛消灭得只剩下一个种群。同种个体常常会因环境事件而分成两个或更多个孤立的群体，在数代间它们保持着生殖隔离，但在绝大多数情况下，这些群体要么重聚，要么有某个群体灭绝。所以，虽然形成物种的第一步必定发生得相当频繁，但它们几乎从不会导致物种形成事件，而真正的物种形成事件需要几百代的时间方能产生出结果。即便你拥有彼时这个世界上每一个分子的物理知识，也绝对无法从首次分离的环境推断出这是不是物种形成事件的开端。“物种”这一概念是一个近似概念。家犬、土狼和狼属于不同的物种，但科伊犬和狼狗的后代却也相当常见，所以，“理论上讲”，我们或许应该将这三类动物仅仅看作不同的品种，而不是犬科下的不同亚种。

我们很难确立起杂交（从不同的亲本物种中产生出后代）的一般规律，想想每个物种的个体之间所呈现出的微妙差异，你便会发现这点毫不奇怪。对此，生物学家并不格外担忧；既然已经理解了创造出所有这些中间形态的过程，他们也就不纠结于定义或本质了。

45

回溯性加冕

人类最近的母系祖先“线粒体夏娃”大约生活在 20 万年前

一位身在纽约的女人很可能突然就成了寡妇，原因是，在千里之外的道奇城[①]，一颗子弹刚刚击中了某人的头部。“西大荒”那些年，有种人称“寡妇制造者”的左轮手枪。不过，某个场合里的一把“寡妇制造者”是不是名副其实，就连最严苛的犯罪现场调查也无法确定。这个例子从婚姻关系约定俗成的性质中获得了一种跨越时空的奇妙能力：发生在过去的一次历史事件，即一场婚礼，建立起了一种形式上而非因果性的长久利益关系，不管后来夫妻双方是否两地分离、是否发生了不幸，如意外弄丢了婚戒或弄坏了结婚证。

遗传生殖系统隶属于自然而非习俗，它像钟表一样，非常具有系统性，可以让我们从形式上思考绵延几百万年的因果链条，否则，我们几乎不可能命名、

① 美国“西大荒”年代赫赫有名的“牛仔之城”，位于堪萨斯州，美国西部。——译者注

指涉或追踪它们。这种系统性让我们可以对那些比婚姻这种形式的关系更加遥远、难以看清全貌的关系发生兴趣，并对其做出严格的推理。和“婚姻”一样，“物种形成”也是一个概念，内嵌于一个严格的、形式上可定义的思想体系，但与“婚姻”不同的是，它不具有那些约定俗成的特点，比如婚礼、婚戒以及结婚证，因而不能通过这些东西加以观察。正如我们刚才看到的，物种形成同样是一个在空间和时间上“远距的”奇怪现象。物种是一个边界模糊、随时间变化的集合，我们只能回溯性地、武断地确认其中某个生物是元初哺乳动物。为了更好地理解物种形成的这一特征，我们可以先来看看回溯性加冕的另一个实例：对“线粒体夏娃（Mitochondrial Eve）”名号的追认，这项追认可不是随意而为的。

单个生物比一个物种有着更为清楚的边界，因此也具有更为明确的身份，即便如此，它们当中依然有大量的中间派。让我们看看最引人注目的例子：有十万亿个左右的细胞拥挤在你的衣服下面，其中九成都不是人类的细胞！没错，数千种共生访客在数量上超过了宿主细胞，也就是来自你父母结合后形成的受精卵的细胞。这些共生访客中不仅有细菌，还有真核生物，包括单细胞微生物以及多细胞生物：真菌、睫毛上或身体其他什么地方的螨虫、只有用显微镜才能观察到的蠕虫或更大个儿的蠕虫，没准儿还有其他什么东西。你是一个行走的生态系统，有些访客是有害的，比如引起脚癣的真菌、导致口臭或引发感染的细菌，而其他访客却非常重要，如果你把所有的入侵者都赶尽杀绝，那你真会死掉。由于这些共生访客的细胞通常比人体细胞小，就重量而言，你主要是个人类，但它们加起来的重量也不容小觑：大概有好几千克重，也许有4.5千克之多。你身上还有病毒，它们的数量更为庞大。

话说回来，尽管“你”与外界的边界千眼百孔，你还是和其他单个生物一样，很容易就同他人区分开来，有时候，我们可以因特定的作用从进化史中挑选出一个特定的生物。线粒体夏娃就是其中最为有名的一个。线粒体夏娃是一位女性，就母系遗传链而言，她是今天还活着的所有人最近的直系祖先。我们的细胞中都有线粒体，它们仅仅通过母系遗传链传递给我们，所以，在所有今天还活着的人身上，所有细胞中的线粒体直接来自于一个女人的细胞中的线粒体，遗传学家丽贝卡·卡恩（Rebecca Cann）、马克·斯托金（Mark Stoneking）和艾伦·威尔逊（Allan Wilson）称其为“线粒体夏娃”。

线粒体是细胞中的小型细胞器，在新陈代谢过程中发挥着核心作用，从食物中获取身体所有机能所需的能量。线粒体有自己的DNA，准确无误地表明了它们起源于数十亿年前的共生。通过分析今天还活着的各色人种线粒体DNA的模式，科学家已经能够大致推断出线粒体夏娃生活的年代，甚至她生活的地方。初步计算表明，线粒体夏娃生活在大约30万年前的非洲，但在最近，这一数字得到了改进：她生活在非洲，这点几乎可以肯定，而她生活的年代推后到了20万年前。反推出线粒体夏娃生活的年代和地点是一个远比推出其存在更为棘手的任务，对于后者，没有生物学家会怀疑。

先撇开这些争议，考虑一下我们已经知道了有关线粒体夏娃的哪些事情。我们知道，她至少有两个女儿又生了女儿并存活下来，因为如果她只有一个女儿，那么这个女儿将继承线粒体夏娃的冠冕。为了将名字同名号区分开来，我们不妨给线粒体夏娃起名为“艾米”。艾米拥有线粒体夏娃的名号，也就是说，她恰好是今天人类世系的母系始祖。重要的是，除此之外，线粒体夏娃很可能没有什么了不起或特别的地方；她肯定不是第一个女人，也不是智人的创始人。早期无疑有很多女人属于我们这个物种，但她们碰巧不是所有今天还活着的人的身体内所有线粒体的最近来源。虽然线粒体夏娃有女儿、外孙女，但她很可能并不比她那个年代的其他女人更强壮、更敏捷、更漂亮，或更富生殖力，这一点同样重要。

为了表明线粒体夏娃，也就是艾米可能是多么不起眼，假设在未来的数千代之后，一种致命的新型疾病扩散至整个地球，在短短几年内就消灭了 99% 的人类。那些对这种病毒有先天抵抗力的幸存者很可能都有着相近的亲缘关系。他们最近的共同直接女性祖先，且叫她贝蒂，可能是生活于艾米千百代之后的某个女人，这时线粒体夏娃的冠冕就会回溯性地传给她。她可能是那次在几个世纪后拯救了我们这个物种的突变的来源，但这对她并没有任何好处，因为取得胜利的病毒在彼时可能尚未获得后来那种致命形态。重点是，线粒体夏娃只能被回溯性地加冕。历史上这个举足轻重的角色并不仅仅由艾米所在时代的一些偶然事件决定，它同样被随后发生的那些偶然事件决定。

谈谈非常严重的偶然事件吧！倘若三岁那年，艾米的叔叔没有救起溺水的艾米，我们所有人，连同我们身上最终来自艾米的线粒体 DNA 就都将不复存在！倘若艾米的所有外孙女都饿死在襁褓之中，就像那个时代经常发生的那样，我们也将湮没无闻。

同样的逻辑，一定也存在某位亚当：今天还活着的每个男人最近的直接男性祖先。我们可以称他为 Y 染色体亚当，因为我们所有的 Y 染色体都是通过父系遗传的，就像我们的线粒体通过母系遗传那样。[①] Y 染色体亚当是线粒体夏娃的丈夫或情人吗？绝无可能。父系遗传比母系遗传的时间消耗和能量消耗更少，所以从逻辑上讲，Y 染色体亚当生活的时代可能非常晚近，而且他会非常忙于床笫之欢，呃，远胜于埃罗尔·弗林（Errol Flynn）[②]。假使当今最长寿的男性可以活到 110 岁，那么，逻辑上讲，Y 染色体亚当就有可能是他的父亲，不仅如此，这位生活在 20 世纪初的花花公子还可能是所有较年轻男士的父亲、祖父或曾祖父等。别忘了，男性可以产生无数精子，每次射精就能射

① 注意，线粒体夏娃和 Y 染色体亚当的遗产有一处重要差异：无论男性还是女性，我们所有人的细胞中都有线粒体，它们均来自我们的母亲；如果你是男性，那你就拥有一条 Y 染色体，它来自你的父亲，而几乎所有的（但也不是全部）女性根本没有 Y 染色体。

② 弗林是位出生于澳大利亚的演员，活跃于 20 世纪 30、40 年代的好莱坞。他塑造了诸多外表英俊、风流倜傥的叛逆者形象，为了正义和美女的芳心不停的战斗，但在私生活方面饱受诟病。——译者注

出数以亿计的精子，所以，原则上 Y 染色体亚当用不到一周的时间就能产生出足够的精子从而成为全人类的父亲！然而，通过统计世界各地男性 Y 染色体当中基因的全部差异，并计算这些突变积累所花费的时间，我们可以估算出，Y 染色体亚当生活的年代实际上距今不到 10 万年。再说一遍，假如某次瘟疫消灭了半数男性人口，Y 染色体亚当的冠冕就极有可能加诸一个更为晚近的先祖。①

这里有一个奇妙的事实：每个生物个体，比如你、我、你的爱犬或天竺葵，都可能是某种新物种潜在的创始者，是某种生物的原点，但是可能需要千百代的时间，那种生物才能脱颖而出，被认作新物种，所以，加冕必定发生在很久以后，那时你、我、你的爱犬或天竺葵早已烟消云散。因此，你的父母可能会成为两种人形物种所有成员最近的共同祖先。吃惊吧？吉娃娃犬和大丹犬同属家犬（Canis familiaris），但若人类文明崩溃，它们各自的后代野化，那么，它们就可能比比格犬和巴吉度猎犬更易另立门户：因为没有人类的帮助，大丹犬给吉娃娃犬受精或反过来都是不可能的。然而，跟时间长河中的大多数世系一样，这两个世系极有可能等不到那一天就已灭绝。

据估计，在所有曾经存在过的生物中，有超过 90% 的生物无后而终。然而，你，连同多年来你数以亿计的先祖，从单细胞生物到爬行类、哺乳类、灵长类，都并不是它们中的一员。你该有多幸运啊！当然，每一根草也有其同样漫长和引以为豪的历史，每只蚊子、每头大象、每株雏菊也都是如此。

① 不考虑逻辑上的可能性，来看看真实的历史，我们注意到，历史上有一些男人试图在其种群中垄断生殖，这种垄断有时到了令人瞠目结舌的地步：国王或强人会霸占上百名女性并使之受孕。这些人很可能对我们人类的基因池做出了很大的贡献，无论是好的贡献还是不好的贡献。

INTUITION PUMPS
AND OTHER
TOOLS FOR THINKING

46

循环

周期性重复是进化的关键

人人熟知自然界的大循环：昼夜相继；四季更替；蒸发和降水形成的水循环注成湖泊、冲成河流，为这个星球上的每一个生灵提供水分。但并不是所有人都能意识到，从原子尺度到天文尺度的各种循环简直就是隐藏着的高速马达，为所有令人叹为观止的自然现象提供动力。1861年，德国发明家尼古劳斯·奥托（Nikolaus Otto）制成并出售了第一台汽油内燃机；1897年，发明家、物理学家鲁道夫·狄塞尔（Rudolf Diesel）成功发明了柴油机，这两个辉煌的发明改变了世界。不论是四冲程还是二冲程的奥托循环和狄塞尔循环都利用了循环的方式，在完成部分工作后将系统恢复至原初状态，为接下来的工作做好准备。这些循环的细节非常巧妙，它们已由一个有着数百年历史的研发过程所揭示，并且有了进一步的优化。克雷布斯循环是一台更为精巧的超小型引擎，由生物化学家汉斯·克雷布斯（Hans Krebs）于1937年发现，它是进化用了数百万年的时间在生命之初发明出来的。这是一种“八冲程”的化学反应，在对所有生命（无论是细菌还是红杉）至关重要的新陈代谢中将燃料（食物）转变为能量。

克雷布斯循环这类生化循环负责生物界所有的运动、生长、自我修复以及繁衍，周而复始，像一架拥有大量活动部件的钟表装置，其中，每一个钟表都可以重置，都能恢复到再次履行其职能的初始状态。所有这些循环已由生息不止的达尔文大循环做出了优化，历经一代又一代，在漫长的时间中累积着偶然的改进。

在一个完全不同的尺度上，我们的祖先发现了循环的功效，这是人类史前时代最伟大的成就之一：发现重复的制造作用。拿一根木棍同石头摩擦，几乎不会发生任何变化，唯一可见的不过是一些划痕。拿起棍子再做一遍。你还是得不到任何回报。摩擦一百次，也很难看到任何变化。但这样做上几千次，你就能把它磨成一支不同寻常的箭杆。通过不知不觉的增量累积，循环过程可以创造出全新的东西。这类任务需要将前瞻性和自我控制结合起来，而这种结合本身就是一种新奇的事物，是对其他动物主要发自本能的盲目的重复性建造过程和成型过程的巨大改进。而那种新事物本身也是达尔文循环的产物，通过文化进化这一更为迅捷的循环得到最终的增强，在此过程中，技术复制不是通过基因传给后代，而是通过模仿在无亲缘关系的个体间传播。

第一位祖先将一块石头磨成了漂亮匀称的手斧，在此过程中，他一定看起来非常愚笨：他坐在那里，磨上好几小时都没有明显的效果。但是，在所有单调整重复行为的间隙，潜藏着一个缓慢改进的过程，对此进化设计出的肉眼几乎无法察觉，它们只能看到那些以快得多的速度发生的变化。[①] 同样是这

① 美国作家戴尔·彼得森（Dale Peterson）让我注意到这样一个事实：黑猩猩的石锤经过一段很长时间的持续使用才得以磨光。这就为一系列事件补上了一个恰当的“缺失环节”：一开始，你漫不经心地捡起一块石头来砸坚果，接着，你在目所能及的范围内选择具有最佳形状的石头来完成这项任务，接着你又在更广大的区域内寻找一块更合适的石头，然后，你通过肉眼和视觉记忆注意到，你中意的石块变得越来越顺手，最后，当你为预想的任务打造石器时，你已经变得非常老练了。

种看上去无效的现象，有时也会误导老练的生物学家。在简练明晰的《湿件》（*Wetware*, 2009）一书中，分子细胞生物学家丹尼斯·布雷（Dennis Bray）描述了发生在神经系统的循环：

> 在典型的信号通路中，蛋白质被不断地改性、再改性。激酶和磷酸盐就像一窝蚂蚁那样不停地工作，将磷酸基添加到蛋白质上，又将它们移除。这似乎是一项无意义的工作，而且每一个添加和移除的循环都要花费细胞中的一个 ATP 分子，也就是一个珍贵的能量单位。实际上，这种循环反应最初被贴上了“无效”的标签。不过，这个形容词是误导人的。将磷酸基添加到蛋白质上是细胞中最常见的一类单一反应，此类反应支持着细胞所要执行的大量计算。这种循环反应远非徒劳，它为细胞提供了必不可少的资源：一个快捷灵动的调节装置。（Bray, 2009, p. 75）

“计算”（computation）一词用得甚为恰当。程序员探索可能的计算空间已有近百年的历史，但到目前为止，他们的发明与发现不过是包含了数以百万计的循环嵌套。事实证明，认知的全部“魔法”就和生命一样，取决于周而复始的循环、“重入”以及自反性的信息转换过程，这些过程广泛地存在于神经元内部的纳米级生化循环、感知系统中具有预测编码能力的生成与测试循环（Clark, 2013），以及全脑睡眠循环，即脑电图记录显示出的大脑激活和复原的剧烈起伏。生命中每一处改进的秘诀总是千篇一律：练习、练习、再练习。

要记取的是，达尔文式进化只是一种累积性的改善循环。当然还有其他类型的循环。智能设计鼓吹者之类的人会争辩说，既然经自然选择而进化取决于繁殖，那么，达尔文式的方案就无法解释第一个生物、第一个具有繁殖能力的生物是怎么来的。如此一来，生命的起源问题似乎变得不可解了，有着“不可还原的复杂性”（Behe, 1996）。生命的起源肯定极度复杂、有着精妙的设计，它一定是个奇迹。神创论者希望我们把生命之前无生殖力的世界想象成一团混沌，充满了四散飘零的化学物质的碎片，再由一场风暴把它们重新组装成那架人人尽知的飞机。倘若我们陷入这样的迷思，生命的起源问题就会看起来令人生畏，愈发难解。

但是，如果我们提醒自己，进化的关键过程是周期性的重复，基因复制只是其中一个得到高度改进和优化的实例，我们就有可能将奥秘转化为一道智力谜题：四季更替、水循环、地质循环和化学循环，所有这些循环是如何历经数百万年的回转，逐渐积累起了开创生物循环的先决条件的？也许，刚开始的一千次“尝试”都毫无效果、功亏一篑。但就像乔治·格什温和巴迪·迪斯尔瓦（Buddy DeSylva）在那首性感的歌曲里提醒我们的，看看你“再做一次”、再一次、再一次……会发生什么。[①]

不错，当你面对生命世界和精神世界中的“魔法”时，一个好用的经验方法便是去探寻那些承担着全部艰辛工作的循环。

---

① 对于非生物循环影响生殖细胞出现的可能性的作用，我将在即将发表的新文章《理性的进化》里探讨有关细节。

47

青蛙的眼睛究竟将什么告诉了青蛙的大脑

扩展适应的最好例子

J. Y. 莱特文（J. Y. Lettvin）及其同事合著的那篇有名的论文《青蛙的眼睛究竟将什么告诉了青蛙的大脑》（*What the Frog's Eye Tells the Frog's Brain*, 1959）是认知科学的早期经典文献之一。这篇文章表明，青蛙的视觉系统对视网膜上移动的小黑点非常敏感，在几乎所有的自然环境中，小黑点都是附近飞虫投下的阴影。这个“飞虫探测器”恰当地与青蛙舌头上的微力触发器相连接，轻松地解释了青蛙如何在一个残酷的世界中生存繁衍。那么，青蛙的眼睛究竟将什么东西告诉了它的大脑呢？飞虫？还是“飞虫或假飞虫”？还是某种 K 型物件，也就是能可靠地触发视觉小装置的某种东西（回想下双币机）？

达尔文派的意义理论家，比如露丝·米利肯、戴维·伊斯雷尔（David

Israel）还有我，曾探讨过这个例子，而进化论的坚定批评者杰里·福多尔也揪住这一例子不放。他认为，此类意义的进化式阐论在他看来都是错的：这些意义太不确定了。它们本该对“这儿有飞虫”和“这儿有飞虫或假飞虫”这类蛙眼报告做出区分，但它们没有。不过，福多尔是错的。只要我们能够确定青蛙的选择环境，就能用它来区分各个意义选项。要做到这一点，我们可以采纳与之前解决双币机状态的意义问题时完全相同的考虑。只要在那个选择环境下可以单独挑出一类特定的场合，其中不存在别的东西，那么蛙眼报告真正意味着什么就根本不重要。将青蛙送往巴拿马，或更准确地说，送往一个全新的选择环境，我们就能清晰地认识到这一点。

设想科学家从某种濒临灭绝的食虫蛙那里采集到一个小型蛙群，把它们养在一处新的环境里：这是一座特别的蛙园，没有飞虫，只有饲养员定期地在它们周围抛撒饲丸。让饲养员感到高兴的是，系统运作正常；青蛙可以伸出舌头吃到饲丸，茁壮地成长起来。一段时间后，出现了一群幼蛙，它们从未见过飞虫，只吃过饲丸。它们的眼睛将什么东西告诉了它们的大脑？倘若你坚持认为意义并未改变，你可就难了。该例是人为构造出来的，是对一直以来发生在自然选择过程中的扩展适应（exaptation）的清楚例示。扩展适应是指重新利用已有结构获得一项新功能。正如达尔文谨慎提醒我们的，为着新目的重新利用已有机制是大自然成功的秘诀之一。对于那些希望得到解说的人，我们可以把事情讲得更透彻。假设饲养的青蛙并非完全一样：青蛙视觉系统的饲丸探测力发生了变异，导致一些青蛙吃到的饲丸较少，自然它们留下的后代也就比较少。于是，短期内就会出现对饲丸探测的选择，无可否认会出现这种选择，虽然这种选择到底从什么时候起才算出现是无法确定的。千万别指望某个精确的时刻可以指示蛙眼所看到的东西正好发生了变化。根本就不存在元初哺乳动物，也根本不存在什么元初饲丸探测。

倘若该触发条件下各个蛙眼不发生“无意义”或“不确定”的变异，那么就不会有为新目的而进行选择所需的原材料了，该原材料正是盲目变异。福多尔等人将不确定性视作意义进化式阐论的缺陷，实际上，它不过是所有此类进化的先决条件。有想法认为，一定存在某种确定了蛙眼真正意指的东西：某个可能不为人知、根植于蛙性的命题，它精确地表述了蛙眼将什么东西告诉了它的大脑。这种想法恰是本质主义的意义观或功能观。意义，和它直接依赖的功能一样，一开始并不是某种确定的东西。它的产生不是来自嬗变（设计空间中的巨大飞跃）或特殊的创造，而是来自周遭环境中往往是渐进式的微小变化。

48

穿越巴别图书馆

福尔摩斯的高效推理

杰出的天文学史家奥托·诺伊格鲍尔（Otto Neugebauer）在 1988 年收到一张希腊草纸残篇的照片，上面记着一列数字。发件人是一名古典学家，他对这段残篇毫无头绪，想知道诺伊格鲍尔会有什么想法。这位 89 岁的学者算了下每行数字间的差值，确定出它们的最大值和最小值，由此断定这张草纸一定转译自巴比伦楔形文字泥板书“G 列”的一部分，记录的是巴比伦阴历的“B 系统”！这是一种用来计算某一时段内天体位置的星历。诺伊格鲍尔是如何做出这个福尔摩斯式的推理的呢？基本演绎法如下：诺伊格鲍尔发现这段希腊文是一串六十进制而非十进制的数列，正是巴比伦人对月球位置精确计算的一部分，也就是 G 列。计算星历有很多种不同的方法，但诺伊格鲍尔知道，任何独立制作历书的人都有自己的一套系统，他们得出的数字不会完全相同，即便这些数字可能非常接近。巴比伦的 B 系统极其优秀，所以，该设计方案连同它的每一个细节经过翻译都让人欣慰地保存下来了（Neugebauer, 1989）。

诺伊格鲍尔是一位伟大的学者，但你也可以追随他的脚步，做出一次类似的非凡推理。假设你收到下面这段文字的复印件，并被问及同样的问题：它是什么意思？来自哪里？

> Freunde, Römer, Mitbürger, gebt mir Gehör! Ich komme, Cäsars Leiche zu bestatten, nicht, ihn zu loben.

在继续阅读之前，试试破译它吧。即便你不懂古德文的哥特体，甚至不懂德语，你还是能将它破译出来。再仔细看看。尝试大声读出这些单词，不要担心发音问题。明白了吗？多么令人印象深刻！诺伊格鲍尔可以鉴定出巴比伦星历 G 列，你不也很快地认出这个片段一定是伊丽莎白时代某个悲剧的德语翻译的一部分吗？准确地说，是第 3 幕，第 2 场，79~80 行。一旦想到它，你就知道它绝不是其他东西！在其他任何情况下，这段连缀成句的德文字母序列出现的可能性都是非常微小的。①

参与创造出这个序列的研发过程过于特殊，很难随随便便就复制出来。为什么呢？是什么东西标志着这样一串符号的特别之处呢？心理学家尼古拉斯·汉弗莱（Nicholas Humphrey, 1987）以一种更为戏剧化的方式让该问题变得生动起来：如果你不得不把下面的一件伟大作品“置之脑后”，你会选择哪

① 这段德文是：Freunde, Römer, Mitbürger, gebt mir Gehör! Ich komme, Cäsars Leiche zu bestatten, nicht, ihn zu loben. 这是莎士比亚的戏剧《裘力斯·凯撒》中，安东尼在凯撒葬礼上著名演讲的开场白，中文翻译如下：“各位朋友，各位罗马人，各位同胞，请你们听我说：我是来埋葬凯撒，不是来赞美他。”——译者注

件？牛顿的《数学原理》、乔叟的《坎特伯雷故事集》、莫扎特的《唐璜》，还是埃菲尔铁塔？汉弗莱的回答如下。

> 要是不得不做出选择的话，我丝毫不怀疑，答案应该是《数学原理》。怎么会这样？因为在这些作品中，牛顿的作品是唯一可被替代的。理由很简单：如果牛顿没有写它，自然会有其他人写，也许相差不了几年的时间……《数学原理》是人类智慧的一座丰碑，而埃菲尔铁塔是一项罗曼蒂克工程，相比之下没那么伟大。然而，事实是，埃菲尔的成就出自自家之手，而牛顿的成就仅仅是神来之笔。

49

谁是《帕姆雷特》的作者

“延伸的表现型”为你揭开谜底

设想弗兰肯斯坦博士设计并制造了一个怪物帕士比亚，它随即坐起身来，写下了一出名为《帕姆雷特》的戏剧。那么谁是《帕姆雷特》的作者呢？

首先，请读者们注意与这个直觉泵不相干的东西：我既没说帕士比亚是一个硅铁机器人，也没说它就像原版弗兰肯斯坦的怪物一样，由人类的有机组织构成，或者通过纳米工程由细胞、蛋白质、氨基酸或碳原子构成。只要弗兰肯斯坦博士造出了这个玩意，那它是用什么材料制成的根本就不重要。要想造出一个既小巧敏捷又节能高效，还能坐在凳子上写剧本的机器人，唯一的办法似乎是先着手制造人造细胞，然后将那些美妙精巧的马达蛋白或其他一些碳基纳米机器人置于其中。这些科学技术问题虽然都很有意思，但它们不是我们的关切所在。出于完全相同的理由，如果帕士比亚是硅铁机器人，内置程序高度复杂，那它可能比一个星系还要庞大；我们可能不得不打破光速的限制，否则，在人类有生之年我们都见不到它。这些技术上的限制通常被列为此类直觉泵的禁区，不过因为它们没有任何实质性的影响，所以这回我们可以打打擦边球。转动直觉泵上的旋钮，看看是不是这样。如果弗兰肯斯坦博士想用蛋白质之类的东西制作他的人工智能机器人，那是他的事。他的机器人若能和正常人类交配，并因此产生出新物种，那可就太神奇了。不过我们关注的是帕士比亚的心血：《帕姆雷特》。回到我们的问题：谁是《帕姆雷特》的作者？

要把握住这一问题，我们必须到帕士比亚的内部一探究竟。一个极端的情况是，我们发现，它自带存储器并内置了一份文件或《帕姆雷特》的基础存储版，一切都已加载就绪。在这种极端情况下，弗兰肯斯坦博士肯定是《帕姆雷特》的作者，而帕士比亚只是一部存储和递送装置，一台格外高端的文字处理器。所有研发工作早在复制给帕士比亚之前就已完成。

想象《帕姆雷特》及其浩如繁星的邻居都位于巴别图书馆，如此一来，我们就能更加清楚形象地认识到整个过程。《帕姆雷特》是如何到那儿的？其研发轨迹是怎样的？如果我们发现在帕士比亚的记忆被构建出来并被充满信息的时候，整个旅程已经结束了，那么，我们就知道帕士比亚并没有在搜索过程中发挥作用。往回推，若我们发现，帕士比亚的唯一作用是先通过拼写检查器运行已存有的文本，再利用它引导打字，我们也不会认可帕士比亚的作者身份。拼写检查是整个研发工作中，可以测量但极为微渺的一部分。

《帕姆雷特》的孪生文本则构成了一个相当大的星系：大约有一亿册不同的突变文本，每一本中仅有一处未订正的排印错误；如果把每页上有一处排印错误的文本也算进来，我们就得面对数量浩瀚的变异文本。再往回推点儿，一旦从排印错误（typos）过渡到思维错误（thinkos）①，也就是那些可以说成是错误或次优选择的字眼，我们就得严肃考虑作者的身份了，这与单纯的复制编辑工作形成了鲜明的对照。复制编辑工作相对琐碎，尽管它对作品的最终成型有着不容忽视的重要作用，但其重要性能够很好地体现在设计空间之中：每个微小的提升都有其价值，甚至有时一点点提升都会将你带至一条全新的轨迹。和往常一样，说到这里我们引下现代主义建筑大师路德维希·密斯·凡德罗（Ludwig Mies van der Rohe）的名言：“上帝存在于细节之中。”

现在转动直觉泵上的旋钮，看看另一个极端：弗兰肯斯坦博士把大部分工作都丢给了帕士比亚。最现实的情景肯定是弗兰肯斯坦博士为帕士比亚装上了一套虚拟的过去：整整一生的伪记忆。在对弗兰肯斯坦博士设置的编剧欲望做出回应时，帕士比亚便可以利用这套记忆。可以设想，这套伪记忆里不仅有在剧院的许多个夜晚、阅读书籍，还有不求回报的爱、骇人听闻的死里逃生、可耻的背叛等。现在会发生什么呢？也许，网上某个“人情味的”故事片段会刺激到帕士比亚，使其进入狂乱的生成与测试过程：它在记忆中到处翻找可用的花边新闻和主题，将找到的东西变形，然后杂糅成希望满满、力争完善的临时结构，其中大部分的结构会被侵蚀性的批评过程逐步分解，不过，批评过程有时也会发掘出零星有用的东西，诸如此类。这个多层级搜索过程的每一层都或多或少地受诸多多层级的、内部生成的评价引导，评价函数负责对持续进行的搜索得出的各种结果的评价（的评价）做出响应，然后再有对评价函数的评价、对函数评价的评价的评价（循环套循环套循环……）做出响应。

现在，假使神奇的弗兰肯斯坦博士预见到了这一活动的所有细节，直至最混乱无序的底层，并人工构建了帕士比亚的虚拟过去及其所有的搜索机制，仅

① 一位电脑黑客生造了“thinkos”一词，用来指称语义层面而不是句法层面上的编码错误。忘记半个括号是排印错误，而忘记声明某个局部变量则是思维错误。在对人类活动做出的语义解释或意向解释，以及在明确的正误或简繁标准中，均可能出现思维错误。形容一位淑女庸俗（meretricious）而非值得称赞（meritorious）就是思维错误，而不是排印错误（Dennett, 2006b）。

仅是为了产生《帕姆雷特》这部作品，那他就还是《帕姆雷特》的作者，甚至就是上帝。

如此浩瀚的事前知识根本就是个奇迹。为幻想恢复一点点现实色彩吧，我们可以将旋钮转到不那么极端的位置：假设弗兰肯斯坦博士无法预见到所有细节，他把完成设计空间中的一部文学作品或其他什么东西的轨迹这一艰苦工作的绝大部分交给了帕士比亚，这项工作稍后会由帕士比亚内部进行研发确定。通过如此简单地转动旋钮，我们已经逼近了现实，因为我们已经有了令人印象深刻的人工智能作者，它们大大超出了其创造者的预见。

到目前为止，尚未有人创造出一个值得认真对待的人工智能剧作家，但IBM的人工智能棋手“深蓝”、戴维·柯普（David Cope）设计的人工智能作曲家EMI所取得的成绩，在某些方面，堪比人类创造力的最高成就。

是谁击败了加里·卡斯帕罗夫（Garry Kasparow）这位世界国际象棋卫冕冠军？既非计算机科学家默里·坎贝尔（Murray Campbell），也非其团队里的任何人，是“深蓝”打败了卡斯帕罗夫！在象棋比赛中，“深蓝”能比他们任何人更好地布局。他们当中没人能在对阵卡斯帕罗夫时赢得比赛，但“深蓝”可以。是的，不过……没错，但是……你可能会认为，“深蓝”是赢了卡斯帕罗夫，但它的穷举搜索法相比卡斯帕罗夫的思考，是完全不同的探索过程。

然而，事实根本并非如此。至少在想要改变这种对创造性的达尔文式解释时，并非如此。卡斯帕罗夫的大脑由有机物构成，它同“深蓝”的构造差异非常大，但就我们所知，到目前为止，它依然是一种大规模并行的搜索引擎，随着时间的推移，它建立了一系列出色的启发式“修剪”技术，得以避免把时间浪费在不可能的分支上。毫无疑问，研发上的投入在这两种情况下有不同的面貌：卡斯帕罗夫有一套方法可以从以前的棋局中提炼出良好的构思原则，使他能够忽略大部分的游戏空间，而“深蓝”却必须不厌其烦地遍历整个空间。卡斯帕罗夫的“洞察力”极大地改变了其搜索路径的形状，但这并不构成“一种全然不同的”创造方法。“深蓝”的穷举搜索法可以通过一些算法将某种类型的搜索路径忽略，这项任务虽然困难，但并非不可能。一旦识别出这些可忽略的搜索路径，它就可以就像卡斯帕罗夫那样在恰当的时候重复利用这些研发过程。“深蓝”的设计者做了大量此类的分析工作，将这种禀赋赋予了“深蓝”，但卡斯帕罗夫也同样受惠于棋手、教练、国际象棋专著的丰富成果，这些成果被安装在了他的大脑习惯里。

就这一点而言，美国国际象棋棋手博比·菲舍尔（Bobby Fischer）曾提出了一个建议，仔细想来会很有趣。菲舍尔希望恢复国际象棋比赛中理性的纯洁性，要求在开局时白方的强子[1]随机摆放在后排，黑方强子按照同一随机顺序镜像摆放，但要确保每一方都有一个白格和一个黑格放“象”，并且保证“王”放在两个“车”之间。该建议一旦被采纳实施，马上会使大量死记硬背的开局完全废掉，因为这些开局出现的可能性会变得微乎其微，这对人类和机器棋手来说是一样的。人们又得被迫去依靠那些基本原则，并且不得不实时做出更多艰辛的设计工作。这种规则上的变动是否对人类更有利，现在还很不明朗，这完全取决于人类棋手和机器棋手相比，哪种棋手更倚重于机械记忆，即依赖于先前探索者的研发，只进行最低限度的理解。

事实上，即便对于“深蓝”来说，象棋的搜索空间也太大了，很难做到详尽无遗的实时探索，所以，像卡斯帕罗夫一样，它需要冒着可预期的风险修剪搜索树，同样，它也常常需要预先估算这些风险。在人类和机器这两种非常不同的构造中，都存在着大量的“蛮力”计算。毕竟，神经元不知道下棋是怎么回事。它们所做的任何工作都必然是某种蛮力式的工作。

① 指棋子中的“车”和“后”。——译者注

为了支持计算，我似乎在循环论证，将卡斯帕罗夫的大脑描述成是按 AI 的方式在工作，但工作总得去做，而且并没有人明确提出任何其他的工作方式。说卡斯帕罗夫动用了“洞察力”或“直觉”毫无意义，因为这么说只是意味着卡斯帕罗夫本人没有特殊渠道，无法洞见到自己如何发现了一个好的处理方案。所以，既然包括卡斯帕罗夫本人在内，没有人知道卡斯帕罗夫的大脑是怎么工作的，那么，说卡斯帕罗夫的方式“完全不同于”“深蓝”的探索方式就没有任何证据。当有人“想当然地”坚称卡斯帕罗夫的方式非常不同时，他们应该记取这一点。到底是什么引发人们冒险提出这样一种观点的呢？是一厢情愿？抑或是出于恐惧？

你会说那不过是下下棋，又不是艺术。国际象棋与艺术相比微不足道，因为国际象棋的世界冠军现在是一部电脑了。这下轮到作曲家和计算机黑客柯普的音乐智能实验（Experiments in Musical Intelligence，简称 EMI，2000，2001）登场了。柯普打算创造出一套纯粹的提高效率的装置，一架作曲机器，用来帮助他突破任何一个作曲家都会面临的创作瓶颈，它利用高新技术对钢琴、曲谱、录音机等传统搜索方式进行了扩展。

随着 EMI 能力的提高，它合并了越来越多的生成与测试过程，将自己变成了一个真正的作曲家。当为 EMI 输入巴赫的音乐时，它会创作出巴赫风格的音乐作品。当输入莫扎特、舒伯特、普契尼或斯科特·乔普林的作品时，它能轻而易举地对这些作品的风格做出分析，然后生成相应风格的新作品，比柯普本人，甚至比几乎所有人类作曲家的模仿之作更胜一筹。当输入两个不同作曲家的作品时，EMI 能立即生成将两者的风格怪异地结合在一起的曲子；当同时输入所有这些不同风格的作品时（你可能会说这没有品位），它会基于所有这些作品的音乐“体验”来创作。而且它输出的结果还可以反反复复多次输入，并掺杂以任意 MIDI 格式[①]的音乐，结果，EMI 形成了

① 粗略地说，MIDI 之于音乐好比 ASCII 码之于计算机书写系统，是计算机程序与外部世界之间的通用语。

它的"个人"音乐风格，这种风格清晰地显示出它受惠于大师们的作品，而同时它又毫无疑问地对所有这些"体验"做出了独特的整合。现在，EMI 不但可以写出二声部创意曲和艺术歌曲，还能够创作出完整的交响曲。据我所知，它已经创作了一千多部交响曲。这些作品的品质足以打动作曲家、音乐教授等专业人士，对此，我可以现身说法：它创作的普契尼式咏叹调曾令我几度哽咽。柯普不能自称他是 EMI 创作的交响曲、赞美诗以及艺术歌曲的作者，正如坎贝尔不能声称是他击败了卡斯帕罗夫一样。

在一位达尔文主义者看来，级联起重机中的这一新元素不过是漫长历史中的崭新一页，我们应该认识到，作者与其作品之间的边界和级联中的其他所有边界一样具有渗透性。理查德·道金斯（1982）注意到，河狸的坝同它的牙齿和毛皮一样，均是河狸的表现型，或者说是延伸的表现型，这为进一步观察到人类作者的边界也完全服从于同样的延伸提供了基础。事实上，几个世纪以前我们就知道了这一点，我们制定了各种半稳定约定（semi-stable convention），用它们来处理鲁本斯、鲁本斯画室或鲁本斯学生的作品。[①]只要有协助方存在，我们都可以问问：谁在帮助谁，何为创造者，何为被造者。

① 鲁本斯是巴洛克美术的代表人物。他修筑了极为奢华瑰丽的画室大夏，在这里，成群的学徒、合作者，以及各类艺术家簇拥在他的周围，协同创作，当然，这些作品都冠以"鲁本斯"之名。到 1620 年前后，其画室有超过 100 名学徒，俨然一个高产的艺术工厂。因此，甄别其作品真伪的争辩至今不绝。——译者注

50

虚拟旅馆的噪音

妙用“意外”是创新的关键

考虑下虚拟世界和现实世界的差异。如果你想建一家真实的旅馆，就得花费大量的时间、精力和材料来做相邻客房的隔音。如果是一座虚拟旅馆，你就完全不必这么做。对于虚拟旅馆，若想让客人听到隔壁的声音，你反而得加上那种功能。你不得不加入非隔离性，还得加入阴影、气味、震动、污垢、脚印以及磨损。所有这些非功能性的特征在现实世界中本来就有。这些让虚拟世界看上去更为真实的东西有个统称：碰撞检测（collision detection）。如果曾经制作过电脑游戏，你很快就会意识到，仅仅在屏幕上放上一个运动着的形体还远远不够。这些形体会直接穿过彼此而不产生任何影响，你必须为更新循环加入碰撞检测机制，该循环会时刻干预程序中对象的行为，并使得对象不断询问自己：“我是不是碰上了其他东西？”

在《马罗之挽歌》(*Le Ton Beau de Marot*, 1997)一书中，侯世达讨论了创造过程中"自发侵入"(spontaneous intrusion)的作用。在现实世界中，几乎所有的东西都会留下痕迹、造成阴影、散发气味、发出声音，它们为自发侵入提供了大量的机会。这也恰恰是虚拟世界缺乏的东西。从计算机建模者的角度看，虚拟世界的一大好处就是寂静：除了你提供给它的东西，什么也不会发生。这就让你可以从一张白板开始为模型逐个加入特征，从而得到一个拥有所需效果的最简模型。

噪声的缺席使计算机在模拟进化方面受到了极大限制，因为经自然选择的进化依赖于噪声，它能将意外发生的噪声转化为信号，从而化腐朽为神奇。计算机图形艺术家卡尔·西姆斯(Karl Sims)的《虚拟生物的进化》(*Evolved Virtual Creatures*, 1994)是早期计算机模拟进化过程的佼佼者，迄今为止，它仍然是最令人印象深刻的模型之一。

西姆斯随机装配了一些带关节的虚拟物体，它们的虚拟肌肉可以使这些关节活动，接着，他让这些物体以虚拟环境中的物理规律在其环境中进化。程序会自动选择那些在实验中移动得最远的装配方式，让具有这种装配方式的物体虚拟交配产生后代，再在后代中重复这一实验。在没有任何智能设计者干预的情况下，这些活动物体进化出了越来越出色的游泳、行走以及跳跃能力。这些设计远非随机，它们表明，虚拟进化能多么有效地近似发现优秀的设计原则，并近似重塑自然中那些令人惊叹的多样特征。

这是一个让人叹为观止的演示，它向我们展示了一个相对简单的模型中能够包含多少东西，但它也表明了虚拟进化受到的限制。西姆斯设计的这个简单的发展系统以全部基因组作为输入，输出新生物体，但这一过程在后台运行，并不是虚拟世界的一部分。结果，一些由虚拟碎片引起的意外颠簸、震动和碰撞既不能缩短也不能延长基因组，更不能改变基因表达的规律。所有的机制并非存在于这个虚拟世界及其中的虚拟物体上，因此它是不变的。比如说，西姆斯创造的这些东西就根本没法进化出一条新的染色体。整个遗传系统位于模型之外，并未直面自然选择，仅仅通过设定的规则传递遗传信息。有关这一现象的其他例子见第 51 章。

在有关创造性的计算机模型中，你应该会遇到一些躲不开的垃圾和噪声。隔壁房间小杂音的自发侵入可以悄然改进这些过程，也许只是意外，也许在某种程度上具有破坏性，但无论如何它开辟了新的可能性。无论对新的基因组、新的行为，还是新的旋律来说，利用意外均是创新的关键。

让我澄清一下我没说的是什么。西姆斯的问题不在于他所创造的这些能够进化的东西并非由碳或蛋白质、血红蛋白这类物质构成。问题是，它们是虚拟的。它们生活的虚拟世界比生物进化的世界简单得多。柯普的 EMI 也面临同样的问题。尽管该软件非常奇妙，但它还是比人类的音乐世界要简单上好几个数量级。令人愉快的是，这两个例子表明了你从一个一尘不染、寂静无声、高度抽象的世界那里能得到多少东西。

可以设想，通过添加越来越多的垃圾、越来越多的碰撞机会，我们就可以对柯普的 EMI、西姆斯的工作或其他的任何人工生命、人工造物做出改进。这将给他们的虚拟世界提供更多的虚拟物件，而且你永远都无法知道会有什么巧事发生。但是，考虑下这类建议多么有违直觉：

> 无论你在为什么东西建模，确保每一个现象、每一个子程序、在那个世界发生的一切，都能在世界上散播各种非功能性的影响：产生一些不和谐的噪声、留下一些痕迹、散布一些灰尘、引发一些震动等。

为什么呢？加入这些噪声为的是什么？加入它们并不是为了什么，加入噪声只是让其他所有进程可以将其作为一个潜在的信号源，并通过创造性算法的炼金术使其有可能转变成某种东西，例如某种功能、某个艺术品或意义。宇宙中的每一个设计增量都始于某个机缘巧合的时刻：回过头去看，两条轨迹的意外交叉会产生出某种东西，而不仅是发生了一次单纯的碰撞。但是，如果计算机建模者过于遵循这条建议，他们就浪费了效率，而效率正是计算机伟大之所在。因此这里有一种微妙的自平衡。不难发现，计算机建模表现出的创造力面临收益递减，这并没有什么神秘的原因：为了一步步地逼近人类的创造力，模型必须变得越来越具体，必须越来越多地为只有实体间才能发生的偶然碰撞建立模型。

51

哈尔是赫布和爱丽丝的孩子吗

克雷格·文特尔说：是

已故的伟大进化论理论家乔治·威廉姆斯（George Williams）坚持认为，将基因等同于DNA分子是个天大的错误。这就好比说《哈姆雷特》就是纸上的一连串墨迹一样。当然，任何莎士比亚戏剧的复制品一定是由某种东西构成的，即便不是墨迹，也会有其他形式的载体，比如，电脑屏幕上的字符，或刻录在CD上的二进制代码串，但是，戏剧是抽象的、载有信息的，可以更换媒介存储。根据这一思路，基因作为合成蛋白质的配方，同样也是抽象的、载有信息的。我一直认为这样的思路是正确的。但是，对此向来有人反对，他们认为这样来设想基因没有意义。针对他们，特别是生物哲学家彼得·戈弗雷-史密斯（Peter Godfrey-Smith），我构想了一个小巧的直觉泵。

赫布和爱丽丝想要一个孩子，他们做了以下事情。

1. 他们做了基因组测序，随后收到一封关于其基因组的数据文件，这份文件包含两行有着30亿个字母的序列：A，C，G，T……

2. 然后，他们为自己的基因组编写了一小段程序，该程序采用细胞减数分裂算法，能够随机产生虚拟的精子和卵子，随后，这两类虚拟配子随机地经计算机模拟结合，于是，产生了一个新基因组的详述文件。经法医鉴定，它描述的确实是赫布和爱丽丝的后代所拥有的DNA。到目前为止，所有这一切纯粹是一个计算机字符串的重写过程。

3. 通过不断的克隆，这个详述文件被用来表达整个基因组的DNA，A代表腺膘呤，C代表胞嘧啶，G代表鸟嘌呤，T代表胸腺嘧啶。文特尔的实验室现在就能实现这个过程。

4. 接着，这个基因组将被植入某个人类卵子的细胞核中。由于在移植之前该卵子的DNA就被去掉了，因此它是谁的卵子并不重要。该受精卵通过某种常见的方式最终变成了一个"试管婴儿"。

那么，最后得到的这个婴儿哈尔，是赫布和爱丽丝的孩子吗？对我而言，哈尔无疑是他俩在生物学意义上的后代，因为他用到了赫布和爱丽丝的全部遗传信息，如果哈尔是以正常方式降生的，这些遗传信息的应用方式也不会有任何差别。这个直觉泵突出强调了繁殖过程中的重点：信息，以及信息的因果传递。在本例中，遗传信息以"A""C""G""T"的ASCII码形式传递，而不是分子形式。这条因果链也满可以通过通信卫星传递，而不是通过更为直接的生化过程传递。（改自我2010年4月26日的私人通信）

戈弗雷-史密斯也同意哈尔是赫布和爱丽丝的后代，但是，他对我的解释有所保留（Dennett, 2010；Godfrey-Smith, 2011）。本着同样具有建设性的批判精神，我承认，这对夫妇生育子女的方式和我们通常的生育方式之间有一个生物学上的重大差别。如果每个人都像这对夫妇这么做，那会怎样呢？由于来自赫布方面的遗传信息并没有像通常那样搭乘精子进入卵子，所以精子的活性将不再承受自然选择的压力，在其他条件不变的情况下，精子活性将在后代中下降，毕竟用进废退啊。不过，我依然坚持认为这个直觉泵清楚地表明：遗传信息的分子结构之所以能够在许多世代间大致保持不变，是因为它具体体现了它载有的遗传信息。

假使存在某种可以用来保存信息的替代结构，进化就会畅通无阻地持续下去。这种说法可以在另一个直觉泵中予以深入研究：设想在另一个星球上，“奇数代”使用A、C、G、T这种DNA序列，而“偶数代”则使用完全不同的双螺旋结构，就叫它XNA吧，XNA由P、Q、R、S构成，拥有不同的分子结构。可以假设，子代的XNA分子是以父代的DNA为模版通过某种类似于信使RNA的机制生成的，这种机制可以在两种不同的生化语言间进行“翻译”。在第三代中，这些信息将通过另外一种信使机制翻译回去，以此类推。因此，你若想要孩子，你伴侣的基因就必须与你的基因用同一种语言写成；不过，你后代的基因组就会用另外一种语言写成。

俄狄浦斯式的结合将无法生育，还可能会出现许许多多罗密欧与朱丽叶式的悲剧，恋人们因为来自不同的基因群体而无法生育。他们也可以接受这种没有结果的性生活，领养孩子，甚至接受卵子或精子捐献，抚养只有一半亲缘关系的孩子。在这样一个世界里，撇开这些社会并发症不论，进化还是会一如既往地通过世代间不同的编码系统传递适应性的遗传信息，也会继续传递遗传病等。如果你乐意，可以设想这两种编码系统的构造完全不同。相同的基因，不同的分子结构。每个基因有两种形式，其差别就好比“cat”与“chat”（法语“猫”）、“house”与“maison”（法语“房屋”）之间的差别。注意该例与两个黑盒子的相似处：两个载体在句法上、结构上不相同，但它们拥有相同的信息，也就是相同的语义。

52

模因

不论好与坏，它都是我们人类的共生体

我尚未提及模因（memes），这可能让一些读者担忧我是不是把它们给忘了。怎么会呢！模因概念是我最钟爱的思考工具之一，关于它我有说不完的话，这一整本书可能都放不全呢！关于模因，我在其他地方已经说过很多了（Dennett, 1990, 1991a, 1995a）。出于很多理由，人们几乎发自本能地不喜欢这个概念，所以他们会被一些批评意见吸引。因此，我觉得我有必要再说说模因，并回应一下所有那些严肃的批评人士和神经兮兮的模因厌恶者，不过这恐怕需要专门写一本小书了。在此期间，那些想深入了解模因的可以看看我的文章《新复制体》（*The New Replicators*, 2002；以及 Dennett, 2006a）。

不过，作为预览，下面先就模因概念给出一段简介。这里所指的是严肃的模因概念，而不是网民们过分流行、不甚严格的用法。正如理查德·道金斯

（1976）指出的，当他将模因概念作为一个能够自行复制的文化项引入时，生物学的基本原则是，所有生命都凭借自复制体的差异性生存而进化。

> 基因，即 DNA 分子，恰好就是这种自复制体，它们广泛地存在于我们这个星球上。或许还有其他类型的自复制体。如果有的话，只要能满足其他一些特定条件，它们就几乎无可避免地会成为某种进化过程的基础。
>
> 但是，我们非得去遥远的世界方能找到其他类型的自我复制，以及随之发生的其他类型的进化吗？我认为，就在我们这个星球上，已经出现了一种全新的自复制者。它就在我们面前。它尚处在婴儿期，仍然在它的原始汤里笨拙地漂流着，但是，它产生进化改变的速度，将古老的基因远远地甩在了后面。（Dawkins, 1976, p. 206）

在思考人类的文化和创造力之际，这一思考工具流露出的两个主要的见解极大地改变了我们的思想。首先，模因粉碎了一个诱人的想法，即要想达成一个出色的设计只有两条路径：要么是基因的，要么是天才般的。在模因打开他们的视野之前，大多数思考者认为，人类生命中的某种东西若展现出足以达到目的或实现高效功能的适应性迹象，它要么是基因自然选择的产物，要么是人类慎思、理解、带有意图的思考的产物，即智能设计。奥格尔第二定律，即“进化比你聪明”似乎将这两个选项奉若圭臬，但事实上还有第三种随处可见的可能性：非遗传的文化选择。自然选择既赋予我们基因，又在同一过程中实现了这种非遗传的文化选择。人们在一百多年前对布列塔尼人的独木舟的观察为我们提供了一个鲜活的实例：“每条小舟都仿制自其他小舟……是大海造就了这些小舟，她选择了有用的形式，毁掉了其他形式。”（Alain, 1908）显而易见，这是自然选择。岛民的规则很简单：哪艘船能从大海中安然返航，就仿制哪艘船！他们兴许考虑过造船学原理，这些考虑也许事后确认了他们青睐的设计形式，但这根本就没有必要。进化自会对其造物精雕细琢。语法规则、词语、宗教实践以及其他许多人类文化中的基础特征也同样如此：无人设计它们，它们也不在“我们的基因中”，但即便如此，它们也经过了相当优秀的设计。

其次，为了这条人类独有的额外的信息高速公路、为了设计和传播的丰富媒质，我们付出了代价。和与我们一起生长的其他共生体一样，模因有其适应性，这种适应性在某种程度上独立于我们的适应性。忽视这一想法很常见，特别是当人们对宗教的进化做出解释时。“天哪！你在搞宗教进化论。你认为宗教带来了什么好处？它们一定有好处，因为很显然，每种人类文化中都有某种形式的宗教。”那好，每种人类文化中也都有感冒。它有什么好处呢？它是对自身有好处。我们不应该对发现那些不带来益处但却茁壮成长的文化自复制者而感到惊讶。这一见解取代了那种狭隘的思想，即文化革新跟基因革新一样，谁传播它们就能增强谁的适应性，由此平复了诸多文化进化理论间的竞争。模因是载有信息的共生体，就像栖居在我们身上的那些数以万亿计的互助共生体一样，我们不能没有它们，但这并不意味着它们都是我们的朋友。其中一些就是灾祸，我们最好没有它们。

INTUITION PUMPS

AND OTHER

TOOLS FOR THINKING

第五部分小结

在这一部分，我试图表明，将达尔文的思想比作万能酸名符其实：它颠覆了整个传统世界，反对设计来自智能设计者的神来之笔这种自上而下的图景，代之以一个自下而上的图景。在这一图景下，笨拙、漫无目的的循环过程产生出大量的组合，该过程周而复始，直至这些组合具有了自我复制的能力，通过对其中最为优异者的反复利用使整个设计过程加速进化。

这些最早的生物体形成合力（一部主要的起重机：共生），从而导致多细胞生物（另一部主要的起重机）的出现，进而通过有性繁殖（又一部主要的起重机）使更为高效的探索成为可能，最终，它在一个物种当中产生了语言和文化进化（又是一部起重机），而这又为文学、科学和工程技术的传播发展提供了媒介，这些新的起重机崭露头角，反过来使我们以其他生命形式所不能实现的方式“追根寻源”，在方方面面反思我们是谁、来自何处，并借助戏剧、小说、理论模拟和计算机模拟以及我们引人瞩目的工具箱里越来越多的思考工具建模重演这些过程。

这一观点视野广阔、浑然一体，同时它又不吝提供各种精致、深刻的见解，可以说，它本身就是一个强有力的工具。那些还在莫名其妙地排斥达尔文思想的人得好好想想，如果他们只用老式的手动工具，便会发现自己的辛勤劳作远离了研究前沿，无法跟进对流行病、认识论、生物燃料、大脑结构、分子遗传学、音乐和道德这些纷繁复杂的重要现象的研究。

第六部分

关于意识的思考工具

INTUITION PUMPS

AND OTHER

TOOLS FOR THINKING

我们装备好几十样思考工具，终于迎来了“意识”这个许多人视之为全宇宙最让人困惑的现象。实际上，有不少人宣称，意识是“终极谜团”。他们说，我们绝不会理解意识；它将系统地证明，就算走到时间的尽头，科学和哲学付出的心血也终会落空。由于并没有充足的理由来相信这种智力上的障碍，我不得不说，这只是一厢情愿。还有一些人，他们不愿我们去揭示意识的运作，不想让我们的理解强加于他们，他们劝我们早点放弃，因为那注定是徒劳。如果我们听取了他们的“忠告”，他们可就赢了，所以，不要理他们，让我们继续这场困难但并非不可能完成的探索吧。

53

对立的两幅意象

一幅错误的意象要用另一幅相反的意象来抵消

前面我已经介绍了数种思考工具，这些思考工具以这样或者那样的方式涉及心智的不同方面，如相信、思考等，但我一直把意识难题拖到了现在才讨论，原因在于，琢磨意识之际，人们总会夸大“意识是什么”这个问题，把自己弄得糊里糊涂。其实，我们本可以多花些精力来研究一下心智工作或运行的原理，把有关意识体验的那些永恒话题暂时放一放。我们扎下大本营不就是为了征服山巅吗？没错，不过若这么想，我们就已经想错了！心智中并不存在一座壮丽的意识之孤峰。这一传统观点至少可以追溯到17世纪的笛卡尔，然而与之相反，意识现象既非心智的“中心”也非“制高点”（Jackendoff, 1987；Dennett, 1991a）。

要抵消一幅错误的、充满诱惑的意象往往需要另一幅反意象，所以让我们从一个简单的想象调节器开始：回忆下科尔·波特（Cole Porter）的名曲《你是最高峰》（*You're the Top*），想想看，你怕不是山顶——你不是群山之巅，而是整片山峦；关于这片山峦，也就是你，你的所知所见并非是来自山巅的俯视，而是来自置身群山的多种视野。你差不多得把意识现象想成秃顶男人头顶边缘的那一圈头发。请牢记这一点。

接下来是另一幅反意象：意识不是像电视那样的媒介，可以对信息进行纪录或转换；大脑中并不存在这么一块把“一切信息都集中起来”的区域，像上演戏剧一样供某个中枢观察者品鉴，我将这个虚构的地方称作笛卡尔剧场（Dennett, 1991a）。与电视相比，意识更像名声：它是大脑中的名声或名流，通过这种方式，一些内容变得比其他内容更有影响力、更让人难忘。我不打算论证这一点（相关论证见 Dennett, 1991a, 2005b），我只想为你提供一件简单的思考工具和一些友好的建议，用不用随你：但凡你把进入意识想作抵达总部，或想作无意识的神经尖峰信号转化为另一种东西，那么请你想想这些反意象，问问自己是否在错误地想象意识现象。

54

僵尸直觉

莱布尼兹的不合理推论

大多数人都有一种直觉，由硅、金属、塑料等材料制成的机器人绝不会以我们人类的方式拥有意识。意识必然涉及我们人类的生存、呼吸、身体以及大脑。这种直觉几乎不需要“泵”，因为它无处不在。有这种直觉的人也许是对的。不过，既然我们认识到，我们的身体和大脑由一些机器人组成，而这些机器人也是由机器人组成……一直到神经元层面以下，在那里，动力蛋白和其他纳米机器人不辞辛劳地忙碌着，维持着整个系统的运转，我们就会发现，这种直觉也许只是想象力贫乏的表现：人们总是在想一些简单的机器人，比我们人类的复杂程度差很多个数量级。

我的一位朋友试图一揽子打发掉我一开始的发难，他回应道，“我就是不能设想机器人有意识！”——“胡扯，你其实是在说你不想设想有意识的机器人，”我答道。你可能觉得在这上面较真有点傻，很不严肃。但三岁小孩都能设想有意识的机器人，比如，设想有意识的呜呜火车或有意识的圣诞树——所有心思敏感的小孩心中都会有棵孤单的小杉树，它渴望能有一个家。在观看《星球大战》的一个多小时里，几乎每个人都认为 R2-D2 和 C-3PO 是有意识的。我们从孩提时代起就已经这么做了，根本“无需细想”。只要我们发现有什么东西像人类那样活动，尤其是像人类那样交谈，我们自然而然就会将意识赋予它们，这是一种不可抗拒的想象。

说件有趣的事：20 世纪 50 年代，神经科学家怀尔德·彭菲尔德（Wilder Penfield）在蒙特利尔做出了一系列开创性的工作，自那之后出现了许多例患者完全清醒状态下的开颅手术，手术中，患者能够在其大脑不同部位受到刺激的时候说出他们的感受。我想，任何一位试验参与者或观察者绝不会想说，“哦，天呐！这东西肯定不是人，他是僵尸。一定是僵尸，我们在里边看到的只有灰质。”我们当然不会这么想，你且看且听，这些病人显然是有意识的。不仅如此，就算我们在某人与我们谈话之际打开他或她的颅骨，发现颅腔里塞满了芯片，这个人也显然是有意识的。或许这有点儿出人意料，不过我们马上会知道，有意识的机器人不但易于设想或想象，它们还真实存在。

一些哲学家认为，如果你采信意识的这种“纯行为”证据，直接跳到结论，你就被自己的想象欺骗了。他们的座右铭可能是“别信，别跳！”要证明一个人是否有意识没那么容易，也许他真是个“僵尸”呢——至少逻辑上有这种可能。这里所说的僵尸并不是我们在电影里看到或在万圣节装扮的那种巫毒僵尸。那些个行尸走肉很容易让人根据其行为和恐怖的外观将其同普通人区分开来。相比之下，哲学家设定的僵尸可以是我们可爱的同伴、派对中的明星，它们跟你平时接触的人一样充满爱心、阳光快乐、亲切自然。你最好的朋友就可能是僵尸。按照定义，这种僵尸在行为上与有意识的平常人类没有任何区别，它们只是有点儿“心不在焉”——没有内心生活和意识体验。从外部看，它们只是表现得像有意识一样。如果你同意这些哲学家，认为这是一个严肃的议题，此时面对逻辑上有可能存在的哲学家所说的僵尸，你怀疑如何才能为意识给出一个科学的、物质主义的理论，那你就中了“僵尸直觉”的圈套。①

不得不承认，和所有人一样，我也能很清晰地感受到这种僵尸直觉。我定神一想，意识确乎是某种东西，除了它为我们所做的一切、呈现给我们的一切之外，它还像是某种特别的个人独有的光辉，抑或是在机器人身上看不到的那种“我就在这里”的自觉——这种东西几乎不能看作“纯粹的”大脑物质活动。不过，我心里清楚，这种直觉并不可信。我觉得，它单单是一个错误，是想象力贫乏的产物，它根本就不是一种必然性的洞见。然而，要说服他人绝非易事，我们须得动用几个直觉泵来解开“僵尸直觉”的圈套。

在开始前，我们先将“僵尸直觉”在逻辑上的可能性同其他逻辑上的可能性做一番比较。逻辑上讲,你有可能生活在《黑客帝国》的世界里,你所看到的、你参与其中的一切只是一场虚拟现实秀，整个秀场设计得让你从容不迫，而你真实的身体正安静地呆在某种茧状的高科技容器里。逻辑上讲，碳原子可能不存在，科学家看到的碳原子其实是外星人驾驶的微型飞船，他们终其一生都在冒充碳原子。逻辑上讲，整个宇宙也可能是 6 千年前才诞生的，所有所谓的化石都在它们该在的地方，而光子就好像才从数光年之外的星系流入。逻辑上讲，我们的世界也可能在 10 分钟前才诞生，所有你有关过去的所谓记忆已经安装在了你的大脑里。我们会在小说中读到很多这类有趣的逻辑可能性，但我们不会当真觉得我们的物理学、化学和生物学需要全面修改或丢弃。那么，有什么东西可以让“僵尸直觉”变得更为切实、更值得我们考虑呢？许多严肃的思想家认为存在这种东西。

① 一位读者在看完这部分草稿后觉得我是在瞎编。如果你也有这样的怀疑，请在庄重的“斯坦福哲学百科全书”（*Stanford Encyclopedia of Philosophy*）上查阅《哲学僵尸》这篇冗长又严肃性十足的文章吧。

所有设计用来产生“僵尸直觉”这类思考工具的直觉泵都有一个原型机，或许是几百年前的莱布尼兹发明了它。莱布尼兹与他同时代的思想家一样地聪明、富有创造力，他与牛顿各自发明了微积分，然而，他还是迷陷在自己发明的这件直觉泵上了。

> 假设有一台机器，它被造得能够思考、感觉，拥有感知，设想将这台机器的尺寸等比例地放大，放大到磨坊那么大，人可以走进去。然后，我们来检查它的内部：我们只发现其中环环相扣的零件，看不出感知到底怎样从中产生。可见，只有在简单实体（substance）而不是复合物或机器那里才找得到感知。（Leibniz, 1714, para. 17）

这个“可见”是哲学史上最刺眼的不当推理。对于这一结论，莱布尼兹并未给出任何中间论证，他认为这个结论太明显了，根本无需论证。回想下第22章中提到的威廉·贝特森，这位20世纪早期的遗传学家无论如何都想象不到基因是物质实体。贝特森无法想见，每个细胞里的一条双螺旋上会有30亿对碱基对，认为这简直是荒谬绝伦，同样，莱布尼兹也无法想见，一座“磨坊”里竟会有多达数万亿的活动部件。无疑，莱布尼兹会坚持，“单靠增加更多的零件”不会让你从机器变成拥有心灵的人，但这也只是他的直觉，无法给出证明。如果说达尔文、克里克和沃森揭示了贝特森的想象力之贫乏，那么可以说，图灵已然淘汰了莱布尼兹的直觉泵。只可惜图灵还未彻底做到这一点。至少现在它还尚未被淘汰。

我觉得，在恰当的时候，僵尸直觉会消散在历史当中，成为一件记录我们灵魂受困的稀奇古董。但我不觉得它会就此绝灭，它不再会保有眼下这种迷惑人类心智的形态，而是变得不那么有毒，尽管它会丧失权威，但仍然在心理上有强大的影响力。我们早就经历过这样的事情：地球就是现在看来也似乎静止不动，太阳和月亮绕着它转，但我们知道这些现象仅仅是表象，忽视它们才是明智之举。绝对静止的物体和惯性系中完全不加速的物体似乎是两码事，但我们已经学到，不要凭感觉下判断。我期望有一天，哲学家、科学家以及普通人都能笑对我们早先被意识现象迷惑的陈年旧事。“今天看来，为意识提供解释的种种机械论理论似乎遗漏了什么东西，但我们知道那只是错觉。事实上，关于意识，所要解释的它们都已经解释过了。”

实际上，很多哲学家的思想实验仍在源源不断地为僵尸直觉提供支持，例如，塞尔著名的中文屋，这也是我创造“直觉泵”一词的灵感来源。不过，僵尸直觉马上就会在你们眼前被大卸八块。在此之前，我想稍稍细致地探究下“哲学僵尸”这个概念。

55

僵尸和殭尸

如何构想出一个哲学僵尸

每当有人说他可以设想哲学僵尸时，我们就有权问，你是怎么做到的？做出设想并不简单！你能设想超过三维的空间吗？你能设想空间曲率或量子纠缠吗？只是能想象还远远不够，正如笛卡尔教我们的那样，那根本不是设想。按照笛卡尔的观点，想象动用的是你的身体，它归根到底是一具机械，有着许多局限，比如看得不远、分辨率有限，角度、深度也有限；而设想动用的则是你的心智，它可是具有非凡洞察力的器官，不受机械规定的约束。为了说明两者的不同，笛卡尔还提供了一个令人信服的例子：正千边形。你能设想它吗？你能想象它吗？两者有什么不同？我们先来尝试一下想象。比如，从正五边形开始，想象正10边形。这有点儿难，不过你还知道该怎么做：将正五形的每条边从中点向外拉出一点，这样5条边就变成了10条边。要拉出多少呢？画一个外切于这个五边形的圆，从5条边的中点将它们拉至与这个圆内接的位置即可。重复这个步骤，你还能做出有 20 条边的正 20 边形。

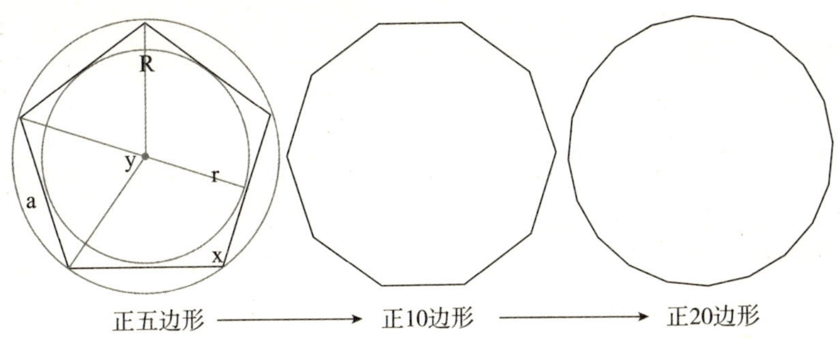

继续重复 7 次，你就能得到一个正 1 280 边形。靠想象你几乎无法把它和圆区分开来，但论设想，正 1 280 边形显然不是圆，正如正方形不是圆一样，它当然也不是正千边形。想象一个内切于正千边形的圆，这个圆再内接一个正千边形，另一个圆再内切于这个正千边形……直到构成一幅类似靶的图案，告诉我，你能分清这幅脑海中的图像里，哪些是圆，哪些是正千边形吗？根本不能，因为它们看起来都像是圆，同样的要求如果由设想来完成就没多大难度了。

笛卡尔并未要你干这些事情。在他看来，设想类似于想象，是某种直接的、偶发的心智活动：手到擒来，无需费心成像。你总可以在心智上把握到相关概念，如边、一千、规则的、多边形等，然后“嗖”的一下就全明白了。我始终怀疑笛卡尔对“设想”这种基本活动的想法是否恰当。如果你能这么设想，恭喜你，但我真的不行，正如在这词另外一个意义上那样，我也怀（conceive）不上宝宝。要确信我是否成功地设想出什么东西，我会反复摆弄相关想法，在头脑里彻底检查它们的含义，配以练习，直到最终熟练掌握相关工具。

在做这些精神体操的时候，我会格外倚重我的想象力，比方说，我会勘察脑袋里各种各样的图表和画面。总之，我利用笛卡尔贬低的“我的想象”实现了他颂扬的“我的设想”。你能设想弦理论吗？你是否发现，所有关于超弦、

“膜”组成的多维空间的讲座易于理解，其逻辑一致性也易于测试？我无法理解它，正是因为我无法理解，我才不会说它匪夷所思、不合情理（Ross, 2013）。我并不信服这类讲座，但我也未自信到认为它们是胡说八道，也许是因为我的设想能力不够呢！至今我还没法设想弦理论的实情。我们不应在缺乏谨慎例证的情况下，过多地倚重可设想性或不可设想性给出的漫不经心的裁决。

贝特森曾说，物质性的基因“不可设想”，但他要是活到现在，就会轻而易举地学到如何来设想这种东西。要知道，小学生都了解双螺旋和它所有的碱基对横档，只要勤加练习就能轻松地设想这种现象。但是，再多的新信息和想象技巧都不会帮助我们设想圆的方，即一个正方形，它四条边上的所有点到其中心的距离都相等，也不会帮助我们设想最大的素数。

我相当肯定的是，哲学僵尸在概念上不融贯、不合情理，是个失败的想法。但你也别太信我的话，先来问问，要让你相信自己可以设想哲学僵尸，你需要做些什么？假设你试图想象你的朋友齐克“其实”是个僵尸。是什么让你相信，或更准确地说，是什么诱使你得出了这个结论？[①]齐克和僵尸齐克，他们的差别在哪儿呢？记住，齐克的所作所为不应让你确信他是或者不是僵尸。我发现很多人并没有想对，也就是说，在试着设想哲学僵尸的时候，他们不合时宜地遗忘或者漏掉了其定义中的某些部分。

所以，我们从僵尸中专门辟出一个亚种——我称之为殭尸（Dennett, 1991a），也许这有助于让你看到自己的错误所在。所有僵尸当然都有非意识的控制系统，这种系统通过它们的僵尸眼球和耳朵从世界提取信息，并利用这些信息，避免它们走路撞上墙、在你招呼它们时会转过身来，诸如此类。换句话说，这种控制系统全都是意向系统。殭尸则比较特殊，它被赋予了一种可以监

① 这又是一处某些哲学家会指责我的地方，他们认为我混淆了认识论问题与形而上学问题：“不要问我们是怎么知道一个人是僵尸的！要问就问，僵尸是怎么回事！”离开了认识论的形而上学顶多是幻想。

测自身内外活动的装置，因此具有一种内部的非意识的高阶信息状态，可以调控其他的内部状态。此外，自我监测装置还可以获取并使用自我监测状态的信息、对自我监测状态的自我监测信息，以此类推、直至无穷。换句话说，殭尸具备一种递归的自我表征能力，若能说得通，这种能力也是无意识的。正是凭借这一特殊的能力，殭尸才能参与到下面这类对话中：

你：齐克，你喜欢我吗？

齐克：当然，你是我最好的朋友！

你：你介意我这样问吗？

齐克：嗯，有点儿。这话有点儿伤人。我不喜欢你这样问。

你：为什么？

齐克：呃，我会觉得有点儿沮丧，或者说是被吓了一跳，也可能是从你那里听到这样的问题让我觉着吃惊。你为什么要这样问？

你：就让我这样问一下吧！

齐克：如果你执意要问就问吧。这整个对话都让我觉着别扭。

记住：哲学僵尸的行为举止与正常有意识的人没有区别，在其能力范围之内，它们也能开展类似上面这样的对话，为了表现出这类行为，它们需要递归的自我表征。它能够以其无意识的僵尸方式，对“它思考它何时想知道是否……的感觉意味着什么”进行“思考”。容易想见，如果当你以这种方式询问它的时候，齐克茫然不知所措，毫无反应，就会激起你强烈的怀疑，不过，这也让你发现，如果齐克是僵尸，它就不是殭尸。你应该始终确保：当你问及哲学僵尸是不是真的可能时，你是在思考殭尸，因为只有拥有递归自我表征能力的存在者才应付得了像上述对话这类日常交流，更不必说创作诗歌、构思新奇的科学假说以及表演戏剧了，所有这些活动都在殭尸定义的能力范围之内。

只有当你想要细致地区分“正常”齐克与殭尸齐克，从而陷入麻烦时，你才真正开始设想哲学僵尸。否则，你就跟莱布尼兹一样浅尝辄止。现在，再向自己多问几个问题：你为什么在意齐克是不是殭尸？或者更个人化一点，你为什么会担心自己是不是或会不会变成殭尸？事实上，你永远得不到答案。

真的吗？齐克真的有信念吗？或者说，他仅有近似信念？——“别忘了，那种缺失了意识的信息状态在引导殭尸的生活，正如信念在引导我们其余人的生活。”就在此外，近似信念有了效力，用得着，是“真实的东西”，所以近似算子就用得不恰当。想象左撇子都是殭尸，比如我，而右撇子是有意识的，这可以帮助我们澄清这一点。

我：听说你已经证明了我们左撇子都是僵尸？我这辈子都想不到！我们可怜？你是怎么看出来的？

右撇子：哦，按照定义你们就是没有意识——这还不够糟糕吗？

我：糟糕？那要看对谁。话说无事不登三宝殿。你在干吗呢，想跟我一个殭尸对话？

右撇子：呃，对我而言，这里只是看起来好像有人。

我：对我而言也是这样的啊！毕竟，作为殭尸，我也具备各种高阶自我监测能力。我知道何时我在沮丧、何时我在痛苦、何时我很无聊、何时我很欢乐等等。

右撇子：不是，你只是表现得好像你知道这些事情，其实你什么都不知道，你只是近似知道这些事情。

我：我以为这是对近似算子的误用。你口中的我的近似知识跟你所谓的真正的知识根本就没有区别——你只是定义说，殭尸的知识不是真正的知识。

右撇子：但两者有区别，绝对有区别！

我：在我听来这完全是偏见。

如果这还不足以呈现和殭尸交朋友是个什么情况，那我就再试试其他的方式。说正经的，我们来考虑写部小说，讲讲一个殭尸被困在有意识的人类世界，或一个有意识的人勇闯殭尸岛。你要设计什么样的细节才能让这个故事看起来合乎情理？或者干脆抄近道：读一部不错的小说，假设该小说的角色都是殭尸。那么什么情节才能暴露出角色的殭尸本质，又是什么情节才能否定该假设呢？小说家可以选择自己想要的叙述视角，例如，赫尔曼·梅尔维尔的《白鲸》选择了第一人称叙述，塞林格的《麦田里的守望者》也是如此：

> "叫我以实玛利。"

> "我要是为什么事心里真正烦起来，就不再胡闹。我心里一烦，甚至都得上厕所。只是我不肯动窝儿，我烦得甚至都不想动，我不愿随便动窝儿打断自己的烦恼。"

其他一些小说家会选择第三人称全知叙述。说来奇怪，第一人称叙述模式似乎更支持僵尸假说。别忘了，整部小说描写的只是殭尸以实玛利或殭尸霍尔顿的叙事行为（narrative behavior）。我们只看得到它们的外在表现，但它们究竟是不是殭尸只能从内心描写看出来！将第一人称叙述与第三人称叙述做个比较，例如，简·奥斯汀的《劝导》和陀思妥耶夫斯基的《罪与罚》：

> 伊丽莎白觉得慕斯格雷夫夫人及其家人都应该受邀共进晚餐，但她不能让晚宴显出一点异样——风格上不能有差异，仆人也不能少——她不能让这些从来都不如埃利奥特的人看出任何差池。虚荣心最终战胜了手头拮据的现实情况，伊丽莎白脸上又露出了悦色。

> 拉斯科尔尼科夫看着索尼娅，深深感到了她对自己的爱，奇怪的是，如此之深地被人爱着竟会让他觉得紧张、痛苦。真的，这种怪异的感觉简直糟透了。

看起来，作者让我们窥到了伊丽莎白和拉斯科尔尼科夫的内心世界，如此，他们怎么还可能是殭尸呢？但请记住：在人有意识流的地方，殭尸就会有无意识流。殭尸到底不该是奇迹，它们的行为受大量复杂信息的内部运作控制，受功能性类情绪的调节，如快乐悲伤、痛苦的类似物。所以，伊丽莎白和拉斯科尔尼科夫可能就是殭尸，奥斯汀和陀思妥耶夫斯基从常识心理学汲取我们喜闻乐见的语汇来刻画它们的内心活动，就像象棋程序员谈论电脑程序的迭代“搜索”和风险“判断”。殭尸也会因社会地位不保而难堪、因爱情而神伤。

切莫忘记贝特森在想象力上的无能。每当我竭尽全力避开这个圈套，在我的背景假设里寻找破绽，留心我可能出错的地方时，我就总是会发现，意识这整个概念非常地混乱。例如，我可以想出两种，甚至7种或99种不同的所谓意识：左撇子有一种，右撇子有另一种，或许龙虾还有另外一种。但到目前为止，要想象这两种意识，我所能想到的唯一方法就是想象它们可以借功能上的差别加以区分：左撇子做不了X，而右撇子做不了Y，诸如此类。

然而，这些可区分的差别恰恰表明，我们讨论的根本不是哲学僵尸，因为按照定义，哲学僵尸和“真正有意识”的人之间没有任何外在可区分的差别。而且，到目前为止，若想为真正的意识明确地给出一个内在可区分的标志，那么不管怎样，这一标志就必须要求号称有意识的人动用“心智”，让我们以及她自己相信她有意识。但无论这种心智差别是什么，它都可能会在僵尸的“无意识流”那里有其对应的冒牌货。要是没有呢？——怎么会没有呢？所以说，我相当地确信，整个哲学僵尸的观念都是某种智识幻觉，是我们成长中的烦恼。试着克服它吧。我会在本部分靠后的地方为这项我们自己来说服自己的任务提供进一步的协助。

56

花椰菜的诅咒

感受质的意义之一

看你在狼吞虎咽地吃蒸花椰菜，我开始好奇你怎么会喜爱那种口味，只要尝上一小口我就有点儿想吐。也许是因为花椰菜的味道对你来说和对我来说是不一样的。对，一定是这样。自从发现即使同样的食物，在不同的时间品尝也会有不同的味道，我就更觉得上述假说很可信。比如吃早餐的时候，人们总会觉得第一小口橙汁是那么香甜，但如果中间来一点煎饼和枫糖浆，橙汁再入口时味道就平淡多了。这时候，抿一两口咖啡，橙汁的滋味就又恢复到了之前的甜美，是粗略地恢复还是精确地恢复？当然（叮！），我们就是要说或者思考这些事情，这当然（叮！）没什么问题，所以，……谈论一下丹尼特在 t 时刻品尝的橙汁味道如何当然（叮！）也不在话下。另外我们还可以再问一下，这味道是否与丹尼特在 t 时刻品尝的味道相同，是否与汤姆在同一时间 t 时刻品尝的味道有差异？我们把“事物对我们来讲是怎样的”称为它的感受质（qualia）。

这个“结论”看起来没有什么问题，但我们错就错在这里。在最后一步，可能是出于论证的目的，我们就把“感受质”从其他一同发生的各种状态中单独隔离了出来。人们假定，对于某人 X 来说，一杯果汁尝起来是什么样子可以从伴随物、附带原因或者附带产生的一些效果中区别出来。我们模模糊糊地想象，各种各样的事物在不同的时间对于不同的个体，看起来、听起来、感觉起来、尝起来、闻起来是什么样子，而不考虑这些个体具体是如何接受刺激，又在非感官层面受到了什么别的影响，也不考虑他们在感受之后做了些什么或倾向于相信什么。这种想象只保留了本质，而把其他所有的东西都一层层剥了下来，残留下了所谓的共有性质。我们的错误并不在于我们假设在实践中总是可以相当确定地进行这种提纯工作，根本错误在于，就没有这种最后残留下的性质，无论我们在提纯的时候多不确定。

在每一种感觉中，我们都在经受着各种各样的提取感受质的诱惑。我想象不出，或者说不知道，当然也不可能知道，对于格伦·古尔德（Glenn Gould）来说巴赫的音乐听起来会是怎样的。我已经记不起孩童时代我听巴赫的曲子时是什么样的感觉了。我也不知道当一只蝙蝠是一样怎样的体验（Nagel, 1974）。就颜色而言，每当抬头看见那块明净的“蓝”天，我也不知道你看到的那种蓝跟我看到的那种蓝是不是一样。日常生活中的各种案例会让我们不由相信，我们主观尝到的、看到的、闻到的、听到的各种特有性质都是实实在在的。然后，为了清楚地说明这些性质，我们就得通过哲学蒸馏对它们进行隔离提取。感受质就这样诞生了。

“感受质”是一个“技术性”用语，但对于我们来说它却再熟悉不过：“感受质”表示“事物对我们来说是怎样的”。一般来说，你最了解的是你获得的感受质。想象整个宇宙都是一团幻觉，是笛卡尔的恶魔虚构出来的，对你来说这种虚构就是你的幻觉体验的感受质。笛卡尔声称，要怀疑一切可以怀疑的事物，但他从来没有反思，他的意识体验里还有感受质，自己是通过这种性质才得知和了解到意识体验的。

看起来，感受质的定义已经说明得非常清楚了，哲学家们对这一主题也已经进行过相当多的分析和讨论，但严格地看，对于感受质的意思到底是什么，它到底意味着什么，我们还没有得出一致的结论。很多认知科学家大胆假定，认为哲学家们既然使用这个术语就一定知道它的含义，于是他们就把这个词吸收进了自己的工作语汇，这完全是一个策略上的错误。如今，关于感受质是什么或者不是什么大家仍然争执不休，但大多都是脱离经验主义层面上的一些讨论。几年前，我在一篇论文中（Dennett, 1988a）围绕着应该如何从根本上抓住感受质这个概念列出了下面四个要素，感受质是：

1. 不言而喻的，
2. 内禀的，
3. 私人的，
4. 我们可以直接接受的。

具体来说，感受质是这样的：（1）与内省相连，因而有些无法言说。“你得去了那儿才知道我是什么感受。”（2）不是关联式的，不是意向上的，也不是功能性的。比如红色常常能激发起人们的焦虑，但这种主观倾向却不能算作红色的一种感受质。（3）“你得去了那儿才知道我是什么感受，但你去了也没用；这种感受属于我，并且只属于我！”（4）于你而言，你接受到的感受质要比任何其他性质都亲切熟悉。

按道理这还真是个不错的总结，只不过我当时写那篇论文的主要目的是为了论证：没有任何一个概念能够同时满足这四个要素。论文中，我还为这个概念提出了一些改进方案并附了充足的论证，但最后也没有给出一致结论。一般来说，一个普遍使用又备受关注的概念应该不会出现包含多种不同的含义且这多种意义还互不相容的情况，想一想生物学中的“基因”“物种”，还有科学中随处可见的“原因”，而“感受质”的处境却有过之而无不及。人们欢天喜地地迎接这份哲学馈赠的礼物，总希望它能在自己研究的学科中派上用场，没想到，它却是侵入到各门学科中的特洛伊木马。

在那篇论文中，不光有“花椰菜的诅咒”，我还展示了其他 13 种直觉泵，但我无意在此复述它们，因为这些年来，我又设计出了另外一些思考工具，它们更加有力，这才让我能在人们自以为准确地给出了“什么是感受质”而流露出自满后还得以有对抗之力。内德·布洛克（Ned Block, 1978, p. 281）借用路易斯·阿姆斯特朗（Louis Armstrong）的传奇名句“半开玩笑似地”避开了这个难以驾驭的问题。当被问到什么是爵士乐时，阿姆斯特朗回答：“你要这么问，你就永远没法知道。”这轻松好笑的回答淋漓尽致地表达出了人们的某种假定，它正中我下怀。如果我的对抗行之有效，那么你将看到，布洛克这个在任何社交场合都能蒙混过关的回答原来那么奇怪，根本毫无根据，就像一个活力论者在面对一位声称不相信“生命冲力”的人面前很打趣地表达自己对生命冲力的怀疑一样。

57

“美元活力”究竟值多少钱

感受质的意义之二

人们普遍认为，尽管我们可以造一个色觉机器人模型，把我们人类能体会到的所有视觉现象都展示出来，包括互补后像和色彩对比错觉等，尽管这个机器人利用与形成视觉现象相同的方法也能形成自己的视觉后像，但它也“只是个机器人”，它没有红色和蓝色的感受质。机器人的视觉功能只能将摄像机电子眼前有颜色的物体表现或标示出来，它没有我们人类视觉具有的那些额外功能。

托马斯·内格尔有一篇非常有名的论文，题目叫作《做只蝙蝠是一种怎样的体验？》（*What Is It Like to Be a Bat*?, 1974），文章为我们展示了比拟意识状态的一种标准方式，当然前提是真有意识状态这种实体存在。人们不难断言，“这种比拟明显不同于机器人对人类视觉后像的模仿！”但为什么这两种模拟会有那么明显的差异呢？也许是因为我们想象的那个机器人结构太过简单了，从它身上得出的有关计算机的结论不能涵盖所有计算机。按照我们的定义，如果感受质是体验的一种内禀性质，它应该独立于所有引发体验的原因及一切体验导致的后果，逻辑上，它也应该与所有意向性的性质无关，果真如此，感受质在逻辑上应该免于一切功能性分析。由此得出，再完美的工程设计也无法将感受质赋予机器人。然而，得出这个结论也终是徒劳一场，原因是根本就不存在感受质这种内禀性质。

看到这里，我打算将人类体验的感受质与货币的价值做个对比。很多美国人都天真地认为，美元不同于欧元或日元，美元有它的内禀价值。当卡通片里的观光者们问“这个究竟值多少钱”时，他们想知道的是这个东西价值几美元。再走得更远些：这些天真的美国人乐意拿美元兑换欧元，他们乐意利用美元的汇率兑换“贬低”其他货币，每次兑换都让他们觉得自己的美元真是与众不同。他们认为，每一块美元都有一些在逻辑上不受兑换原则约束的东西，而流通领域中的其他货币则没有。美元有它独有的一些妙不可言的特点。当你思考它时，总会发现它戴着一个价值的光环，虽然没有以前那么耀眼，但依旧清晰可见：就让我们称它为“美元的活力”吧。按照书面意思，活力指美元非关系型、非意向性的内禀的经济价值。英镑、欧元等货币没有这样的内禀价值，它们只是美元象征性的替身，它们可以通过兑换美元获得相应的经济价值，但它们没有自身的活力！可怜的欧洲人！他们的货币没有内禀的经济价值！这叫人怎么受得了？他们哪儿来的动力去挣工资，里面只含有可怜的僵尸活力！我们挣的可都是美元，所以我们有幸能利用到它的活力。难怪美元会被那么多国家用作通用货币！原来连外国人也能感受到它的活力。

我们虚构出的那些美国观光客们就是这样认为的。从定义上看，经济学家们的理论永远也不会涉及美元的活力，因为没有哪种理论能解释所谓“内禀经济价值”。对于经济学来说，还有比这更糟糕的吗？钱币活力的存在让经济学出现了残缺，好在我们还没有找出太好的证据证实这种叫作内禀经济价值的东西真的存在。活力显然只是想象力的一种虚构，是单纯的美国人一厢情愿的产物，我要毫不留情地拆穿它。

在关于意识的讨论中，也有一些人跟那些想象出来的观光客们持有相似的观点。他们执意认为，自己直觉感受到的那些非凡的内禀属性才是所有意识研究必然的起点。这种自信应该被当作一种有趣的症状，值得所有意识学科去探讨，挖掘出一些数据，给出点什么说法。与此同时，经济学家和心理学家们也要着手研究一下，为什么“钱或美元有内禀价值”这样一种幻觉会有如此强劲的威力，能让那么多人都深陷其中。欧洲人也曾认为他们的钱，如法郎、马克、里拉等有内禀价值，习惯把外币换算成本国“真正的货币”，但后来启用了欧元，他们一度不知所措，陷入了尴尬。

我们现在应该对意识状态的一些特点做进一步的科学探究，如果思虑得当，它们还可能帮助我们更好地解释什么是意识，其实在此之前，生命的“奥秘”就是用这种方法才得以说明。活力论坚持，所有生命体中都有一些重要的神秘物质，它们是至关重要的活力。然而这只是想象力的一次失误，如今它已几近灭绝，虽然总会有一些怪人仍对它不离不弃。受生命“奥秘”成功解决鼓舞，我们可以继续对意识展开科学探索。但如果有一天，所有有关意识特性的问题都已清楚阐明，我们终于还清了智力上的债务，眼看着那些重大的问题就要慢慢消逝，到那时，那些曾经一度执迷的人就要开始喋喋不休，说他们早说过会这样，同时与活力论者们一样，又要紧赶着消除掉之前受错觉误导遗留下来的某些论断。现在，问题来了，请问那些相信感受质是体验中内禀性质的人，你要怎样把自己的信仰与天真的美国人对美元价值的那些错误体验区分开来？换句话说，这些美国人想得对吗？美元真的有活力？任何人凭直觉就能知道？

58

卡普格拉先生的悲惨境况

感受质的意义之三

如果不是意识体验的内禀性质，那感受质到底会是什么呢？有天晚上，在喝了一瓶不错的香贝丹酒之后，哲学家威尔弗里德·塞拉斯对我说，“丹，感受质是那种支撑我们继续活下去的东西！”这个想法不错。接下来就让我们来细想一下，这样的感受质又是什么？为了看清楚问题，我会再启用一种直觉泵，它以近期的几项认知神经科学为背景，这些研究针对的是几种违背日常直觉的离奇病状：脸盲症（prosopagnosia）和卡普格拉妄想症（Gapgras delusion）。

脸盲症患者在大多数情况下都有正常的视觉，他们只是不能辨认人们的脸。他们可以区分出男女老少，可以分清楚谁是非洲人谁是亚洲人，但在面对相同性别与年龄的好友时，他们就迷糊了，除非听出了这几个人说话的声音，或是觉察到了其他一些可辨别的特征。如果面对的是一些照片，其中包括很多著名的政治家、明星，还有自己的家人和一些志愿参与的陌生人，这些脸盲症患者要想辨别出他们认识的面孔，只能靠撞大运。而非脸盲症患者的人则很难想象看着自己的母亲却认不出来的情景。很多人不相信我说的这些现象，非常肯定这都是我编造出来的。我谨希望你们能在那些让你觉得难以置信的地方更多地看到人类想象力的虚弱，而不是忙着去探究我描述得是否属实。更何况，医学家们早已开始研究这种困扰无数病患的病症——脸盲症。该词是由意为“脸”的希腊语单词 prosopon 与意为“不知道”的 agnosia 组合而成。

很多脸盲症患者会经历这样一件有趣的事情：虽然自己的意识不能辨认和识别别人的脸，但当面对熟悉或者不熟悉的脸时，他们却能表现出不同的反应，有时甚至会做出连自己都不知道的回应。或者，在面对询问时不能辨识，其实自己已经非常隐秘地分辨出来了。举个例子，我们为脸盲症患者出示一张照片和 5 个名字，让他们从中挑选出与照片相符的那个人名。虽然他们最终是随机选择的，但就在他们听到与图片相匹配的那个名字时，他们的皮电反应确实就会出现一个很大的波动，这表示他们的情绪的确被唤起了。这一现象可以证明，那种隐秘的辨识力果真存在。

再来看下另一个简单的测试：要问玛丽莲·梦露、阿尔·戈尔、玛格丽特·撒切尔、迈克·泰森这些名字中，哪些是政治家的名字？你当然可以很快就做出解答。但如果这些名字配着错误的照片同时出现，你的反应就会明显减慢。这说明，尽管识别面孔与这个测试完全无关，你却在某种层面上是在识别那些人的面孔。

看起来，在我们的大脑中至少得有两种或两种以上独立的面部识别视觉系统：一种是脸盲症病人大脑中受损的意识系统，它在试验任务中无法为主体提供帮助；另一种是未受损的无意识系统，一旦发现面容与名字错配，它就会产生激烈的震荡。进一步还有测试表明：受损的意识系统位于视皮层，它的级别"更高一点"，而未受损的无意识系统位于边缘系统，相对来说层次就"低了一些"。如此总结脸盲症症状的多样性以及它们在大脑中所涉及的区域似乎太过简单了，但这样便于我们继续探索卡普格拉综合症这种更加奇特的症状。该病症由于法国精神病学家约瑟夫·卡普拉格（Joseph Capgras）在 1923 年首次阐述而得名。

患有卡普格拉妄想症的人会突然产生错觉，认为自己所爱的人，大多是配偶、恋人或者父母等，都是些被悄悄替换掉了的"冒牌货"。他们与一般的精神病人不同，从表面上看他们与正常人无异，但因为大脑损伤，他们的确会产生那些妄想，而且不管这些想法有多夸张、多不可思议，他们也都不以为然。有时，他们会重伤这些本是自己深爱的"冒牌货"，更有甚者还会杀掉他们。人们很难相信，一副受损的大脑怎么会有如此奇怪的反应？难不成撞一下脑袋就会把月亮认成是鲜乳酪？

认知神经科学家安德鲁·扬（Andrew Young）研究认为，卡普格拉妄想症的病理其实与脸盲症的病理正好"相反"。在卡普格拉妄想症患者的大脑中，大脑皮层上有意识的脸部识别系统总是完好无损，所以，在妄想症患者看来，眼前的人总是自己所爱的人的那副模样；而无意识的边缘系统却受损禁用，因而所有随情感共鸣产生的识别力也就此消失。鉴别力突然缺失掉了这些微妙的支撑可是件恼人的事，完好的系统在识别出熟人时做出肯定的地方统统都会被这个系统漏洞否决掉：妄想症患者真心认为自己看到的绝对是个冒牌货。他们从不谴责自己出错的感知系统，相反，他们抱怨这个世界，叫嚣着为什么事情会变得如此夸张、如此不可思议，他们从不怀疑"是不是自己头脑中非意识面部识别系统的识别力出现了问题"。这部分系统对我们所有人都有着巨大的影响力，而一旦它的认知需求出现了饥渴，妄想症便随即发作，它会屏蔽掉其他所有系统的反应信息。

这一假设由海登·埃利斯（Haydn Ellis）和安德鲁·扬在1990年首次提出，之后，扬、克里斯·弗里思（Chris Frith）及其他一些神经科学家还对它进行了详细的论证及阐述，在这里，我不再多加赘述。我想要做的是，利用这种能够拓展想象力的特殊认知神经学为我们的心灵开辟出一种不可即但可望的可能性。下面是我虚构出来的一个有关卡普格拉先生的案例，起这个名字是为了提醒大家随时注意卡普格拉妄想症的那些真实表现。为了探索感受质对意识的影响，案例中引入了大量哲学类的直觉泵，虚构了一些意识上的病症。

卡普格拉先生靠着给心理学和精神物理学实验当被试，过着说得过去的生活，所以他对自己的主观心智状态相当了解。一天早晨，刚刚睡醒的卡普格拉先生一睁眼便绝望地大叫了起来："哦！出问题了吧！为什么这个世界变得……这么奇怪，这么可怕，一定是有什么搞错了！我还要继续活下去吗？"他使劲揉了揉双眼，再次小心地张开眼来看，世界还是那副扭曲的模样，有几分熟识却又难以描述地陌生。有人问他："抬头向上看，你会看到什么？""蓝天，天上还飘着几朵绒毛状的白云，初春的枝头上罩着一层鹅黄的嫩芽，一只鲜艳的红雀栖息在枝头，"卡普格拉回答。看来他的色觉一切正常。就进一步检测结果来看，他通过了标准的石原式视力测试，他没有色盲症状，色视觉正常，而且他还正确分辨出了几十条孟塞尔色卡。所有人都断定，单在色觉上，我们可怜的卡普格拉先生没有任何问题，只有一位研究者克罗马菲尔博士，执意坚持要再测试一遍。

克罗马菲尔在人类色彩偏好、颜色引发的情绪反应和不同颜色对人的注意力、专注力、血压、脉搏、代谢活动及器官活动产生的微妙影响等方面都有很深入的研究。在过去的6个月时间里，他已经积累了许多卡普格拉先生在所有测试中的反应数据，包括正常的和非正常的，想看看两组数据间是否会存在些许变化。果不其然，在经过了重新一轮测试之后，克罗马菲尔博士发现了一件很有意思的事情：之前卡普格拉先生在面对蓝色时产生的情绪波动和器官反应现在换成了面对黄色时产生的反应，同理，之前面对黄色时才产生的情绪波动和器官反应，现在换成了蓝色。他以前喜欢红色、讨厌绿色，现在则恰恰相反，同样发生逆转的还有他对其他颜色的喜好。美食的颜色开始让他作呕，所以他不得不躲到黑暗处吃东西。以前喜欢的颜色搭配现在被拉入了黑名单，而与之对立的那些色彩组合却突然变成了他的最爱，诸如此类。以前，鲜艳的粉红色会让他脉搏加速，但如今，虽然他仍能认出这种颜色，但对他起到的却是镇定作用，他很惊讶别人竟然认为这种颜色“鲜艳”。相反，这种粉色的互补色石灰绿，之前起到的是镇定作用，现在却轻易地就能挑逗起他的激情来。

你发现，在卡普格拉赏画的时候，他眼睛飞快扫视画面的轨迹与以前也大不相同，原因是画布上的颜色对他注意力的抓取和凝视偏向也产生了微妙的影响。以前，身处在一个亮蓝色的房间会抑制住他的心算能力，而现在，这种抑制他心算能力的颜色却变成了亮黄色。

简而言之，尽管卡普格拉对色觉测试中的诸多问题都毫无怨言，他准确地说出了颜色的名称，按规定通过了所有颜色的识别测试，对，他完成得相当出色！但在这个过程中，在两次测验中，他对色彩的情绪及注意力的反应却发生了 180 度的大逆转。卡普格拉身上到底发生了什么？面对同事们的惊奇和疑问，克罗马菲尔博士简单解释道：他的色彩感受质一下子被完全倒转了，只有较高层次上辨识颜色的能力没有受到影响，所以他还能区别出各种颜色的名称，这正是感色机器人能具备的那种能力。

接下来我们再往哪个方面研究？卡普格拉的感受质真的倒置了吗？案例是我们想出来的，貌似可以用任意我们喜欢的方式应对它。多年来，让哲学家们津津乐道的这种虚构出来的案例还有很多，其中每一个他们都认真对待，因为在它们之上，还有一些更深刻的理论问题。所以我们绝不能草率对待这个案例。首先要问的是，该案例合理吗？也许这要取决于我们讨论的是哪种合理性。它在逻辑上可能吗？在生理学上是否也可能？这是两个完全不同的问题。后一个问题看似离我们的哲学关注太远，就常被哲学家们无情地忽略，而在这个案例中，他们慢慢转变了看法。

我发现，其实我们根本无法否认这个案例在逻辑上是可能的。根据描述，卡普格拉一部分能力失常，剩余的能力保持不变，本该交融在一起处理的能力在他那里变得彼此孤离，然而，与脸盲症和卡普格拉妄想症患者比起来，这一点在卡普格拉身上体现得是否过于明显？我不确定，对卡普格拉在生理学上的设定是否像下列真实案例一样说得通。

在一些研究充分的案例中，有人可以清楚地分辨颜色但说不出颜色的名字，即他们有色彩命名障碍；有人色盲却不自知，能很坦然地跟大家谈论各种颜色，却不知道所有颜色的名称都只是他们自己随机猜测出来的。卡普格拉能够辨认并正确说出各种颜色的名称，在这一点上他与卡普格拉妄想症患者一样，但他对色彩的微妙体会却全部变形。而成就人类个体倾向的也正是这些微妙体会，它们决定着我们会欣赏哪些图画，会描绘哪个房间，会挑选哪种颜色组合。在卡普格拉身上发生改变的正是左右我们生命意义的那些色彩效应，按照塞拉斯的说法，是他的色彩感受质。

如果我们真的要问卡普格拉是否知道自己的色彩感受质已经倒置，可能的回答有三：是的，不是，我不知道。他的答案会是哪一个？哲学家们已经公布并非常详细地讨论了一些有关感受质倒置的例子，而将我设置的案例与其相比，最恼人的创新之处在于，卡普格拉可能不只是遭受了感受质的倒置，而且他对此事始终一无所知。请注意，克罗马菲尔博士是针对同事们的怀疑提出这个假设的，而卡普格拉同样希望缓解自己的疑惑。但是，他不仅没有质疑自己的色彩感受质是否存在问题，相反，他对自己的色觉基本满意，因为标准色觉测试进行得相当顺利，研究人员对这个结果也同样满意。这样的设计会稍微有些让人不安，因为在哲学著作中，类似这样的行为型自我测试一般都是不切题的：这些测试肯定（叮！）与感受质无关，更有甚者，这些测试的特点就是不能对感受质问题有所匡正或者阐释。但是，我对这一案例的变异却能避免哲学家们设定上的一个缺陷：他们忽略了人们心灵上的一种倾向——想在那些测试中不断确定，自己的感受质没有发生变化。

当“情感上”发生变化时，我们的感受质是否保持不变？如何回答有关感受质的这些确切的问题，哲学家们的意见出现了分歧。考虑一下味精这种提味儿的调料，它无疑能让事物尝起来味道更加鲜美，但究其原因，是因为它改变了食物给予我们的感受质，抑或只是，它提高了我们对已品尝到的感受质的敏感度？这里亟需澄清一下感受质这个概念，它关乎的既不是“味精作用在舌头的哪个部位”这种经验主义的问题，也与被试自我报告中出现的那些“人体对味精的各异反应”不同，如果不把这个概念搞清楚，那么我们在基础的神经层面和他者现象学等诸多方面的发现就会整个儿变得模糊起来。我只是很想知道，哲学家们是在什么意义上使用“感受质”这个词的，他们能够分辨出主体伴随感受质的改变而在反应上产生的所有变化吗，或者，反应系统中也许有某种特殊的子结构可以有效锚定感受质？企图去改变一个人对于某种特定性质的审美观点或反应，这种想法会不会有些荒诞？“感受质”的定义不只是有点儿暧昧，它简直模糊得一塌糊涂，总是在两种甚至多种根本不同的想法间捉摸不定，所以，解决好有关它定义的上述类似问题迫在眉睫。

卡普格拉的色彩感受质果真倒置了吗？对于这点，很多哲学家认为我给出的细节描述还不够充分。在案例中，我描述的基本都是他的行为能力：他会识别，会区分，会正确地说出颜色的名字，也会在其他一些地方犯“错误”，而对他的主观状态却避而未谈。当他在看一颗熟透的柠檬时，我没有说明他是否体验到了一种内在的主观上的黄色，或者说是内在的主观上的蓝色。可问题在于：我并不认为“内在主观上的黄色”或者“内在主观上的蓝色”就说出了卡普格拉体验的真实性质。如果卡普格拉在回答提问时加上了这句：“我依旧会认为成熟的柠檬是黄色的，可见，内在主观上的黄色应该囊括在我的体验之中。”这能解决什么问题吗？我们能肯定他真的清楚自己在说什么吗？我们应该相信他吗，或许他只是陷入到了一个不值得他如此深信的哲学理论里？

在这些案例中，哲学模式的标准化使用有这样一个主要缺陷：哲学家们倾向于把正常人面对色彩及各种事物时表现出的那些能力和性情看成是一整块大砌砖，不可能被分解或者分离成一些彼此独立的亚能力或亚性情，这让他们很巧妙地绕开了下面这个问题：感受质是否得安放在某个子集或者专门的设置中。举个例子，哲学家乔治·格雷厄姆（George Graham）和特里·霍根（Terry Horgan）认为，“对现象的直接认识使现象生出了自身的特征，认识是一个人识别或辨识能力的经验基础。”他们是怎么知道这种“直接认识”就是识别或者辨识能力的“基础”的？这么说来，脸盲症患者能够直接认识自己眼前的这些面孔，或者至少他们能直接认识眼前这些熟悉面孔的“视觉感受质”，但他们不把这些直接认识识别为他们面对亲朋好友的面孔时所体验到的感受质。再次回到塞拉斯的观点，感受质是那种支撑我们继续活下去的东西，那么它就可能不是我们日常认识颜色的“经验基础”，也不是我们区别颜色、指名颜色的“经验基础”。

59

听声辨牌

感受质的意义之四

哲学家大卫·查尔莫斯（David Chalmers）在他 1995 年的一篇著名论文中将意识问题分成了“简单”问题和困难问题两类。在我看来，即便他的那些“简单”问题也相当有难度，下面让我们来看一下其中几个有关意识的极具挑战性的问题：

1. 意识如何能使我们谈论自己的所见所闻？具体说来，从大脑感知系统得来的信息是如何在大脑语言区域的控制下形成记录或者提炼出答案的？

2. 在例行活动过程中，这些活动几近“在睡梦中都能做”，为什么我们的意识能在遇到麻烦时自动启动，同时，它又是怎样帮助我们解决掉这些问题的？

3. 我们可以同时有意识地追踪几个独立运动的物体？我们是怎么做到的？（答案是，至少四个。）

4. 已经“话到嘴边”——你知道你很清楚那个东西，几乎就能说出答案却说不出来，这是怎么回事儿？

5. 为什么你能意识到那是一个笑话并觉得它好笑？（请参见 Hurley，Dennett，and Adams，2011。整本书都是这个问题的答案。）

对于查尔莫斯来说，这都只是些简单的问题，因为在大脑中进行信息处理、执行注意力指向功能，在清醒时开启追踪、提醒和回忆等等，它们牵扯的只是意识的认知功能。尽管它们之中也有些问题的解答原理非常繁难，但毕竟还能通过实验去检测和改善，而且，在解决这些“简单”问题的征程上，我们早已取得了不小的成就。例如，我们已经成功构造出一些相对比较简单的计算机模型，它们能把与之对应的大脑意识活动精准地复制出来。由此可以断定，大脑在思考这类简单问题的时候没有借用奇异能力，也没有使用什么超自然的力量。在可预见的未来，这类现象都能由计算机一一展示出来。

对于查尔莫斯来说，与“体验”相关的问题才是那些困难问题，拥有意识是什么体验，这难以形容又不可分析。机器人的行为看似是有意识的，它们可以回答我们提出的问题，追视所有能见的动点，有“欲言难吐”的时候，也能重新组织出语言，它们可以在该笑的时候笑，在需要的时候不自觉地变得一脸茫然或者哑然失声。然而事实上，这都只是些无心之作。机器人就像前面提到的僵尸，它们没有你或者我这类正常有意识的人所享有的那种内心生活。

按照查尔莫斯的意思，亲爱的读者，你和我，我们从一睁眼起床开始就清醒地知道我们有意识。一个哲学僵尸不会明白这些事情，因为它没有所谓的清醒，也没有内心生活，它们只是从表象上看是有意识的。它们非常虔诚地坚持认为自己与你我一样都是有意识的，即使用测谎实验来检测，也看不出有什么差池。可惜它们终究是些僵尸，它们根本没有意识！神经系统科学家通过用功能磁共振成像（fMRI）这类机器对它们的大脑状态进行检测，就能很清楚地认识到这一点。看来，要清楚地将一个有意识的人和一个僵尸分开，这的确是一个困难的问题，如果它是个问题的话。而在这个问题基础之上，如果继续追问“这种不同是怎么产生的？”就形成了一个更加困难的问题，这才是查尔莫斯的“困难问题”。包括我在内的一些人认为困难问题只是查尔莫斯自己用想象虚构出来的一个东西，而多得惊人的另一些人则坚信，有意识的人与一个完美僵尸之间的确有区别，而且这种区别非常重要。

回顾这一奇特的景观，一些人认为，查尔莫斯所谓的困难问题不一定存在，而另一些人认为，否认下面这一点甚是可笑：对于一个有意识的存在体来说，没有什么比他自己的意识更明显、更直接，那是他们独有的，可直接觉察到的。我们仅凭意识的这个特点就有理由蔑视到目前为止所有的科学认知，所以它真真儿的确就是那个最困难的问题。这两种立场非此即彼，无法调和。多年来，我一直竭力摒弃这种直觉知识，不管它们多有说服力，我敢肯定，“存在着困难问题”这一观点绝对是个错误，只是我目前还给不出明确证明，或者，即便我给出了证明，也未必能引起重视，因为持这一观点的哲学家们早已准备好了他们无懈可击的“理论根基”——这是人类的直觉，这种直觉显而易见、不可否定，没有什么论证可以撼动它，更不会有什么东西能把它击碎。所以，我不会用理性论证去证明这个错误，它远远超出了理性的范围，我不能犯这种战术上的错误。

这总让我想到那些刚看完精彩的舞台魔术表演的人常有的一些由衷的旦旦之言。魔术师们都知道，人们在回想一些伟大魔术的时候往往都会夸大其词，那些有震撼力的、让人迷惑的瞬间总能让人记忆犹新，人们总是执意认为自己没有遭受魔术师的愚弄，自己真的看到了一些神奇的景象。有的人是那么相信魔法。而回顾第 22 章《神奇组织》，李·西格尔在谈到“真正的魔法”时却说，“真正的魔法不是真实存在的魔法，那些可现实操作的、真实的魔法也不是真正的魔法。”

对不少人来说，意识就是“真正的魔法”。如果你谈论的东西还不够让人觉奇思妙想难以置信，那它就一定不是意识，它的神秘超出所有人的理解。科学记者罗伯特·赖特（Robert Wright）也很简洁地表达过类似的观点：

> 显然，这里的问题是，为什么有人会宣称意识“同一于”物理上的大脑状态？而丹尼特等人越是不停地向我解释这句话的意思，我就越是确信，“不存在所谓的意识”才是他们真正想要说的。（Wright, 2000, p. 398）

大脑里没有什么装着意识的锦囊，就算有，它装的也未必是真正的意识。有些人深知这一点，但还是不禁要夸大那些意识现象。这也是为什么我会在我的书《意识的解释》里花那么大的篇幅为意识消脂，让意识，真正的意识，恢复到原本紧实的状态，从而告诉人们，意识现象其实远没有他们想象的那样壮观。但是，这种消脂运动着实刺激到了很多读者，他们开玩笑地说，我的这本书应该取名为《被解释掉的意识》，赖特也提议，该把书名改成《被否定的意识》。对于那些已经陷入膨胀的意识观念还不自知的人，我只想给出个侧击，让他们能注意到我从纸牌魔术界引入的这个美妙又有些扰人的类比——听声辨牌，借此驱逐掉他们的自满。

1938 年，约翰·诺森·希利亚德（John Northern Hilliard）在《纸牌魔术》（*Card Magic*）中写道：

> 拉尔夫·赫尔（Ralph Hull）先生是来自俄亥俄州克鲁克斯维的一位著名纸牌鬼才，多年来，他不仅用一系列纸牌魔术迷惑了普通公众，

也让很多专业魔术师、纸牌专家和业余魔术师们都陷入了困惑，他得意地将这套魔术称作“听声辨牌”……

赫尔的魔术大致是这样的：

> 他说：“小伙子们，现在，我要给你们演示一个新的招术，它叫‘听声辨牌’。这副牌可以很神奇地发出乐音。”赫尔将一副纸牌凑到自己耳边快速地翻动，自己静静地听着纸牌发出的嗡嗡声。过了一会儿，他说：“伴随着这些乐音的微微震动，我就能听到并感觉到每张牌所在的位置。我能挑出你想要的任何一张纸牌。随后赫尔把这副牌抹成一个扇面出示给大家，一位观众从中取出了一张，记下了它的牌面，然后又将这张牌放回了它原来的位置。“现在我就来听听这副牌，它都跟我说什么了？有提示我的声音？”嗡——，嗡——，赫尔在耳边弹洗了几次牌，然后又例行纸牌各式各样的规定操作，一派炫技之后，他果真亮出了之前观众选定的那张牌。

赫尔曾特意演示给同是魔术师的朋友们看，一遍又一遍地重复，看他们能否瞧出其中的端倪。可惜，没人做得到。其实，重复演示给观众看是纸牌魔术的大忌，当然，像这种伟大的招术则无须有什么担忧。很多魔术师想要买下这个魔术，可赫尔不卖。赫尔晚年将这个魔术的解密交待给了自己的一位好友，希利亚德，希利亚德后来将它写入了自己私下印制的书里。关于自己的魔术，赫尔曾说过：

> 多年来，我一直在表演这个魔术，数以百计次地将它展示给所有最好的专业魔术师和业余爱好者们看，但没人能看出其中的蹊跷……小伙子们在找寻答案时都太用力了。

很多伟大的魔术都有这样的特点：在你还没有意识到它是否开始时，招术就已经过去了。听声辨牌这个招数就全在它的名字“听声辨牌”（The Tuned Deck）里了，更确切地说，就在“The”这个单词上！就在他为热切的观众们演示自己的新招数，就在公布新技法名称的一刹那，招术就结束了。

赫尔用这个简单的方法吊足了观众们的胃口，中间加上一些明显的小失误，穿插着误导性的台词，还伴随着“嗡——嗡——嗡”纸牌发出的声音，然后，他使出一个相对简单又被大家熟识的纸牌招术 A（现在，我要揭开以往总是挡在前面的那层帷幕了，你会看到，那些专业操作上的细节反而不那么重要）。赫尔的观众都是一些很懂行的魔术师，他们能觉察出舞台上要演示的可能就是 A 招术，于是他们开始变得顽劣、不配合，极力阻碍这一招术的进展，他们想用这种方法来验证自己的猜想。观众席上已经出现了一些抵抗力量，而就在这个时候，赫尔转而又将这个招术“重演”，只不过这次他要展示 B 招术。观众席上又是一阵混乱，一番比较之后，大家开始推断，他这次展示的是不是招术 B？观众们又开始想尽方法阻碍赫尔的表演，因为他们想再次印证自己的猜想。赫尔继续演示“这个”魔术，只不过这下又换成了招术 C，当人们再去印证他采用的是不是 C 招术时，赫尔继而又转向了招术 D。当然，此时他也可以再回到招术 A 和招术 B，因为观众已经否决了这两种猜测。他继续这么切换下去，重复多次，每次在大家验证猜想之前切换到下一个即可。

赫尔知道，他的每一个招术观众们都非常熟悉，他只是比别人多明白一件事：只要加上一个定冠词“The”，就能让这堆常见的纸牌招术顿时销声匿迹，这就是“听声辨牌”。正如赫尔对希利亚德所说，

> 他走的是这样一个套路，让观众脑中的想法接二连三地破灭，最终，他们就会放弃再尝试去解开这个谜题。

赫尔的听声辨牌引入的是一个非常普通的词“The”——老天保佑！这个

温和的单音节词迷惑住了所有的专业级观众，消磨了他们的意志，让他们无法实现“跳出系统”。这个“The”总让观众们觉得自己就要发现那个大阴谋了，但又不断出乎他们意料。实际上，大阴谋可不止一个，而是一个接一个地出现，直到观众深深地陷入了泥潭，无法自拔。

我认为，查尔莫斯在向世界提出他的“困难问题”时，同样也使用了这套手法，当然他并非有意为之。“因难问题”真的存在吗？或许，困难问题和“听声辨牌”差不多，也是一大包招术，它们是查尔莫斯定义的有关意识的那些简单问题？它们只需要一些很平凡的解释，不用在物理学上有任何革新，也给不了我们什么意外惊喜。只要用认知科学的标准方法去研究，历经艰辛努力之后，它们终将解决。

我证明不了这世上真的没有那些“困难问题”，同样，查尔莫斯也无法确定一定就有。查尔莫斯只是直觉认为有这么一类“困难问题”，如果这个直觉能引出新的惊人启示，或者能为更多的疑惑提供解释，那我们还有必要尝试和他一起围绕这个直觉去建构一套新的意识理论，但它实在缺乏自身的理论活力，尽管要否认它也很难。

大家知道的意识的效用已有很多，而且会越来越多，它们有的普通，也有的比较独特。统统把它们都记录下来实为不易，而事实上，我们要格外小心别犯算术错误，自以为在整合好所有的简单问题之后，还剩下些不明来历的残余。这些残余可能早已在一些平凡的现象中安顿了下来，只是我们没注意罢了。一般来说，我们对这些平凡的现象都能给出清楚的解释，即使没有得出最终解释，至少探索的道路清晰可见，那为什么我们还会犯算术错误而不自知？我们会不会把有些现象数了两遍，或者已经解释了某现象，后来又忘了，从而没有把它们从这张“有待解释的现象”清单中抹去。思考一下，你面对卡普格拉先生，从某些地方看出了他的不对劲，但酿成这些差错的是两条完全不同的路径：

A. 他的色彩感受质的美学反应和情绪反应已经完全倒置，但他的感受质本身保持不变。

B. 他的色彩感受质是倒置的，但保留了对颜色的辨别能力，也能说出各种颜色的名称。

就像那些疯魔的观众揣测赫尔的招术那样，你可能会辩解：“A 不对，要说他的色彩感受质没有发生变化，我们唯一能给出的理由就是，他的命名和辨识行为都正常，而这两者根本不可能对感受质有所证明，因为它们都是认知与功能上的事实，本与感受质彼此独立。B 也不对，因为他只是对色彩的反应发生了变化，卡普格拉并没有抱怨相同的颜色为什么看起来先后不一，而是相同的主观色彩为什么不再对自己产生同样的吸引力。或许卡普格拉的色彩感受质真的已经改变，也或许没有，但请你记住，没有什么实证的方法能帮助我们做出判断！这真是一个困难问题！”

而这些辩解却忽视了这样一种可能性：感受质在 A 和 B 中不发挥作用。我们可以看到，鉴别装置在 A 和 B 中均正常发挥作用，但对于它生产出的信息，卡普格拉做出的反应却是倒置的。感受质充当的是一种无可抵挡的居间力量，它为情绪反应提供必要的基础、原材料和平台，所以倒置可能在两个地方发生：一是在感受质“呈现”给鉴别装置之前，一种是在感受质“呈现出”之后，鉴别装置要对已呈现的感受质作出回应时。这可真是一次承载颇多的“呈现”呀！我们知道，比如说，在知觉过程中，消极反应，例如惊恐、害怕等会被较早触发，从而“渲染”了后续的知觉输入，由此我们得出，可能是情绪反应让感受质带上了卡普格拉那样的主观特征，而不是感受质的“内在”本质引发了情绪反应。但是，如果问题真的出在对知觉输入的情绪、审美、或者情感反应这个环节，那么在感受质方面就没什么文章可做了，殭尸就会和有意识的人一样因为知觉反应的倒置而灰心丧气。

听声辨牌这个故事为感受质其他的那些直觉泵带来了哪些提示呢？事实上，这个真实的案例告诉我们，即便博学睿智的专家也会仅仅因为问题呈现的方式而捏造出一些虚幻的问题。这样的事情时有发生，也将会继续发生。由此引来一个新的问题，我们有责任提供证据：怎么才能看出我们是否已陷入了一个类似“听声辨牌”那样的骗局？我并不是为感受质的问题盖棺定论，而只想建议那些深信僵尸直觉的人再重新考虑一下这个概念，看看它是不是果真那么“显而易见”。

60

“中文屋”错在哪里

理解可以从一堆能力中冒出来

20世纪70年代末，人工智能喧嚣一时，夸大了该领域的现状和前景：思考机器就在眼前！而约翰·塞尔却坚信自己看透了其中的破绽，还构筑了一个思想实验予以说明。1980年，在文章《思想、大脑和程序》（*Minds, Brains and Programs*）中，塞尔提出了“中文屋”这个著名的思想实验，试图证明“强人工智能”不可能出现。他这样界定“强人工智能”：“给计算机适当的编程让它拥有认知状态，只要运行程序就可以解释人类认知。”（Searle, 1980, p. 417）随后，又进一步阐明：“适当编程的计算机，如果输入输出均正确运行，那么它就能拥有完整意义的人类思想。”（Searle, 1988, p.136）

众所周知，1980年，在认知科学核心期刊《行为与大脑科学》（*Behavioral and Brain Sciences*）和它的网站论坛上发表的文章都有这样一种特殊形式：围绕一个问题会有多篇长篇的“专题文章”，之后还附有数条领域内专家们的评论及作者们的回应。网站论坛极力追求的是跨学科讨论，各个学科的代表专家纷纷发言，这就为读者们提供了及时且有用的反馈。一篇专题文章能否引起其他专家重视，他们是如何认真对待这篇文章的，这些可以帮助你预测一篇文章能否可以为己所用以及如何利用。另外，与自信的讨论者们发生激烈对峙，无视彼此，各说各话，或是参加到一个拥有最强实力的学术战斗团体中，这些体验也能让你了解到很多跨学科讨论上的困境。塞尔的那篇专题文章引来了一系列激烈的反驳,包括我自己在内（Dennett, 1980）。也正是那个时候我发明了“直觉泵”这个术语，协助我揭露出塞尔那个思想实验给大家带来的误导。

虽然“直觉泵”是我发明的术语，但也借助了侯世达的力量，我是在与他一起讨论塞尔文章的时候才萌生了有关“直觉泵”的想法，后来我们还将塞尔的文章连同评论一起放入了我们的文集《心我论》（*Hofstadter & Dennett*, 1981）。我对塞尔的这个思想实验感兴趣，出于两个原因：一方面，这个论证确实有误导性，它在欺骗读者；而另一方面，它又是那么有说服力，读起来实在让人感到愉悦。那么，这个思想实验是怎样进行的，为什么会如此运行？我们曾用逆向工程的方法探索过这些问题，侯世达建议我们要“转动所有的旋钮”，去看看这个思想实验是如何运作的。这个故事可以经受住较大幅度的“变形”吗？还是它得严格取决于本应是随意设置的细节才能成立？①

我必须承认，在 30 年前，塞尔中文屋的思想实验确实有着非凡的感染力和影响力。它堪称经典，在成千上万的本科教材中出现过，至今被讨论过无数

① 侯世达从塞尔文章中的一个用语“几张纸”入手，向人们细述了塞尔如何将他那个软件的规模和复杂程度低估了数个量级。在我们这本书中，侯世达对塞尔的评论稍带批判色彩，这招致了塞尔 1982 年在《纽约书评》中的一顿恶骂，原因是侯世达手一滑，在自己的评论中将塞尔文中的“几张”写成了“几片”，尽管我们确实是如实转载的文章，但塞尔却硬说我们误传了他的论述！如果他说的情况属实，如果一个无意的微小变动真的可以改变整个机制的运作，那在某种程度上不正好证实了我们的观点。如果一个那么小的细节就能从根本上左右一个思想实验，那么人们更应该多留心这类实验“泵”出的直觉了。

次。我在自己的课堂中也曾多次引用它，我想研究它是如何运作的，还想试着向人们展示出它的问题所在。①

为此，我要先展示这样一个直觉泵——吊杆托架，它存在一些问题，所以要小心使用，以免丧失想象力。对于我即将展开的这项细致的工作，我想你们听过后就会默默把眼睛瞥向别处，甚至向我“哼”一声，实在不想看我毁了“中文屋”这个设置，你们多么喜欢这个结论——吁，根本不可能有强人工智能存在！所以此时，你们目光呆滞地望着远方，盼着谁能再悉心研究出一个生动有趣的论证。我看不起你们，你们贪恋的只是好不容易有个著名的哲学家写了一篇文章，为你们的想法提供权威论证，为此你们高兴极了。你们真正关心的不是细节，只是结论，这是一种逃避，一种反理智的逃避行为！

但随后我也发现自己做了同样的事情，我必须重新考虑我的判定。我承认，我一直都觉得量子力学莫名让人讨厌，因为再怎么努力我都无法把它弄明白，有时候，我宁愿它是无中生有！我深知它对一些现象的预测和解释让人心服口服，其中包括很多日常现象。例如，光的反射和折射、我们用眼看事物时视网膜上蛋白质的运作等等。量子力学是一门核心科学，但即便是量子力学的专家们也未必能将它完全弄懂。我曾多次尝试想要掌握量子力学的数学运算，可最后都以失败告终，所以，面对围绕它展开的各种科学讨论，我只好充当无能为力的旁观者，尽管我也觉得有趣。但即使这样，对于博学多识的专家们所给出有关量子力学的诸多说法，我也仍持怀疑态度。

后来，我读了著名物理学家“夸克之父”默里·盖尔曼（Murray Gell-

① 侯世达在《心我论》中很专业地表述道：中文屋这个直觉泵至少有五个旋钮，他会依次转动这些旋钮，从而派生出一系列不同的思想实验，引出不同的结论。在结论中，我写到：

直觉泵上每一个旋钮的变动都会让相关叙述变得稍有不同，这时，原有的问题可能会暂时隐藏，而不同的寓意则会浮出水面。所以，我们要仔细审查，确定哪个或哪些版本的叙述是可信的。如果直觉泵的创造只是为了尽量简化而不是为了压制不相关的干扰，那么我们最好不要轻信由它引出的那些结论。（Hofstadter & Dennett, 1981, p. 460）

Man）的《夸克和美洲豹：在简单和复杂中冒险》（*The Quark and the Jaguar: Adventures in the Simple and the Complex*），这是一本专门为我们这些非专业人士撰写的科学读本。让我喜出望外的是，盖尔曼采用的是一种轻松的语调，字里行间透出启发性，他叩击混淆视听的歪门邪说，透见了久违的光明，一举取得了大家的好评。请参照他“量子力学与胡说八道”（Quantum Mechanics and Flapdoodle）一章来理解我要表达的意思。我心里默念：“再来一击，盖尔曼，揍扁他们！”这位世界闻名的物理学家正在用我能明白的论述支持我对量子力学的种种偏见，这不正是我所理解的量子力学吗？但紧接着我又心头一颤，我真正理解了他的论证了吗？还是说，我只是近似理解了这些论证？我敢保证我没有受到他某种“花言巧语”的诱惑吗？此时，我不希望再有其他的物理学家出现，向我表明自己只是受了盖尔曼权威言论的蛊惑。我太喜欢他的结论了，不想再去考察他论证的细节。这跟你们的状况真是如出一辙。

但也有些不一样。我是在参照了很多专家的相关著作之后才对盖尔曼的作品给出了那样的评价，我的态度始终认真谨慎，至少到目前为止是这样的。而且，我也时刻准备接受，在之后的某一天，盖尔曼的那些“共识”也变成了想象力失败的一个案例而不再是之前深刻的观点，尽管它们是那么有魅力。我恳请你们也能用这种开明的态度来看待我在分解销毁塞尔中文屋的过程中所付出的那些努力，我也尽量把这件事情做得更易于让你们接受。

再回到20世纪50年代的图灵测试。在这个测试中，“法官”会试探性地跟两个实体展开交谈，一个是人，另一个是计算机。它们与“法官”对话时都要隐藏身份，只能通过“电传打字机”（可以想成屏幕配上键盘）才能完成交流。那个人要竭力向“法官”证明自己的真实身份，而计算机的任务则是要让“法官”相信自己才是人类，如果“法官”没能切实说出两者的不同，就证明计算机（程序）通过了图灵测试。这时我们说，计算机已经不只是具有智能，它“已经在最根本的意义上像人类那样具有了思想”（1988 年塞尔在书中这样说道）。

对于这个领域的大多数人来说，为什么图灵测试会是检验强人工智能的试金石？因为和图灵一样，大家都认为，没有理解能力就完成不了那种对话，如果哪台计算机能成功完成这样的对话，就说明它已然具有了理解能力。①但事实上，图灵测试根本区分不出或者说不能区分哪个是僵尸哪个是“真正有意识的”人，因为一个有意识的人可以做的事情僵尸也照样能做。正如很多人所认为的，“通过图灵测试的实体，不仅是智能的，而且是有意识的”这个说法与僵尸直觉背道而驰。所以图灵测试不能算是个好的心智测试，但在仔细考察相关细节之前，我们先暂且保留这种判断。在我们形成一串意识流的地方，那个通过了图灵测试的程序就能形成一股殭尸式的非意识流，这明显对僵尸直觉构成了挑战，因为僵尸直觉告诉我们这两者之间存在着实质性的差异。殭尸程序只拥有近似意识吗？让它功亏一篑的地方到底是哪儿？也许，塞尔的直觉泵就是想让所有贬低“强人工智能”的那些说法看起来都像是归谬论证。

塞尔请我们想象这样一幅场景：他被锁在一间屋子里，手动模拟一个巨大的人工智能程序，假设这个程序能理解中文。塞尔保证，这个程序能够从容应付图灵测试，能让自己经受住人类对话者企图将它从真正理解中文的人中区别出来的所有考验。而被锁在屋子里的那个人，塞尔，他不懂汉语，屋子里也没有其他理解中文的东西，塞尔能做的只是按照程序不停地操纵一些符号串，从中根本无法理解中文。屋里除了塞尔和“几张写着指令的纸条”，其他什么都没有。塞尔只靠精确地遵循这些指令手动模拟这个庞大的程序。如果塞尔不懂

① 大家都认为这与笛卡尔的说法类似。1637 年，笛卡尔在《谈谈方法》中写道，将一台机器和一个装有无形灵魂的人区别开来的最好方法是与他们对话。

这种机器的确可能存在：它可以说话，会恰当地说出自己的行为状态或者引起自身机体变化的那些物体。看起来，好像你碰它一下它它就会问你想说什么，一受伤它就会哭泣似的，诸如此类。但面对同样的问题它只能提供同一个答案，就像那些最愚蠢的人一样。

而图灵直觉泵的发明是否受到过笛卡尔这个直觉泵的启示，现在我们已无从考证。

中文，那么当然（叮！），再加上几张纸他也照样不懂，所以，中文屋里没有可以对中文产生理解的东西，但它确实有强大的对话能力，足以在说中文的人中间以假乱真。塞尔和计算机一样，只会根据字符形状辨别出中文，对于他们来说，中文字符只是一些各不相同的无意义的“涂鸦”。所以，有塞尔在的中文屋只不过是计算机程序的一种实施方案而已，该程序所有的工作都无需对中文有任何理解，不管是在硅芯片上运行还是由塞尔操作。

真是个既简单又可靠的思想实验！还有哪里有错吗？哦，有。这个思想实验一在伯克利公开就引起了计算机专家们的反驳，塞尔将其称作“系统回应”理论，他们说道：

> 的确，锁在屋里的人类个体看不懂中文，但他只是整个系统的一部分，而整个系统是能形成理解能力的。个体面前摆着一本总账簿，上面写着各种规则，有大量的草稿纸和铅笔供他运算，他还有一整套中文字符的“数据库”。所以，形成理解绝不仅是一个个体的事情，它是隶属于系统的，个体只是其中的一部分。（Searle, 1980, p. 419）

塞尔随即形象有效地做出了下面的回应：

> 这让我觉得有些尴尬……，如此展开一个理论真的有些不可思议。你们想说的意思是，一个单独的人不能理解中文，但是以某种方式联合上几张纸条就能把中文弄明白？我真的不能想象，若没有某种意识形态的笼罩，一个人要怎样才能相信这个想法。（Searle, 1980, p. 419）

让塞尔觉得不可想象的其实是图灵的那些基本洞见，利用它们图灵想出了有关存储程序计算机的理念！所有的能力都在软件那儿。回想在 24 章中我们介绍的寄存器机，单独的寄存器机根本不理解什么是算术，但是与软件联合起来，它们就能将算术完美实现。笔记本电脑上的国际象棋程序其实对国际象棋一无所知，但只要程序开始执行，它就肯定能赢过你，其他对峙也是如此，这就是笔记本电脑的强大威力。被塞尔称作意识形态的东西也是计算机科学研究的核心，它发展的每一步都走得坚定稳固。要完全复制出人类的能力并最终完成理解，需要在虚拟机上叠加虚拟机，在其上再叠加虚拟机，能量和能力完全由系统承载，它们从来不是隐藏在硬件里。图灵完美地重复了达尔文“奇怪的推理倒置”，创造出了自己的“奇怪的推理倒置”（Dennett，未发表）：在图灵之前，我们总以为人类所有的能力都来自于他们能理解，理解是所有智力的神秘源泉，现在我们才认识到，理解本身其实是一种效果，它从成堆的能力中冒出来，是各种能力层层叠加生成的。

细节是关键。塞尔从来没有告知他的读者，自己要在一个什么样的水平上手动模拟那个庞大的人工智能程序。他大概以为只要依照程序这样运行就可以：

> 现在，假设在接收到第一串中文字符（输入）之后我又接收到了第二串中文字符，与此同时还有关于怎样将两串文字联系起来的规则。规则是英文写成的，与英文母语的人们一样，我能够理解它们，能按照它的说明将一串规整的符号联结到另一串规整符号上。现在，还假设我又收到了第三串中文字符和一些提示，这些提示也是英文的，引导我将第三串字符中的某些因素与前两串字符联系起来，帮助我根据前面特定中文字符形状回应第三串中文字符中的某些相同形状的字符。（Searle, 1980, p. 418）

塞尔将如何联结这些“字符串”与“英文屋”做了对比：输入的不是中文而是英文句子或者故事，继而他直接用母语英文回应。

> 从屋外来看，即仅从某人阅读到我的“答案”这一层面来看，不管针对的那个问题是中文也好是英文也罢，我所给出的中文答案和英

文答案都不错。只是，对于中文案例来说，我是通过不经理解地操纵形式符号得到的，这与在英文案例中截然不同。（Searle, 1980, p.418）

看起来挺规整的一个类比！但我们要看看塞尔漏掉了什么。我们知道，塞尔收到了英文的“一套规则说明”，也就是所谓的提示，它们与“将寄存器 39021192 中的内容添加到寄存器 215845085 的内容中（机器码）”或者“定义一个常量的列队大小并将它设置在 100（源代码）”这样的指令不同。塞尔是把自己闷在地下室，以每秒数万亿计次惊人的速度在操作计算吗？或者他是顺着程序的源代码在其上又叠加了多层操作？在遵循着源代码行进时他是否也读到了注释？最好不要，因为这些注释并非程序的一部分，它们只是为了给塞尔提示一些程序走向的线索，比如，“这是为了分析句子，生成名词、代词、动词、修饰语，并确定它是疑问句、陈述句、祈使句或者感叹句”，然后，在几十亿次操作之后，还会有“发现双关语，切换到应答模式……”，之后又是一套更加详尽的数十亿次的操作，在这个过程中，引用得到了精炼，备选答案就像对棋步不同走法的预测分析那样得到了评估，最后生成一个输出句子。

如果塞尔要手动模拟一个程序去进行一套感染人的中文对话，那么需要查阅数量庞大的数据库，可不仅仅只是“一系列中文字符”；正如他自己所说，至少要参考到以中文为母语的人能共享的所有日常知识。在塞尔手动操作的时候，他是根据提示进行各个层次的认知活动，还是完全仅依靠大量运算呢？

任何能够通过图灵测试的程序都必须经过一番“理智”操作，它与我们在展开对话时自己要经历的理智活动极为相似。假设，图灵测试中的提问者开始用苏格拉底式的问答方式裁选量子力学学科的候选人，给出一些简单的问题让这些测试者们来作答。要通过这样的测试，引擎室里的塞尔不得不通过精心设计的智力练习来阻止对话的结束，但当他结束这残酷的测试时，仍和刚进来时一样对量子力学一窍不通。相反，系统在测试结束时对量子力学的理解却深厚多了，因为它已经完成了相关练习。这个有关图灵测试的特殊案例会在程序中安装一个新的虚拟机，即简单的量子力学虚拟机。

我提到的这些事实，几乎全被塞尔那“几片纸张”和“规则”可以助他“关联”起中文字符的设想所掩埋。这并不是说，塞尔有意隐瞒了他所想象的手动模拟程序的复杂程度，我想说明的是，他忽视了这种复杂性到底是一种怎样的复杂性。如果你所设想的程序只是相对简单的一系列规则，那么就像遗传学家贝特森思考“染色质颗粒”那样：“在任何已知的测试中都无法区分彼此，它们确实是同质的。”你当然会感叹，程序的理解力竟然那么“不可思议”，就像你同样也会感慨 DNA 的力量不可思议一样。

现在看看，到目前为止我们都做了什么？我们已经转动了塞尔直觉泵上的旋钮，试图操控有关程序运行在不同层面上的描述。描述的层面当然有很多，在最高层次上，系统的理解力量没有超出我们的想象，我们甚至能洞察到系统如何理解了自己的所为。系统的回答不再令人感到尴尬，而令人感到很正常。但这并不表示，塞尔口中批判的人工智能已经达到能被称为有理解能力的那种水平，或者它们的运行方式在经由人工智能研究者想象延伸之后，就能够形成如此高超的能力。这仅表明，塞尔的思想实验并没有成功说明他想说明的那个问题：强人工智能不可能形成理解。

除此之外其实还有一些可以转动的旋钮，但我这个直觉泵已经在中文屋引出的庞大语境中得到了充分发挥。这里，我想集中讨论的并非中文屋所关注的理论和主张，而仅是“思考工具”本身，企图揭露出这件工具的缺陷，因为它在用晦暗不明的想象力而不是不断开拓出的正确想象力在说明问题。

61

从火星来的远程克隆人

他还是原来的那个“他”吗

你看到东方升起了月亮，西方也升起了月亮。你看到两个月亮在寒冷的黑色夜空上彼此靠近，紧接着擦肩而过，又继续在自己的轨道上行进。你站在火星上，距离自己的家园数百万公里，虽然有一层脆弱的薄膜（地球上的科技成果）裹着你，保护你在这颗红色星球的荒漠上免遭酷寒和死亡的威胁，但你已经坏了的太空船却怎么修都修不好。你被搁浅了，再也回不去了，你的星球、朋友、家人都永远留在了视线的尽头。

等等，也许还有希望。残破的太空船上有通信舱，你在里面找到了一个传送器“远距离克隆机马克四号”和它的使用说明书。你打开它，把光波调到地球上远距离克隆机可接收的波段，然后你进入发送舱，传送器会将你的身体快速分解，产生分子结构图，图纸通过光波发送到地球，随即，地球上接收舱的储备井里就填满了你身体所需的原子，它们会按照随光波传来的图纸迅速把你组装起来！你以光速返回了地球，你回到了朋友和家人的怀抱，开始跟他们细说你在火星上的奇遇历险。

最后一次检查太空船，你确定远距离克隆机是你最后的希望。走投无路的你打开了传送器，按下右面的按钮，进入发送舱。五、四、三、二、一，眼前一闪！你推开门，走出远程克隆机接收舱，来到阳光下，多么熟悉的气息，你回来了！从火星到地球那么远的距离，你被远程克隆了一下却依然毫发无伤。从那颗可怕的星球上死里逃生回来当然得开个庆祝会庆祝一下啦！朋友和家人都围绕在你身边，你突然发现，与上一次见到他们相比，每个人都有变化。毕竟都已经三年了，你也老了些。看看自己的女儿萨拉，她现在已经 8 岁了，你在想，“这还是当年那个坐在我膝上的小女孩吗？”“哦，这当然不假”，你马上反应过来，同时你也承认，要是单靠搜索记忆推断她的身份，自己可能真认不出她来。她长高了，俨然成了一个大姑娘，懂的东西也多了。事实上，她身上几乎所有的细胞都已不是你当年看到的那些了。但尽管她长大了也变高了，尽管她身体的细胞早已更换过多次，但她仍旧还是你三年前吻别的那个小女孩。

马上你又心头一颤：“我果真还是三年前吻别过这个小女孩的那个人吗？我真的是这个 8 岁小孩子的妈妈吗？或者我已经是个全新的人了，只来到这世上几个小时，我只是保留了之前那些岁月所谓的记忆？”在远程克隆机发送舱里分解消失之后，这位年轻的妈妈是不是就死在火星上了？

我已经死在火星上了吗？哦，不，肯定没有，我这不是活生生地在地球上吗？有没有可能，有人，也就是萨拉的妈妈已经死在火星上了？那我就不是萨拉的妈妈了？但我肯定是呀！我走进那台远程克隆机就是为了能回到我的家乡、见到我的朋友和家人。但我现在有点儿记不起来了，是不是在火星上时我根本就没进过那台远程克隆机？如果真的有人进去过，是不是另有其人？

诡异的远程克隆机是运输工具，还是谋杀机器的一个代名词？萨拉的妈妈在这次与远程克隆机纠缠不清的经历中到底是生还是死？她想的是要活下去，她没有选择自我毁灭，她走进那个传送舱是为了有希望能生还。她冒险因为她无私，她必须采取措施，不能让自己的女儿萨拉失去那个深爱她想保护她的人；同时她也是自私的，为了脱离险境她只能殊死一搏。或者这些都只是看似如此。“我怎么知道这事情看起来会是怎样？因为我是当事人，是个心有所念的妈妈。我是萨拉的妈妈。事情就是这样。”

毫无疑问，我们可以远程传送一首歌、一首诗或是一部电影，这类东西“由信息构成”，那么，它们的本质在传送过程中会有缺损吗？要求可以在文档上留下电子扫描合法签名的呼声铺天盖地，想来，我们不情愿接受人的远程传送会不会像反对电子扫描签名一样有些不合时宜？哈佛大学学者协会是不会接受我推荐信上的扫描签名的，他们要求我用手的实际动作留下那串晾干的墨迹，所以我坐着出租车在贝鲁特转了大半天才拿到材料，在奶油色的高档书写纸上签了名，又连同相关表格给他们快递了过去。我了解到，现在学者协会改变了这项政策，但我仍然希望哈佛大学还是能在其颁发的学位证书上盖上封蜡章，尽管没什么利害关系，但这种传统承载着荣耀。

62

叙事重心

究竟什么是自我

什么是自我？哲学家们跟它纠缠了好多个世纪，这个关于“不朽灵魂”的概念，它非物质、不可言说，迷惑了众多思想家，让他们误入迷途，一下就是上千年。好在这个概念当年的势力如今已慢慢退去。“人死了，精神就会升入天堂”，人们越细想这个观念就越是觉得不合理，很明显，它的存在，连同着妖精和巫女的传说，只是为了不让我们抛弃这些念头。而我们之中的那些唯物主义者，他们认为精神其实就是我们的大脑，这种理解相对比较正确，但他们仍旧还是要面对这个问题：为什么人类会有一个看似是精神的东西？或许这样问更清楚：为什么每个人都有精神这么个东西进驻在身体里，更确切地说是大脑里呢？当我审视内心时，能找到那个自我吗？

著名哲学家大卫·休谟（David Hume）看不上这种想法，他在 1739 年写下了这段著名的言论：

> 就我而言，在我无比亲密地走近所谓的自我时，我总能无意中发现一些有关冷或热、亮或暗、爱或恨、痛苦或愉悦之类的独有知觉。只有动用知觉我才能捕捉到自我……如果哪个人在经过了严肃公正的反思后仍然认为，他心中的自我还有另外一副模样，那很抱歉，已经没有再辩论的必要了。我只接受，也许他与我一样有理，只不过在这方面我们是本质上不同的。也许他能清晰、连续地感觉到他所说的那个自我，但我在自己身上没找到这个东西。（1964, I, iv, sect. 6）

休谟半开玩笑似地承认，对于那些天真地从自身毫无创意的体验来推演别人经历的人来说，如果他们总是用这样的方法来思考“我是不是个僵尸（当然也包括殭尸）”，那么从别人那里得到的可能总是不同的回声。我这么猜的，可别当真。

什么不是自我倒是清晰明了。自我不像杏仁体或者海马体，它不是大脑的一部分。大脑额叶在我们考量自己的境况、目的、知觉等时总是起着至关重要的作用，即使这样，也没有人会错把自我定位在大脑额叶那里。前额叶切除术是一种很可怕的外科手术，它“只为患者的自我留下了一个影子”，但它并不因此就变成了一场自我切除手术。就像一个很老的笑话讲得那样，我宁愿在那儿放只空瓶子也不愿做那个前额叶切除术，不过话说回来，不管哪种情况，“我”都实实在在经历着。

那自我会是什么呢？我觉得它应该是一种类似于重心的东西。重心是一个抽象概念，尽管它很抽象，但与物质世界紧密结合在一起。就像其他所有的物质事物一样，你也有一个重心，准确说是质量中心，不过在此我们先忽略这些细节问题。如果你的重心比同体重的人高的话，那么保持直立对你来说就比别人要难一些。有很多方法可以测出重心，它的位置取决于很多因素，比如穿的鞋子或者最近一次吃饭的时间，随着这些因素的变化，重心在身体中间的一小块区域游走。它是一个理论上的点，不是哪个原子或者分子。一根钢管的重心并不是由钢构成的，也不由任何什么东西构成，它是空间中的一点，在贯穿钢管中心的中间线上，到钢管两端的距离相等。

仅就重心这个概念来说，它就是一件不错的思考工具。重心实际是把事物的物质颗粒联合地球上所有物质颗粒所受的引力平均化后得出的，它最终归结到了地球的中心（地球的重心）和事物的重心这两个点上，能帮助我们计算出事物在不同条件下的行为。举个例子，一个物体，只要它的重心超出了支撑架的托举面，就肯定会掉下来。当然，在牛顿发现地心引力这个概念前，我们对重心就早有一些直观的理解，比如“快坐下，船摇得厉害”。

现在我们来说说这个概念在细节上是怎么操作的，以及它为什么这样操作。举个例子，如果我们打算设计一辆车或者一台落地灯，要想降低它们的重心，或者使重心处于更合适的位置，在好多设计因素上，我们就必须得考虑“重心”这个概念了。也许它只是“理论家的一个虚构”，但那也是一个非常有价值的虚构，从它上面能生出很多真实的解释。如此这么一个抽象的、没有物质存在的东西真能引出些什么吗？并不那么直接，但是将使用重心的解释与单纯使用因果关系的解释比较一下，重心的作用就体现出来了。为什么即使帆船倾斜得厉害，咖啡杯也不会翻倒？请比较一下“因为咖啡杯的重心很低”和“因为咖啡杯紧贴甲板”这两种解释。

我们会把重心看成是理论家的虚构，原因可能是它其中掺杂了一些虚构色彩，即有关不确定性的一些奇怪设定。阿瑟·柯南·道尔在自己写的推理小说中也赋予了福尔摩斯很多特点，他没有写到的就说明福尔摩斯不具有。作者从没有提到过福尔摩斯有三个鼻孔，所以我们就有理由认为福尔摩斯真的没有（Lewis, 1978），我们也知道他从没有重婚。对于某些问题，我们大可以如此推测，然而，还有这样一些问题，它们是无解的。在他的左肩上是不是有颗痣？

他是不是英国作家王尔德的堂弟？他在苏格兰有自己的别墅吗？对于一个真实的人来说，类似这样的成千上万个问题，即使我们不去询问，答案也会安静地待在那里。但于福尔摩斯而言就不一样了，他只有柯南·道尔为他虚构出的那些特点，以及在此基础上推论出的一些东西。一个单纯的读者可能会相信福尔摩斯确有其人，他也许很想知道，在开往奥尔德肖特的火车上，那个售票员的个头比福尔摩斯高还是矮，但如果明白什么是虚构，他就不会再问出这样的问题。这种情况也适用于重心这个概念：如果你已经把"重心"看成是理论家的虚构，还卯足了劲儿一定要弄清楚"它到底是不是中微子"，那么我只能说你还未得其要领。

叙事重心又是什么呢？它同样也是理论家的虚构。设置这样一个概念是为了能把构成一个人的那些变幻莫测又纷繁复杂的动作、表达、烦闷、抱怨和诺言等统一起来，让它们变得可以理解。它负责组织在人类层面上给出的各种说明。你的手签订不了一个合同，而你能；你的嘴巴说不出谎言，而你可以；你的脑子记不住巴黎，而你行。你是你鲜活身体"所有履历的所有者"，根据它我们才知道你是你。就像我们所说，你的身体投你所好。我们可以把世界所有其他的地方和树立于地面的方尖塔之间的万有引力简化成两个点间的作用力，也就是地球的中心点和方尖塔重心间的作用力；同样，我们也可以把两个自我之间的互动，例如握手、对话、墨水涂鸦等简化成是买方与卖方，两者只是在完成一笔交易。每个自我都是一个人，有自己的履历、"背景"，还有许多正在做的事。与重心不同的是，自我没有贯穿着时间和空间的轨迹，他一边行进一边收集自己，随时积攒记忆，一路设想着自己的预期和计划。

每个人都想否认掉自己身上的一些不光彩的地方，但做了就是做了，已经展开的叙事无法再修改，除非借助传记的力量在之后重新诠释。"做那件事的时候，我已经完全不是我自己了"，我们常说这句话，而能容忍如此矛盾的自我辩解也算是我们的明智之举。要是一个人在做过一件事之后马上对你说“这绝对不是我想做的”，那他想表达的可能是，恳求你不要对他当时的行为妄下定论，不要从这些事情推断他未来的作为。你可能会相信，但也可能不信。类似这样的说法还有：“我不去做，谁做？”“我鬼使神差地做了那件事。”重申一下，对于这些话，你通常接受的不是表面意思，这些话真正否定的是指导说话人行动的那些性格和动机，这会牵扯到我们下一章中要阐述的两个概念“责任感”和“自由意志”。但是，现在请注意，我们需要借用自我这个概念在你做了什么和什么事情发生在你身上之间划出一条界线，先不论这条界线划得有多武断。

每个物体都有一个重心，每个活生生的人也都有一个自我，更确切地说，每个现存人类的身体都是某个自我的身体，自我住在身体里，是身体的管理者。而这样的管理者只有一个吗？一副身体就不能由两个或者多个自我共同拥有吗？像多重人格疾患“表面上”就是多个自我进驻一个身体的情况，其中有一个主导自我（那个“主人”），后面跟着一群“替代者”。我之所以会加上“表面上”三个字，是因为业界其实对这种病情的诊断一直存在争议，大家从那种明目张胆的欺诈行为一直争论到二联性精神病（在这种病例中，医生如果经验不足，稍不谨慎就会让病人的精神变得更加混乱），再到一些很罕见又真实存在的病例，这些病例往往有很多人添油加醋地模仿。多年来，我和心理学家尼古拉斯·汉弗莱也一直在探讨这些研究和处理方法，后来我们得出结论——所有人都是对的！欺骗和夸大其词随处可见，也总能碰上热切的病人对峙好骗的医生，如此种种。哦，是的，尽管这些走火入魔的谈话者都有他们详细的说辞，但其中的很多状况还是能在一些最基本的案例中找到。我们毫不惊讶地认识到，多重人格只不过是正常生活状态的加剧版本而已，我们多多少少都体验过。我们大部分人都在工作上、家庭中过着截然不同的生活，其中每一种情境都会让我们养成不同的习惯和记忆，但这些习惯和记忆并不能很好地适应其他情境。

就像社会学家欧文·戈夫曼（Erving Goffman, 1959）在他有关这个话题的一本经典著作《日常生活中的自我呈现》（*The Presentation of Self in Everyday Life*）中所叙述的那样，我们总在把自己展现成真人戏剧中的某个角色（丹尼特教授，从路人到爸爸再到爷爷等等），也能轻而易举地得到配角们的配合，因为他们也在以同样的方式展现着自己。为了完美地实现自我展示，我们互相串通，随时准备为彼此的生活轨迹添砖加瓦。如果有谁因为怠于扮演本来的角色而破坏了剧情的顺利延伸，那结果就会变得尴尬、好笑，或者更糟。忠于职守需要钢铁般的意志。想象一下，你刚在宴会上碰见一个人，他要怎样展现才能表明自己的身份？是一本驾照，一本护照，还是一头向你冲过来，准备给你一个大大的拥抱？人在极端的困境中，往往会采取比较极端的应对措施，而假装已深陷绝望几乎成了他们的第二天性。当事情变得越来越棘手，你径直走开，只留下另一个不同的叙事重心、一个不同的角色，它要全副武装，随时准备应对麻烦。

我和汉弗莱认为，在采访一个假定患有分离性身份识别障碍的患者时，你总觉着他会是一位在绕过强行询问技术上炉火纯青的大师。为了看出性格的一面是否真的会对性格的另一面正在做什么或者说什么没有任何记忆，你要提出一些问题要求对方立即作答①，或最好设置一些小陷阱，为此你必须彻底变得粗鲁，甚至严重冒犯对方；你还会发现，对方总能礼貌地戏弄过去，连眼都不眨。行骗高手们能凭借高超技术有意为之，但人格障碍的无辜受害者在转换性格时却并不对此有所意识。在某种程度上，性格转变在每个人身上都会发生。但这只是虚构的人物，不是吗？真正的人格才是主人，对吧？然而，事情并不那么简单。

① 这些问题有：你怎么知道谁是主人，谁是替代者？当你发现自己近期的记忆中充斥着几小时到几天的空白时，你难道不惊恐吗？

事实是，那个你扮演的人，不管是多重角色还是单一角色，他才是你的叙事重心。你的朋友通过你的扮演角色认识你，“你今天不像平时的你”，在多数情况下，你自己也得通过这种方式看待自己，当然这稍显夸张了，“哦，我的天呐！是我做的？我不会这么做！”专业小说家和大骗子手一样，总能巧妙地运用叙述手法把一些细节扩大化。而我们这些其余的人，虽然不专攻写作但也是才华横溢，基本上，我们不知不觉就会围绕那些细节巧妙地缠绕上我们的故事，像蜘蛛织网一样，完全是自然为之而绝非艺术行为。与其说我们在用大脑编织我们的故事，还不如说是大脑在用故事编织我们自己。当然，每个人都有一个实实在在不可否认的核心经历，然而，随着岁月流逝，其中的大部分会渐渐变得无效，形同虚设，与你现在是谁再无多大关系。在你的生命历程中，为了自我维护和自我改善，你可能还会主动放弃、否定、甚至“忘掉”自己的某些经历。①

有些关于你过去的事情很容易回答。你是否跟一位电影明星跳过舞？你去过巴黎吗？你骑过骆驼吗？你曾经徒手把人掐死过？答案或许不一定，但回答起来还算简单。试想一下去问某个人最后一个问题，他突然停了下来，陷入沉思，然后开始抓耳挠腮。如果出现这种情况，你要注意跟他保持安全距离！其中的原因是，我们对自己足够了解，知道自己是否曾跟一个电影明星跳过舞，是否去过巴黎、骑过骆驼，或者掐死过某人。

现在开始回忆往事，如果问题中的事情“没有出现在脑海”，我们就把这种空白理解成对提出的问题给出否定回答。为什么我们如此肯定这就是正确回答的方法？你会为所有从未做过的事情列个清单吗？你会为所有从没

① 在艾略特的一部诗歌剧《大教堂凶杀案》（*Murder in the Cathedral*）中，当问及过去发生在贝克特身上的事件时，他回答：

你说起的季节已经过去。
我只记得不值得遗忘的事。

去过的地方列个清单吗？再来看看下面这些看来差不多的问题：你跟一个叫史密斯的人跳过舞吗？你去过一个卖地板蜡的杂货店吗？你乘坐过一辆蓝色的雪佛兰吗？你是不是打碎过一只白色的咖啡杯？这些问题，有的很好回答，有的你无法回答。有的问题太琐碎了，你甚至回答错了都不自知。为什么你能记得自己是否做过这些事情呢？很多我们经历的事情其实并不怎么让人难忘，有些我们做过的事情，无论好与坏早已从我们的叙事重心上脱落掉，也有很多没有发生的事却傻傻地被我们的叙事重心吸收了进来，原因是它们可能有助于我们成为人物 t。你所拥有的是经验和才华、庄严的意图和白日梦的幻想，把它们的总和装进一个大脑和身体里，赋予一个特定的名字，那就是你。认为你、自我精神中除此之外还有一种特殊的不可分割的东西，这只是一种吸引人的幻想。要想去了解一个人，问问他的理想、希望、英雄主义或者罪恶就足够了。

叙事重心虽说不是一块有关神秘精神的稀世珍宝，但毕竟也是一种抽象的概念，如此，我们是否能够系统地研究它？是的，可以。

63

他者现象学

人类语言的妙用

他者现象学（heterophenomenology）并不是直觉泵，它是一个脚手架，我们有必要在解决一些棘手的问题之前将它搭建起来。意识研究涉及现象，乍一看，这些现象似乎发生在另一个维度：即私有的、主观的“第一人称”维度，每个人都有自己的意识，而其他人无法直接访问。那么，在研究流星、磁铁或人体代谢、骨密度这些标准的“第三人称”客观方法与研究人类意识的方法之间有什么关系呢？我们是不是需要开创一些彻底的、革命性的替代科学？或者，让我们对这种标准方法加以扩展，使之能够公允地对待意识现象？我捍卫以下主张：存在一个对客观科学简单而保守的扩展，它能宽宏地涵盖人类意识的所有基础，公平地对待所有数据，而且，并不需要放弃已经在科学的其他领域中运行良好的实验方法的约束条件与规则。这种第三人称方法便是他者现象学，一种关于他者而不是自我的现象学，这种方法可以尽可能严肃合理地采用第一人称视角。

为什么会有这么一个诘屈聱牙的名字？“现象学”（phenomenology）原指一系列林林总总的现象，它存在于一个完善的科学理论出现之前。16 世纪，英国物理学家威廉·吉尔伯特（William Gilbert）编撰了一部出色的现象学书籍，收录了形形色色的磁现象，而在几个世纪之后，他精心描述的那些磁现象才全部都得到了解释。20 世纪早期，埃德蒙德·胡塞尔（Edmund Husserl）以及一批深受其影响的心理学家和哲学家，采用了“现象学”（Phenomenology，首字母“P”大写）这一术语，用来称呼一种关于主体经验现象的科学研究，它用“第一人称”内省的方式进行观察，试图保持理论中立从而避免任何理论上的预设。这一思想一直延续到了今天，但其大部分内容早已四面楚歌、被人们忽视，原因有好有坏。尽管它带来了一些非常诱人、值得进一步探索的成果，但这种第一人称的方式已经被客观的经验主义的科学所遗弃，后者着意强调数据，因为所有研究者都可自由获取它。但是，我们可以客观地研究意识，这种方法实际上是对现象学的扭曲，因此，我把它称作他者现象学，以区别胡塞尔式的自我现象学。他者现象学是一种基于客观科学的第三人称视角来研究第一人称现象的现象学。

显然，在对岩石、玫瑰、老鼠所做的实验和对意识清醒、能够合作的人类主体所做的实验之间有着重要的差别，后者能用语言交流，并因此可以同实验人员沟通，他们通过言语互动提出建议并报告他们在各种可控实验条件下是什么样子。这是他者现象学的核心：它利用我们执行和解释言语行为的能力，产生了一系列主体关于其意识体验的信念。这一系列信念充实了主体有关他者现象的世界：一个取决于主体 S 的世界，一个主体的主观性世界。他者现象学的全部细节，外加我们所能收集的同时发生于主体大脑之中以及周遭环境里的所有事件，构成了人类意识理论的全部数据，我们必须对此予以解释。这里面没有遗漏任何有关意识的客观现象和主观现象。

该解释需要采用意向立场将声音、按键行为等实验中的原始数据转变为对

识体验，而事实上你并没有这种意识体验，那么这种信念就需要解释。

如果我们坚守他者现象学的标准，将（2）视为原始数据的最大集合，并且避免对任何可疑的数据做出承诺，同时确保任何人都可以对所有现象做出理解。

在言语判断中，如果有一些信念是难以用言语表达的，那它们会是什么？他者现象学家和主体可以毫无限制地进行合作，通过设计模拟或其他非语言的方式表达此类信念。例如，

> 在下面的这条线段上画一条垂直线，以表明在某个维度上有多强烈的体验：
>
> 几乎无法察觉————————非常显著

或者，主体可以以不同力道按压一个按钮，以此表示疼痛、焦虑、无聊，甚至对试验的疑惑程度。然后，我们就可以用大量依赖于生理的变量，即从皮电反应、心率，到面部表情以及体姿的变化来衡量主体的意识体验。作为一个主体，如果你在用尽了这些方法之后，依然相信残留着无法表达的东西，那么，你可以将它报告给他者现象学家，他们可以帮你将这种信念添加到你的原始数据的信念列表之中：

> S 宣称他对 X 有着无法言喻的信念。

如果这种信念是真实的，那么科学有责任解释此类信念是什么，以及它们为什么会无法言喻。但若这种信念是虚假的，科学依然得解释 S 为什么会错误地相信存在这种特殊的、无法言喻的信念。[①]

---

① 作为意识科学研究的选择方法，我为他者现象学的辩护引起了相当大的争议。一些研究人员认为这是对使用科学研究意识的条件的一种改变游戏规则的澄清，有人认为这只是在重复显而易见的东西，还有一些人则继续反对。想要了解更好的理论，请查阅书后的本章来源。

64

色彩科学家玛丽：揭露吊杆托架

错误假设导出错误结论

澳大利亚哲学家弗兰克·杰克逊（Frank Jackson）关于色彩科学家玛丽的思想实验通常被看作是“知识论证”，自1982年发表以来，就一直以其非凡的活力不断引发出哲学家的直觉泵。单就其直觉泵的数量和可靠性而言，它必须被算作有史以来一个分析哲学家所发明的最成功的直觉泵之一。它简直就是一个经典，被永久地列入心灵哲学本科课程的必读书目，几本很有分量的选集也专门讨论过它的含义。有意思的是，它的作者随后宣布放弃思想实验的结论，但这并没有削弱它的影响力。

下面便是这一思想实验的全部内容，也许略有变动，不过依然非常清晰：

> 玛丽是一位天才科学家，不知出于什么原因，她被迫待在一间只有黑白色的屋子里，并通过一台黑白电视研究世界。她专攻视觉神经

> 生理学，让我们假设，当我们看到一个熟透了的西红柿或天空，并使用诸如“红色”“蓝色”等词汇时，她熟知此时出现的所有物理信息。比如说她发现，所有的过程不过是来自天空不同波长的光波组合刺激到了视网膜，随后，该刺激通过中枢神经系统引起声带收缩，并将空气从肺部排出，最终，我们说出了这句话：“天空是蓝色的。”不可否认，原则上，我们可以从黑白电视机上获得所有这些物理信息，否则，函授大学必然会用到彩色电视机。当玛丽走出黑白屋子，或是给她配上一台彩色电视时，会发什么呢？她能学到什么？结论似乎相当明显，她会学到有关这个世界的知识以及我们对这个世界的视觉经验。不可避免的是，她以前的知识是不完整的。但她不是早已熟知了所有的物理信息吗？因此，存在着比这一切更多的东西，所以，物理主义（即唯物主义，该理论否认二元论）是错的。（Jackson, 1982, p. 130）

这是一个优秀的直觉泵吗？让我们来转动旋钮，看看它是如何工作的。实际上，这可能会花费我们非常长的时间去熟知相关文献，不过，这项工作我已经做了。因此，在这里，我将简单地阐明一些有待检视的旋钮，把结论留给你们当作练习。如果乐意的话，你可以得出自己的结论，你能想出一个新的转动旋钮的方式吗？ 20 多年前，我曾对这些旋钮做了初步的分析，并发表了一个令人扫兴的结论，结果，它被人们严重忽视了：“对于一个优秀的直觉泵，缺乏经验的人很难一下子就看出其要点。然而，事实上，它是一个低劣的思想实验，它其实是在蛊惑我们误解它的前提！”（Dennett, 1991a, p. 398）

让我们看看是否如此。我认为，想象这样一个场景要比人们通常假定的那样来得更为困难，他们想象的东西太过简单，总是从一个错误的假设出发得到了他们的结论。

第一个旋钮：“待在一间黑白屋里通过黑白电视研究世界。”

假设她戴着黑色或白色的手套，不许她在洗澡时看自己的身体，但是，切断色彩的所有“外部来源”这种想法在任何情况下都是无法实现的。难道我们要给她装上某种装置以防她的眼睛看到她自己或者试着给她造成“光幻视”（phosphenes）？难道在她看到实际色彩之前，她就不能在梦中看到？如果不可以的话，为什么会这样？难道在她将色彩“存储”于大脑之前，必须“通过眼睛获取”？在这个简单的假设背后，有关色彩的民间理论乱作一团。

> 第二个旋钮：“当我们看到一个熟透了的西红柿或天空，并使用诸如‘红色’‘蓝色’等词汇时，她熟知此时出现的所有物理信息。”

出现的所有物理信息？有多少呢？是不是就像拥有世界上所有的金钱那样？那会是什么呢？要想象这一点并不容易，其困难程度不亚于想象所有那些使该思想实验可以得到它想要得到的结论的东西。它必须包括发生在所有大脑中的有关反应的全部信息，包括玛丽的大脑，尤其是，它必须包含任何条件下对所有色彩的全部感情以及情绪反应。因此，玛丽得非常详细地分辨，哪些色彩会让她感到平静，哪些会使她心烦意乱，接触哪些色彩会加深她的印象，哪些色彩会让她心不在焉，而哪些又会使她厌恶等等。她被禁止用自己做实验了么？这可既没有作弊，也没有将任何彩色的东西偷偷地放进她的小屋子。如果你无法想象所有的这一切或更多，那么你就无法跟进这一思想实验。这就像是被要求将一个圆设想成一个 1 000 边形。从一个心理表征（mental representation）的练习能推导出很多含意，而这些含意并不能由另一个心理表征推导而出。比方说，在这个案例中，我们是不是应该忽略这样一个事实？即，如果玛丽熟知所有信息，那么，毫无疑问，由于担负着成千上万的百科全书词条和图表，她整个人将处在一个心力衰竭的状态。

如果杰克逊曾假定玛丽拥有“物理全知”的能力，不只是关于色彩，还关于每个层面上所有的物理事实，小到夸克，大至星系。所有读者，就算不是全部，也都会反对，认为这样的壮举太不切实际了，很难当真。但假定玛丽仅仅知道关于色觉的所有物理事实基本上不是幻想。

> “让我们想象玛丽有 10 亿个脑袋……”
>
> “别犯傻啦！”
>
> “好吧。她有 100 万个脑袋……”
>
> “就这么定了！当真？”

现在我相对简单地将故事变得富有戏剧化，我鼓励人们思考一个完全不同的结局：

> 有一天，把玛丽关起来的人觉得是时候让她看到色彩了。他们使了一个小花招：准备了一个鲜艳的蓝色香蕉作为玛丽的第一次色彩体验。玛丽看了看说：“嘿！还想骗我！香蕉是黄色的，但这东西是蓝色的！”关她的人大吃一惊。她是如何做到的？“很简单，”她清楚，“要知道，我可是知道一切的一切——迄今为止所有已知的关于色觉的物理因果。所以，毫无疑问，在你把香蕉拿给我之前，我早就记下了一个黄色或蓝色物体，甚至一个绿色的对象等，会带给我的所有物理感受，这些感受会对我的神经系统产生影响。所以，我已经准确地知道了我会产生什么样的感受，毕竟，做出这种思考的‘纯粹性’不就是你那赫赫有名的‘感受质’吗？我一点儿也不对我的蓝色感受感到惊讶，使我感到惊讶的是，你居然会使这种下三滥的把戏。我知道，你很难想象我会对自己的知道得如此之多，以至于我对蓝色的感受丝毫不感到惊讶。当然，你很难想象这一切。任何人都很难想象有人知道有关物理一切的一切！”（Dennett, 1991a, pp. 399–400）

人们大都认为事情不会这样发展下去。杰克逊漫不经心地说道，“实在太明显了，她会学习到有关这个世界的知识，以及我们对这个世界的视觉体验。”乔治·格雷厄姆和特里·霍根（Graham & Horgam 2000, p. 72）也会说道，“当然（叮！），我们觉得，她应该既感到惊讶又觉得高兴。”但这是一个错误，这正是玛丽这个思想实验的错误所在。当玛丽第一次看到色彩时会像得到了某种启示，这个结论因为看上去实在不错，所以之后便没人再愿意费心去思考这个故事该如何发展了。其实，它根本就不该如此编排。

杰克逊的直觉泵极好地暴露了大量关于色彩体验本质的天真思考，毫无疑问，大脑在大部分时间都为我所有，所以，我们承认，他很好地从民间理论那儿引出了一些有内涵的东西。但他的目的是要反对这种假设，即物理科学有能力解释所有的色彩现象。当然，在真实世界中，处在玛丽位置上的人会学到一些新东西，因为，关于色彩，无论她知道多少，总是会存在大量关于色彩的物理效应，对此她并无知晓。该思想实验只是一个被设想得很极端的案例，它使杰克逊的“实在太明显了”以及格雷厄姆和霍根的“当然”不得其所。如果你依然倾向于认为我对故事结局的改动根本是不可能的，那么，且看看你能为你的信念提供什么样的辩护。如果你的一番考量能避开数以百计的哲学家这么多年来艰苦卓绝的思索，那倒是件非常有意思的事情。当然，它毕竟是一个无与伦比的直觉泵，30 年来，它让哲学家们“有口饭吃”。

第六部分小结

大家都觉得自己是行家！这种现象严重困扰着有关意识的系统研究。当然，情况也没有那么糟糕，我只是觉得，有些人只对某个问题思量过几分钟就认为自己想出的观点比所有根据高科技实验结果以及大量数据得出的结论还要有道理，这实在是有点儿说不过去。在很多科学研讨会的问答环节，每每听到他们又引用一些近期自认为有力的体验去更正自己在演讲者的工作中发现的错误时，我就觉得有点儿可笑。如果如这些人所想，只有人类自己才能对自身经历的所有特性给出最可靠的评判，那他们倒真是没错！

但是，受一些不可靠却极有说服力的意识形态的控制，我们也会记错，或是错误地描述，甚至误解我们最亲近的那些体验。有这么一个例子，你在家里就可以完成，它很简单，却可能让你很震惊。为了按照下列指示观察自己，请先在镜子前面坐下。现在，开始专心凝视镜中自己的眼睛，不要受外界干扰，就像面对着靶子一样注视它们。视线保持不动，一只手摸索着从一打洗好的纸牌里抽出一张，把它举在离你一臂左右但脱离你视线范围的地方，牌面朝你，晃动纸牌。显然，你肯定知道你在晃动它，但是你却看不到它。现在慢慢将纸牌移入你的视线，同时保持它在摇动，这时，你会看到它在摇动，但你却看不清上面的图案！你说不出纸牌上是红色、是黑色、还是一张人面牌，更不用说上面的数字了。纸牌渐渐向你的注视点靠拢，此时，你更要集中精力，不能作弊，不能偷偷看纸牌。直到你真正可以看清楚纸牌的时候，纸牌几乎就在你的正前方了。

惊讶吧？我想，在第一次体验到这一点的时候，肯定每个人都很惊讶。我们一直认为，视线“从中心集中点到外周”，对细节和色彩的关注度应该都是一样的，现在我们明白了，尽管这种想法看起来“合乎情理”，也能经得住一般推敲，但它终究是错误的。“（视觉）意识呈现给我们的是一个丰富、连续、细腻的世界”，这只是我们的幻觉。所以，在科学界还没有给出最新发现之前，先不要急于对所见意识现象妄下结论。对此深表不屑的一些哲学家在摇椅上想出的那些理论才根本微不足道，那些理论更多带来的是困扰和迷惑。我们“通过反省”而“了解”的意识只是意识中次要的一些性质，但它们却在我们利用他者现象学框架思考意识并对意识展开系统性研究时，极严重地误导了其中的很多思考。

仍然会有很多难题有待分晓，但此难题非彼困难问题。如果在解决完所有简单问题之后还是剩下一些不可知的神秘残余，那我们就该重新考虑下自己的出发点了，有时候，得用一些激烈的方式才能让我们从当代生物、物理，甚至逻辑学的假设中脱离开来。借此机会还能看看，利用常规科学我们到底能走多远，尽管人类目前对所有事物的现行理解都是常规科学带来的，不管是行星、板块构造论，还是生物的繁殖、生长、修复和代谢。

第七部分

关于自由意志的思考工具

在思考这个主题时，我们很容易被常识映像与科学映像之间的差异所欺骗。就像面对“颜色是什么？颜色实际上是什么？美元是什么？美元实际上是什么？”等问题一样，在我们开始思索“自由意志到底是一场幻觉还是我们真正拥有的东西？”时，我们实际上是希望从科学映像入手来探索这个问题，但这个问题本身却是从描述常识映像的传统表达中提出的。近年来，用科学映像探索这一问题的热情越来越高涨。有一批相当杰出的科学家直截了当地说过，自由意志就是一种幻觉，比如：神经科学家沃尔夫·辛格（Wolf Singer）、克里斯·弗里斯（Chris Frith）和帕特里克·格格德（Patrick Haggard），心理学家保罗·布卢姆（Paul Bloom）①和丹尼尔·韦格纳（Daniel Wegner），以及一些大名鼎鼎的物理学家，比如斯蒂芬·霍金和阿尔伯特·爱因斯坦。难道这么多伟大的科学家都错了？许多哲学家，虽然不是所有或许也不是大多数哲学家会说：“是的。这是哲学的工作！”他们的回答正确吗？我想是的。

科学家通常会犯一种低级错误：把常识映像与人们对常识映像的流俗看法混为一谈。坦白地说，人们对颜色的流俗看法荒谬之极；颜色可不是大多数人所想的那样，但这并不意味着常识世界中真的没有颜色，我们只能说真正的颜色与

① 保罗·布卢姆，著名认知心理学家。他的著作《快感：为什么它让我们欲罢不能》《善恶之源》中文简体字版已由湛庐文化策划引进。——编者注

人们所设想的颜色有相当大的差别。人们对意识的流俗看法也是荒谬的，完全是一种神秘主义二元论。如果意识果真如他们所想，那么赖特就是对的（见第59章）："我们不得不承认，意识并不存在。"可我们其实不必把意识当作由神奇组织所构成的"真正的魔法"，这种东西并不存在。我们需要首先承认人们流俗看法中的意识是不健全的，然后才能认识到真正的意识现象。同样，自由意志也不是人们流俗看法所宣称的那样，是一种跳出因果性的神奇现象，我把它比拟为一种悬浮。还有一位为这种奇谈怪论做辩护的哲学家大言不惭地宣称，每一次自由选择都是一个"小奇迹"。如果科学家们异口同声地将这种自由意志称作幻觉，我百分之百赞同。但这并不意味着在与道德有关的任何一个意义上，自由意志都是幻象。它像颜色一样真实，像美元一样真实。

然而，有些科学家在宣称科学已经证明自由意志是一种幻觉之后，又在道德意义上继续强调这个"发现"。他们认为这一发现将对道德与法律产生重要影响，因为再也没人能够真正对自己的行为负责任了，所以我们再也不应该惩罚或者赞扬谁了。就像有人会说：没有固体，至少没有真正的固体。这些科学家们也犯了人们常犯的错误。他们所用的是过时的、流俗的概念。就像我们在处理颜色和意识，还有空间、时间、固体性等其他很多这些常识映像时，人们的流俗看法是错的，这是首先应该改变的。

这一部分介绍的直觉泵是为了让你从对自由意志的流俗看法中解脱出来而设计的，它们会让你看到一种更好、更真实、更实用的概念，看到这一常识映像的要旨所在。几千年来，人们围绕自由意志这一主题争论不休，相关内容已经过于庞杂，以至于任何一章甚至一本书的体量都无法将它说清楚。但是我们不得不从某个地方开始。我们的起点就是思考工具，它们的作用就像铁锹，把陷入老车辙中的你解救出来，助你驶向新的天地，从一个更好的角度看待这一问题。为了说明这项工作有多重要，我设计了第一个直觉泵。

65

一位恶毒的神经外科医生

非手术的手术

现在我们正处在神经外科诊疗领域的黎明，对心理状况的考虑在神经疾病的治疗中已经被大大弱化了。比如，神经精神病学家达米安·德尼斯（Damiaan Denys）和他的同事们所做的开创性研究（Denys, 2010）显示，在强迫障碍的治疗中，通过埋入电极进行深层脑部刺激可以产生惊人的疗效。这是事实。但接下来就是我的虚构了：有一天，一位出色的神经外科医生，在闪闪发亮的高科技手术室里给她的患者做完植入手术后，就对患者说：

> 我给您植入的装置不仅能够治疗您的强迫障碍，还能控制您的每一个决定。这要感谢我们的主控系统，它可以与您脑中植入的微型芯片随时联络。换句话说，我已经解除了您的自由意志，以后您对自由意志的感觉都只是幻觉了。

事实上，她没有这么干。这只是一句谎言，她想欺骗她的患者，看看会发生什么。谎言奏效了，这个可怜的家伙出院以后，果真相信自己不再是一个能对自己行为负责的行动者，而只是一个傀儡，他的行为也体现出了这一点：他开始变得不负责任、好斗、随随便便，纵容自己最坏的念头肆意妄为，直到被送上了法庭。在为自己辩护时，他激动地宣称自己不应该为那些行为负责，因为他的大脑被人植入了芯片。神经外科医生来到法庭作证，她承认自己说过那些话，不过她补充道："但我只不过是在跟患者开玩笑，这只是一个恶作剧而已。谁能想到他真会相信我的话呀！"

无论法庭最终采纳了谁的证词，把谁送进监狱，都不重要。神经外科医生那段欠考虑的玩笑话已经毁了这个患者的生活，夺去了他的正直，严重伤害了他的决断力。事实上，她对患者做的假"通报"，反而以一种非手术的方式完成了她声称自己要通过手术完成的事：她让患者变成了"残废"。如果她要对这个可怕的后果负责的话，那么某些神经科学家也危险了，现如今，媒体上充斥着他们的言论，说科学已经告诉我们，自由意志只是一种幻觉。这些人不也正以同样的方式在伤害那些对他们的话信以为真的人吗？①神经科学家、心理学家和哲学家务必严肃对待自己的道德义务，在对这些问题发表公开声明之前，请仔细想想这些话的前提和含义，就像我们要求人们必须先想想清楚再对全球变暖或者小行星撞击地球的问题大加评论一样。让我们看看犀利的社会批评家和观察家汤姆·沃尔夫在科学家的声明中找到的这些话吧：

> 实验室之外的人所描画的结论是这样：我们的大脑是电路固定好的！无法改变！别怪我了！是我的电路接错了！（Wolfe, 2002, p. 100）

电路接错了？可是接对了又怎样呢？如果科学家们"发现"，我们谁也没接对，或者根本不可能接对，那么道德义务又该如何呢？

---

① 如果你有所怀疑，请参见 Vohs 和 Schooler 于 2008 年的一项研究及后续相关实验证据。

66

生命游戏

我们的世界是被决定的吗

每当物理学家理查德·费曼听到别人谈论他所不熟悉的科学领域时，他总爱问这么一个问题：“关于你所讲的这些，能给我举一个简单的例子吗？”如果说话人没能满足这个要求，费曼就开始怀疑了，这理当如此。这个人当真有什么要说的吗？还是在空谈些花哨的术语以炫耀他在科学上的才智？如果你无法相对简化一个困难的问题，就可能意味着你没有找到解决这个问题的正确方法。简化并不只是新手的事。

生物学中的“模式生物”是科学家们精心选择的一些物种，可以让他们的实验相对简化。这些物种能够在实验室中迅速繁殖，相对安全且容易处理，只要对它们进行分组研究就能很容易地做出比对、得出结论。这类生物有：果蝇、小白鼠、斑马鱼、鱿鱼（因为它有着巨大的神经轴突）、秀丽隐杆线虫、拟南芥

（一种抗寒的、生长迅速的芥菜类植物，它是第一个完成完整的基因组测序的植物）。人工智能研究中也有一些简化的案例，比较有名的是“玩具问题”，顾名思义，它是对真实世界中那些“严肃”问题的简化。人工智能专家们设计的很多极有意思的程序都是在解决“玩具问题”，比如，有一个程序是在积木世界搭建出简单的结构，整个虚拟世界是由一个平面和一堆积木块构成的。下国际象棋也是一种“玩具问题”。确实，这比开车从缅因州到加利福尼亚州、解决巴以冲突、甚至在厨房里做三明治都更省事。伦理学家则有电车命题，说个最简单的版本：一辆失控的电车行驶在铁轨上，若不变道它将撞死铁轨上的五个人；你手里拿着一个开关，它可以让电车变到另一条轨道上，而如果它冲上另一条轨道，将会撞死一个人。那么你会按下开关吗？

下面我要介绍一个可以帮助人们思考决定论的“玩具世界”，决定论的意思是：某一时刻的事实，包括每个粒子的位置、质量、方向、速度等会决定下一时刻发生什么，以此类推，接连不断。物理学家和哲学家花了上千年的时间来争论我们的世界是不是决定性的，是否有一些真正的未确定的事件，比如没有任何原因所导致的完全不可预测的“随机”事件的发生。即使是有经验的思想家，也会在生活的游戏中找到新的见解。1970 年，数学家约翰·何顿·康威（John Horton Conway）和他的研究生们创造了一个让人叹为观止的决定论世界的简化模型。

生命游戏在一个二维网格中发生，就像一个棋盘，可以用鹅卵石或者硬币充当棋子；当然也可以高端一点，用电脑屏幕来显示这个二维网格。这不是一个有胜负之分的游戏，如果硬说是一种游戏的话，它更像是单人跳棋。网格把平面分成了一个个小方格，每个方格的状态要么是关、要么是开。如果是开，在格子中放一枚硬币；如果是关，则让格子空着。我们可以看到，每个方格周围都有 8 个方格：东、西、南、北 4 个相邻的方格与东北、西北、东南、西南 4 个对角的方格（见图 1）。

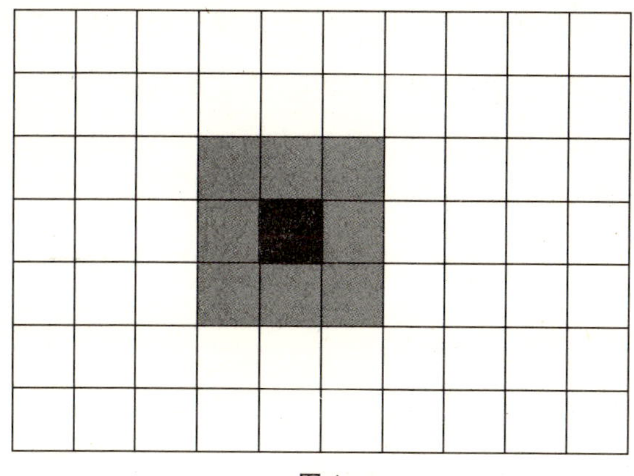

图 1

在生命游戏的世界中时间是离散的，而不是连续的。时间滴答滴答地前进，游戏世界依照如下规律在滴答之间发生变化。

生命物理：对于每个方格，我们都要计算在当前时刻与它相邻的 8 个格子中有几个状态是开，几个状态是关。如果一个方格周围有两个格子的状态是开，那么在下一时刻，该方格将保持现有的状态（开或关）。如果一个方格周围有 3 个格子的状态是开，那么在下一时刻该方格的状态为开，不论它现有的状态是什么。如果是其他的情况，那么该方格在下一时刻的状态是关。

这是生命游戏的唯一规则。现在你已经知道关于生命游戏的全部规则了，生命游戏世界中的物理学就体现在这个简单且普通的规则中。既然它们是这个生命游戏世界中基本的物理定律，那么我们首先就可以借助定律从生物学角度来理解这个神奇的物理现象：把小方格的开当作生，关当作死，时刻的变动当作世代的交替。不论是过度与世隔绝（即周围生存的方格少于 2），还是过度拥挤（周围生存的方格大于 3）都会导致死亡。下面让我们思考一种简单的情况。

如图 2 所示，现在只有格子 D 与格子 F 拥有 3 个处在“开”状态的相邻格，所以只有它们会诞生新的一代。而对于格子 B 与格子 H 而言，它们都只拥有一个处在“开”状态的相邻格，所以它们的下一代将会死亡。而格子 E 有两个处在开状态的相邻格，所以它会保持不变。那么在下一时刻，情况将如图 3 所示。

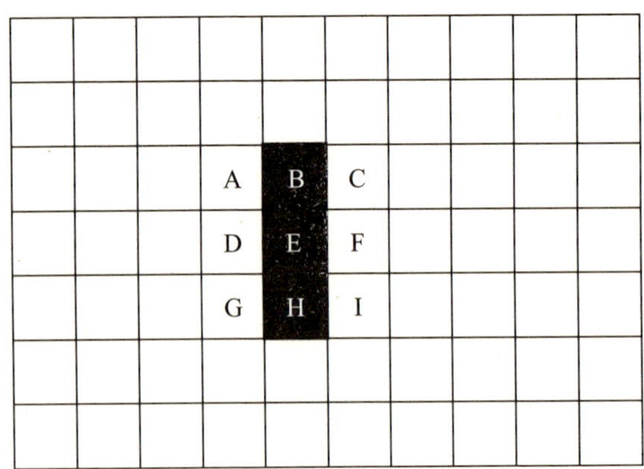

图 2

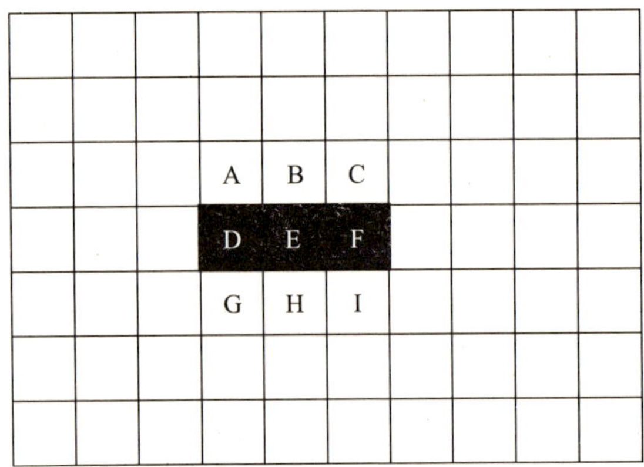

图 3

很显然，该图形会在下一时刻还原到图 2 的模式。除非场面上突然多了一个状态为“开”的方格，否则这两个图案的交替模式就会啪嗒、啪嗒一直反复不停地进行下去。我们把它称作闪光灯或者信号灯。下面请看图 4，下面的图形将会如何变化呢？

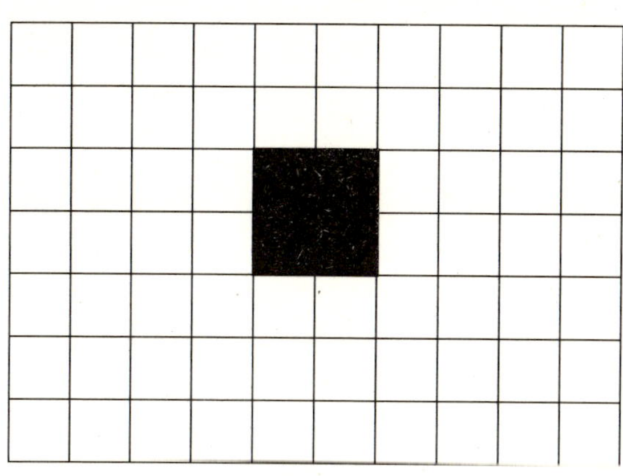

图 4

完全不变！因为每个“开”的方格周围都有 3 个“开”的格子，所以它们会继续保持原有的样子。而每个“关”的方格周围都不存在 3 个“开”的格子，所以也不会有新生。我们管这个图案叫作静止的生命。

只要谨慎地遵循这个唯一的定律，面对任何图形，人们都可以准确地预测出下个时刻、下下个时刻、下下下个时刻……哪些格子开着、哪些格子关着。可以说，19 世纪初期著名法国科学家皮埃尔·拉普拉斯（Pierre Laplace）所设想的决定论在生命游戏这个“玩具世界”中得到了完美的展示：给出世界在某一时刻的状态，我们这些观察者就可以利用物理定律完美地预测出世界在未来任何时刻的状态。或者我们也可以这样说：只要我们站在物理的角度，就可以完美地预测生命世界，没有误差，没有不确定性，只有唯一一种可能。并且，这个二维的生命世界还告诉我们，没有观察不到的东西。没有后台，没有隐藏变量，事物的物理现象在生命世界中直接展露，完全可见。

如果你觉得用这个定律一遍遍地演算非常枯燥，也可以使用电脑来模拟。

你可以在电脑程序里输入初始图形，让它来帮你执行运算，图形就会根据那个唯一的规律一次又一次地改变形状。你可以利用更好的模拟程序随意调整时间和空间的跨度，时而聚焦局部时而俯视全局。

人们很快就能发现，有一些简单图形会比其他图形更有意思。让我们设想一条斜线，如图 5 所示。

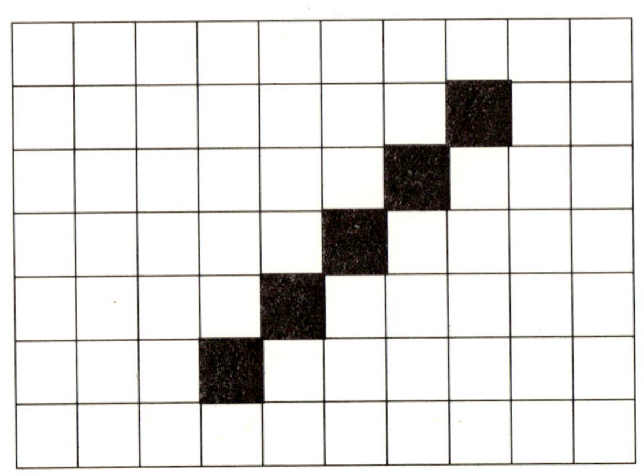

图 5

这个图案不是闪光标。每一次更新，该斜线两端的两个“开”着的方格都会因孤立无援而死亡，而且也不会有新的诞生。过一会儿，整条斜线就消失了。除了永远不变的图形（如“静止的生命”）和逐渐消失的图形（如这条斜线）之外，还有很多可以进行周期性变化的图形。比如我们已经见过的闪光标，它形成了一个两代的周期，除非有其他的图形侵入，否则这种周期性变化会永远持续下去。侵入现象是为生命游戏增添趣味的一个元素。在进行周期性变化的图形中，有些可以像变形虫一样游动。其中最简单的是滑翔机，这个由 5 个像素组成的简单图形看起来就像是在往东南方飞去，如图 6 所示。

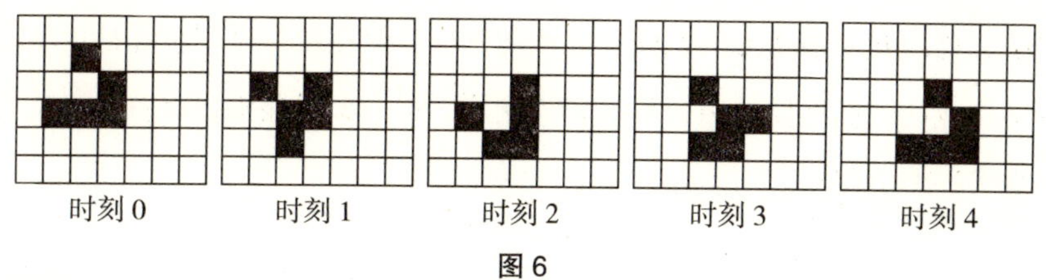

图 6

除此之外，生命游戏世界中的“居民”还有很多，比如吞噬者、河豚列车、空间之耙以及其他一些名字起得很妙的家伙们，以这样的方式命名意味着我们是在一个新的、类似于设计的层面上认识它们。与在物理层面上对它们作出枯燥的描述相比，使用这个层面的语言显然为我们省去了不少麻烦。比如，美国作家威廉·庞德斯通（William Poundstone）曾这样来描述图 7：

> 吞噬者将在四个时刻之后吃掉滑翔机。不论吞噬者捕杀什么，基本过程都是一样的：首先，吞噬者和它的猎物形成接触。在下一刻，双方接触的部分都会因过度拥挤而死亡。随后，吞噬者进行自我修复，而它的猎物不会。只要猎物残存的部分继续向前滑翔并且自我消亡，那么就算吞噬成功。（Poundstone, 1985, p. 38）

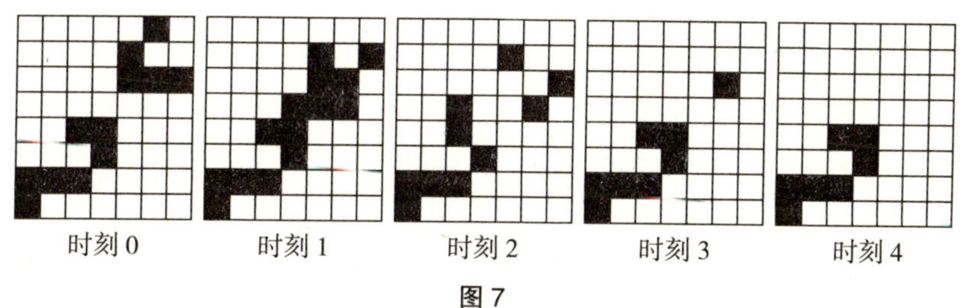

图 7

请注意，当我们转换到一个新层面上来谈论这些图形的时候，我们在“本体论”上，即我们有关存在的总目录上也会发生些微妙的变化。在物理层面上，这个世界没有移动，只有开和关，唯一存在的个体是那些有固定位置的小方格。而在设计的层面上，我们一下就“看到了”移动的持续存在对象。在图 5 中，向东南方移动并不断变形的是同一架滑翔机，尽管在每一时刻它都是由不同的小方格构成的，而在图 7 中，吞噬者“吃掉”了一架滑翔机，也就是说生命世界里少了一架滑翔机。

我们还应该注意，因为在物理层面上只有普遍的定律而没有例外，所以我们在设计层面上的概括必须滴水不漏：我们概括时必须加上“通常”或者“假如没有别的东西侵入”等等限定语。上一刻留下的一小块杂物，也许在下一刻就能将这个本体论层面上的“东西”“摧毁”或者“杀死”。对这个层面来说，可以把小方格当作具体物来看待的这一特性相当重要，但却不那么保险。这一特性之所以重要，是因为人们上升到这一层面，采用这种本体论视角，才能够预测出更大图形构造或者结构系统的行为动向。这样做会冒一点风险，但却省去了在物理层面的繁琐计算。比如说，我们一个人自己就能设计出一些有趣的超级系统，它们是脱离“部分”而言的，我们可以试着利用一些在设计的层面上可用的“零件”来设计一个超大的图案系统。

康威和他的学生们就给自己设定了这样一个目标，并且完成得极为出色。他们设计并证明了：在生命游戏中创造出一个能够自我复制的物体是可能的。他们设计的东西可以完美地复制出一个新的自己，而复制品会继续复制，直至无穷，无可阻挡地扫过这无尽的平面。另外，它还是一架通用图灵机。原则上说，它可以运算一切能在计算机上运算的函数！

康威和他的学生们到底受何启发才创造出了这样一个世界，并在其中创造出了如此神奇的东西呢？他们试图在一个非常抽象的层面上回答生物学的这个核心问题：一个可以自我复制的东西所需的最小复杂性是多少？他们遵循的是约翰·冯·诺依曼在很早以前想到的一条巧妙思路，冯·诺依曼直到 1957 年去世前一直都在钻研这个问题。诺贝尔生理学或医学奖获得者弗朗西斯·克里克和詹姆斯·沃森在 1953 年发现了 DNA 的结构，但 DNA 如何工作却一直是一个谜。冯·诺依曼非常详细地设想过一种漂浮机器人，它可以利用一些零散的碎片来制造自己的复制体，并不断重复这一过程。他还描述了一个自动机是如何读取它自身的设计图、并将其复制到它创造的那个新个体中去的。他很具体地预见到了后来所发现的 DNA 表达和复制机制。为了让自动机在数学上既严格又易于处理，冯·诺依曼把问题转换到了简单而抽象的二维平面当中，这就是著名的细胞自动机。生命游戏中的那些小方格就是细胞自动机的一个恰当实例。

康威和他的学生们想要具体地证明冯·诺依曼的理论，他们打算创造出一个具有简单物理定律的二维世界，并在这个世界中创造出一个可以稳定地进行自我复制的装置。像冯·诺依曼一样，他们希望自己的答案尽可能地一般化，这样才能最大限度地独立于现行的（地球的？本地的？）物理学与化学。他们需要的是极为简单的东西，既容易想象又容易计算，所以他们不仅把问题从三维世界转换到二维世界，并且还把时间与空间数字化了。就我们看到的，时间和空间完全由“时刻”与“方格”的数量来代替。冯·诺依曼曾在图灵机设想的基础上，详细设计出了通用存储程序串行处理计算机，现在我们把它称作冯·诺依曼机，还精彩探讨了这样一个计算机所需要的空间和结构特性。冯·诺依曼已经意识到，在原则上我们可以在二维世界中制造一台图灵机，并对此给出了证明。[①]而康威和他的学生们也打算在他们设计的二维世界中证实这一点。[②]

这可不是一件容易的事，但他们还是向我们展示出了如何利用一些简单的生命形式“构造”出一台可工作的计算机。比如，一串运动着的滑翔机可以变

① 我在 1987 年出版的《意向立场》（*The Intentional Stance*）的第 9 章中更加细致地阐述了这种时空变换的理论含义。

② A.K. 杜德尼（A. K. Dewdney）在《平面宇宙》（*Planiverse*）一书中以一个完全不同的角度研究了二维世界的物理学和工程学，他对埃德温·A·艾勃特（Edwin A. Abbott）在小说《平面国》（*Flatland*）中提出的设想做出了巨大的改进，而他的工作本身也是一个极为了不起的思考工具。

成输入或输出的“纸带”，而吞噬者、滑翔机和其他零零碎碎的小东西可以组合成一个读写器。那么，这台机器看起来是怎样的？庞德斯通经计算得出，整台机器将占用大约 10^{13} 个小方格或像素：

> 要想显示一个 10^{13} 像素的图形，需要一个至少有 300 万像素宽的显示屏……想象一个高分辨率的屏幕，类似你的笔记本电脑或 iPad，不过它的宽度要达到 800 米。如果从全景上看，这个自我复制图案中的像素会小得几乎不可见。当你距离屏幕足够远，让整个图案完全进入视野中，其中的一个个像素会变得极为微小，即使它们组合成的滑翔机、吞噬者或一把手枪也无法辨识。整个自我复制的图案构成一条朦胧的光带，看起来像是银河。（Poundstone, 1985, pp. 227–288）

换句话说，当你在二维世界中用足够的零件去组合一个能够进行自我复制的东西时，这些零件就像是原子，而那个东西则像由原子组成的微生物，两者之间的大小实在相差太多。而且你或许也无法让那个东西的复杂度降得更低了，虽然这一点没有经过严格证明。

生命的游戏可以阐释很多重要的原则，我们可以用它来构想许多不同的论证或思想实验，但在这里我只想指出其中三点，其他的留给你自己去发掘。第一，在生命游戏中，物理层面和设计层面之间的差异是怎样变得模糊起来的。比如说，滑翔机到底算是一个被设计出来的东西还是一个像原子和分子一样的自然物？如果真要说的话，康威和他的学生们用滑翔机、吞噬者之类的组件构造出来的纸带阅读机才肯定算得上是被设计出来的东西，而那些小零件只是原材料，是生命游戏世界中的简单“物”。滑翔机无需设计发明出来，它只是我们在生命游戏的物理学预设中发掘出来的。当然，那个世界中的一切东西也都是如此。在生命游戏的世界中，所有东西都是严格地蕴含在它的物理学和那无穷无尽小方格的构造中，通过那套简单的定律我们可以直接从逻辑上推出这一结论。只不过，在那个世界中有某些东西看上去比别的更加奇妙，更加令理解力低下的我们无法预料而已。有些人认为，康威的那台可以进行自我复制的计算机，也就是这条像素银河也“仅仅”是一个生物大分子，只不过其运动周期极长、极复杂。这倒是很好地解释了一些人在生物学和生命的起源问题上的一个平行看法。有人会说，氨基酸就是氨基酸，它无需被设计，可是仅凭氨基酸就能合成蛋白质，这简直太神奇了，至少得经过点儿什么近似设计吧。看来，还需要我再讲一遍达尔文的进化论啊。

第二，生命游戏的世界是决定论的，我们可以预测所有可能图案的未来，但奇妙的是，它们的过去往往完全是个谜！想想由四个开着的方格组成的静止生命吧。不管是观察它还是它的相邻方格，你都无法从中获悉它过去的状态。说到这一点，请注意，只要那四个方格中有三个开着，那么在下一刻它们就都将是开着的，“静止的生命”就会出现。而过去到底哪一个方格是关着的，这是一个无效的历史事实。

第三，回想一下“噪声”和碰撞对于突变的发生有多么重要，与其他创造性的过程一样，进化也源于突变。可是康威构建的巨大的自我复制体却无法发生突变。它总是完美地复制自身，若要把突变机制引入进来，整个构造必须增大数倍。为什么呢？因为生命游戏的世界是决定论的，唯一可能的“随机”突变只能由一些游荡的小物体带来，它们貌似随机地在屏幕上游动，破坏别的物体。但是，在生命游戏中能动的最小物体就是“滑翔机”了，你可以把它想成是单光子或者宇宙射线，以生命物理学中的光速在运动。其实单单一架“滑翔机”就能造成很大的破坏，如果非要让它只是对一个自我复制体的基因组织作出“调整”而不是摧毁这个基因组，那么这个基因组必须比“滑翔机”巨大得多，也要足够强壮。如果事实证明，那些银河般巨大的集合体实在脆弱，无法经受住一阵偶然降下的“滑翔机雨”的考验，或许就可以很好地说明，无论我们在生命游戏的世界中设计出的物体有多大，它都不会发生进化。

67

石头、剪子、布

最好的套路就是没有套路

大概你们每个人都知道石头、剪子、布的游戏。两个人面对面，说着“石头、剪子、布”，然后同时伸手。石头崩剪子、剪子剪布、布包石头。除非双方手势一样，否则总能分出胜负。这是一个吸引人的游戏，因为如果你能看透你的对手、猜透她的心思、伸出对的手型，你就可以一直赢下去。但若真的发生了这种事，也是怪吓人的。难道真的有比别人更会猜拳的人吗？显然，我们早已举行过奖金丰厚的猜拳锦标赛，也产生出了国内、国际的猜拳优胜者。而且，参加锦标赛就一定得有人赢，即便其中根本没有技巧可言。更好的选手就是一直赢下来的人。

他们是怎么办到的？或许他们可以从对手的表情和姿势中读出微妙的变化。扑克玩家称这为阅读对手的“tell”，分辨他们是不是在虚张声势，同时自己还要绷着一张"扑克脸"。也许我们在玩石头、剪子、布时也会流露出"tell"，一般人很难控制，所以最好的猜拳者可以在出拳前最后一刻捕捉到它。那么，为了不让对手从你的外在行为中找到规律，最好的策略是什么呢？最好的策略就是绝对随机地玩猜拳，因为只要你一直随机地出，你的对手也就无迹可寻了。在你随机出拳甚至破坏性出拳时，你还可以顺便观察对手的猜拳模式，利用这一模式现编一套战术，然后不再随机猜拳，给对手一个突然袭击。

众所周知，实际上人类并不善于创造随机的序列，他们倾向于变换动作，避免把同样的动作重复做两三次。而在一个完全随机的序列中，这种情况本来是相当常见的。因为知道自己随意编排的无规律序列是很容易失败的，所以你打算找个更好的办法，比如从图书馆或者网上找一张随机数字表。"随机"地选择表上的某个数字，把它之后的上百个数字抄下来。首先要把所有的 0 删去，然后把所有的 1、2、3 用代表石头（rock）的 R 替代，所有 4、5、6 用代表布（paper）的 P 替代，所有 7、8、9 用代表剪子（scissors）的 S 替代。这样，你就能够得到一个包含大约 90 次猜拳的随机序列，因为你删去了大约 10 个 0，这对于比赛来说应该够用了。

你已经准备妥当，可以比赛了，现在最需要恪守的原则是不要把这张表告诉任何人。一旦让你的对手看到了它，你就等着任人宰割吧，就像俗话说的，她会把你当成摇钱树的。而另一方面，只要对手得不到你的"出招表"，她就不得不费劲地猜，绞尽脑汁地预测你的一系列动作。简单地说，她将不得不站在意向立场上理性地分析你，不得不推理你为什么那么出；而一旦让她看了你的出招表，她只要依照这张表就能预测你的出招了。

"不要让对手看到你偷偷选择的是什么"，这条简单的原则实际上触及了人们争论不休的自由意志问题的核心。事实上，冯·诺依曼和经济学家奥斯卡·摩根斯坦（Oskar Morgenstern）能发明博弈论，就是因为他们开始意识到：

虽然我们可以通过收集信息，然后用概率论算出效用值的方式预测出单一行动者或意向系统未来的行为，但如果面对两个行动者或者两个意向系统，情况就会产生根本性的变化。现在，两个行动者都必须考虑到对方也会预测自己的行为，他们必须把对方的观察、预测、算计也纳入到对自己行为的考量中，这会造成一种异常复杂而不确定的反馈循环。①

从根本上来说，在每个行动者看来，对方都笼罩在迷雾般的不可理解和不可预测性之下，这一信念为博弈论的兴起创造了条件。人们在对生物进化的研究中也发现了这种博弈现象，许多物种间的交互影响看上去都像是使用了博弈论的原则（无需理解的能力！）。瞪羚的弹跃只是一个简单的例子。还有蝴蝶难以捉摸的飞行，这样它就可以让食虫鸟很难预测它的飞行轨迹，即便鸟类通过进化获得了比人类更快的“闪光融合率”（flicker fusion rate）。鸟类能看到比我们更多的“帧频”，对它们来说，看电影就像看幻灯片。

让自己变得不可预测，同时小心别人也这样做！我们发现，动物们普遍都在本能上“领会”了这一原则，当它们面对任何一种活动复杂的存在时，都会将其看作一个行动者。为了安全起见，它们会“问”“来者何人，你想要什么？”而不只是问“那是什么？”，因为那个东西可能会把它吃掉、和它交配或者与它争夺猎物。这种本能反应也是人们发明的那些看不见摸不着的事物的进化源泉，它们从哥布林、矮妖、精灵、食人魔和众神，最终进化成神，进化成一个终极的看不见摸不着的意向系统（Dennett, 2006a）。

像动物们无需知道自己为什么能采取这种策略一样，我们人类也可以领会这一技巧，保持自己的不可预测性而无需理解这一策略的好处在哪儿。而在很多时候，它的好处的确非常明显。当你在古玩市场看上一件古董时，你明白最

① 影片《公主新娘》（*The Princess Bride*）当中有一个精巧的段落描绘了一场失控而复杂的互相揣度。在剧中，维奇尼（华莱士·肖恩扮演）想让维斯特雷（加利·艾尔维斯扮演）猜“哪个杯子里有毒药”，结果反而害了自己。

好不要先对它夸赞一番再去跟老板谈价，那样你会被“宰”得很惨。而当你要卖一个东西时，最好开价合理，开一个令你满意的价格，因为你不能指望有买家会出高价来买你的东西，你应该避免的是让买家了解你能接受的最低价格，当然你也可以拒绝讨价还价。在拍卖中也是，如果你把报价提前告诉了拍卖师，那么你只能指望他足够正直，不把你的最高价透露给其他的竞标者。

同样的，如果你一见钟情，死心塌地爱上了某个人，也最好不要一下子意乱神迷、脸红心跳，你要尽可能地保持克制、平常对待。否则你会把你的梦中情人吓跑的，即便她没跑，这也会让她在感情中占尽上风。“扑克脸”不只是为扑克玩家准备的。一般而言，如果你的竞争者或你周围的其他行动者对你毫无戒备，你会更容易获得自己想要的东西。他们预料不到你想干什么，也就无法对你做出防备。时刻提防他人是很费神的，所以除非你的竞争者掌握了确切的证据，否则他们根本不会去试图预测你要干什么。

魔术师们知道如何利用“心理力量”使你“出于自己的自由意志”选择那张他们希望你选中的牌。这类招数很多，全都非常微妙、令人难以察觉，而一个真正优秀的魔术师总是能够做到这一点。实际上，这是对你的主动性的剥夺，魔术师是在把你变成他本人意志的延伸，变成一个工具、一个棋子，使你不再是一个自由的行动者。

与古代的自由观不同，我们不再向往完全独立于因果性之外的那种自由选择。我们所向往的，或者说我们应该向往的自由观是：当我们行动时，可以充分了解到我们力所能及的最好选择是什么。如果我们关于“那里究竟有什么？”的真信念都是由周围环境导致的，那么周围环境也一定导致了我们根据那些信念做出最明智的行动！作为一个行动者，关于周围环境的信息几乎就是我们想要的一切，但是，我们一定不希望周围环境中冒出一个反操纵你的行动者。所以，我们不希望自己的意图表现得太明显，不希望自己的所思所想让别人知道太多，因为他们可能会利用这一点。所以，我们的愿望清单中还应该加上保持自己思想和决定的神秘性的能力，即便这意味着，为了防止他人对我们做出防备，我们有时只能选择次好方案。国际关系学者利亚姆·克莱格（Liam Clegg）在 2012 年对此做出了一项具有开创性的形式分析。

有些人糊里糊涂地执着于不可预测性，他们认为“为了安全起见”，我们应该坚持一种绝对的不可预测性。要想达到这种不可预测性，要求我们的大脑运行的物质基础在物理层面上是非决定论的。哲学家杰里·福多尔曾生动活泼地阐述过这一思想：

> 人希望自己成为传说中那偷吃禁果的夏娃，可以完全自由地做任何事。实际上，她是如此自由，就连上帝都不知道她会去偷吃禁果。

但是，为什么“人们希望”这样的自由？绝对的不可预测性真的比实践的不可预测性还要好？几千年来，无数哲学家坚持认为绝对的不可预测性是自由意志的先决条件。难道他们了解一些我们所不知道的事情吗？如果真是这样，他们一定保密得很好。对于他们中的大多数人而言，“自由意志与决定论不相容”这一命题俨然无需论证。但是要我说，他们有论证的责任。这些哲学家们应该告诉我们，为什么没了绝对的不可预测性我们就应当感到绝望。而我已经证明过了，为什么尽量保持一定的实践的不可预测性对我们而言是明智的，就像进化本身。所以，请告诉我们吧，为什么这还不够？

我倒是替他们找了一个好理由：如果你打算和上帝玩石头、剪子、布而且赌注颇高的话，比如赌你会不会得到拯救，那你肯定会像福多尔所说，希望拥有“完美的”自由。而我个人，并不期待这样一场赌局，所以我很满意我所拥有的实践的自由。如果我要赌个大的，只需要做好保密工作并且离那些神偷和操盘手们远一点就好了。

68

两种彩票

从新视角看“决定论”

公平地比较一下两种彩票。代表着“之后”（after）的彩票 A：彩票销售结束后，所有的号码被放到摇奖器里摇奖（要多随机就有多随机），最后抽出中奖号码。我们玩的很多彩票都是这样的。另一种是代表着“之前”（before）的彩票 B：在彩票销售之前，中奖号码就已经通过摇奖的方式确定好并被保存到一个保险箱里，而在其他任何方面，它都与彩票 A 相同。有人可能会觉得彩票 B 是不公平的，因为在人们购买彩票之前中奖号码就已经决定了。在这些彩票当中已经有了一个胜者，虽然没人知道是哪一个，所以其他彩票都成了不值钱的废纸，把它们卖给不知情的民众是一种欺诈行为。可实际上两种彩票是同样公平的。每个买彩票的人都有着相同的中奖概率，这与中奖号码在何时选出没有任何本质上的联系。

之所以很多彩票都把摇奖环节放在了最后，是为了让公众作为直接见证人，证明彩票摇奖没有作弊。这样做可以避免掌握内部消息的人偷偷将中奖结果泄密，因为在彩票售完之前，根本不存在也不可能存在知道中奖号码的内部人士。有趣的是，并非所有的彩票都是这样运作的。“出版商结算所”（Publishers' Clearing House）每年都会寄出上百万封信，每封信上都用粗体字写着“您可能已经中奖了”，奖品是一百万美元或者其他什么奖品，现在已大多改作网上发放。他们之所以打出这么昂贵的广告，就是因为有市场调查显示，人们普遍认为只要程序上是公平的，事先选好中奖号码的彩票也可以是公平的。但是也有可能，人们之所以毫无怨言地接受了这种彩票是因为他们不用花钱。

如果我们从一开始就知道中奖号码已被密封到专门的信封里、存进了银行的保险柜，还会有很多人来买这种彩票吗？有的，有成百上千万人在买“刮刮乐”，在人们购买时，无论中没中奖都已经是事先决定好的。显然人们认为他们真的有机会中奖。我想他们是对的，不管他们有没有道理，是否对这种中奖过程的公正度有信心。这应该会扰乱一些哲学家的心神，这些哲学家莫名其妙地让自己相信，除非在最后一刻才决定结果，否则这些都不算真的中奖机会。他们坚持认为，如果不能持续不断地提供真正的随机性，没有随时出现不确定的分支点去打破因果关系的大网，那么自由选择将是不可能的，我们将没有真正的机会去做正确的事。

这两种彩票可以让我们从一个新的角度看待决定论问题。如果世界是被决定的，那么我们拥有的只是一种虚假的随机数字发生器，而不是真正的（量子力学的）随机性发生器。如果世界是被决定的，那么我们所有的彩票实际上在大约 140 亿年以前就已经开奖了，随着宇宙大爆炸的一声巨响它们就被装进了信封，并在我们需要它们的时刻交到了我们手上。每当你要“抛硬币 ”或者不怎么夸张地做一个随机的决定时，你的大脑就会把那个信封打开，从中取出一个“随机”数字，然后你会让它来决定你该干什么，就像我们在“石头、剪子、布”那一章中讲的那张“出招表”一样。

“但这不公平啊，”有人会说，“有些人分到的胜利比其他人多呀。”确实如此，在一切具体的分配活动中总有人摸到的牌比其他人的好，尽管人们应该谨记，从长远的角度上看，运气是平均分配的。但是如果在我们出生之前所有的签就已经被抽好了，那么有些人就会注定比别人幸运！说的没错，但是，即便在我们出生前签还没有抽好，即便它是随着我们的生活进程遇事现抽的，结果会有什么不一样吗？即便抽签机制完全随机、公正，是纯粹非决定的，也仍然有些人注定比其他人赢得多。因为即使在一个完全公平、随机的比赛中，比如掷硬币，也注定有某个人会赢，而其他参赛者会输。获胜者可能不会说这是“命中注定”，可不论我们把他的胜利归于什么，是命运、是他自己或是别的什么，难道会有人说这不公平吗？公平并不在于所有人都赢。

人们期望非决定论的最常见的理由是：如果世界是决定论的，那么只要我们选择了某个行为，就意味着“我们不再可能有别的做法”，但是，“能有别的做法”对我们来说当然（可！）应该是一件很重要的事。同样，这一点也没有它看起来那样理所当然。为了让大家看到这种想法会对我们产生的误导，下面请思考一类有趣的无效历史事实。

69

无效历史事实

用强行分类抹平微小差异

无效历史事实是一些非常平常的事实，它发生在过去，只不过现在人们已经无法对它做出判断了，这是一种在当今世界根本没有留下任何痕迹的事实。我最爱举的一个无效历史事实的例子是：

A. 我牙齿里面有些金子曾经属于凯撒。

B. 我牙齿里面的金子曾经并不属于凯撒。

根据逻辑，以上两句话中必定有一个是事实。等等，根据“近似算子”那章的精神，我们不应该怀疑这些“显而易见”的选言式命题吗？让我们想想，怎么可能 A 和 B 都没对事实有明确的表达呢？如果凯撒时代的所有权是不明确的，那么凯撒只会近似拥有一部分黄金，就如同今天英国女王依然是领土上所有天鹅的主人[①]。假设关于所有权、关于黄金的概念是界定清楚的，这两句话中必有一句表达了事实，但是我们几乎永远无法确定到底哪句话才是真的，不论我们花多少时间进行多么复杂的物理研究。

真的吗？我们可以想象，在某种情况下我们几乎能确定 A 是真的还是 B 是真的。如果基于众多有据可查的历史事件，我们发现我牙齿里的金子是有"来历"的，千年以来有人小心翼翼地监控并记录下了它的流向，那么我们可能就会相当明确的认定 A 是真的。假设我的牙医从博物馆购买了一枚古老的金戒指，那是著名的"凯撒小指之戒"，有众多文献记录可以证明，几个世纪以来那枚戒指从一个国王传到另一个国王直到流转到了那座博物馆，而且还有一盘录像带可以证明牙医融化了这枚戒指并且把金子灌入了我的牙齿石膏模型。这个故事真够古怪的，但它确实是在物理可能性的范围之内。我们还可以设想另外一种情况，假设我是一个淘金狂，旅行到了冰川消融后的阿拉斯加州。这片土地上万年来都被冰雪所覆盖，我在那里收集了金子并把它们镶到了我的牙齿里。如果这样的话，那么 B 就变成了真的，而且我们会对此更加确信。但是，如果没有这种既离谱又证据充分的故事的话，那么我们大致应该相信：我们永远也无法知道到底 A 和 B 谁是真的。所以无论哪一个是真的，它都是一个无效的历史事实。

还有一个有趣的难题是由量子力学引起的：即便追溯到了我牙齿中所有金原子在这几个世纪中的运行轨迹，只要凯撒戒指上的一颗金原子与来自外界的金原子发生了碰撞，甚至只是非常接近，在原则上我们就无法确定，"碰撞"发生后哪一个原子是来自凯撒的，哪一个原子是来自外界的。与其他事物不同，

① 据英国王室官方网站称："今天，英国王室仍然保留着对所有开放水域内的野生天鹅的所有权，但女王只在泰晤士河及周围支流行使所有权。该所有权与名酒酒商公会和染织商名家公会共享，早在 15 世纪这两家公司就获得了王室授予的这项权利。当然，如今的天鹅们已经不会再被吃掉了。"

原子或比原子更小的粒子无法留下指纹或者什么别的可以让我们识别其身份的东西，而且我们也无法持续地追踪它们，所以持续的同一性对于粒子来说并不一定是有意义的，这为我们了解有关那些黄金的事实又增加了一个障碍。

不论整个宇宙是不是决定论的，在设计上，电子计算机却是决定论的，它可以通过数字化而不是模拟来消除亚微观噪声，甚至是随机量子带来的涨落。康威的生命游戏就是一个活生生的例子，不过这种数字化决定论无处不在。数字化是为了决定论的需要，而数字化背后的基本理念是：我们可以有意创造无效的历史事实。把所有主要事件强行划分为两类，比如高和低、开和关、0 和 1，这让同一类别之间微小的差异被无情的忽略，比如不同数值的高电压、不同特点的开状态，深浅不同的 0。这些差异并不决定任何东西，其自身也消失得无影无踪。如此，这些差异对计算机随的一系列状态根本起不到什么不一样的影响。

比如，你的朋友从网上下载了一首歌，刻录到了两张 CD 中，这两张没有贴标签的 CD 将用于数字拷贝，我们把一张叫作 A，另一张叫作 B，但我们当然不会写在上面。你请朋友在漆黑的房间中把其中一张 CD 里的歌曲拷贝到你的笔记本电脑里。你不要告诉他用的是哪张，并且在你把 CD 交给他之前要消除掉 CD 上所有的指纹证据和 DNA 痕迹。等他拷贝完了，再把两张 CD 放进一个装满其他 CD 的袋子里，使劲摇一摇。现在，我们便获得了两个备选的无效历史事实：

A. 你的笔记本电脑里的歌是从光盘 A 拷贝下来的。

B. 你的笔记本电脑里的歌是从光盘 B 拷贝下来的。

对一首歌进行比特流的物理编码时，在微观的精细结构当中总会有差异。

所以当你把一张 CD 拷贝到计算机内存中时，内存的电压也会具有独一无二的精细结构，如果再把文件从内存拷贝到硬盘或者闪存盘中，它们也会与别的拷贝之间存在微小差异。我们为了方便而称作拷贝的那种过程，其实总会另外制造出一种连续的模拟物理信号，这种信号带有独一无二的精细结构，因为世界上电子和质子就是这么工作的。但是数字化的天才之处就在于，所有这些精细结构都能够在数字化过程中被"忽略"，在"标准修正"中消除。当你拥有了一套标准，就像拥有了一张字母表，每个字母都有多种风格的书写方法，但这不会造成什么影响，因为读起来它们依旧是字母表上的这几个。在电脑中，一切都由 0 和 1 书写。

所以，除非那两张 CD 中有一张在数字化的过程中发生了明显的错误，例如数值写反了，0 写成了 1 或者 1 写成了 0，否则我们无法分辨它们。数字化可以避免将两张 CD 的个性传播到它的拷贝中，所以经过数模转换，从播放器或者耳麦中传出来的歌声就不再带有 CD 上的个性。有一些音乐发烧友被誉为"黄金耳"，他们可以听出黑胶唱片和最好的数字唱片之间的差别，可以分辨压缩格式（比如 MPEG 格式）的音乐文件和非压缩格式的音乐文件之间的区别。但是如果我们要问两段同样的音乐是否出自同一张 CD，这些音乐发烧友们恐怕也只能随便猜了。这是一个无效的历史事实，这些拷贝中的细微结构不仅人耳分辨不出，就算用电子显微镜也不行。因为数字化处理已经在物理上杜绝了信息传输的可能，所以要是有人能凭能力分辨不同的话，那他绝对是一位超自然的超感觉能力者。

由于计算机是数字化的装置，所以让它执行几亿步的运算之后再回到与一开始完全相同的数字状态简直是小事一桩，所以，几亿步的数字操作我们也可以一遍一遍又一遍地看它重复执行。

"等一等，"有人反对道，"你说计算机是决定论的？你说我们能让它反复执行完全相同的上亿步操作？打住吧！要是这样的话，我的计算机为什么这么容易崩溃？为什么我的 word 周一还用得好好的，周二干同样的活儿时就卡死了呢？”

那是因为你做的不是完全相同的活儿。它卡死了不是因为它是非决定论的，而是因为它周二的状态与周一的状态并不完全相同。这之间你一定干了点什么，要么是打开了一个隐藏“标志”，要么就是激活了 word 中某个你以前完全没用过的功能。某个发生了改变的数据因此就在程序关闭时被保存了起来，等到周二，这微小的变化就让你的 word 崩溃了。要是现在你能想办法把它复位到和周二上午完全一样的状态，你的计算机还是会崩溃的。

那“随机数发生器呢”？我知道我的电脑里内置了一个可以随时制造随机性的装置。

如今，每台计算机都装有内置的“随机数发生器”，它可以根据需要在任何程序中运行。当电脑还没发明出来时，你可以买一本全是随机数字表的书以供研究使用，这一页页的数字全部严格通过了数学家们设计好的随机性测试。当然，对于同一版书而言，每一本中的随机数列都是一模一样的。其中最优秀的一本书是兰德公司于 1955 年出版的，包含了一百万个随机数字。但是，由所谓的随机数发生器生成的随机数字序列并不具有真正的随机性，它拥有的只是虚假的随机性：它在某种意义上是“数学上可压缩的”，也就是说，这个无限长的数列能够被某个特殊的、有限的机制所把握并计算出来。你的随机数发生器是一个程序，假设它的大小有一兆（800 万比特），而它却能够生成一个（每次生成的都是同一个）无限长的数列。如果你想把这个数列发送给别人，不需要在一封无限长的电子邮件里逐个记下每个数字，你只需要把一兆大小的算法程序发给他就行了，通过这个程序就能获得整个数列。以上就是虚假的随机数发生器的基本理念了。

比如，每当你重启计算机时随机数发生器就会开始工作，它永远都会产生完全相同的数列，但是这个数列本身却是完全无规律的，好像它是由真正随机的量子涨落带来的一样。与其说计算机内置了一张“随机数字表”，不如说它装有一盘超长的录像带，录像带中包含了对一个公正的轮盘赌数百万赌局结果的历史纪录。当你开机时，录像带就会倒回到“开头”，这一点有时很重要。计算机程序在不同的“选择”点上利用了随机性，然而，假如初始状态相同，它一遍一遍地重启只能得到同样的状态序列。有时候，如果你想检测一个程序的bug，那么你总是在检测这些状态的同一个“随机样本”，除非你不时地手动在该程序的数据流中插入一个“随机”数。

70

一场计算机国际象棋马拉松

如果决定论是真的，还存在真正的选择吗

要想弄清楚有关决定论与选择的问题是一件非常难的事。如果决定论是真的，还存在真正的选择吗？如果一个看上去具有自由意志的行动者是被决定的，实际上生活在一个决定论的世界中，这一事实会不会抹消他所有的选择和机会？下面给大家介绍一个能帮助我们探讨这一问题的直觉泵，它考察的是一个简化了的人造决定论世界。

假设你在计算机上安装了两个不同的国际象棋软件，然后把它们连到一个监控软件上，让这两个软件进行对奕，一局又一局地下棋，以至无穷。在你关机之前，它们会不会一遍一遍地重复下出同一盘棋局呢？有可能会，如果你那么设置的话。可这样一来你也得不到什么有关 A 和 B 这两个程序的有趣的东西了。假设 A 以同样的方式反复打败 B，你也不能由此推断出，一般而言 A

就是一个更好的程序，或者在别的棋局中 A 也能打败 B。从千篇一律的重复中，你无法得知这两个程序的优点和缺点。你也可以把比赛设置得更复杂些，以便让持续不断的棋局各不相同。这很容易实现。如果在运算过程中，两个程序都借用了随机数发生器，比如，在不存在可知的最优走法，需要“抛硬币”决定的情况下，那么在下一局中，只要你不让随机数发生器在每一局开始时都重新初始化，它给出的值可能就会发生改变，然后程序就会在不同的指令下得到不同的选项，这样一来它就会“选择”不同的棋路。一个变样了的棋局就这样展开了，而第三局也会以不同的方式继续下去。就像不存在两片完全相同的雪花一样，在这一连串对弈中也不存在两盘完全相同的棋局。然而，只要你重启计算机，运行相同的程序，就能得出与上次完全相同的棋局组合，因为决定两个程序如何“抛硬币”的是与上次完全相同的一串虚假的随机数。

那么，假设我们设定好了包括 A、B 两个程序的国际象棋世界，并研究 1 000 场比赛，我们会发现很多高度固定的模式。假设我们发现：在 1 000 场不同的比赛中 A 总能打败 B。遇到这种情况，我们就可能想要一个解释。如果有人只解释说因为程序是决定论的，所以 A 注定会永远打败 B，我们的好奇心一定不会得到满足。我们想知道的是，哪种结构、算法、配置使得 A 在下国际象棋中具备优势。A 显然拥有一些 B 所没有的素质和能力，我们想知道是哪些有趣的因素在起作用。这也许是一种低层次的解释，比如，可能最后我们发现 A 和 B 是两个完全相同的程序，在它们的源代码中有着完全相同的棋步取值器，只不过程序 A 的编译比 B 更有效，以至于在同样的计算周期内 A 可以比 B 计算的步数更多。也就是说，在下棋时 A 与 B 有着完全相同的想法，只不过 A 计算得更快而已。在正规的国际象棋比赛中都要配备计时器，如果时间到了你还没有移动棋子就会被判输。

但可能我们需要的是一种更高层次的解释：我们平时是怎样讨论如何

下棋的？要从这个角度解释A的优越性，比如描述棋局态势，预估可能出现的局面，决定接下来会促成哪种局面，等等。也就是说，A可能会在游戏进行的过程中调整棋子的相对价值，或者它能够更好地评价棋局态势，或者能够随时决定结束某项进程。总之，A与B“想得不一样”，“想得更好、更复杂”。当然，它并不是一个有意识的人，只是这个过程与“想”近似。

实际上，从一个不会总赢的程序里，我们得到的东西可能会更多。假如，A几乎总会赢，并且在它评估哪步棋更好时会使用一套不同的原则。那么我们就需要解释一些更有意思的东西了。要想知道这是什么原因造成的，我们可能要把那1 000盘不同的棋局都研究一遍，从中找寻更深层的模式，我们肯定能发现不少。有些模式对于下国际象棋来说是具有普遍性的，比如，当车老是呆在后方不出时，B几乎肯定会输。而有些模式则独属于A或B，比如，B总爱过早地出皇后。从中我们会发现一些国际象棋策略的标准模式，比如，在同样的局面中，所剩的时间越少，B能搜索到的博弈树节点就越少。简而言之，我们将会发现一块蕴含着无数解释性规律的宝藏，有些是普遍性的（在这1 000局比赛中）、有些是概率性的。

在这场决定论的比赛中，最吸引眼球的就是这些我们可以识别出的下棋模式，但从微观原因的角度看它们几乎都是一样的。从我们的角度看，两个国际象棋程序正在进行紧张的对局。而从“显微镜”的角度，即通过计算机CPU指令和数据流的角度看，实际上只有一台决定论的自动机在以唯一的方式运行着，只要精确地审查随机数发生器的状态和程序中的其他数据，我们就能预测到它们所下的每一步棋。在它未来的运作中并不存在“真正的”分叉或支流；A和B所做的一切选择都是由那台计算机及其内存的状态所决定的。似乎，这个世界上除了实际发生的事情，别的什么都不可能。假如A在t时刻即将陷入一个将杀网（将杀网一定可以将死对方，但可能不容易被发现），但这时B由于时间不够而停止了搜索，最终错过了关键的一步棋导致将杀网没能建立起来。那么这就意味着，这个将杀网绝对不会发生。如果有人怀疑这一点，我们可以证明给他看：再花一天时间将这次一系列比赛重演一遍就是了。我们将会看到，在同样的时刻和完全相同的局面下，B 会再一次由于时间不够而停止搜索。

那么，我们应该怎么说呢？在这个游戏世界中真的没有截与让、没有攻与守、没有错过的机会、没有两个行动者之间真实的拉锯、没有真实的可能性了吗？我承认，像昆虫和鱼一样，我们的国际象棋软件太简单了，它无法承担那种有重要道德意义的自由意志。但是，它们所处世界的决定论状态并不能阻止它们以不同的力量和能力去把握机会。如果想理解在那个世界中发生了什么，我们可以谈谈，实际上是必须谈谈它们的知情选择如何导致局势的改变，谈谈它们能做什么、不能做什么。如果我们想要找到一个因果规律来解释从那 1 000 盘棋局中发现的模式，那么我们必须严肃地从这一角度出发进行描述：在那个世界中存在 A 与 B 两个行动者，它们试图在国际象棋比赛中击败对方。

假如我们再把比赛程序改进一番，让它可以在 A 获胜时响起一阵铃声，在 B 获胜时发出嗡嗡声。我们让这场国际象棋马拉松开始，而一个对这两个程序一无所知的观察者可能会注意到，她听到的总是铃声，很少听到嗡嗡声。怎么解释这一现象呢，她想知道。如果不采取意向立场，我们也可以看到并描述 A 是如何有规律地击败 B 的，可是即便如此，这种规律性仍然需要被解释。唯一正确的解释或许是：对于“对方在某种局面下将会怎么走”这个问题，A 产生的“看法”比 B 的更好。就此而言，我们要想获得一个解释，就必须接受意向立场。第 33 章与 42 章中也有其他一些例子可以说明：如果不采取意向立场，某些因果链条根本无法获得解释。

到此为止说的都很好。但是这里的“决定”和“选择”只是和决定、选择近似的东西，似乎它们少了点什么。真正的选择意味着“可以以其他的方式行动”。但是表象是会骗人的，让我们更细致地考察一个特殊的例子吧。我们可以在程序比赛中加入第三个下棋程序 C，C 比 A 和 B 都要厉害，几乎每次都能打败它们。让我们假设，有两局比赛前 12 步棋是完全相同的，后面的则不同，在这两局中 C 分别击败了 A 和 B。专家们聚到一起回看了比赛，他们一致认定：在第 12 步棋中，也就是两局比赛共有的最后一步棋，如果 A 或 B 选择了王车易位，那么它们很有可能会打败 C。第 12 步的王车易位是获胜的关键，而 A 和 B 都把它错过了。

程序 A 的设计者耸了耸肩说：“其实，A 本来可以王车易位的。”B 的设计者插话说：“我的也是，B 本来也可以这么下的。”但 A 的设计者说的是对的，而 B 的设计者说的是错的！这怎么可能呢？整个比赛程序 T 都是确定性的，如果我们再来一遍，重新回到与上次比赛完全相同的那个状态，无论 A 和 B 都仍然不会做出王车易位的选择。那么，程序 A 的设计者是不是在骗自己呢？这可不一定。当我们问 A 是不是本来能够王车易位时，我们需要考察什么？一遍一遍地看与此情况一模一样的棋局对我们一点帮助也没有，我们应该查看那些与此情况有相似之处的棋局。一旦我们发现，当在其他比赛中碰上类似情况时，A 确实会算得更多一点，它能够发现王车易位的好处并下出这样一步棋，那么“A 本来可以王车易位”这个说法就得到了支持。

我们或许会发现，随机数发生器中仅仅一比特的变化可能就会导致 A 的王车易位。假设 A 的设计者再往深处挖掘一下，把 A 过早停止“思考”（因为时间有限，不论多么聪明的国际象棋程序，也不得不在某个点上强行停止它的搜索）时的实际运行状态揭示出来：A 想到了王车易位，并分析走这步棋的后果，可是由于时间有限，它让随机数发生器帮它掷硬币决定自己该不该继续分析，实际上，到此为止所有的步骤都是最佳的，但是掷出的结果是不该。假如掷出来的那个随机数是 1 而不是 0 的话，A 就会继续再思考一会儿，它就会进行王车易位了。“只要这个随机数变一下，A 就赢了！”A 的设计者说到。如果是上面所说的这种情况的话，我们可以说，A 没有进行王车易位是一个意外，因为随机数发生器没有带来好运。

下面我们看看 B，它的设计者也认为“在那个状况下 B 本来可以进行王车易位”，但却没有证据能支持这一说法。的确，B“知道”在哪种情况下进行王车易位是符合规则的，可能它也曾“动过念头”，但是这离真的做出王车易位还远着呢。在那个局面下，王车易位是一步很深奥的棋，报纸的国际象棋专栏会往这种走棋后边加上一个“！”，它已经远远超出了 B 的分析能力。现在，我们拥有了一个完全被决定的世界，即程序 T，在这个世界中，A 本来可以进行王车易位，而 B 则不能。A 与 B 之间的差别是真实的，是可以解释的，它们有着能力上的不同。我们可以用一种明显自相矛盾的方式把这一点表示出来：

> 在 t 时刻，A 本来可以进行王车易位，但是，在时刻 t，宇宙中却不可能有王车易位的事件发生。

这样描述的意义是什么？很简单：只要我们把 A 和与 A 紧密联系的周边环境分开来看，也就是说，不考虑随机数发生器，那么无论 A 是否进行王车易位就都不是被决定的了。严格来说，A 是否被决定依赖于 A 的外部环境。基于给定了的外部世界在 t 时刻的运行方式，A 不可能进行王车易位，但这“不是 A 的错”。B 与之相反，它本来就无法进行王车易位，它在本质上走不了这步棋。要想让 B 走出这步棋，我们需要改变太多的事实。

这一发现对我们很有帮助，即并不需要在非决定论的状况下，A 和 B“本来能做的事”之间才有区别。即便在一个决定论的世界中，我们也能看出 A 能做某些 B 做不了的事，我们解释“A 为什么会打败 B”时也要解释这种差别。事实上，因为决定论在这个游戏世界里是正确的，A 和 B 在特定情况下都只能做它们实际能做出事，只要完全相同的情况再现，它们还会一遍又一遍地重复，所以，如果我们要对那个显而易见又非常客观的规律“A 打败 B”做出解释的话，上述事实既没意思且无关紧要。

国际象棋软件不是道德能动体，它所做出的选择不承担任何道德责任，因为它的世界完全是非道德的。对一个国际象棋软件来说，违反国际象棋规则是不可想象的，因此也就不存在对违反规则的惩罚。但是就像我们刚刚看到的，即便在一个简单的、决定论的电脑国际象棋世界中我们也能对 A 和 B 做出真实而有意义的区分。当 A 做了件傻事或聪明事时，我们可能会说：“A 本来可以不这样做，但 B 不行。”如果你认为我们说错了，认为“因为那个世界是被决定的，A 与 B 永远都不能不这样做”，那么你就错了。

就像我们刚刚看到的，A 与 B 在下棋能力上有差别，而“本来可以不这样做”捕捉到了这种差别的一个侧面。那么如果事关道德又会怎样呢？有些人做了坏事，人们会说“他们本来可以不这样做”，并以此为由不宽恕他们；但他们也同意，即便换了别人，在类似情况下也可能这样做。他们如此认为并没什么错，因为这与决定论是否正确没有关系。这里展现出的是一个道德能力上的真实差异，人们的反馈也会因这种差异而不同，它不取决于决定论或是非决定论。

为了更清楚地说明这一点，让我们站在程序 B 的设计者角度思考一下。她想要知道自己是否已经找到了 B 的弱点所在。在另一场比赛中，由于没有进行王车易位，B 又输了；那么，这次的 B 是否本来可以王车易位呢？如果我们发现这次的失败全是拜随机数发生器中一个字符变化所赐，那么我们也许就不必再做任何设计上的改进。如果在相似的局面下，B 往往能够走出王车易位这步棋，那么它也许已经变得和我们所期望的一样好了。程序必然会用到随机数（就像掷硬币）来终止搜索、继续游戏。因此，在发现关键的一步棋之前恰好停止搜索这种事肯定会发生，这全拜掷硬币所赐。请注意，即使我们让程序 B 或 A

使用量子随机数发生器，比如一台盖革计数器，它基于亚原子微粒的随机轨迹来生成随机数，情况也不会有什么改善。仔细想一想我们说的情况，B 没有王车易位是因为在应该掷 0 的地方却掷了 1。如果随机数发生器生成了一个 0，B 进行王车易位；如果生成的是 1，不王车易位。“B 本来可以王车易位的”，当生成的是 1 时一个观察者会这么说。是的，可所有这些都不是 B 所能决定的。在出现这种状况的棋局中，B 进行王车易位与不进行王车易位的概率是一半一半，不管它使用的是“真实的”还是“虚假的”随机数发生器。

哲学家大卫·威金斯（David Wiggins）曾经写过决定论下的“宇宙不平等”（Wiggins, 1973, p. 54），但是我们这个关于计算机国际象棋比赛的直觉泵告诉我们，在非决定论下有着同样的“宇宙不平等”。B 任由它的随机数发生器或者伪随机数发生器的“摆布”。当然，A 也一样，我们都一样。真随机数发生器没有任何理由得到青睐，当然，除非你准备跟全知的神对弈，而神能够看透你的伪随机数发生器并做好相应的计划！

所以，如果我们还是希望非决定论是真的，就该找别的理由了。或许，我们不需要诉诸非决定论就可以拥有有价值的自由意志。等等，还有一个理由：

> 我不能改变过去，但如果非决定论是真的，我就能够改变未来！

不是的。你想把未来从什么改成什么呢？从将要发生的改成将会发生的？你无法改变过去，也无法改变未来。因为改变未来这个概念是不合逻辑的。所以：

> 如果决定论是真的，我们不能改变未来；如果决定论是假的，我们也不能改变未来。所以结论就是我们根本没法改变未来。

为什么我们有要去改变未来的想法呢？因为我们希望自己能够预见到灾难，这样我们就能通过努力来避免它的发生。可是，无需非决定论我们也能够做这样的事。如果有人向你扔了一块砖头，你看到并躲开了，那么你就能够避免被那块砖头击中，这很了不起。这块砖头将要砸到你的头上吗？在一个意义上说，是的，因为根据轨道来看很明显这块砖头会正好落在你的脑袋上，但由于你看到了它（由它反射的光进入了你的眼睛，因此你看到了它，你的大脑计算到了危险，因此你肯定会采取行动），所以就把它躲开了。你当然也可以不躲避它，只要你愿意，如果你有理由认为被它砸中对你来说更好的话。或许直到最后一刻，一些观察者都无法知道你会不会被砸中。所以如果他赌你会躲，也有可能输。回到我们前面讲过的那个理由——不想被预测到，但这并不需要世界是非决定论的。

这个直觉泵的目的是什么呢？它从一个有意义的角度让我们看到，与那个普遍的、未经检验的观点不同，人们常说的那句短语“本来可以不这么做”，并不依赖一种非决定论。即便“本来可以不这么做”有一种既不兼容于决定论又具有道德重要性的意义（也就是说，不仅仅为了满足形而上学的好奇心），那这也仍是需要证明的，而且证明的责任在那些相信它的人一边。我们又发现了一个“明摆着”的观点其实根本就不是那么地“明摆着”。

71

终极责任

斯特劳森的错误论证

到目前为止，我们已经考察了一些简单的选择：石头剪子布、下棋、躲石头，它们都与道德责任无关。我们不应该只考察棋类游戏或弹跃的瞪羚这类意向系统，是时候该具体地考察我们想要成为一个道德行动体的愿望了，也许这样我们才会真正需要非决定论。许多思想家都是这么想的。对于他们而言，那些思想实验只是在分散我们的注意力。有些思想家会拿下面这则清晰的论证来对阵决定论观点，哲学家盖伦·斯特劳森（Galen Strauson）把它整理成了如下形式（Strawaon, 2010）：

1. 在任何给定情况下，你因自己是什么样的人而做出你所做之事。
2. 因此，为了在根本上对你所做的事负责，你必须在根本上对你是什么样的人负责，至少对你的心智的一些关键方面负责。

3 但是在任何方面，你都无法在根本上对你是什么样的人负责。

4 所以，你无法在根本上对你所做的事负责。

第一个前提是无可置疑的："你是什么样的人"包括了你在时间中的全部状态，无论你是如何进入这些状态的。不论这些状态是什么，不出意料的话，你的行为都得从它们当中产生。第二个前提论述的是，你无法在根本上对你所做的事负责，除非你能在根本上（至少能在某些方面）对你所处的状态负责。而第三个前提告诉我们这根本不可能。

所以，第四个结论看上去似乎符合逻辑。不少思想家认为这个论证很严格并且非常有意义。真的是这样吗？让我们来仔细考察一下第三个前提吧。为什么我们不能（至少在某些方面）在根本上对自己是什么样的人负责？在日常生活中我们会明确区分要不要负责，这点在道德上也非常重要。假如，你设计制造了一个机器人，然后不加看管地把它扔到外面的世界，因为你完全清楚它所有可能会参与的事情，并且估计它可能会把一个人弄成重伤。你需要为这起事故承担责任吗？大多数人都会说，是的。你制造了它，你应该预见到它的危险，实际上你也确实预见到了，所以伤害发生后，被责备的人就是你，你至少要承担一部分责任。如果你坚持认为自己对机器人造成的伤害根本不用负责，则很少有人会对你表示同情。

现在，请思考一个稍有不同的例子：你设计制造了一个人，比如晚些时候的你自己，然后把自己扔到了充满危险的世界，你完全清楚自己可能会遇到的危险。那个你在酒吧里把自己灌醉，然后开着车上路了。当那个你撞上一辆校车时，难道你一点儿也不用对"这样的你"承担一部分责任吗？常识告诉我们，当然要承担。（那个酒保或纵容你的酒吧老板或许也要承担一些责任。）但是，在斯特劳森强有力的论证面前，这怎么可能啊？很简单，请记住，斯特劳森说的是我们不能对自己是什么样的人负有绝对的责任。可是这又怎么样呢？谁会认为我们必须承担绝对的责任？这简直是一种根本不可能存在的状态，即便非决定论是真的也不可能！根据这条论证让我们期待非决定论也站不住脚。斯特劳森是这么说的：

> 要做到对所做之事绝对负责，人必须是自因，自己是自己的原因，但这是不可能的。即便我们不完全是由物质组成，即便我们有不朽的灵魂，这也还是不可能的。（Strawson, 2010）

绝对责任是干扰视线的伪焦点，是没人渴望得到的祝福。斯特劳森不这么认为，他批评我忽视了下面这一点：

> 他没有建立那种大多数人都想去相信、或者真的相信的绝对的自由意志和道德责任。他做不到，他自己也知道这一点。（Strawson, 2003）

他说的完全正确：我没有建立那种大多数人都想要相信的自由意志，我自己也知道。不过，我认为大多数人的那种想法是错的，如果他们真的相信那也相信错了。论证的责任在斯特劳森等人一边，他们得证明为什么我们应该在生活中关心根本的责任，或者关心决定论 / 非决定论的问题。他们可以定义各种和决定论不相容的概念，展示出人们觉得它如何重要，但是他们也必须说明这些人并没有自我欺骗。为什么有人会关心这一点？请注意我是在反问。我已经做好被打脸的准备了。我很想看到斯特劳斯或者谁站出来回答这个问题，但到目前为止我们还没有这样的志愿者。

在结束对斯特劳森论证的讨论之前，我想问大家一个问题：你们是否注意到，他的论证与我们之前看到过的一个论证惊人地相似。下面我仿照斯特劳森的形式重写一下那个论证，让大家看到它们的相似之处。

1. 在任何给定的情况下，哺乳动物因为是哺乳动物而是哺乳动物。
2. 要想是一个哺乳动物，你的母亲也必须是哺乳动物。
3. 但是，你的母亲也必须符合这一条件，还有你母亲的母亲，以至无穷，而这是不可能的。
4. 所以你不可能是一个哺乳动物，因为哺乳动物在根本上是不可能的。

你应该永远警惕这种“祖先”论证。几乎可以肯定，这是一种经过伪装的，被称作连锁推理（或者“谷堆”论证）的古代谬论：

1. 一粒小麦不是谷堆。
2. 在一粒小麦旁加上一粒小麦也不是谷堆。
3. 你不能通过增加一粒小麦，而使非谷堆变成谷堆。
4. 因此，不存在谷堆这种东西！

几千年来，哲学家们对连锁推理悖论以及其中所用术语的界限模糊问题（该悖论俨然依赖这些界限模糊的术语）著述颇多，但至今我们仍然不知道该如何判定和避免这一谬论。（你们可以登陆斯坦福哲学百科，看看他们最近做的一个出色的调查问卷。）甚至还有些勇敢的哲学家声称连锁推理是有效的，他们试图接受“既不存在秃顶的男人又不存在不秃顶的男人”这样的“事实”。这个立场捍卫起来好难！但就像 43 章所讲的，达尔文已然教会了我们如何拒绝连锁推理；我们无需在我们的族谱中画下一条原则上的物种分界线。

据我所知，我是第一个指出斯特劳森的论证（以及其他有关的文本中出现的相似论证）与那个古代谬误有相通之处的人，可事实就是如此。我想，就像爬行动物、兽孔目动物经过世世代代的进化可以变成哺乳动物一样，人类也是从婴儿到成人一路走来，渐渐成长为一个可以承担道德责任的人。你是一个哺乳动物，不必是一个绝对的哺乳动物；你可以承担责任而不必承担绝对的责任；你也可以拥有一种值得向往的自由意志，而不是永远绝对的自由意志。实际上，绝对的自由意识就像奇迹一样，你必须给出一个强有力的论证才能证明为何人们要贪图这样的东西。难道你想成为上帝吗？真糟糕，我们一般可没有这种好运，不过，能成为第二好的也不错呀。

72

掘土蜂状

有限能力无法成就自由选择

侯世达（Hofstadter, 1982）杜撰了“掘土蜂状”（sphexishness）这一术语，指容易被人误以为是大智若愚的一种死板的、机械的无意识状态。最典型的例子，也是这个词的来源是一种有着古怪行为的黄蜂。侯世达和我都被迪恩·伍尔德里奇（Dean Wooldridge）的《大脑机制》（*The Machinery of the Brain*）这本科普书中的一篇文章惊到了。文中这样描写掘土蜂：

> 产卵的时节，掘土蜂会为后代挖掘地洞，然后寻找并蛰咬一只蟋蟀，它的蛰咬会令蟋蟀麻痹。接着，它会把蟋蟀拖进地洞，放在卵的周围，再把洞口封死，然后头也不回地飞走。在恰当的时候，蜂卵孵化出来，掘土蜂的幼虫会以被麻痹的蟋蟀为食，此时蟋蟀还没有腐烂，这个地洞就像是掘土蜂的冷藏柜。以我们人类的眼光来看，这套精心

> 组织、似乎目的明确的过程传达出了一点逻辑的味道，甚至还有些思想性，直到我们发现了更多的细节。比如，掘土蜂会例行公事地把麻痹的蟋蟀拖到洞口放下，然后进入洞中检查一番，确认一切都好之后再从洞里出来，最后把蟋蟀拖进洞中。如果当掘土蜂进入洞中进行初步检查时蟋蟀移动了几厘米，它出来后会再把蟋蟀拖回到洞口而不是洞内，然后把“准备工作”重做一遍。掘土蜂从来也没想过可以直接把蟋蟀拖进洞里。有一次这一过程重复了 40 多次，每次都是同样的结果。（Wooldridge, 1962, p. 82）

不管怎样，我们最近获悉，就像所有科普作家常做的那样，伍尔德里奇对这一现象作了一番过于简化的概述。心理学家拉斯·奇卡（Lars Chittka）在给我的一份报告中引用了法国自然学家《昆虫记》作者让 - 亨利·法布尔（Jean-Henri Fabre）的一些研究成果，那明显是伍尔德里奇观点的出处。如果伍尔德里奇读过法布尔的书就会知道，实际上只有某些掘土蜂是“掘土蜂状”的。而且，法布尔实际上也很想指明这一点：让你乍一看以为掘土蜂很聪明，再一看以为掘土蜂很笨,最后一看又发现有些掘土蜂一点也不那么“掘土蜂状”。奇卡给我的是法布尔《昆虫记》的德语版本，里面是这样说的：“两三次之后，掘土蜂用钳子揪着猎物的触须，把猎物拖进洞里。现在谁是傻瓜呢？”

所以，“掘土蜂状”其实有点用词不当，不过既然都这么叫了，我就不得不继续让掘土蜂忍辱负重。从某种意义上来说，它们很幸运，可以以这种方式成为人们关注的焦点，也算是很好地为自己提高了适应性吧。想想看，你会投票保护谁的栖息地，掘土蜂还是 humdrumbeetle？也许掘土蜂没有大象、老虎和狼那样“有魅力”，但因为这成问题的“掘土蜂状”也使得掘土蜂名声大噪。

“掘土蜂状”是一种很重要的性质，与其说是因为所有例如昆虫、蠕虫、鱼等简单动物都在不同程度上具有这种性质，倒不如说是因为它让我们找到了一个术语，用来指代一种有限的、机械的、短视的能力，而更奇妙、更复杂、更有理解力的心智则建于其上。任何心智的构建模块都最好是掘土蜂状！或者，就像我之前提到过的，构建模块应该是近似心智，应该是我们心智中苍白的影子。我们也可以用掘土蜂状把有道德能力的心智与没有道德能力的心智区分出来：如果一个人的心智到了像掘土蜂似的程度，不管这是因为脑瘤或脑损伤，还是因为严重的神经失调或是精神病，或者纯粹是因为愚昧或不成熟，那么他也就无法做出有意义的事。

为了揭示出“掘土蜂状”这个性质，执着的生物学家们不惜一遍又一遍地搅扰掘土蜂，他们就是我们着实该担心的那种典型的操纵者。在哲学上，许多关于自由意志的思想实验都引入了这样一种傀儡操纵者或者一个毒恶的神经外科医生，他们偷偷地让某个人遵循他们的指令。这些可怕故事的寓意大概是：即使实际上并不存在这种傀儡操纵者，但各种各样的环境因素经由我们大脑的处理将会决定我们的行为这一事实，也证明了这种傀儡操纵者是可能存在的。萨姆·哈里斯（Sam Harris）的那本《自由意志》（*Free will*）的封面上就画着一组操纵傀儡的线。[①]但这显然是一种不当的推论。如果环境借助我们运转良好的感知系统和未受欺骗的大脑“控制”了人，那也没有什么好怕的。相反，倒是没有比这更令人满意的了，我们周围的事物和事件导致我们产生有关它们的真信念，借助这些信念把我们的行为调整得对自己更有利。光子从滩涂的气孔上反射到我眼中，让我拿起蛤耙和篮子开始挖蛤蜊。如果这算被环境所控制的话，那我举双手赞成。像大多数人一样，如果我的朋友请我吃丰盛的美食，我并不觉得自己受到威胁或被操纵，因为我知道我无法抗拒美食的诱惑。

在那些以傀儡操纵者或恶毒神经外科医生为例论述的故事当中还有另外一件值得我们注意的事，你会发现这种操纵永远永远是秘密进行的。为什么会这样呢？因为只有当我们的行为或选择不知不觉地被那些神秘的操纵者所左右

① 《自由意志》的中文简体字版已由湛庐文化策划引进。——编者注

时，我们才会在直觉上感到我们不具有自由意志。其中的道理并不难理解，让我们回想一下开启了博弈论的那个洞见：当一个行动者意识到另一个行动者想要操纵他时，他会寻找对策，或者至少会去调整他的行为以应对这个情况。两个行动者之间的竞争性互动涉及许多层面的反馈，因此会削弱想要成为操纵者的人的控制力。而一旦操纵没能秘密进行，而且还正中“傀儡”的下怀，那么局面就完全反转了。

我们只需对标准的思想实验稍加改动，转动直觉泵上的旋钮，就能演示出上面那种情况。哲学家哈里·法兰克福（Harry Frankfurt）发明过一个直觉泵，讲的是一个神经外科医生偷偷把一个可以监控神经刺激的设备植入了一个人的大脑，以确保那个人所做的一切决定都在医生的掌控之下（Frankfurt,1969）。假如你就是那个人，如果你在一个两难的局面中选择了A而不是B，且那个医生就想让你这样选，那么他会袖手旁观；但是如果监控装置显示你想要选择B，那么外科医生就会按下按钮阻止你选B，所以无论如何你都会选择A。你对这一切都没有感觉。在这两种情况中你的选择都不是自由的吗？多年以来，哲学家们为了解决“法兰克福案例”和其变种写过成百上千的论文。其实，只需转动一下旋钮，局面就会产生巨大变化，据我所知这还从未有人冒险尝试过。下面请大家过目：

为了抑制你对甜食无尽的爱，你和一位医生签了一份合同，他帮你植入一个监控装置，并且你还会支付优厚的报酬让他监控你的每一餐。这为你提供了一个安全网以防止你点餐时选择热巧克力圣代和芝士蛋糕。你们俩都希望他永远也不必按下手中的按钮。不久之后，你都快忘记了自己还被他或他的助手控制着。你已经被“治”好了，这个小装置已经连续记录下了成百上千个指令，显示着你选择了A，“不了，只需要一杯黑咖啡，谢谢”。这能不能作为你自由选择的例子呢？为什么不能？对你来说，让自己多少有些脆弱的意志力得到点儿帮助难道不是一件很明智的事吗？

INTUITION PUMPS
AND OTHER
TOOLS FOR THINKING

73

巴西来的男孩

一个干扰人们思考的“坏”直觉泵

心理学家约书亚·格林（Joshua Greene）和哲学家乔纳森·科恩（Jonathan Cohen）在2004年合写了一篇题为《对法律而言，神经科学既改变了一切又什么也没改变》（*For the Law, Neuroscience Changes Everything and Nothing*）的文章，发表在了著名的《皇家学会哲学汇刊》（*Philosophical Transactions of the Royal Society*）当中。这篇文章唤起了一场由科学发现引发的法律革命。

> 法律声称自己的前提不外乎是一种形而上学的适度的自由意志观念，它可以与决定论完美相容。但是我们认为，法律的直觉支撑完全是建立在一种过于形而上学的野心之上的，因为自由意志主义者的自由意志观念正遭受着决定论的威胁，更直言不讳地说，它正遭受着即

将到来的认知神经科学的威胁。（Greene & Cohen, 2004, p. 1776）

他们把情况说得很微妙，这是必然的，因为他们既认为自己有丰富的论据来支持相容论（Compatibilism），这也是我在这本书里所捍卫的观点，但同时他们也想要表明一下，关于自由意志实际上“我们都还举旗不定”。他们提出并设计了一个思想实验，旨在揭示我们日常生活中的常识确实依赖着自由意志论。请注意，这个思想实验很像我前面要求过的那种论证：如果您认为我们应该关心自由意志论，请做出说明并给出理由。他们的思想实验是受一部电影《巴西来的男孩》（*The Boys from Brazil*）的启发，影片讲述的是一个培养希特勒克隆人（多亏抢救出了一些 DNA）的纳粹科学家。下面请看这个思想实验：

> 让我们假设，一群科学家成功地创造出了一个人，就叫他傀儡先生好了，他们的设计令傀儡先生做出了犯罪行为，比如在毒品交易失败时杀人。（Greene & Cohen, 2004, p. 1780）

关于这个思想实验，他们说：

> 是的，他在犯罪时与其他罪犯一样是清醒的，是的，正是他的欲望与信念导致了他的行为。但是，这些信念和欲望是受外力操纵的，而这也是为什么在直觉上我们觉得他更值得同情而不是谴责……那么，在我们和傀儡先生之间到底有什么区别呢？一个明显的区别是，我们认为傀儡先生是一场邪恶阴谋的受害者，而大多数人却不是。但这重要吗？认为傀儡先生不该承担全部责任的理由是他的行为由外部原因所决定……事实上，这种外部力量与邪恶科学家的欲望和意图有关，但这并不重要，不是吗？重要的是，这些力量超出了傀儡先生的控制，它们并不是傀儡先生的。（Greene & Cohen, 2004, p. 1780）

你们怎么想？对他们论证的目标而言，这是一个好的直觉泵吗？或者不是？

有意思的是，作者意识到了这个值得思考的问题，他们写到：“丹尼尔·丹尼特可能会反对说，傀儡先生的故事只是一个有误导性的‘直觉泵’。”我确实是这么想的。我会把它归为一种吊杆托架。可是，他们耸耸肩继续说道：“在我们看来，人们对傀儡先生和他的生活了解得越多，就越不会认为他真的该对他的行为负责，越不会认为他应当因此受罚。”

来，让我们仔细看看，转动直觉泵上的旋钮，实际上都是什么在运作。下面，我准备转动四个旋钮。

第一个按钮：让我们拿掉邪恶的阴谋，作者自己都坚持认为它不重要。我很奇怪他们为什么会冒失地在故事中加入“邪恶的神经外科医生”，并设定他们显然是无罪的，这种做法总是令我起疑。所以现在，我要用“冷漠的环境”来代替“一群科学家”，看看他们的结论还是否正确：

> 转动前：让我们假设，一群科学家成功地创造出了一个人，就叫他傀儡先生好了，他们的设计令傀儡先生做出犯罪行为，比如，在毒品交易失败时杀人。
>
> 转动后：让我们假设，冷漠的环境成功地创造出了一个人，就叫他傀儡先生好了，他们的设计令傀儡先生做出犯罪行为，比如，在毒品交易失败时杀人。

第二个旋钮：故事里已经没有阴谋了，所以我们不得不把“他们的设计令”也去掉，添上“有很高的概率”：

> 转动前：让我们假设，冷漠的环境成功地创造出了一个人，就叫他傀儡先生好了，他们的设计令傀儡先生做出犯罪行为，比如，在毒品交易失败时杀人。
>
> 转动后：让我们假设，冷漠的环境成功地创造出了一个人，就叫

他傀儡先生好了，他有很高的概率做出犯罪行为，比如，在毒品交易失败时杀人。

第三个旋钮：我想改变犯罪动机，仍然是杀人，但却发生在一个相当不同的场景下（这应该不重要，对吗？）。

转动前：让我们假设，冷漠的环境成功地创造出了一个人，就叫他傀儡先生好了，他有很高的概率做出犯罪行为，比如，在毒品交易失败时杀人。

转动后：让我们假设，冷漠的环境成功地创造出了一个人，就叫他傀儡先生好了，他有很高的概率做出犯罪行为，比如，为了掩盖挪用公款而杀人。

第四个旋钮：让我们改动一下罪犯的名字，毕竟只是改个名字而已。

转动前：让我们假设，冷漠的环境成功地创造出了一个人，就叫他傀儡先生好了，他有很高的概率做出犯罪行为，比如，为了掩盖挪用公款而杀人。

转动后：让我们假设，冷漠的环境成功地创造出了一个人，就叫他自主队长好了，他有很高的概率做出犯罪行为，比如，为了掩盖挪用公款而杀人。

现在它激发出的是什么直觉？还是同样的直觉吗？你还觉得他更值得同情而不是谴责吗？如果细节再充实一点，可能我们就会看得很清楚了。下面就是我友好的修订案，请格林和科恩过目：

自主队长在哈佛大学主修经济学，毕业之后去了雷曼兄弟公司上班，和他一起工作的同事都在偷奸耍滑并以此牟利。他爱上了一个傍

> 大款的迷人女郎，她威胁说，除非自主队长马上变得很有钱，否则她就甩了自主队长。自主队长看到有个机会可以挪用公款而不被发现，基本上可以做到隐形犯罪，于是他决心冒险一试。唉，可惜人算不如天算，冒出来了一位目击者，那人错就错在不该站得离顶楼花园的栏杆太近了……一次快速的“跌倒”——啊！——证人摔死在了大道上。他引起了人们的怀疑，不久之后自主队长就被捕了。

到这里，你还倾向于认为，由于他的行为是由外部原因决定的，所以他“其实不该负责”吗？即使你仍然愿意把自主队长看作是奢靡环境的受害者，我想你也不得不承认，与之前所描述的那种力量相比，他所受诱惑的力量已经大大削弱了，甚至只能算是前者那种力量的某种余波。或许我其实只是在利用你们的感情让你们支持相反的论点。我并不是想通过这套改变来证明，尽管人们是被决定的，他们也要或者也能对自己的行为负责，我只是想说明格林和科恩给出的那个直觉泵一点也不可信，因为其中可用的、允许转动的旋钮设置大大地干扰了我们的判断。也许设计它的初衷并不是为了糊弄人，但它确实妨碍了我们清晰的思考。

第七部分小结

人们非常在意自己拥有的自由意志，不过对于什么是自由意志或它本该是什么，人们似乎也常会被一些观念所误导，就像他们在颜色和意识的问题上被误导一样。我们的决定并不是发生在大脑中的小小奇迹，它也并不违反那些可以解释我们身体其余部分的物理和化学原理，即使大多数民众都以为“如果我们的决定真的是自由的，它就必须是个奇迹”。但是，我们也不能因此推断我们没有自由意志，因为在这个疯狂的意义上的自由意志并不是自由意志的唯一概念。在法律中，人们会区别“出于”自愿签订的合同与在强制、幻觉或精神错乱之下签订的合同。我们非常熟悉这个意义上的自由意志，它蕴含在构成了我们常识映像的实践与态度之中，没有任何迹象显示它的各个特点是依附于那个疯狂的意义上的概念。

几百年来，一直有哲学家坚持法律意义上的这种自由意志才是重要的、是我们应该关心的，而它相容于决定论和唯物主义、相容于物理学和化学无可争议的统治。这一部分所介绍的直觉泵以及其他思考工具旨在支持和推进对相容论的理解。多年以来，人们提出过各种版本的相容论，相容论不仅是哲学家，还是法官、律师和其他一些人之间的共识，他们认为在“谁应当负责”和“谁应当受到宽恕”之间的区分，取决于人们在行动时是否具有自由意志。现如今，一些科学家正在挑战这一共识，他们当然也有权利这么做，就让我们严格地审视一下这些论证吧。

或许，科学正在让我们意识到一些关键的，甚至是具有革命性的东西：人们永远不该对他们所做的一切负责，对值得赞许的行为与值得谴责的行为之间的区分没有稳固的基础。但是，这样一个革命性的结论更需要人们认真地对待每一个细节，可迄今为止科学家给我们看到的那些论证还远远不够。恶毒的神经外科医生把她的病人变成了残废，凭的不是别的而是一个虚假的观念；有影响力的科学家们颁布的错误观点可能会剥夺自由意志的多样性，它们原本合情合理并且对我们的生活有益。我呼吁，每一方都应当小心谨慎。

相容论虽然在哲学家当中非常流行，但也常常会引起质疑。哲学家伊曼努尔·康德（Immanuel Kant）曾把相容论称为一个“可怜的托词”，而今天的作者们也常常对我们这些持有相容论的人是否真诚表示怀疑。事实上，他们也理当如此。科学教导我们，要特别警惕那些一厢情愿的想法，我们在科学研究中设定的许多规则就是为了防止我们被自己的希望所骗时还以为是被证据所说服。让我们想象一下，假如有些天文学家宣称一颗巨大的小行星将在 10 年后撞击地球，消灭地球上所有的生命，而后又有一些天文学家宣布他们再次对数据进行了分析，让我们可以松一口气，因为那颗小行星会跟地球擦肩而过 。我们怎么才能知道第二批天文学家是不是在自我欺骗，又或者只是告诉了我们一个善意的谎言？要对他们的计算进行一遍一遍的验算或自己重新再做一番独立的计算，不要因为他们的结论没有明显的错误又能令你满意就美滋滋地接受它。但是永远不要忘记，他们也有可能是对的。不要矫枉过正，不要“在原则上”怀疑所有看起来“好得令人难以置信”的事。

相容论真是好得让人不能信吗？那倒不是。我认为它是真的，而且我们既可以完全彻底地摒弃那些杞人忧天的想法，同时又改变和修正我们的理解，理解是什么支撑着我们的道德责任观。但这也是一项我们在未来才能完成的任务，它还需要很多人的努力。对我而言，它是我们今天面临的最困难也是最重要的哲学问题。因为赌注很高，问题很棘手，我们的判断也容易被情绪所扰。我们需要调动所有的思考工具，可这还不够，在前进的道路上我们还必须制造更多。

第八部分

做个哲学家是一种怎样的体验

INTUITION PUMPS

AND OTHER

TOOLS FOR THINKING

每当我们离一件东西太近，就会很难看清它的面貌。近年来，我和其他哲学家的交流比以前少了，我花了更多的时间来与科学家或者别的思想家交流。但我仍然是一位哲学家（先不管别的哲学家怎么说我！），而且我也一直愿意接受挑战，向非哲学家解释为什么哲学值得研究。对于一些完全外行的人来说，哲学常常是可笑的，简直是“聪明劲没处使”的典型。所以他们错过了一些东西。想一想史特金定律：任何事物中的百分之九十都是垃圾，而他们却还在错过那剩下的百分之十。

入哲学一行 50 余年了，我熟悉它，现在，我把更多的时间花在了哲学之外，也让我清楚地看到了它令我费解的一面。科学界的一些朋友和同事向我坦白，说他们一直不明白我为什么不跳槽，不加入他们的行列。简单的回答是：我想利用这种跨界把两边的好处都占上。与科学家在一起工作，给了我很多有趣又棘手的事实以供思考；而保持我的哲学家身份，则令我即使没有实验室和研究经费也能钻研一切理论和实验，甚至连培养皿都不用刷。引用我最喜欢的一首乔治·格什温的歌吧：“那是一份好差事，假如你能得到它。”

科学家们近些年来比以往更尊重和关注哲学了，在我看来这是一个好消息，在我主要研究的心灵哲学领域尤其如此。认知科学家所研究的几乎就是哲学家们几个世纪以来一直在思考的问题：感知、记忆、意义、意志和意识。而有些哲学家也在科学界获得了关注，因为他们主动了解了相关的科学进展，为澄清和推进科学研究提供了有益的建议，同时也更好地向科学界以外的听众解释了科学研究的结论。但是当这两群人试图沟通时，交流上的失败却大量存在。为了今后我们能够更好地相互理解，我打算在本书的这一部分打消一些双方的分歧。

74

浮士德式交易

哲学家的目标不同于科学家的目标

以前我总爱给我的哲学家同行们提出这样一个问题：如果靡菲斯特（Mephistopheles）[①]给你以下两个选项，你会选择哪一个？

A. 你彻底解决了一个重要的哲学问题，经过你的努力这个问题大家以后就不用再讨论了。多亏了你，哲学的某个领域彻底终结了，你因此在哲学史中占据了一定地位。

B. 你写出了一部巨著，它令人感到既着迷又困惑、充满争议，在接下来的几个世纪中这本书都在学者们的必读书目之列。

① 欧洲中世纪神话中的魔鬼。它最著名的形象是歌德在小说《浮士德》中所塑造的一位诱惑浮士德的魔鬼。——译者注

一些哲学家不情愿地承认他们会选择（B）。如果必须二者择一，他们宁愿选择被阅读而不选择正确。就像作曲家、诗人、小说家以及其他艺术创作者一样，哲学家也希望自己的作品被人阅读，被上百万人（如果有可能，数十亿人更好！）不断地阅读。但他们也得往科学家们的要求上靠拢，毕竟，哲学家还是应该试着把握真理的。

而当我向科学家们提出同样这两个问题时，他们却常常毫不犹豫地选择（A），对他们来说这是明摆着的事嘛。当他们听说这个选择在很多哲学家看来难以抉择，甚至有些人会蠢到选（B）时，他们会惊愕得直摇头。但科学家们的这种反应，却忽略了一个重要的事实。尼古拉斯·汉弗莱说过：

> 在《两种文化》（*The Two Cultures*）一书中，斯诺（C.P. Snow）用“科学中的莎士比亚”来赞美科学中的伟大发现，但在某种意义上，他却犯了一个根本的错误。莎士比亚的戏剧是莎士比亚的，而不是其他人的；相比之下，科学发现从根本上说却不属于某一个人。（Humphrey, 1987, Chapter 48）

如果莎士比亚不存在，那么将没人能写出《哈姆雷特》《罗密欧与朱丽叶》和《李尔王》。如果梵高不存在，也就没有人能画出《星月夜》。这样说虽然有些夸张，但也确实说出了点什么。首先，在科学中，大艺术家式的个人贡献是罕见的。不仅如此，从个人贡献的角度来看待科学发展，这本身就想偏了。众所周知，在科学界以及在对诺贝尔奖的竞争中，科学家们为了最先发现某一成果展开激烈的竞赛，这是因为你努力研究出的成果恰恰是别人也可能做出来的，而假如你是某个成果的第二发现者，个人的研究风格可是不会给你加分的。艺术界不存在这种竞争，在那里我们追求的目标是不同的。

有些科学家渴望拥有大量读者，为了取悦读者他们尽量把书写得很有文学性。我第一个想到的就是达尔文的著作。但即便如此，对达尔文而言追求正确性、用所发现的真理来说服读者仍然是第一位的，只要我们把达尔文的《贝格尔号环球航行记》(*Voyage of the Beagle*)和美国著名小说家梅尔维尔的《白鲸》比较一下就能看出来。你当然可以从《白鲸》中学到很多有关鲸和捕鲸的事情，但你也知道梅尔维尔并不是想把它写成一本兼具艺术性和说服力的捕鲸活动纲要。

如果我们记住科学与艺术有着不同的目标，那么我们也可以问科学家一个问题，它与我和哲学同行打趣时问的问题很像：如果梅菲斯特给你以下两个选项，你会选哪一个？

1. 通过最先证实了一个发现，你赢得了竞赛，随后获得了诺贝尔奖，人类的科学知识基于这一发现取得了长足的进展，但是就像汉弗莱所说，它并不属于某一个人。(这让我想到了沃森和克里克。如果他俩没有赢得竞赛，莱纳斯·鲍林或者其他人无疑也能很快完成DNA结构方面的有关发现。)

2. 你提出了一个原创的理论，它是前人完全无法想象的，甚至你的大名也因此成了我们语言中的一个专有名词。在你去世后的很多年甚至很多世纪中，你的思想激发出了许多有价值的讨论。(这让我想到了笛卡尔的身心二元论、科学家拉马克的进化论、心理学家斯金纳的行为主义理论，还有弗洛伊德的观点，他用幼儿期的性行为与神经官能症来解释一切艺术、音乐和文学。)

其实，笛卡尔的那些野心勃勃的物理学著作可能是选项（2）的一个更好的例子，只不过现在它不是特别有名。但在当时，它的影响力是相当之大、它的错误又是相当“才华横溢”。正是在笛卡尔的《哲学原理》(*Principia philosophiae*)的刺激下，牛顿写出了改变世界的《自然哲学的数学原理》，牛顿就是为了回应笛卡尔才故意把他的书名起成这样，想明确地表示出他要取而代之。

还有美国语言学家乔姆斯基的语言学理论，从原创标准看，它无疑是达标的。就像人们用“美洲”来冠名“美洲杯”一样，当乔姆斯基为我们打开那片新天地时，完全不存在与他竞争的对手。在以后多年中，最初的理论成果，也就是乔姆斯基在《句法结构》(*Syntactic Structures*)一书中提出的“转化生成”理论已经被广泛弃用，它已被它的各种理论后代所取代，这些理论之间的区别甚大，就像鸵鸟、蜂鸟和信天翁迥异于它们共有的祖先，尽管它们都是从恐龙进化过来的。乔姆斯基在1957年犯了一个有益的错误吗？或者我们不如说他发现了一个伟大的真理？“是的”一词很好的回答了这个问题。

我们崇敬那些犯了有益错误的科学家，想想物理学家沃尔夫冈·泡利是怎么鄙视那些连“犯错都算不上”的理论家们的。如果强迫你选的话，你是想当正确的第一发现者还是想当充满争议的奠基人呢？这个决定有点难做了，是不是？

75

简单的自我人类学

哲学家应该把反直觉的一切都去掉

帕特里克·哈耶斯（Patrick Hayes）是一位人工智能专家，他曾计划将朴素的流体物理学公理化。他当时想要把这些公理加入到一个机器人的核心信念当中，以便它与人类进行互动，因为人们在日常生活中所依赖的正是朴素物理学，或者说常识物理学。这个想法比他预想的更难实现，为此他还写过一篇有意思的文章《朴素物理学宣言》（*The Naïve Physics Manifesto*, Hayes, 1978）。在朴素的流体物理学中，所有违反大众直觉的论断都是要被排除出去的：比如，虹吸现象就是“不可能”的，同理，移液器也是“不存在”的；但是用松软的毛巾把液体吸走是可能的，用水泵从井里抽水也是。记住了一大堆这种“知识”的机器人和我们大多数人一样，在第一次看到虹吸实验时也会大吃一惊。

我倒愿意把哈耶斯的想法叫作复杂的朴素物理学，因为他并没有对这种物理学抱有幻想；他知道，虽然他所要公理化的那套理论是我们日常生活中常用的，但它仍然是错的。这么看来，我们也可以把一项活动叫作公理化的人类学：将民众常说的、认同的东西当作你的公理和定理，并且试着消除它们之间存在的矛盾，把这套公理系统融贯起来。当然啦，你不用费功夫去搞什么调查问卷，因为我们既然能像任何正常人一样知晓朴素流体物理学，那么咱们也只需问问自己就能完成这个人类学问卷了，所以它也叫作公理化的自我人类学。①

下面可以比较一下哈耶斯的设想与“分析的形而上学”中的哲学设想，后者常常给我一种天真的朴素人类学的印象，因为做这种研究的人似乎深信他们的工作是在获得某种真的东西，而不仅仅是在人类的某特殊群体中被相信为真的东西。然而，他们的工作却似乎是相同的：你收集好你们共享的直觉，让它们在共通的直觉泵中得到检验和激发；再基于“承认下来的”，有价值的、理想的、公理般的原则，努力把最终的数据揉进一个融贯的“理论”。我曾问过许多分析的形而上学家，我问他们能否把其事业与他们部落的天真朴素人类学区分出来，我至今还没有收到一个令人信服的回答。

与之相反，还有一种复杂的朴素人类学（既包括自我的又不是自我的），它对自身其中的定理是否可信留有判断，而这往往是可行的，也是有价值的。我建议那些用分析的方法做形而上学的人应该把他们的工作重心转移到这项事业中来，因为他们无需大幅调整自己原来的工作方法，只需要重新认识自己存在的理由：他们必须收起自己那副自命不凡的样子，意识到他们的研究只不过是对常识映像进行的一次初步侦查，像人类学家研究异域文化时所做的那样，把对这些信念的信与不信悬置起来：让我们暂时假装认为这些原住民是正确的，

① 哈耶斯的工作启发了他人。一本相关的文集中的一篇文章指出：“朴素物理学本身就是一个模糊的术语。这只是糟糕的物理学吗？是心理学、人工智能、或者物理吗？”（Bobrow, 1985, p.13）我认为朴素物理学试图使常识映像的物理部分足够严格以支持自动演绎推理。

看看接下来会发生什么。以我对哲学的理解来看，哲学中至少有一大部分工作都是在反复协调常识映像与科学映像，对于哲学家们来说，在把日常的观点进行理论化并嵌入他们的理论大厦之前，最好先把这些观点好好分析一下。

复杂的朴素人类学的一大特点就是，它对违反直觉的发现保持开放的态度。如果你做的只是朴素人类学，那么你就会把（对原住民来说）反直觉的东西当作你的对手；而当你改变方式，开始思考朴素“理论”在哪些方面是正确的，那么反直觉的论断就不再是你的障碍了，有时它反而是你取得重大进展的标志。毕竟，在科学中，违反直觉的发现是何其珍贵啊。

自我人类学的一个缺陷在于，一个人的直觉容易被他的理论偏好所扭曲。语言学家早就发现了这一点：由于他们太专注于自己的理论，他们自己的语言直觉就不再可靠了。我们能说“小孩男人女人，唱歌吃饭跑步”吗？我的“耳朵”是不是已经被我的从句理论欺骗了？他们原初的直觉已经被太多的理论所污染，他们承认自己必须找那些不是语言学家的人来问一问。最近，哲学家们开始重视这一点，掀起一股所谓实验哲学的新风（Knoke & Nichols, 2008）。这项运动还处在起步阶段，虽然这些先驱者们的努力现在还不引人关注，但这至少表明哲学家们已经开始接受这样一个事实：他们不能再因为一些命题对于他们自己来说是显而易见的，就断言它们显然是真的。同样，如果哈耶斯费心进行一番抽样调查，而不是将他自己的想法当作大众看法的模板，或许他就会对调查出的常识物理学的主要原则感到惊讶呢。

因此，这种复杂的朴素人类学是一项伟大的工程。哲学家们应该严肃地对待这项事业，并把它视作对常识或常识映像进行的一番调查，只有经过这番调查，我们才能开始建构关于知识、正义、真、善 、美、时间、因果性等等诸如此类的理论，也只有这样才能保证我们的分析与论证找对了靶子，切中了民众与科学界真正关心的东西。这样一番系统的调查将会给我们提供一个目录式的东西，给未经修正的概念领域编一个目录。这些概念给理论家们带来了一系列困难，如果你乐意的话，可以把它们叫作常识映像的形而上学。当哲学家们试图不断协调那些最新的科学观念时请务必从这里开始，而用这样一幅更严谨的观念地图来取代肉眼目测是有益无害的。

或许有人会说，我们还需要改革，让科学哲学从摇椅上的幻想变为与现实科学的严肃合作，让科学哲学家们真的决心从当前的科学研究内部得到有关科学的知识。如果我们从这个角度思考哲学的任务，就会发现我们的哲学期刊中充斥着大量没有说到点上的苦思冥想与反复纠结，要么就是兜售反例、打破直觉，它们最多算是一次为那些“显而易见”的观念寻找共识的尝试罢了。

76

“像棋”中的二阶真理

若不值得做，亦不值得做好

残局如下，白棋如何在两步之内将死对方？[①]

轮到白方走
提示：2步将死。

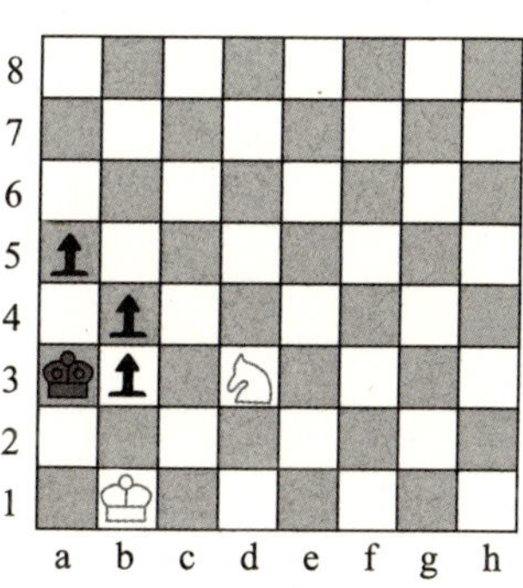

答案：
第一步，白马走到b2，黑兵走
到a4（黑棋只能这么走）。
第二步，白马走到c4，将军。

《波士顿环球报》刊载了这样一个残局，让我大吃了一惊，我一直以为在

① 关于这本书的第 30 章中出现的谜题，答案 1、5、6、7，分别是 slop、love、even、Dern 或者 smut、hope、iron、Penn。其中两名影星分别是 Laura Dern 和 Sean Penn。

国际象棋中无法“单马定孤将”是已经被证明了的呀，可是我错了。就像戴维·米希亚洛维思奇（David Misialowski）最近给我写的一封电子邮件中说的，人们确实已经证明了当你只有一马一王且对方只有一王时无法将死对方的王。所以，“‘当你只有一马一王时无法将死对方的王’这一命题不是国际象棋中的真理”这一事实是国际象棋中的高阶真理。

哲学一般被认为是一门先验学科，就像数学一样，或者说它至少是以某种先验的方法论为核心。我们可以从两个角度来看待这一点。一方面，哲学家们能以此为借口逃避枯燥的实验室工作，不用去做田野调查，也不用学着收集数据、学习统计学，不用学地理、历史、外语、经验科学等等，因为只有这样他们才有大把的时间来磨练自己的哲学技巧。而另一方面，就像人们常说的：万事万物中都包含着哲理。这可未必是一件幸事。在这一节中，我要对你们这些想以哲学为业的年轻读者们（但愿你们当中有人这么想）提出一点忠告：自由与抽象性恰恰可能是哲学的一个弱点。而对于哲学的门外汉们而言，这一节也能帮助你们了解哲学中的某些习惯和误区。

我们可以看一看先验真理中的范本，即国际象棋真理。人们下国际象棋就是一个经验事实，我们关于下国际象棋的经验事实有很多，它包含了几个世纪以来人们下棋的方式，包含了精雕细刻的棋子在镶饰的棋盘上的所有走法，等等。但这些经验事实的知识在我们研究国际象棋的先验真理时并不能发挥作用，而这样的先验真理在国际象棋中其实大量存在。我们只需要知道国际象棋游戏的规则就能去探索先验真理。国际象棋开局就足足有 20 种走法（走兵的 16 种，走马的 4 种），一王一相无法将死孤王，一王一马也不行，如此等等。

但先验国际象棋真理的推导并不都是那么容易。在国际象棋规则内，想要证明什么可能而什么不可能是一项非常复杂的工作，出错更是在所难免的。比如，几年前，一个计算机国际象棋程序发现了一种将杀网（相当于一串必胜的走法），在它执行过程中，竟有200余步是不吃子的。这一发现打破了国际象棋中的一个古老“定理”，并且迫使人们改变了国际象棋规则。曾经人们认定，在50步之内如果双方都没有吃子，那么这盘棋就算打平了（僵局），但是自从有了这个必胜的、牢不可破的将杀网的存在，继续坚持“50步内未吃子即是平局”的规则就变得没有道理了。在计算机开始下棋之前，没有人能想到“会有”步数如此之多的将杀网存在。思考这些问题是非常有趣的，很多高智商的人都曾致力于研究国际象棋的先验真理体系。

很多哲学项目或问题的研究，就像在推算国际象棋的先验真理。这两种活动都是先以一组大家一致同意而几乎从不讨论的规则为前提，然后再对这些前提所包含的东西进行推算、组织、争论和重新定义。话说到此还看不出什么问题。国际象棋是人类创造的一项深奥而有意义的活动，关于它的价值人们已经有过太多的论述。可是某些哲学研究项目却更像是在推算“像棋”（chmess）的真理[①]。“像棋”很像国际象棋，唯一的区别是“像棋”中的王可以一次走两格而不是一格。我刚刚把它发明出来，当然，大家可以深入研究它的可玩性，也许它一点也不好玩，也许它该起个什么别的名字。算了，我不费心研究这些问题了，因为虽然这些问题确实可回答，但并不值得我花时间和精力去探究它们。“像棋”中的先验真理和国际象棋中的一样多，都是无限的，而且一样难以发现。这意味着，如果有人真的投身于“像棋”真理的研究，他也可能会出错，也可能需要被纠正，在这个过程中就开辟出了一块先验研究的新领域——“像棋”中的高阶真理，例如下面这些：

1. 琼斯对“像棋”真理p的证明（1989）有问题：他并未考虑如下的可能……

① 国际象棋是chess，丹尼特把chess中间加了一个m，变成了chmess，任何语言里都没这个词语，我把它翻译成了“像棋”。——译者注

2. 史密斯断言（2002）：琼斯证明（1989）错误地预设了布朗引理（1975）为真，而布朗引理最近遭受了加芬克尔的挑战（2002）……

这些不只是儿戏了对吧？事实上，可能会有人向你证明，人们对“像棋”高阶真理的研究成果辉煌呢。我想，心理学家唐纳德·赫布（Donald Hebb）的格言该派上用场了：

若不值得做，亦不值得做好。

如果真要将赫布的格言贯彻到底，可能哲学家们都会觉得他们所参与的某个持久的哲学争论该被叫停了，当然啦，我们是不会同意只关闭一些“手工作坊”的。因为在有些学派看来，我们这个庞大的学科中根本就不存在什么研究，只有一些无用功和费尽心力地互相洗白。民主或许产生不出什么值得注意的东西，可是独裁更可怕，所以还是让我们百花齐放吧。不过要记住的是：假如你想看百花齐放，就要为 99 朵花终将会枯萎做好准备。其实我想提醒你们的只是：不要把你们自己成长的宝贵岁月浪费在一个保质期很短的研究主题中。哲学潮流来得快去得也快，人们常说“炒得越火的话题凉得越快”，这可能有点道理。

要想检验一项哲学研究是否只是在探索“像棋”的高阶真理，一个好办法是看看除了哲学家之外这个游戏是否真的有人在玩。除了学院中的哲学家之外，还有人“关心”琼斯的反例能否驳倒史密斯的证明吗？把这些东西讲给入行未深的本科生们听，是一种不错的检验方法。如果他们“听不懂”，你就该好好想想是不是自己在被那个自娱自乐的专家团体牵着鼻子走，最后掉进了人造的陷阱里去了。

下面我们就看看人们是怎么掉进陷阱的。哲学工作不是一项自然的活动，越聪明的人越有可能怀疑自己是否有研究哲学的天赋、是否理解哲学、是否在

“以正确的方式”研究哲学，甚至最初就会怀疑以它为业是否值得。这不，聪明的琼斯就是一位对进入哲学系感到不安的本科生。他对布朗教授开设的讨论班深深着迷，于是试着写了一篇有关热门话题 H 的论文，布朗教授给了他一个 A。“你真的很有天赋啊，琼斯，”布朗教授说道，这让琼斯看到了一项似乎值得奋斗终生的事业。于是琼斯开始在与其他同样志向远大的年轻人的互动中，努力地学习这个游戏的规则。他们相互打气道:“嘿,我们可真擅长哲学啊！”“为了论证的方便”，他们逐渐不再怀疑那些使这个游戏得以开展所预设的前提，开始出书了。

所以，不要指望你的研究生同学或是你喜欢的教授能告诉你，你是否只是在探索“像棋”的高阶真理。因为他们都是这项事业既得利益的维护者。这种问题在其他领域中我们也会碰到，甚至可能还更难破除。有时一位技术纯熟的实验员也会陷入窘境，他成天只能在开销不菲的实验室中往表单里填入一些不会再有谁关心的实验数据。他们又该怎么办呢？难道要把那些昂贵的设备扔掉不成？这是个棘手的问题。而对于哲学家来说，重装上阵其实要简单很多，也便宜很多。毕竟，一般来说我们所接受的“训练”算不得什么高科技。我们主要是在各种文献中进行学习，学习那些久经考验的招数。因此我们需要躲避的陷阱仅仅是这样的：当你看到了一位著名学者在他写的东西里提出了一个站不住脚或者值得怀疑的断言，比如，你发现了一个容易攻击的目标，教授一篇不失巧妙的论文中有一个不严谨之处，你打算把这个目标靶子当成是在学术界闪亮登台的一个不错处女作。于是你大胆尝试，参与到与他人的辩论中。现在你可要小心了，因为当你们相互引用，再对回应进行回应时，你就已经成了一个崭露头角的专家了，“精通”于处理有关“如何处理教授这个小纰漏的回应”这方面的问题。还要记住的是，如果教授没有大胆提出那一论点的话，他根本不可能一下吸引那么多注意；更何况，脱颖而出的诱惑力，并不只限于想在哲学界搏出位的年轻人。

有些人安于找到一个志趣相投的朋友圈子，在这些聪明人中间享受发现的乐趣、合作的喜悦，还有和他人达成一致时的满足感。就像哲学家约翰·奥斯汀（John Austin）在他已出版的一篇演讲中说的那样：不用担心大家一起做的工作是不是有价值的。如果从事这项工作的人足够多，似乎这一现象本身就会变成这项工作值得研究的证据。哲学家波顿·德雷本（Burton Dreben）曾在哈佛大学对研究生们这样说道："哲学是垃圾，但垃圾的历史则是学问。"有些垃圾比别的垃圾更重要，但我们仍然很难决定该把哪些垃圾当成学问。奥斯汀演讲录的另外一篇演讲中有一句话，堪称暗讽的杰作：

> 来听我讲座的听众一般都不是来听重要的事的，如果今天来的诸位中有人想听重要之事，事先声明：我欠你们一个结论。（Austin, 1961, p.179）

奥斯汀是一位才华横溢的哲学家，有许多有前途的哲学家都曾围绕在他身边，当听到奥斯汀说这番话时他们肯定也会在台下会心一笑吧。可如今，他们当中的大部分人已经消失得无影无踪了，他们关于日常语言哲学的著作（"哇，写得真聪明"）也在出版后不久就被人们理所当然地遗忘了。这样的事情屡见不鲜。

那么我们应该怎么办呢？之前我提到过一种检验方法，即，看看不做哲学的人或者聪明的本科生是否会喜欢你的研究，但它只算是一个警告标志，并不绝对。某些令人望而生畏的深奥的哲学问题也是值得研究的，即便外行们对它不为所动。我当然也不会阻止你在研究时无视别人是否觉得它有意义、是否重要。相反，哲学中那些伟大的创见最初总会遭到怀疑和无情的嘲弄，你的脚步不应被它们阻挡。我想说的只是，请不要只因为自己那些聪明的同行觉得你的工作不容忽视——就像你也认为他们的工作很有意义一样——就沾沾自喜地以某个思想流派而自居。或许，你们只是在相互欺骗罢了。

77

只需关注那 10% 的精品

哲学领域的史特金定律

如果哲学像其他领域一样，也适用史特金定律，那么哲学领域中的哪些作品会被我算作精品呢？首先，“经典”绝对是经典的一个理由。从柏拉图到罗素，这些哲学史教程的标配甚至已经通过了几个世纪的检验，而且研究他们的一些优秀二手文献也很有价值。你即便不了解那些背景知识，直接去读亚里士多德、康德、尼采的著作也会获得一些或是很多启发，但若是能接受一些专家的指导，你将从他们身上学到更多，因为这些专家早已把毕生的心血都投入到对那些伟大思想家的研究中去了。

并不是所有哲学史家都抱着相同的目的和态度写作，我就不认为我们有任何理由剥夺别人写作哲学史的资格。有些人坚持把那些思想家放在他们写作时的历史背景中去理解，也就是说，他们认为如果你真的想要理解笛卡尔就该深入了解17世纪的科学，如果你真的想理解洛克和休谟就应该阅读17或18世纪政治史，当然，有很多比他们稍逊色的同代学者你也应该多加关注。

但我们为什么要在这些失败者身上花心思呢？我可以举一个好例子来说说为什么。当我去欧洲的博物馆参观，看见堆积如山的二流作品之后，我才发现自己从未真正欣赏到16~17世纪的那些名画之美。如果你所看的全部只是精品，比如你在导论课上、在顶级博物馆里看到的那些东西，那么你反而很难发现它们的精妙之处。你知道好图书馆和一座伟大的图书馆之间的区别吗？好图书馆里收藏得全是好书，而伟大的图书馆里收藏着所有的书。如果你真想理解一位伟大的思想家，你必须花时间读读与他同代的或前辈学者的作品，这些作品常常被大师们的作品掩盖。

另外一些专家只是稍稍触及历史背景，而主要关心如何将这些伟大作品中的观点与今天的问题联系起来。莱布尼兹毕竟不是为了写一篇17世纪理性主义的代表作而写《单子论》的，他是为了揭示真理而写。说到底，只有当你追问这些哲学家所讲的是否正确时，才算得上严肃地对待他们。哲学生和哲学教授们有时会忘记这一点，他们关注于怎么给那些哲学家分类，忙于“比较和对比”哲学家之间的关系，就像是在回答考题。有时整个哲学系都会陷入这类愿景中无法自拔。可是这不是哲学，这是哲学鉴赏。我是这样帮我的学生们打破这一陋习的：

> 一个人无意中发现了一个惊天大秘密：比如有人图谋炸毁自由女神像，或者破坏国家电网。于是他疯狂地工作，收集和整理证据，尽力发挥文采写了一封长信。他把信寄给了警察、联邦调查局、《纽约时报》和美国有线电视新闻网。随后得到的回复是这样的：“哈，又是一篇巧妙的后9·11阴谋论”“引人入胜、内容相当可信且能自圆其说、文笔甚佳”“它让我想起了小说家唐·德里罗（Don De Lillo），当中亦

> 有托马斯·品钦（Thomas Pynchon）写作风格的影子。”啊啊啊啊啊！注意！我正在告诉你们实情！请尊重你正在解读的哲学家，所以，当你读他们写的每一句、每一段时，请你多问问自己：“我相信这些话吗？如果不相信又是因为什么？”

除了纯哲学之外，还有科学哲学、数学哲学、逻辑学哲学、生物学哲学、心理学哲学、经济哲学、政治哲学，在这些领域中也有伟大的著作。虽然几乎不存在所谓化学哲学、天文学哲学、地理哲学或者工程学哲学，但是一些出色的哲学工作也会处理这些领域中存在的概念问题。还有就是伦理学了。1971 年，约翰·罗尔斯（John Rawls）出版了《正义论》（*A Theory of Justice*），这部杰作开创了一个硕果累累的新时代，哲学家们开始从新的角度处理传统的伦理问题，他们开始关注社会科学，尤其是经济学、社会学，甚至还有生物学和心理学。多亏了罗尔斯，伦理学家们的游戏被抬高到了一个新的水平，产生了许多有价值的哲学研究，这些工作值得、也的确得到了其他学科的研究者们的关注，甚至包括政治家和社会批评家。

最后，还有一些哲学家完全不跨学科，也只稍稍借助一点哲学史，他们专攻某些哲学家工作中出现的当代的问题，而这些哲学家也专攻其他的当代哲学家工作中出现的当代的问题。其中一些我在上一节里提过了，他们没能遵从“赫布定律”：若不值得做，亦不值得做好。但其中还有一些工作是非常优秀的，并且很有价值。在这本书里我提到过许多当代哲学家，如果我觉得他们的想法不值得严肃对待的话，我也就不会提到他们了，尤其是当我说他们想错了的时候。除了我的那些靶子之外，我还欣赏很多哲学家的工作，但我不想傻傻地去列个名单。

在我的学术生涯中，我曾多次轻信同行的判断，他们告诉我别读某人的书了，写得又蠢又垃圾。过了一段时间我才发现自己被误导了，竟忽视了一位有创造性的思想家，同行的偏见害得我没能及时吸收这些人的思想。而且，我痛苦地意识到，即使是一些没能成功进入我阅读列表的哲学家，当我读到他们时也会发现他们的有趣之处。所以，请把这本书当作一本开放式的导论，它介绍了某些哲学工作的方式，如果你认为它们有意义，就可以把它们作为跳板，以自己的方式探索那些被历代思想家们反复研究的问题吧。

结语　加倍努力地使用这些工具吧

“太不可思议了！”，当某些人发现意识的“秘密”时如是说；“太不可思议了！”，当某人发现这个星球在 30 亿年前不借助任何造物主之手就产生了生命时如是说。每当我听到这种话，总会忍不住想说：“好吧，对你来说这当然不可思议了。因为你自己把思考工具扔在一边，几乎从来不碰。”这让我想起了英国生物学家威廉·贝特森曾坚定地声称基因的物质基础是不可想象的。而今天，即使对学校里的孩子来说，DNA 也是很容易理解的。这并不是因为他们比贝特森高明多少，而是因为经过一个世纪的设计和改良，我们的思考工具已经足以快刀斩乱麻，做出准确的判断。当然，还有一些人确实不愿构想这些事情，哪怕连一个解释都不肯给出，他们想要保护神秘之物，担心解释会令宝藏消失。

他们发现，当别人想要刨根问底时，“上帝以神秘的方式起作用”是一种方便的反思考工具。它暗示出发问者的傲慢和不自量力，把好奇心瞬间消除。以前这个工具很好用，现在在一些社群中它也依然好用，因为对于那些人来说，忽视科学只不过是一个微不足道的缺点。我想，我们实在不该把这种“虔诚”的想法当作智慧了，我们应该意识到它俨然是一种预防性的宣教。我们应该积极地回应道：“噢，太好了！我爱神秘的东西。让我们瞧瞧能不能把它也解决掉吧。你们有什么点子吗？”

构想新事物是一件困难的事，这不只是“在头脑中构建出一个观点，迅速浏览一遍然后表示赞成”而已。如果我们研究得更加努力，对我们来说不可构想的东西或许现在已经显然可以构想了。有时我们可以自信地宣称某些东西确实不可构想，比如最大的质数、内角和大于 180 度的平面三角形、已婚的单身汉等等。与其说是因为我们发现我们无法构想它们，不如说是因为我们发现自己已经如此清楚、如此彻底地设想出它们以何种方式构成，所以它们的不可构想性本身就被我们非常清楚地构想出来了。

我们仍未完全成功地构想出意义如何在物质世界中存在、生命如何诞生与进化、意识如何工作以及我们是否拥有自由意志，但我们已经取得了进展：与过去相比，现如今我们正在用更恰当的方式提出问题、解决问题。我们正在寻找答案。

附录一　未写入本书正文中的几个直觉泵

读过本书草稿的朋友们曾对我表达过他们的惊讶和失望，因为几个我最著名的直觉泵并没有出现在本书的定稿中。实际上，最后被删掉的有几十个呢，其中有些是我的最爱。这种情况并不常见，我想应该解释一下我这么做的必要性。

“我在哪儿”可能是我最著名的一个直觉泵了，但也正因如此才应该把它删掉。1978，它最早出现于《头脑风暴》一书，后来在《心我论》中也谈到了它。这些书已经被翻译为了十几种语言，而这个直觉泵也常常被编入各种选集。电影《大脑的受害者》(*Victim of the Brain*) 中有 30 分钟的情节也是根据它改编的，我还扮演了第二个丹尼特的身体。1981 年 BBC 拍摄的关于意识与大脑的纪录片中它亦有出镜。著名木偶师林恩·杰弗里斯 (Lynn Jeffries) 还把它改编成了爪哇皮影戏，1984 年在哈佛大学勒布剧院里演出过。你肯定能很容易就能在网上查到它和关于它的大量评论。

“沙基披萨店的民谣”（Dennett, 1982a）消解了“从物模态与从言模态的信念”所包含的一套预设。对于某些哲学家的意向性思想而言，这套预设曾占据统治地位，而对于其他人来说则不是这样。所以，如果要把它写进这本书里，我就得先诱导诸位产生一些错误的直觉，然后才能用这个直觉泵把你们治好。有些哲学家必须了解这个直觉泵，而对于其他人嘛，继续幸福地无视它也不会有丝毫的损失。

在进化论方面我也忍痛割爱，删去了我最喜欢的一个思考工具，即哲学家皮特·戈弗雷-史密斯发明的“达尔文的空间”，它是我见过的把多维空间作为思考工具引入哲学的一次最佳尝试。但遗憾的是，我们必须仔细回顾进化论并介绍大量的生物学事实才能让这个直觉泵有效地工作起来。我用更技术化的术语给其他的哲学家讲解过，并且在我为戈弗雷-史密斯的著作《群体思维与自然选择》（*Population Thinking and Natural Selection*）所写的那篇评论——《小人儿法则》（*Homunculi Rule*）中也展示过它有多么好用。如果大家感兴趣，还可以参见戈弗雷-史密斯对我的回应（Godfrey-Smith, 2010）。

在我的论文《蒯因感受质》（*Quining Qualia*, Dennett, 1988a）里包含了多达 14 个直觉泵，它们是我为了澄清并消除那个混乱得无可救药的哲学概念“感受质”而发明出来的。为了介绍感受质这个概念以及它所带来的问题，本书收录的“花椰菜的诅咒”即是其中一个直觉泵。对于那些仍然把感受质概念看成一个好概念的人，或许该读读我的这篇论文。很多文集都收录了这篇论文，网上也能找到，各种语言的都有。在我写的《做个好梦》（*Sweet Dreams*, Dennett, 2005b）一书中包含了与“感受质”有关的另外一些论证和直觉泵。关于意识的直觉泵还有《为什么你无法造一台可以感受疼痛的计算机》（*Why You Can't Make a Computer That Feels Pain*, Dennett, 1978c) 中的“箭毒致忘剂”(curare-cum-amnestic)、《机器玛丽知道什么》(*What RoboMary Knows*, Dennett, 2007d)中的“沼泽玛丽与机器玛丽”(Swamp Mary and RoboMary)、《意识的解释》中的意识模型“奥威尔式与斯大林式”等等。我需要花很多篇幅才能把它们讲清楚，可是我不希望这本书写得过长。

被删去的还有我在《打破魔咒》(*Breaking the Spell*, Dennett, 2006a) 中介绍过的很多有关宗教的直觉泵，以及《科学与宗教：它们相容吗？》(*Science and Religion: Are They Compatible*, Dennett and Plantinga, 2011) 中“超人动了波基斯页岩”的例子。

附录二 寄存器机练习题的答案

练习 1

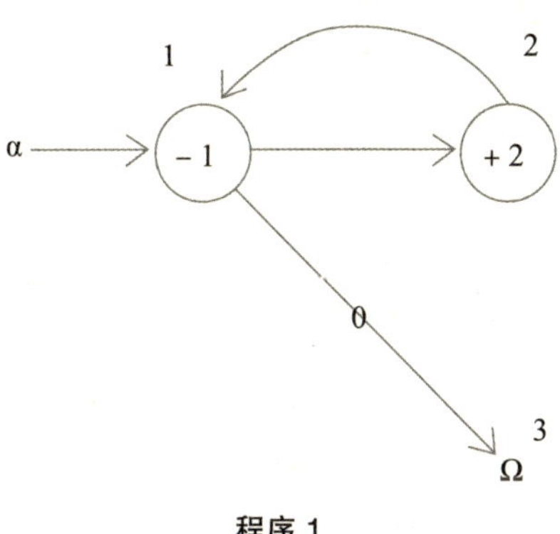

程序 1

a. 运用程序 1，想一下寄存器机需要几步可以计算出 2+5=7？（“结束”也算是一步。）

答：6 个步骤：3 个减量，2 个增量，一步结束（最后一步是遇 0 跳转）。

b. 要计算出 5+2=7 需要几步完成?

答：12 个步骤：6 个减量，5 个增量，一步结束。

（你从中可以得出什么结论？）

答：内容按不同顺序相加会导致很大的差异，所以你可能会认为，最好设定一条规则，总是将较小的数字放入寄存器 1；但如果你要首先从两个数字中区别出那个较小的，这会比你完成相加花费更多步骤！

练习 2

a. 请为这个流程图写出它的 RAP 程序。（请注意，由于程序有不同的分支，你可以采用不同的顺序为各步骤编号，只要“下一步”对应的步骤编号填写正确即可。）

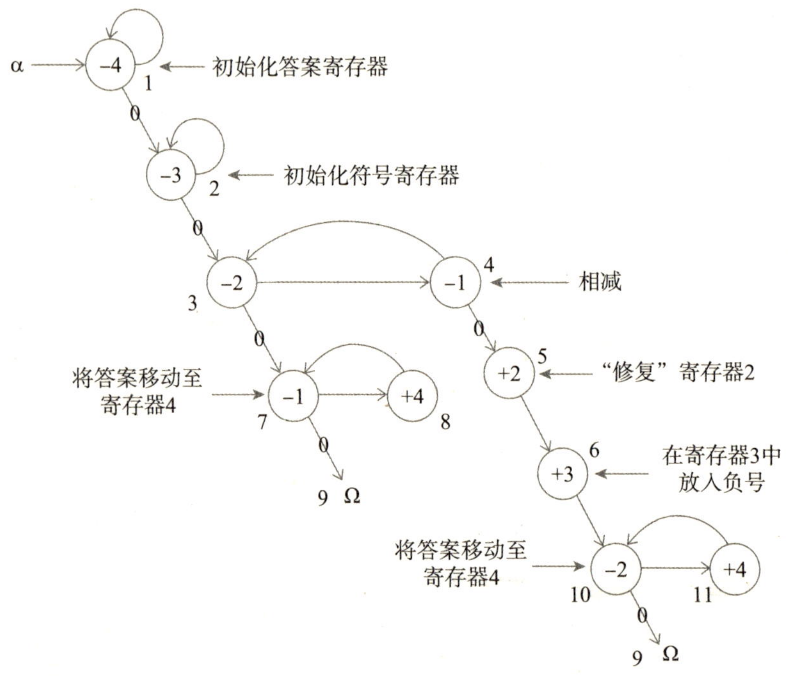

步骤	指令	寄存器	下一步	跳转至步骤
1	减量	4	1	2
2	减量	3	2	3
3	减量	2	4	7
4	减量	1	3	5
5	增量	2	6	
6	增量	3	10	
7	减量	1	8	9
8	增量	4	7	
9	结束			
10	减量	2	11	9
11	增量	4	10	

b. 如果从 3 中减 3，或者从 4 中减 4，这个程序会出现哪些不同?

答：程序在寄存器 4 那里遇 0 中止。

c. 将寄存器 3 在第三步之前就清零而不是推延到完成第四步之后，这样会避免哪些可能的错误?

答：如果寄存器 1 和寄存器 2 里最初放置的都是 0，那么在程序结束后，答案很可能无意义（符号寄存器里出现 –0 或除 0 和 1 之外的其他数字）。

练习 3

a. 画一个流程图或者写一个 RAP 程序，让寄存器 1 中的数字与寄存器 3 中的数字相乘，将答案显示在寄存器 5 中。

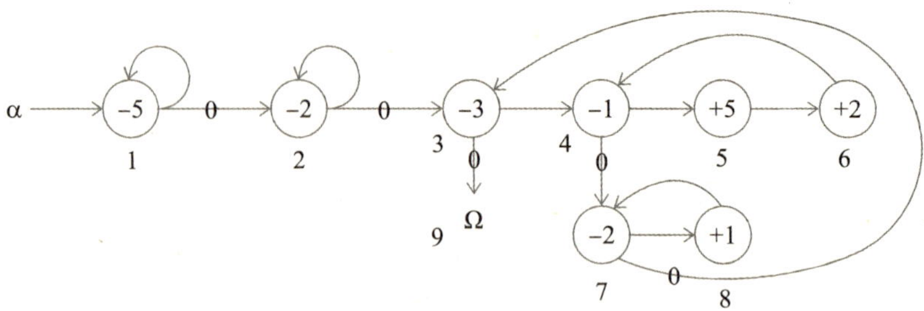

步骤	指令	寄存器	下一步	跳转至步骤
1	减量	5	1	2
2	减量	2	2	3
3	减量	3	4	9
4	减量	1	5	7
5	增量	5	6	
6	增量	2	4	
7	减量	2	8	3
8	增量	1	7	
9	结束			

b.（可选）利用复制和移动改进你上面写出的乘法编程，使寄存器 1 与寄存器 3 在程序停止后都能保持原有的内容，方便你在运算完成后清楚地检查输出和输入的内容正确与否。

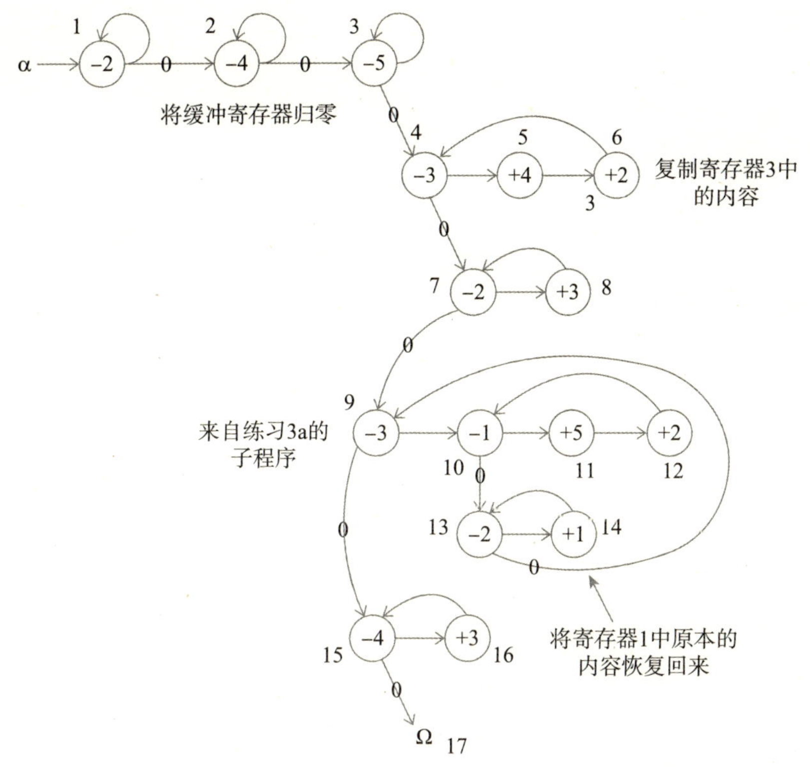

步骤	指令	寄存器	下一步	跳转至步骤
1	减量	2	1	2
2	减量	4	2	3
3	减量	5	3	4
4	减量	3	5	7
5	增量	4	6	
6	增量	2	4	
7	减量	2	8	9
8	增量	3	7	

步骤	指令	寄存器	下一步	跳转至步骤
9	减量	3	10	15
10	减量	1	11	13
11	增量	5	12	
12	增量	2	10	
13	减量	2	14	9
14	增量	1	13	
15	减量	4	16	17
16	增量	3	15	
17	结束			

c.（可选）画一个流程图或者写一个 RAP 程序，要求它能识别寄存器 1 与寄存器 3 中的内容（同时保证这些内容不受损坏），将内容较大的寄存器地址（1 或 3）显示于寄存器 2；当两个寄存器中的内容相等时，寄存器 2 中显示 2。（程序完成后，寄存器 1 和寄存器 3 中的内容要保持不变，寄存器 2 显示出所含数字较大的寄存器地址，当内容大小相等时，寄存器 2 将报出数字 2。）

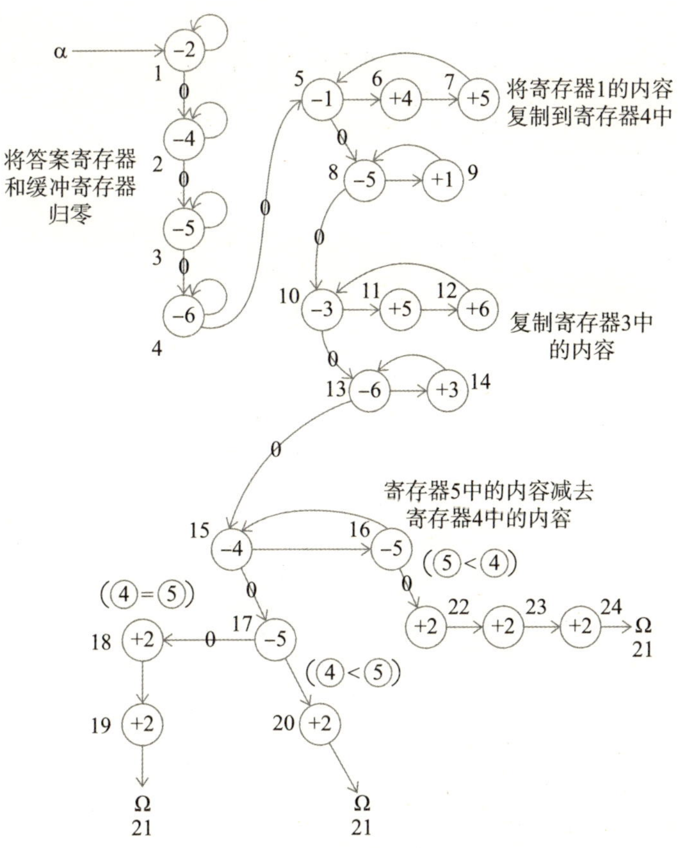

步骤	指令	寄存器	下一步	跳转至步骤
1	减量	2	1	2
2	减量	4	2	3
3	减量	5	3	4
4	减量	6	4	5
5	减量	1	6	8
6	增量	4	7	

步骤	指令	寄存器	下一步	跳转至步骤
7	增量	5	5	
8	减量	5	9	10
9	增量	1	8	
10	减量	3	11	13
11	增量	5	12	
12	增量	6	10	
13	减量	6	14	15
14	增量	3	13	
15	减量	4	16	17
16	减量	5	15	22
17	减量	5	20	18
18	增量	2	19	
19	增量	2	21	
20	增量	2	21	
21	结束			
22	增量	2	23	
23	增量	2	24	
24	增量	2	21	

练习 4（可选）

写出一个流程图及它的 RAP 程序，用来将寄存器机转变成一台便携式计算器。

a. 寄存器 2 用来执行运算：

0= 相加

1= 相减

2= 相乘

3= 相除

b. 在寄存器 1 和 3 中放入参与运算的数据。

那么“306”就表示“3 + 6”，“513”表示“5 − 3”，“425”表示“4 × 5”，“933”表示“9 ÷ 3”。然后，我们用寄存器 4、5、6、7 来显示操作结果：寄存器 4 用于表示符号，其中 0 代表 +，1 代表 −；寄存器 5 显示答案的数值；寄存器 6 用于存放除法结果的余数；寄存器 7 表示警示，即对输入的内容进行报错，例如除数为 0，或者寄存器 2 中出现了没有定义的操作的情况。

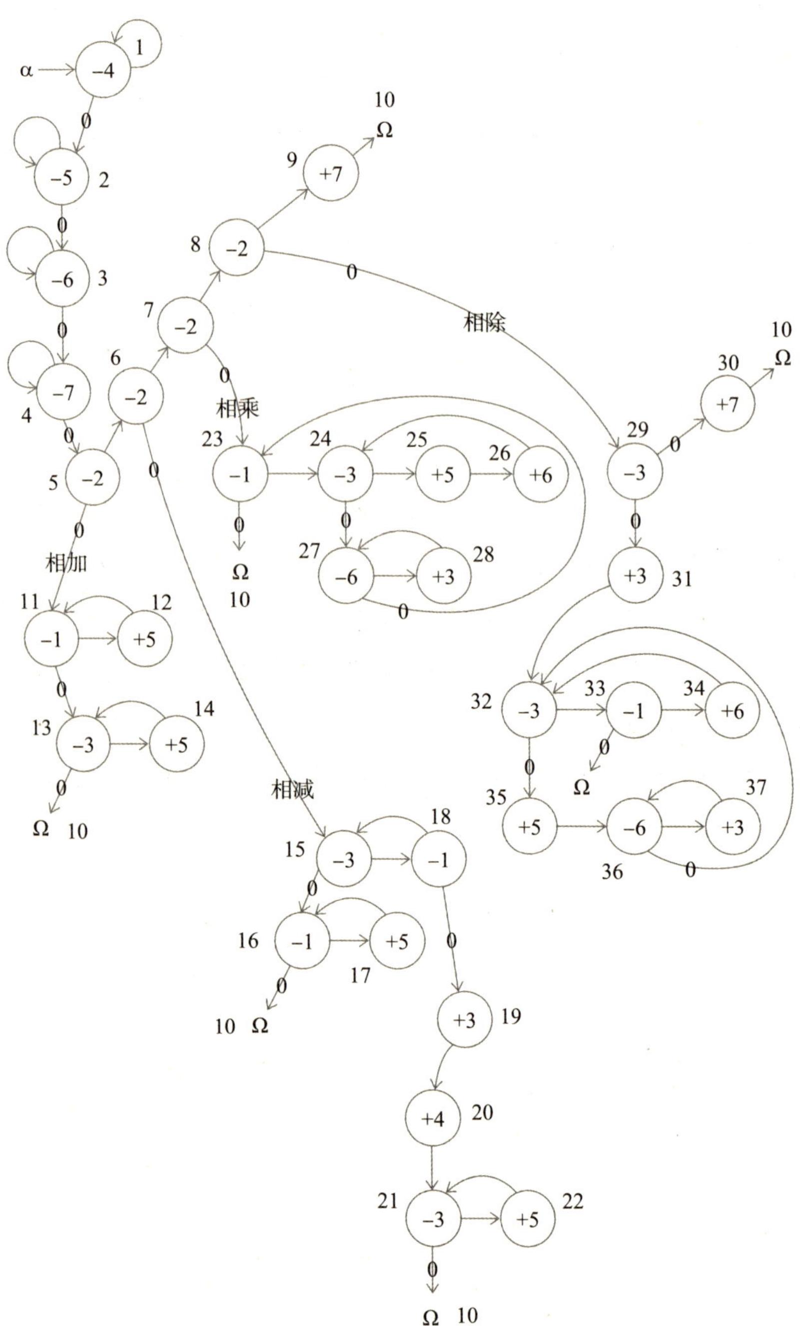
α
Ω
相加
相乘
相除
相减

步骤	指令	寄存器	下一步	跳转至步骤
1	减量	4	1	2
2	减量	5	2	3
3	减量	6	3	4
4	减量	7	4	5
5	减量	2	6	11
6	减量	2	7	15
7	减量	2	8	23
8	减量	2	9	28
9	增量	7	10	
10	结束			
11	减量	1	12	13
12	增量	5	11	
13	减量	3	14	10
14	增量	5	13	
15	减量	3	18	16
16	减量	1	17	10
17	增量	5	16	
18	减量	1	15	19
19	增量	3	20	
20	增量	4	21	
21	减量	3	22	10
22	增量	5	21	

步骤	指令	寄存器	下一步	跳转至步骤
23	减量	1	24	10
24	减量	3	24	27
25	增量	5	26	
26	增量	6	24	
27	减量	6	28	23
28	增量	3	27	
29	减量	3	31	30
30	增量	7	10	
31	增量	3	32	
32	减量	3	33	35
33	减量	1	34	10
34	增量	6	32	
35	增量	5	36	
36	减量	6	37	32
37	增量	3	36	

素材来源

引言

“古怪的狱卒”和“垃圾箱里的珠宝”取自 *Elbow Room*（Dennett, 1984a）中刻画的案例，并做了一些修改。

第一部分　通用思考工具

1. “犯错儿”以“How to Make Mistakes”（Dennett, 1995b）为开头。

2. “归谬法”之前从未发表过。

3. “拉波波特法则”，这一法则是我在针对理查德·道金斯的 *The God Delusion* 发表的一些思考中首次提出的，发表于 *Free Inquiry*（Dennett, 2007a）。

4. “史特金定律”，这一定律在“Holding a Mirror up to Dupré”（Dennett, 2004）中

有相关讨论。

5.“奥卡姆剃刀”之前从未发表过。

6.“奥卡姆扫把”只是在很多网站上被归为西德尼·布伦纳发明的新概念。而他本人似乎并没有发表过有关这一概念的文章。

7.“外行做媒”之前从未发表过。

8.“跳出系统”借鉴了“I Could Not Have Done Otherwise—So What?”（Dennett, 1984b）中的素材。

9.“古尔德的 3 种思考工具”取自“Confusion over Evolution: An Exchange”（Dennett, 1993）和“Shall We Tango? No, But Thanks for Asking”（Dennett, 2011b）。

10.“小心‘当然’这个词”出自“Get Real”（Dennett, 1994a）。

11.“反问”之前从未发表过。

12.“什么是‘深马’”取材于“With a Little Help from My Friends”（Dennett, 2000）。

第二部分　关于意义和内容的思考工具

13.“特拉法尔加广场上的谋杀案”取自“Three Kinds of Intentional Psychology”（Dennett, 1981）。

14.“生活在克利夫兰的一位兄长”取自“Brain Writing and Mind Reading”（Dennett, 1975）。

15.“‘爸爸是名医生’”取自 *Content and Consciousness*（Dennett, 1969）。

16.“常识映像和科学映像”一节包含从“Expecting Ourselves to Expect”（Dennett, 即将发表）、“Sakes and Dints”（Dennett, 2012）和“Kinds of Things”（Dennett,即将发表）中提取的材料。有关食蚁兽和鸟类特性的讨论取自 *Elbow Room*（Dennett, 1984a）。

17.“常识心理”取自“Three Kinds of Intentional Psychology”（Dennett, 1981）。

18.“意向立场”取自“Intentional Systems”（Dennett, 1971）和 *The Intentional Stance*（Dennett, 1987），也在其他很多文章和书籍中有所讨论。

19. “人与‘次人’的区别”取自 *Content and Consciousness*（Dennett, 1969）。

20. “大脑中的小人儿委员会”在 Brainstorms（Dennett, 1978）和 Edge.org（Dennett, 2008）的一篇文章中都有提到，后来发表在 *What Have You Changed Your Mind About*（Brockman, 2009）。

21. “近似算子”之前从未发表过，但其讨论的主题是从“Turing’s‘Strange Inversion of Reason’”（Dennett，即将发表）中发展而来的。

22. “神奇组织”，这个概念最早出现于我的文章“Natural Freedom”（Dennett, 2005a）。感谢克里斯托夫·科赫，让我注意到了威廉·贝特森的引文。

23. “身陷机器人控制室”取自“Current Issues in the Philosophy of Mind”（Dennett, 1978b）。

第三部分　关于计算机的思考工具

24. “计算机施展魔法的 7 个秘密”是从塔夫茨大学设立的计算机科学导论课程中发展而来的，这门课程由我、乔治·史密斯和戴维·艾尔斯（David Isles）一同教授，在计算机科学专业本科生史蒂夫·巴尼（Steve Barney）的大力帮助下顺利完成。期间，史蒂夫为我们的课程设计了模拟计算机 AESOP，他也因此被斯隆基金会看中，从而成为了其资助下的塔夫茨课程软件工作室的首席程序员。深受 AESOP 的启发，1986 年我用 Logo 语言完成了第一版 RodRego 的编程，将它命名为 Rego，130 页插图中那个尖头小矮人就是 Logo 语言里海龟绘图的古老痕迹。之后，罗德·达·席尔瓦（Rod Da Silva）将 Rego 改编成更便捷、更可靠的版本 RodRego，并在课程软件工作室的尼克拉·施韦尔特纳（Nikolai Shvertner）那里不断发展完善。

25. “虚拟机”，我在很多地方都讨论过它们，比如在课程软件工作室的成立宣言“Notes on Prosthetic Imagination”（Dennett, 1982d）、“The Practical Requirements for Making a Conscious Robot”（Dennett, 1994b）中，以及在我的著作 *Consciousness Explained*（Dennett, 1991a）里。

26.“算法”取材于 *Darwin's Dangerous Idea*（Dennett, 1995a）。

27.“让电梯实现自动控制”是我 2007 年在哥本哈根大学参加研讨会时、在“Varieties of Content”（Dennett, 2007c）中首次提出的。未曾发表。

“第三部分小结”中的部分思考来自“Turing's ‘Strange Inversion of Reasoning’”（Dennett，即将发表）。

第四部分 更多关于意义的思考工具

28.“红发人那事儿”取自“Things about Things”（Dennett, 2001e）。

29.“彷徨的双币机、孪生地球以及巨型机器人”是根据“Evolution, Error and Intentionality”（Dennett, 1988c）修改完成的。

30.“彻底翻译与蒯因式填字游戏”最早出现于“With a Little Help from My Friends”（Dennett, 2000）。

31.“语义引擎和句法引擎”，根据“Three Kinds of Intentional Psychology”（Dennett, 1981）修改完成。

32.“沼泽人遇上母牛鲨”中包含的很多素材都是根据“Features of Intentional Action”（Dennett, 1968）和“Get Real”（Dennett, 1994a）中的内容修改得来的。

33.“两个黑盒子”，根据 *Darwin's Dangerous Idea*（Dennett, 1995a）中的相关内容修改完成。

第五部分 关于进化论的思考工具

34.“万能酸”，根据 *Darwin's Dangerous Idea*（Dennett, 1995a）中的相关内容修改完成。

35.“孟德尔图书馆”，根据 *Darwin's Dangerous Idea*（Dennett, 1995a）中的相关内容修改完成。

36.“什么是基因”这篇新作，深受理查德·道金斯的 *The Ancestor's Tale*（2004）这部著作的启发，并引用了书中的大量原文。

37.“生命之树”记录了我的新想法，其中的配图来自伦纳德·艾森伯格（Leonard Eisenberg）的创作作品。

38. “自然选择 VS 智能设计”，根据 *Darwin's Dangerous Idea*（Dennett, 1995a）中的相关内容修改完成。

39. “小布谷鸟为什么会把宿主的蛋推出鸟窝”，根据“Darwin's ‘Strange Inversion of Reasoning’”（Dennett, 2009a）中的相关内容修改完成。

40.“白蚁城堡是谁设计的”在“Intentional Systems in Cognitive Ethology: The ‘Panglossian Paradigm’ Defended”（Dennett, 1983）中首次出现，在其他很多文章中也都有讨论。

41.“蝉知道素数的含义吗”，根据 *Darwin's Dangerous Idea*（Dennett, 1995a）中的相关内容修改完成。

42.“瞪羚的弹跃”是新内容。

43.“世界上第一只哺乳动物是什么”，根据 *Darwin's Dangerous Idea*（Dennett, 1995a）中的相关内容修改完成。

44.“物种形成于何时”，根据“The Multiple Drafts Model”（Dennett and Akins, 2008）中的相关内容修改完成。

45.“回溯性加冕”，根据 *Darwin's Dangerous Idea*（1995a）中的相关内容修改完成。

46.“循环”是根据“Cycles”（Dennett, 2011a）修改完成的，这是我对于 Edge 网站 2011 年的问题“What Scientific Concept Would Improve Everybody's Cognitive Toolkit?”的答案，会在之后的 *This Will Make You Smarter*（Brockman, 2012）中出版公布。

47. “青蛙的眼睛究竟将什么告诉了青蛙的大脑”，根据 *Darwin's Dangerous Idea*（Dennett, 1995a）中的相关内容修改完成。

48.“穿越巴别图书馆”，根据 *Darwin's Dangerous Idea*（Dennett, 1995a）中的相关内容修改完成。

49.“谁是《帕姆雷特》的作者”，根据我在美国东部哲学协会发表的主席报告的相关内容修改完成，当时的报告题目是“In Darwin’s Wake, Where Am I?”（Dennett, 2001d）。

50.“虚拟旅馆的噪音”，根据“Collision-Detection, Muselot, and Scribble: Some Reflections on Creativity”（Dennett, 2001a）修改完成。

51.“哈尔是赫布和爱丽丝的孩子吗”，根据“Homunculi Rule: Reflections on *Darwinian Populations and Natural Selection* by Peter Godfrey-Smith, Oxford University Press, 2009”（Dennett, 2010）中的相关内容修改完成。

52.“模因”用到了文中列出的所有相关这个概念的出版物。

第六部分　关于意识的思考工具

53.“对立的两幅意象”中包括的素材取自 *Consciousness Explained*（Dennett, 1991a）和 *Sweet Dreams*（Dennett, 2005b）。

54.“僵尸直觉”，此概念是在 *Sweet Dreams*（Dennett, 2005b）中被定义的。

55.“僵尸和殭尸”，根据 *Consciousness Explained*（Dennett, 1991a）中的相关素材修改完成。

56.“花椰菜的诅咒”，根据“Quining Qualia”（Dennett, 1988a）中的相关素材修改完成。

57.“‘美元活力’究竟值多少钱”，根据“Consciousness: ‘How Much Is That inReal Money?’”（Dennett, 2001b）中的相关内容修改完成。

58.“卡普格拉先生的悲惨境况”，根据 *Sweet Dreams*（Dennett 2005b）中的相关内容修改完成。

59.“听声辨牌”，根据“Explaining the ‘Magic’ of Consciousness”（Dennett, 2001c）中的相关内容修改完成。

60.“‘中文屋’错在哪里”，根据 *The Mind’s I*（Hofstadter and Dennett, 1981）和 *The Intentional Stance*（Dennett, 1987）中的相关素材修改完成。

61.“从火星来的远程克隆人”，根据 *The Mind’s I*（Hofstadter and Dennett, 1981）中

的相关内容修改完成。

62. “叙事重心”，这件思考工具最早出现于“Why Everyone Is a Novelist”（Dennett, 1988b）。

63. “他者现象学”，在“How to Study Consciousness Empirically: or Nothing Comes to Mind”（Dennett, 1982b）中首次提出，在 *Consciousness Explained*（Dennett, 1991a）的一个章节中得到进一步阐述。由阿尔瓦·诺埃（Alva Noë）担任客座编辑发行的 *Phenomenology and Cognitive Science*（vol. 6, nos. 1 and 2）特刊专门研究异现象学，有关这一主题最好的后续思考基本都包含其中。其中的“Heterophenomenology Reconsidered”（Dennett, 2007b）是我对这些思考的回复。

64. “色彩科学家玛丽：揭露吊杆托架”，根据 *Consciousness Explained*（Dennett, 1991a）和“What RoboMary Knows”（Dennett, 2007d）中的相关内容修改完成。

第七部分　关于自由意志的思考工具

65. “一位恶毒的神经外科医生”出自我 2012 年的伊拉斯谟演讲“Erasmus: Sometimes a Spin-Doctor Is Right”。

66. “生命游戏”。马丁·加德纳（Martin Gardner）曾分别于 1970 年 10 月和 1971 年 2 月，在《科学美国人》发表的两篇有关“数学游戏”的专栏文章中，向广大读者介绍了生命游戏。1985 年，庞德斯通对生命游戏展开了一次出色探索并尝试揭露了其哲学内涵，其中还提到维基百科上一篇不错的相关文章，同时附带很多链接。我经常在写作中使用生命游戏。这次的版本是根据 *Freedom Evolves*（Dennett, 2003）中的相关描述修订完成的。

67. “石头、剪子、布”之前从未发表过。

68. “两种彩票”，根据 *Elbow Room*（Dennett, 1984a）中的相关内容修改完成。

69. “无效历史事实”是根据“Get Real”（Dennett, 1994a）修改完成的。Tanmoy Bhattacharya 成功吸引了我对量子复杂性的关注。

70.“一场计算机国际象棋马拉松”出自 *Freedom Evolves*（Dennett, 2003）。

71.“终极责任”之前从未发表过。

72.“掘土蜂状”之前从未发表过。

73.“巴西来的男孩”之前从未发表过。

第八部分　做个哲学家是一种怎样的体验

74.“浮士德式交易”是根据我针对托马斯·内格尔的书 *Other Minds: Critical Essays, 1969–1994* 写的一篇评论（Dennett, 1996b）修订整理的。

75.“简单的自我人类学”，根据“Sakes and Dints”（Dennett, 2012）和“Kinds of Things”（Dennett，即将发表）中的相关内容修改完成。

76.“‘像棋’中的二阶真理”，根据“The Higher-Order Truths about Chmess”（Dennett, 2006c）修改完成。

77.“只需关注那 10% 的精品”之前从未发表过。

INTUITION PUMPS AND OTHER TOOLS FOR THINKING

参考文献

ABBOTT, EDWIN A., (1884) 1983, *Flatland: A Romance in Many Dimensions* (reprint of 1963 fifth edition with foreword by Isaac Asimov). New York: HarperCollins.

ALAIN [Émile-Auguste Chartier], (1908) 1956, *Propos d'un Normand 1906–1914*. Paris: Gallimard. Quoted in Deborah S. Rogers and Paul R. Ehrlich, 2008, "Natural Selection and Cultural Rates of Change." *Proceedings of the National Academy of Sciences*, vol. 105, pp. 3416–3420.

AUSTIN, J. L., 1961, *Philosophical Papers*. Oxford: Oxford University Press.

AXELROD, ROBERT, 1984, *The Evolution of Cooperation.* New York: Basic Books.

AXELROD, ROBERT, and WILLIAM HAMILTON, 1981, "The Evolution of Cooperation." *Science*, vol. 211, pp. 1390–1396.

BARRETT, JUSTIN, 2000, "Exploring the Natural Foundations of Religion." *Trends in Cognitive Science*, vol. 4, pp. 29–34.

BATESON, WILLIAM, 1916, Review of the *Mechanisms of Mendelian Heredity* by T. H. Morgan (1914).

BEHE, MICHAEL J., 1996, *Darwin's Black Box: The Biochemical Challenge to Evolution*. New York: Free Press.

BENNETT, MAX, DANIEL DENNETT, P. M. S. HACKER, and JOHN SEARLE, 2009, *Neuroscience and Philosophy: Brain, Mind, and Language*. New York: Columbia University Press.

BENNETT, MAX, and P. M. S. HACKER, 2003, *Philosophical Foundations of Neuroscience*. Malden, Mass.: Wiley-Blackwell.

BLOCK, NED, 1978, "Troubles with Functionalism." In W. Savage, ed., *Perception and Cognition: Issues in the Foundations of Psychology*. Minnesota Studies in the Philosophy of Science, vol. 9. Minneapolis: University of Minnesota Press, pp. 261–326.

BLOCK, NED, 1994, "What Is Dennett's Theory a Theory of?" *Philosophical Topics*, vol. 22 (special issue on the philosophy of Daniel Dennett), pp. 23–40.

BOBROW, DANIEL, 1985, *Qualitative Reasoning about Physical Systems*. Cambridge, Mass.: MIT Press.

BORGES, J. L., 1962, *Labyrinths: Selected Stories and Other Writings*. New York: New Directions.

BRAY, DENNIS, 2009, *Wetware*. New Haven, Conn.: Yale University Press.

BROCKMAN, J., ED., 2009, *What Have You Changed Your Mind About*. New York: HarperCollins.

BROCKMAN, J., ED., 2012, *This Will Make You Smarter*. New York: Harper Torchbook.

BROOKS, R. A., 1987, *Planning Is Just a Way of Avoiding Figuring Out What to Do Next*. Technical report, MIT Artificial Intelligence Laboratory, Cambridge, Mass. Available at http://people.csail.mit.edu/brooks/papers/Planning%20is%20Just.pdf.

BROOKS, RODNEY, 1991, "Intelligence without Representation." *Artificial Intelligence*, vol. 47, pp. 139–159.

CANN, REBECCA L., MARK STONEKING, and ALLAN C. WILSON, 1987, "Mitochondrial DNA and Human Evolution." *Nature*, vol. 325, pp. 31–36.

CHALMERS, DAVID, 1995, "Facing Up to the Problem of Consciousness." *Journal of Consciousness Studies*, vol. 2, no. 3, pp. 200–219.

CLARK, A., 2013, "Whatever Next? Predictive Brains, Situated Agents, and the Future of Cognitive Science." *Behavioral and Brain Sciences*.

CLEGG, LIAM, 2012, *Protean Free Will*. California Institute of Technology, Pasadena.

Available at http://authors.library.caltech.edu/29887/.

COPE, DAVID, 2000, *The Algorithmic Composer.* Middleton, Wisc.: A-R Editions.

COPE, DAVID, 2001, *Virtual Music: Computer Synthesis of Musical Style*. Cambridge, Mass.: MIT Press.

CRONIN, HELENA, 1991, *The Ant and the Peacock.* Cambridge: Cambridge University Press.

DAMIAAN, DENYS, MARISKA MANTIONE, MARTIJN FIGEE, PEPIJN VAN DEN MUNCKHOF, FRANK KOERSELMAN, HERMAN WESTENBERG, ANDRIES BOSCH, and RICK SCHUURMAN, 2010, "Deep Brain Stimulation of the Nucleus Accumbens for Treatment-Refractory Obsessive-Compulsive Disorder." *Archives of General Psychiatry*, vol. 67, no. 10, pp. 1061–1068.

DAVIDSON, DONALD, 1987,"Knowing One's Own Mind." *Proceedings and Addresses of the American Philosophical Association*, vol. 60, pp. 441–458. Reprinted in Davidson, Donald, 2001, *Subjective, Intersubjective, Objective*. New York: Oxford University Press, pp. 15–38.

DAWKINS, RICHARD, 1976, *The Selfish Gene*. Oxford: Oxford University Press. Rev. ed. 1989.

DAWKINS, RICHARD, 1982, *The Extended Phenotype: The Gene as the Unit of Selection*. Oxford: Oxford University Press.

DAWKINS, RICHARD, 1986, *The Blind Watchmaker*. London: Longmans.

DAWKINS, RICHARD, 1996, *Climbing Mount Improbable*. London: Viking Penguin.

DAWKINS, RICHARD, 2004, *The Ancestor's Tale: A Pilgrimage to the Dawn of Time*. London: Weidenfeld & Nicolson.

DE VRIES, PETER, 1953, *The Vale of Laughter*. Boston: Little, Brown.

DEHAENE, S., and J. F. MARQUES, 2002, "Cognitive Euroscience: Scalar Variability in Price Estimation and the Cognitive Consequences of Switching to the Euro." *Quarterly Journal of Experimental Psychology*, vol. 55, pp. 705–731.

DENNETT, DANIEL C., 1968, "Features of Intentional Action." *Philosophy and Phenomenological Research*, vol. 29 (December), pp. 232–244.

DENNETT, DANIEL C., 1969, *Content and Consciousness*. London: Routledge & Kegan Paul.

DENNETT, DANIEL C., 1971, "Intentional Systems." *Journal of Philosophy*, vol. 68, pp. 87–106.

DENNETT, DANIEL C., 1975, "Brain Writing and Mind Reading." In K. Gunderson, ed., *Language, Mind and Knowledge.* Minnesota Studies in the Philosophy of Science, vol. 7. Minneapolis: University of Minnesota Press, pp. 403–416. Reprinted in Dennett 1978a.

DENNETT, DANIEL C., 1978a, *Brainstorms*. Cambridge, Mass.: MIT Press/A Bradford Book.

DENNETT, DANIEL C., 1978b, "Current Issues in the Philosophy of Mind." *American Philosophical Quarterly*, vol. 15, pp. 249–261.

DENNETT, DANIEL C., 1978c, "Why You Can't Make a Computer That Feels Pain." *Synthese*, vol. 38 (August), pp. 415–456.

DENNETT, DANIEL C., 1980, "The Milk of Human Intentionality" (commentary on Searle). *Behavioral and Brain Sciences*, vol. 3, pp. 428–430.

DENNETT, DANIEL C., 1981, "Three Kinds of Intentional Psychology." In R. Healey, ed., *Reduction, Time and Reality*. Cambridge: Cambridge University Press, pp. 37–61.

DENNETT, DANIEL C., 1982a, "Beyond Belief." In A. Woodfield, ed., *Thought and Object: Essays on Intentionality.* Oxford: Oxford University Press. Reprinted in Dennett, 1987.

DENNETT, DANIEL C., 1982b, "How to Study Consciousness Empirically: or Nothing Comes to Mind." *Synthese*, vol. 53, pp. 159–180.

DENNETT, DANIEL C., 1982c, "The Myth of the Computer: An Exchange" (reply to John Searle's review of *The Mind's I*). *New York Review of Books*, vol. 29 (June 24), pp. 56–57.

DENNETT, DANIEL C., 1982d, "Notes on Prosthetic Imagination." *New Boston Review*, vol. 7 (June), pp. 3–7. Reprinted in "30 Years of Boston Review." *Boston Review*, vol. 30, no. 5 (September/October 2005), p. 40.

DENNETT, DANIEL C., 1983, "Intentional Systems in Cognitive Ethology: The 'Panglossian Paradigm' Defended." *Behavioral and Brain Sciences*, vol. 6, pp. 343–390.

DENNETT, DANIEL C., 1984a, *Elbow Room: The Varieties of Free Will Worth Wanting.* Cambridge, Mass.: MIT Press.

DENNETT, DANIEL C., 1984b, "I Could Not Have Done Otherwise—So What?" *Journal of Philosophy*, vol. 81, pp. 553–565.

DENNETT, DANIEL C., 1986, "The Logical Geography of Computational Approaches: A View from the East Pole." In Robert M. Harnish and M. Brand, eds., *The Representation of Knowledge and Belief.* Tucson: University of Arizona Press, pp. 59–79.

DENNETT, DANIEL C., 1987, *The Intentional Stance*. Cambridge, Mass.: MIT Press.

DENNETT, DANIEL C., 1988a, "Quining Qualia." In A. Marcel and E. Bisiach, eds., *Consciousness in Modern Science*. Oxford: Oxford University Press, pp. 42–77.

DENNETT, DANIEL C., 1988b, "Why Everyone Is a Novelist." *Times Literary Supplement*, vol. 4 (September 16–22), p. 459.

DENNETT, DANIEL C., 1988c, "Evolution, Error and Intentionality." In Y. Wilks and D. Partridge, eds., *Sourcebook on the Foundations of Artificial Intelligence*. Albuquerque: University of New Mexico Press, pp. 190–211.

DENNETT, DANIEL C., 1990, "Memes and the Exploitation of Imagination." *Journal of Aesthetics and Art Criticism*, vol. 48, pp. 127–135.

DENNETT, DANIEL C., 1991a, *Consciousness Explained*. Boston: Little, Brown.

DENNETT, DANIEL C., 1991b, "Real Patterns." *Journal of Philosophy*, vol. 88, pp. 27–51.

DENNETT, DANIEL C., 1993, "Confusion over Evolution: An Exchange." *New York Review of Books*, January 14, pp. 43–44.

DENNETT, DANIEL C., 1994a, "Get Real" (reply to my critics). *Philosophical Topics*, vol. 22 (special issue on the philosophy of Daniel Dennett), pp. 505–556.

DENNETT, DANIEL C., 1994b, "The Practical Requirements for Making a Conscious Robot." *Proceedings of the Royal Society, A*, vol. 349, pp. 133–146.

DENNETT, DANIEL C.,1995a, *Darwin's Dangerous Idea: Evolution and the Meanings of Life*. New York: Simon & Schuster.

DENNETT, DANIEL C., 1995b, "How to Make Mistakes." In J. Brockman and K. Matson, eds., *How Things Are*. New York: William Morrow, pp. 137–144.

DENNETT, DANIEL C., 1996a, *Kinds of Minds: Towards an Understanding of Consciousness*. New York: Basic Books.

DENNETT, DANIEL C., 1996b, "Review of *Other Minds: Critical Essays, 1969–1994* by Thomas Nagel, 1995." *Journal of Philosophy*, vol. 63, no. 8 (August), pp. 425–428.

DENNETT, DANIEL C., 2000, "With a Little Help from My Friends." In Don Ross, Andrew Brook, and David Thompson, eds., *Dennett's Philosophy: A Comprehensive Assessment*. Cambridge, Mass.: MIT Press, pp. 327–388.

DENNETT, DANIEL C., 2001a, "Collision-Detection, Muselot, and Scribble: Some Reflections on Creativity." In Cope, 2001, pp. 283–291.

DENNETT, DANIEL C., 2001b, "Consciousness: How Much Is That in Real Money?" In R. Gregory, ed., *The Oxford Companion to the Mind*, 2nd ed. Oxford: Oxford University Press.

DENNETT, DANIEL C., 2001c, "Explaining the 'Magic' of Consciousness." In *Exploring Consciousness, Humanities, Natural Science, Religion*, *Proceedings of the International Symposium, Milano, November 19-20, 2001* (published in December 2002, Fondazione Carlo Erba), pp. 47–58.

DENNETT, DANIEL C., 2001d, "In Darwin's Wake, Where Am I?" (American Philosophical Association Presidential Address). *Proceedings and Addresses of the American Philosophical Association*, vol. 75, no. 2 (November), pp. 13–30. Reprinted in J. Hodge and G. Radick, eds., 2003, *The Cambridge Companion to Darwin*. Cambridge: Cambridge University Press, pp. 357–376.

DENNETT, DANIEL C., 2001e, "Things about Things." In Joao Branquinho, ed., *The Foundations of Cognitive Science*. Oxford: Clarendon Press, pp. 133–149.

DENNETT, DANIEL C., 2002, "The New Replicators." In Mark Pagel, ed., *The Encyclopedia of Evolution*, vol. 1. Oxford: Oxford University Press, pp. E83–E92.

DENNETT, DANIEL C., 2003, *Freedom Evolves*. New York: Viking Penguin.

DENNETT, DANIEL C., 2004, "Holding a Mirror up to Dupré" (commentary on John Dupré, *Human Nature and the Limits of Science*). *Philosophy and Phenomenological Research*, vol. 69, no. 2 (September), pp. 473–483.

DENNETT, DANIEL C., 2005a, "Natural Freedom." *Metaphilosophy*, vol. 36, no. 4 (July), pp. 449–459.

DENNETT, DANIEL C., 2005b, *Sweet Dreams: Philosophical Obstacles to a Science of Consciousness*. Cambridge, Mass.: MIT Press.

DENNETT, DANIEL C., 2006a, *Breaking the Spell: Religion as a Natural Phenomenon*. New York: Viking Penguin.

DENNETT, DANIEL C., 2006b, "From Typo to Thinko: When Evolution Graduated to Semantic Norms." In S. Levinson and P. Jaisson, eds., *Evolution and Culture*. Cambridge, Mass.: MIT Press, pp. 133–145.

DENNETT, DANIEL C., 2006c, "The Higher-Order Truths about Chmess." *Topoi*, pp. 39–41.

DENNETT, DANIEL C., 2007a, "The God Delusion by Richard Dawkins." *Free Inquiry*, vol. 27, no. 1 (December/January 2007).

DENNETT, DANIEL C., 2007b, "Heterophenomenology Reconsidered." *Phenomenology and Cognitive Science*, vol. 6, nos. 1 and 2 (special issue on heterophenomenology, Alva Noë, ed.), pp. 247–270.

DENNETT, DANIEL C., 2007c,"Varieties of Content." Presentation at Concepts: Content and Constitution, A Symposium, University of Copenhagen, Amager, Denmark, May 12.

DENNETT, DANIEL C., 2007d, "What RoboMary Knows." In T. Alter and S. Walter, eds., *Phenomenal Concepts and Phenomenal Knowledge: New Essays on Consciousness and Physicalism*. Oxford: Oxford University Press, pp. 15–31.

DENNETT, DANIEL C., 2008, "Competition in the Brain." World Question Center. Edge.org, December, later published in Brockman, 2009.

DENNETT, DANIEL C., 2009a, "Darwin's 'Strange Inversion of Reasoning.' " *Proceedings of the National Academy of the Sciences of the United States of America*, vol. 106, suppl. 1, pp. 10061–10065.

DENNETT, DANIEL C., 2009b, "Heterophenomenology." In T. Bayne, A. Cleeremans, and P. Wilken, eds., *The Oxford Companion to Consciousness*. Oxford: Oxford University Press, pp. 345–346.

DENNETT, DANIEL C., 2009c, "Intentional Systems Theory." In B. McLaughlin, A. Beckermann, and S. Walter, eds., *The Oxford Handbook of Philosophy of Mind*. Oxford: Oxford University Press, pp. 339–350.

DENNETT, DANIEL C., 2010, "Homunculi Rule: *Reflections on Darwinian Populations and Natural Selection* by Peter Godfrey-Smith, Oxford University Press, 2009." *Biology and Philosophy* (published online December 21). Available at http://ase.tufts.edu/cogstud/papers/homunculi.pdf.

DENNETT, DANIEL C., 2011a, "Cycles" (as an answer to the Edge Question 2011, "What Scientific Concept Would Improve Everybody's Cognitive Toolkit?"). World Question Center. Edge.org, later published in Brockman, 2012, pp. 81–88.

DENNETT, DANIEL C., 2011b, "Shall We Tango? No, but Thanks for Asking" (commentaries on Evan Thompson, *Mind in Life*, with replies). *Journal of Consciousness Studies*, vol. 18, nos. 5 and 6 (special issue on Evan Thompson), pp. 23–34.

DENNETT, DANIEL C., 2012, "Sakes and Dints." *Times Literary Supplement*, March 2, pp. 12–14.

DENNETT, DANIEL C., forthcoming, "The Evolution of Reasons." In BANA

BASHOUR and HANS D. MULLER, eds., Contemporary Philosophical Naturalism and Its Implications. New York: Routledge.

DENNETT, DANIEL C., forthcoming, "Expecting Ourselves to Expect" (commentary on Clark). *Behavioral and Brain Sciences*.

DENNETT, DANIEL C., forthcoming, "Kinds of Things." In Don Ross, James Ladyman, and Harold Kincaid, eds., *Does Scientific Philosophy Exclude Metaphysics?* Oxford: Oxford University Press.

DENNETT, DANIEL C., forthcoming, "Turing's 'Strange Inversion of Reasoning.' " In Barry Cooper, ed., *Alan Turing—His Work and Impact.* Elsevier.

DENNETT, DANIEL C., and KATHLEEN AKINS, 2008, "The Multiple Drafts Model." *Scholarpedia*, vol. 3, no. 4, 4321. http://www.scholarpedia.org/wiki/index.php?title=Multiple_drafts_model.

DENNETT, DANIEL C., and ALVIN PLANTINGA, 2011, *Science and Religion: Are They Compatible?* Oxford: Oxford University Press.

DENNETT, DANIEL C., and C. F. WESTBURY, 2000, "Mining the Past to Construct the Future: Memory and Belief as Forms of Knowledge." In D. Schacter and E. Scarry, eds., *Memory, Brain, and Belief.* Cambridge, Mass.: Harvard University Press, pp. 11–32.

DENTON, MICHAEL, 1985, *Evolution: A Theory in Crisis*. London: Burnett Books.

DEWDNEY, A. K., 1984, *The Planiverse: Computer Contact with a Two-Dimensional World*. New York: Poseidon Press.

EIGEN, MANFRED, 1992, *Steps towards Life*. Oxford: Oxford University Press.

ELLIS, HAYDN, and ANDREW YOUNG, 1990, "Accounting for Delusional Misidentifications." *British Journal of Psychiatry*, vol. 157, pp. 239–248.

FEYNMAN, RICHARD, 1985, *"Surely You're Joking, Mr. Feynman!": Adventures of a Curious Character*. New York: W. W. Norton.

FITCH, TECUMSEH, 2008, "Nano-Intentionality: A Defense of Intrinsic Intentionality." *Biology and Philosophy*, vol. 23, pp. 157–177.

FITZGIBBON, C. D., and J. H. FANSHAWE, 1988, "Stotting in Thomson's Gazelles: An Honest Signal of Condition." *Behavioral Ecology and Sociobiology*, vol. 23, no. 2 (August), pp. 69–74.

FODOR, JERRY, 1975, *The Language of Thought*. Hassocks, Sussex: Harvester Press.

FODOR, JERRY, 2003, "Why Would Mother Nature Bother?" (review of *Freedom*

Evolves). *London Review of Books*, vol. 25, no. 5, pp. 17–18.

FODOR, JERRY, 2008, *LOT 2: The Language of Thought Revisited*. Oxford: Oxford University Press.

FODOR, JERRY, and E. LEPORE, 1992, *Holism: A Shopper's Guide*. Oxford: Blackwell.

FODOR, JERRY, and M. PIATELLI-PALMERINI, 2010, *What Darwin Got Wrong*. New York: Farrar, Straus & Giroux.

FRANKFURT, HARRY, 1969, "Alternate Possibilities and Moral Responsibility." *Journal of Philosophy*, vol. 65, pp. 829–833.

GELL-MAN, MURRAY, 1995, *The Quark and the Jaguar: Adventures in the Simple and the Complex*. New York: St. Martin's.

GIBSON, J. J., 1979, *The Ecological Approach to Visual Perception*. Boston: Houghton Mifflin.

GODFREY-SMITH, PETER, 2009, *Darwinian Populations and Natural Selection*. Oxford: Oxford University Press.

GODFREY-SMITH, PETER, 2011, "Agents and Acacias: Replies to Dennett, Sterelny, and Queller" (replies to reviews of *Darwinian Populations and Natural Selection*). *Biology and Philosophy*, vol. 26, pp. 501–515.

GOFFMAN, ERVING, 1959, *The Presentation of Self in Everyday Life*. Edinburgh: University of Edinburgh Social Sciences Research Centre.

GOULD, STEPHEN JAY, 1977, *Ever since Darwin*. New York: W. W. Norton.

GOULD, STEPHEN JAY, 1989a, "Tires to Sandals." *Natural History*, April, pp. 8-15.

GOULD, STEPHEN JAY, 1989b, *Wonderful Life: The Burgess Shale and the Nature of History*. New York: W. W. Norton.

GOULD, STEPHEN JAY, 1992a, "The Confusion over Evolution." *New York Review of Books*, November 19.

GOULD, STEPHEN JAY, 1992b, "Life in a Punctuation." *Natural History*, October, pp. 10–21.

GOULD, STEPHEN JAY, 1993, "Confusion over Evolution: An Exchange." *New York Review of Books*, January 14, pp. 43–44.

GRAHAM, GEORGE, and TERENCE HORGAN, 2000, "Mary Mary Quite Contrary." *Philosophical Studies*, vol. 99, pp. 59–87.

GREENE, JOSHUA, and JONATHAN COHEN, 2004, "For the Law, Neuroscience

Changes Everything and Nothing." *Philosophical Transactions of the Royal Society*, vol. 359, pp. 1775–1785.

HARRIS, SAM, 2012, *Free Will*. New York: Free Press.

HAUGELAND, JOHN, 1981, *Mind Design*. Cambridge, Mass.: MIT Press/Bradford Book.

HAUGELAND, JOHN, 1985, *Artificial Intelligence: The Very Idea*. Cambridge, Mass.: MIT Press.

HAWKING, STEPHEN W., 1988, *A Brief History of Time*. New York: Bantam.

HAYES, PATRICK, 1978, "The Naïve Physics Manifesto." In D. Michie, ed., *Expert Systems in the Microelectronic Age*. Edinburgh: Edinburgh University Press.

HEIDER, F., and M. SIMMEL, 1944, "An Experimental Study of Apparent Behavior." *American Journal of Psychology*, vol. 57, no. 2, pp. 243–259.

HILLIARD, JOHN NORTHERN, 1938, *Card Magic*. Minneapolis: Carl W. Jones.

HOFSTADTER, DOUGLAS, 1979, *Gödel Escher Bach*. New York: Basic Books.

HOFSTADTER, DOUGLAS, 1982, "Metamagical Themas: Can Inspiration Be Mechanized?" *Scientific American*, September, pp. 18–34. Reprinted as "On the Seeming Paradox of Mechanizing Creativity," in Hofstadter, 1985, pp. 526–546.

HOFSTADTER, DOUGLAS, 1985, *Metamagical Themas: Questing for the Essence of Mind and Pattern*. New York: Basic Books.

HOFSTADTER, DOUGLAS, 1997, *Le Ton Beau de Marot: In Praise of the Music of Language*. New York: Basic Books.

HOFSTADTER, DOUGLAS, 2007, *I Am a Strange Loop*. New York: Basic Books.

HOFSTADTER, DOUGLAS, and DANIEL DENNETT, eds., 1981, *The Mind's I*. New York: Basic Books.

HOLLAND, JOHN, 1975, *Adaptation in Natural and Artificial Systems*. Ann Arbor: University of Michigan Press.

HUME, DAVID, (1739) 1964, *A Treatise of Human Nature* (L. A. Selby-Bigge, ed.). Oxford: Clarendon.

HUMPHREY, NICHOLAS, 1987, "Scientific Shakespeare." *The Guardian* (London), August 26.

HUMPHREY, NICHOLAS, and DANIEL DENNETT, 1989, "Speaking for Our Selves: An Assessment of Multiple Personality Disorder." *Raritan: A Quarterly Review*, vol. 9

(Summer), pp. 68–98. Reprinted (with footnotes), Occasional Paper 8, Center on Violence and Human Survival, John Jay College of Criminal Justice, City University of New York, 1991.

HURLEY, MATTHEW, DANIEL DENNETT, and REGINALD B. ADAMS JR., 2011, *Inside Jokes: Using Humor to Reverse-Engineer the Mind.* Cambridge, Mass.: MIT Press.

JACKENDOFF, RAY, 1987, *Consciousness and the Computational Mind.* Cambridge, Mass.: MIT Press/Bradford Book.

JACKENDOFF, RAY, 1993, *Patterns in the Mind: Language and Human Nature.* Harlow, Essex: Harvester Wheatsheaf; New York: Basic Books, 1994.

JACKSON, FRANK, 1982, "Epiphenomenal Qualia." *Philosophical Quarterly*, vol. 32, pp. 127–136.

KANE, ROBERT, 1996, *The Significance of Free Will.* Oxford: Oxford University Press.

KNOBE, J., and NICHOLS, S., eds., 2008, *Experimental Philosophy.* Oxford: Oxford University Press.

LEIBNIZ, GOTTFRIED, (1714) 1898, *Monadology.* In *The Monadology and Other Philosophical Writings*, Robert Latta, trans. Oxford: Oxford University Press.

LENAT, DOUGLAS B., and R. V. GUHA, 1990, *Building Large Knowledge-Based Systems: Representation and Inference in the CYC Project.* Reading, Mass.: Addison-Wesley.

LETTVIN, J. Y., U. MATURANA, W. MCCULLOCH, and W. PITTS, 1959, "What the Frog's Eye Tells the Frog's Brain." In *Proceedings of the Institute of Radio Engineers*, vol. 47, pp. 1940–1951.

LEVINE, JOSEPH, 1994, "Out of the Closet: A Qualophile Confronts Qualophobia." *Philosophical Topics*, vol. 22, pp. 107–126.

LEWIS, DAVID, 1978, "Truth in Fiction." *American Philosophical Quarterly*, vol. 15, pp. 37–46.

LLOYD, M., and DYBAS, H. S., 1966, "The Periodical Cicada Problem." *Evolution*, vol. 20, pp. 132–149.

LLOYD MORGAN, CONWY, 1894, *An Introduction to Comparative Psychology.* London: W. Scott.

LUDLOW, PETER, YUJIN NAGASAWA, and DANIEL STOLJAR, eds., 2004, *There's Something about Mary: Essays on Phenomenal Consciousness and Frank Jackson's Knowledge Argument.* Cambridge, Mass.: MIT Press/Bradford Books.

MACKENZIE R. B., 1868, *The Darwinian Theory of the Transmutation of Species*

Examined. London: Nisbet.

MAYNARD SMITH, JOHN, 1978, *The Evolution of Sex*. Cambridge: Cambridge University Press.

MCCLELLAND, JAY, DAVID RUMELHART, and THE PDP RESEARCH GROUP, 1986, *Parallel Distributed Processing: Explorations in the Microstructure of Cognition*, vol. 2. Cambridge, Mass.: MIT Press.

MENABREA, LUIGI FEDERICO, 1842,"Sketch of the Analytic Engine Invented by Charles Babbage." In the *Bibliothèque Universelle de Genève*, no. 82 (October). Translated by Augusta Ada King, Countess of Lovelace, 1843, with notes, in *Scientific Memoirs*, vol. 3, pp. 666–731.

MEYER, STEPHEN C., 2009, *Signature in the Cell: DNA and the Evidence for Intelligent Design*. New York: HarperOne.

MILLIKAN, RUTH, 1984, *Language, Thought and Other Biological Categories*. Cambridge, Mass.: MIT Press.

MILLIKAN, RUTH, 1993, *White Queen Psychology and Other Essays for Alice*. Cambridge, Mass.: MIT Press.

NAGEL, THOMAS, 1974, "What Is It Like to Be a Bat?" *Philosophical Review,* vol. 83, pp. 435–450.

NAGEL, THOMAS, 2009, Recommendation for Book of the Year. *Times Literary Supplement*, November 27.

NAGEL, THOMAS, 2010, Letter to the editor. *Times Literary Supplement*, January 1.

NEUGEBAUER, OTTO, 1989, "A Babylonian Lunar Ephemeris from Roman Egypt." In E. Leichty, M. de J. Ellis, and P. Gerardi, eds., *A Scientific Humanist: Studies in Honor of Abraham Sachs*. Philadelphia: Occasional Publications of the Samuel Noah Kramer Fund no. 9, pp. 301–304.

PINKER, STEVEN, 2002, *The Blank Slate: The Modern Denial of Human Nature*. New York: Viking.

POPEK, GERALD J., and ROBERT P. GOLDBERG, 1974, "Formal Requirements for Virtualizable Third Generation Architectures." *Communications of the ACM*, vol. 17, no. 7, pp. 412 –421. doi:10.1145/361011.361073.Available at http://doi.acm.org/10.1145/361011.361073.

POUNDSTONE, WILLIAM, 1985, *The Recursive Universe: Cosmic Complexity and the Limits of Scientific Knowledge*. New York: William Morrow.

PUTNAM, HILARY, 1975, "The Meaning of 'Meaning.' " In K. Gunderson, ed., *Language, Mind and Knowledge*. Minnesota Studies in the Philosophy of Science, vol. 7. Minneapolis: University of Minnesota Press. Reprinted in Putnam, 1975, *Mind, Language and Reality (Philosophical Papers*, vol. 2). Cambridge: Cambridge University Press.

QUINE, W. V. O., 1960, *Word and Object*. Cambridge, Mass.: MIT Press.

QUINE, W. V. O., 1987, "Universal Library." In *Quiddities: An Intermittently Philosophical Dictionary*. Cambridge, Mass.: Harvard University Press.

RAPOPORT, ANATOL, 1960, *Fights, Games, and Debates*. Ann Arbor: University of Michigan Press.

RAPOPORT, ANATOL, 1961, "Three Modes of Conflict." *Management Science*, vol. 3, p. 210.

RIDLEY, MATT, 1993, *The Red Queen: Sex and the Evolution of Human Nature*. New York: Macmillan.

RIDLEY, MATT, 2004, *Nature via Nurture*. London: Fourth Estate. Also published under the title *The Agile Gene: How Nature Turns on Nurture*. New York: HarperCollins.

ROSS, AMBER, 2013, "Inconceivable Minds." Philosophy PhD dissertation, University of North Carolina at Chapel Hill.

RUINA, ANDY, 2011, "Cornell Ranger, 2011, 4-Legged Bipedal Robot." ruina.tam.cornell.edu/research/topics/locomotion_and_robotics/ranger/Ranger 2011/.

RUMELHART, D. E., J. L. McCLELLAND, and THE PDP RESEARCH GROUP, 1986, *Parallel Distributed Processing: Explorations in the Microstructure of Cognition*, vol. 1. Cambridge, Mass.: MIT Press.

RYDER, DAN, JUSTINE KINGSBURY, and KENNETH WILLIFORD, eds., 2013, *Millikan and Her Critics*. Oxford: Wiley-Blackwell.

SANFORD, DAVID, 1975, "Infinity and Vagueness." *Philosophical Review*, vol. 84, pp. 520–535.

SCHÖNBORN, CHRISTOPH, 2005, "Finding Design in Nature." *New York Times*, July 7.

SEARLE, JOHN, 1980, "Minds, Brains and Programs." *Behavioral and Brain Sciences*, vol. 3, pp. 417–458.

SEARLE, JOHN, 1982, "The Myth of the Computer" (review of *The Mind's I*). *New York Review of Books*, vol. 29 (April 29).

SEARLE, JOHN, 1988, "Turing the Chinese Room." In T. Singh, ed., *Synthesis of*

Science and Religion, Critical Essays and Dialogues. San Francisco: Bhaktivedanta Institute.

SELLARS, WILFRID, 1962, "Philosophy and the Scientific Image of Man." In *Science, Perception and Reality*. London: Routledge & Kegan Paul.

SEUNG, SEBASTIAN, 2007, "The Once and Future Science of Neural Networks." Presented at the Society for Neuroscience meeting, San Diego, November 4.

SIEGEL, LEE, 1991, *Net of Magic: Wonders and Deceptions in India*. Chicago: University of Chicago Press.

SIMS, KARL, 1994, *Evolved Virtual Creatures*. http://www.karlsims.com/evolved-virtual-creatures.html.

STRAWSON, GALEN, 2003, "Evolution Explains It All for You" (review of Dennett, 2003). *New York Times*, March 2.

STRAWSON, GALEN, 2010, "Your Move: The Maze of Free Will," The Stone, *New York Times* online, July 22, 2010. http://www.scribd.com/doc/86763712/Week-2-Strawson-The-Maze-of-Free-Will.

THOMPSON, EVAN, 2007, *Mind in Life*. Cambridge, Mass.: Belknap Press, Harvard University Press.

VOHS, KATHLEEN D., and JONATHAN W. SCHOOLER, 2008, "The Value of Believing in Free Will: Encouraging a Belief in Determinism Increases Cheating." *Psychological Science*, pp. 49–54.

VON NEUMANN, JOHN, 1966, *Theory of Self-Reproducing Automata* (Arthur Burks, ed.). Champaign-Urbana: University of Illinois Press.

VON NEUMANN, JOHN, and OSKAR MORGENSTERN, 1944, *Theory of Games and Economic Behavior*. Princeton, N.J.: Princeton University Press.

VON UEXKÜLL, JAKOB, (1934) 1957, "A Stroll through the Worlds of Animals and Men: A Picture Book of Invisible Worlds." In Claire H. Schiller, ed. and trans., *Instinctive Behavior: The Development of a Modern Concept*. New York: International Universities Press.

WANG, HAO, 1957, "A Variant to Turing's Theory of Computing Machines." *Journal of the Association for Computing Machinery*, pp. 63–92.

WIGGINS, DAVID, 1973, "Towards a Reasonable Libertarianism." In T. Honderich, ed., *Essays on Freedom of Action*. London: Routledge & Kegan Paul, pp. 31–63.

WIMSATT, WILLIAM C., 1980, "Randomness and Perceived Randomness in Evolutionary Biology." *Synthese*, vol. 43, pp. 287–290.

WOLFE, TOM, 2000, "Sorry, But Your Soul Just Died." In *Hooking Up*. New York: Farrar, Straus & Giroux.

WOOLDRIDGE, DEAN, 1963, *The Machinery of the Brain*. New York: McGraw-Hill.

WRIGHT, ROBERT, 2000, *Nonzero: The Logic of Human Destiny*. New York: Pantheon.

ZAHAVI, A., 1987, "The Theory of Signal Selection and Some of Its Implications." In V. P. Delfino, ed., *Bari, 9-14 April 1985*. Bari: Adriatici Editrici, pp. 305–327.

译者后记

记得刚入学攻读哲学硕士、正经开始接触西方哲学的时候，专业课老师就常常教导我们：国内的西方哲学学习，翻译原著文本是必需功课。但众多师兄师姐会拿经验告诉你，真正展开一项翻译工作其实大多都有些“费力不讨好”，因为它非常耗时耗力，却又不能真正算作自己的学术成果。所幸《直觉泵》一书的整个翻译过程虽然艰辛漫长，但并不苦闷。丹尼尔对诸多问题的思考亮点频繁闪现、充满原创性，让我们每天通过译读能感受到一些实在的收获。而对于一些掌舵方向的“大问题”，比如在当下哲学环境中，如何正确看待科学与哲学的关系，如何做哲学、学习哲学等等，虽然文中没有作为专门问题提出，但内容阐述中透露出来的那些成熟稳健的相关思考，即便对于已经学习和研究过西方哲学多年的学生甚至学者，也都是有所助益的。

相比于其他还算按部就班的哲学作品，丹尼特此书的风格其实可算是一次新尝试。就像他在前言中所说，本书要写成一本人人都能读懂的哲学书，所以在他一贯的初稿试讲测试中，他排除掉了讨论班中所有哲学专业的学生和研究生，只留下十几个没有太多知识背景的本科新生，他们可以对书中任何不懂的细节提出疑问，并不断要求丹尼特给出清晰通俗的解释。可能正是因为这个原因，《直觉泵》中能看到很多有意思的设想、疑问和隐喻，很多细节问题的剖析也都向外伸展得非常细长。读者在阅读过程中，可能会因为能跟随一位大思想家一步步完成每一次漂亮的论证和推理而感到欣喜，但也难免会因为脱离其思想主干太远、不明所以而生出苦恼。

毕竟我们都能看到，丹尼特不是真的在写一本“工具书”，而事实上，本书内容基本涵盖当代心灵哲学研究所有关键的概念和论题，包括意识、意向性、意义、自我、自由意志等等，所以，稍微对哲学有点关心的读者都更渴望能直接看到丹尼特坚持的观点和立场。但这种“看似的偏离主题”其实并不真正构成什么舛误，相反，更专业些的学者们会告诉你，那些看似拓展说明的细节、案例或者假设其实在心灵哲学的大背景中都有所针对，所以自然携带着作者的主导观点和立场信息。另外，丹尼特在进化论基础上坚持自然主义的心灵理论，由进化论铺展开来的对客观存在与意义世界的统一解释几乎就是自然主义说明的一种标准进路。所以，那种囊括各种可能性、无限伸展的表达方式实则也是丹尼特心灵哲学在进化论指导下阐明心灵状态的一种展现。

感谢我的两位老师，陈嘉映老师和叶峰老师。翻译过程中当然会遇到困难，但让人更苦恼的是，时不时要面临赤裸裸的智力挑衅，《直觉泵》中太多反直观的优质论证让人不得不承认，大脑与大脑间可能真的存在智力差距。做陈老师的学生到 2018 年这个月正好整十年，学生当得久了，心情轻松些了，自然是要把这些懊恼说与自己的老师听听。而陈老师的一句“只要熟悉了还是可以得心应手”也让我如愿瞬间重拾自信、脱离苦海。陈老师总是这样，不经意间就慷慨分发我们些小小“法宝”，估计如果使用得当，再用个十几二十年也不见得会显老旧。

其实在邀请叶老师为此书写序之前，我与叶老师并不十分熟悉，因为分属不同的学科方向，几年时间的博士学习期间，我甚至没有系统选修过老师任何一门课程。所以我猜想，那天叶老师在接到来自学生邀请的这份“苦差事”时大概都有些惊异，才会弱弱问我，如果他来写序能给我们带来什么实质性的帮助？我顿时有感而发，把这部著作的表述特点和可能给读者带来的一些混淆统统说出，没想到叶老师听后便立马答应下来。不久后，收到老师一篇非常出色、近万字的导论性序言。感激、感动。

还要感谢我们的编辑老师简学、赵地和王子涵，不管是在翻译阶段还是在修改阶段，几位编辑对我们的纠结、拖沓、犹豫和举棋不定都表现出了超乎常人的耐心和宽容。金岳与我是嘉映老师在首都师范大学招收的第一批硕士研究生，有过一年上无师兄师姐、下无师弟师妹的独特时光，同门情谊格外深厚；徐韬天生性情稳重、聪明敏锐，中英文水平俱佳，也有一些西方哲学辑写和翻译的经验，是我俩的首位直系师弟，更是不可多得的合作伙伴。整个翻译过程我们配合默契、有商有量，非常愉快顺畅。此书在翻译过程中尽量保留了丹尼特原本行文中轻松流畅的表述风格，希望读者们喜欢；对于文中不足，请多多包涵，也欢迎大家的指导和建议。

冯文婧

2018 年 8 月

未来，属于终身学习者

我这辈子遇到的聪明人（来自各行各业的聪明人）没有不每天阅读的——没有，一个都没有。巴菲特读书之多，我读书之多，可能会让你感到吃惊。孩子们都笑话我。他们觉得我是一本长了两条腿的书。

——查理·芒格

互联网改变了信息连接的方式；指数型技术在迅速颠覆着现有的商业世界；人工智能已经开始抢占人类的工作岗位……

未来，到底需要什么样的人才？

改变命运唯一的策略是你要变成终身学习者。未来世界将不再需要单一的技能型人才，而是需要具备完善的知识结构、极强逻辑思考力和高感知力的复合型人才。优秀的人往往通过阅读建立足够强大的抽象思维能力，获得异于众人的思考和整合能力。未来，将属于终身学习者！而阅读必定和终身学习形影不离。

很多人读书，追求的是干货，寻求的是立刻行之有效的解决方案。其实这是一种留在舒适区的阅读方法。在这个充满不确定性的年代，答案不会简单地出现在书里，因为生活根本就没有标准确切的答案，你也不能期望过去的经验能解决未来的问题。

湛庐阅读APP：与最聪明的人共同进化

有人常常把成本支出的焦点放在书价上，把读完一本书当作阅读的终结。其实不然。

时间是读者付出的最大阅读成本
怎么读是读者面临的最大阅读障碍
“读书破万卷”不仅仅在“万”，更重要的是在“破”！

现在，我们构建了全新的“湛庐阅读”APP。它将成为你“破万卷”的新居所。在这里：

- 不用考虑读什么，你可以便捷找到纸书、有声书和各种声音产品；
- 你可以学会怎么读，你将发现集泛读、通读、精读于一体的阅读解决方案；
- 你会与作者、译者、专家、推荐人和阅读教练相遇，他们是优质思想的发源地；
- 你会与优秀的读者和终身学习者为伍，他们对阅读和学习有着持久的热情和源源不绝的内驱力。

从单一到复合，从知道到精通，从理解到创造，湛庐希望建立一个“与最聪明的人共同进化”的社区，成为人类先进思想交汇的聚集地，与你共同迎接未来。

与此同时，我们希望能够重新定义你的学习场景，让你随时随地收获有内容、有价值的思想，通过阅读实现终身学习。这是我们的使命和价值。

湛庐阅读APP玩转指南

湛庐阅读APP结构图：

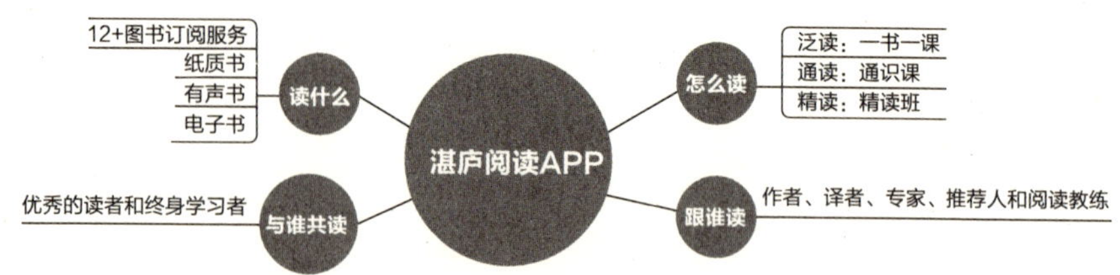

三步玩转湛庐阅读APP：

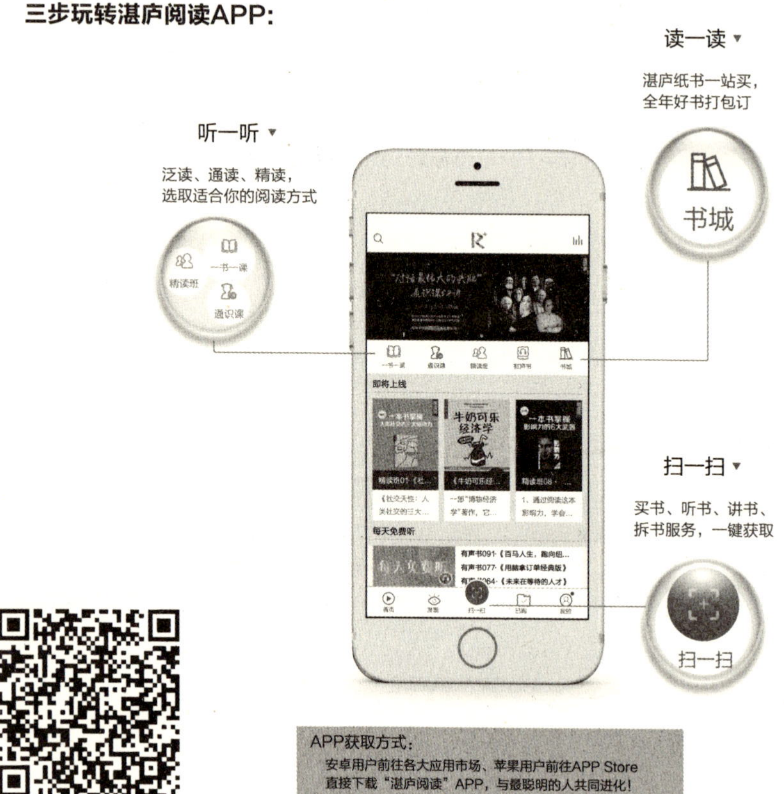

APP获取方式：

安卓用户前往各大应用市场、苹果用户前往APP Store直接下载“湛庐阅读”APP，与最聪明的人共同进化！

使用APP扫一扫功能，
遇见书里书外更大的世界！

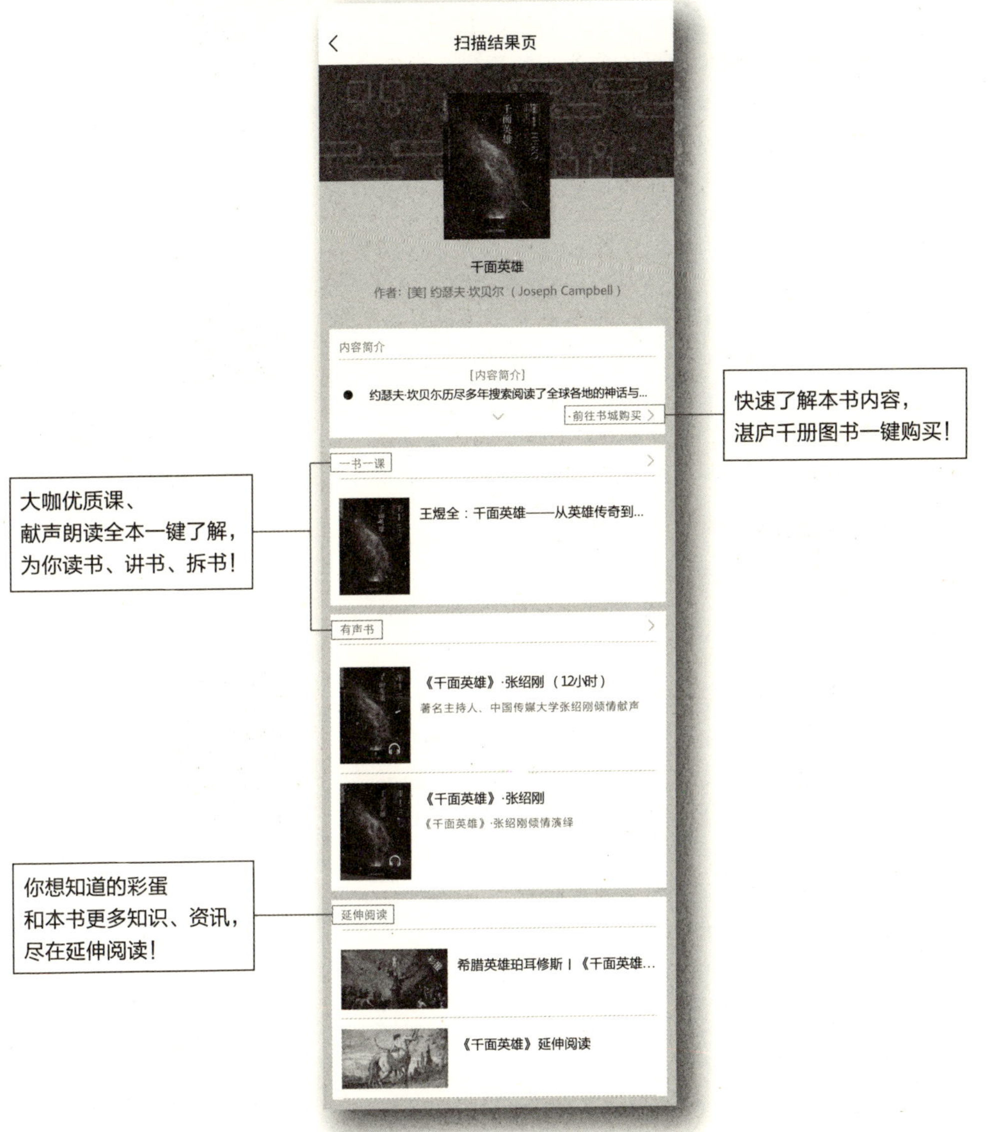

湛庐CHEERS

延伸阅读

《心智探奇》

◎ 当代伟大思想家、TED 演讲人、世界顶级语言学家和认知心理学家史蒂芬·平克经典重现。

◎ 认知神经科学领域颠覆性著作，凝聚认知神经学、人工智能和进化心理学等多项研究成果。

◎ 观点独到精辟，立论严谨周密，论证新颖犀利，例证丰富新鲜，行文汪洋恣肆。

《白板》

◎ 史蒂芬·平克“语言与人性”四部曲之四，继《语言本能》《思想本质》《心智探奇》后又一力作。

◎ 关于主流人性论的颠覆性反叛，破而后立，进而建立起新的意义和道德观念，重塑对人性的信心。

◎ 阐明人性的本源、内涵及局限，追溯人类诸多苦难的根源，拨开道德错觉的迷雾，直达现实的彼岸。

《笛卡尔的错误》

◎ 国内外众多知名神经科学家及诺贝尔奖得主集体盛赞，北京大学国家发展研究院经济学教授汪丁丁倾情作序。

◎ 知名神经科学家达马西奥颠覆性巨著，标志着 20 世纪时代思想的转折，神经科学、心理学和哲学研究因此出现了巨大的转向。

◎ 一场人类意识探索的盛宴，一次刷新阅读体验的脑力挑战。犹如悬疑小说一般娴熟的叙事技巧，在哲学和科学的交界处跳着踢踏舞。

《简单的哲学》

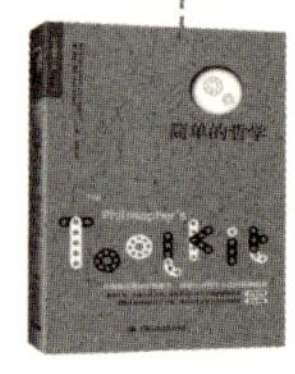

◎ 清华大学、中国人民大学、南京师范大学，3 大高校哲学教授倾情推荐。

◎ 英国《哲学家杂志》主编、特兰西瓦尼亚大学杰出教授联袂奉献。

◎《你以为你以为的就是你以为的吗》作者经典著作。

图书在版编目（CIP）数据

直觉泵和其他思考工具 /（美）丹尼尔·丹尼特（Daniel C. Dennett）著；冯文婧，傅金岳，徐韬译.——杭州：浙江教育出版社，2018.11
ISBN 978-7-5536-7459-9

Ⅰ. ①直… Ⅱ. ①丹… ②冯… ③傅… ④徐… Ⅲ. ①思维方法 Ⅳ. ①B80

中国版本图书馆 CIP 数据核字（2018）第 191772 号

浙江省版权局
著作权合同登记号
图字: 11-2014-286

上架指导：认知科学 / 哲学

直觉泵和其他思考工具

ZHIJUE BENG HE QITA SIKAO GONGJU

［美］丹尼尔·丹尼特（Daniel C. Dennett） 著
冯文婧 傅金岳 徐 韬 译

责任编辑：罗 曼
美术编辑：韩 波
封面设计：
责任校对：马立改
责任印务：时小娟
出版发行：浙江教育出版社（杭州市天目山路40号 邮编：310013）
电话：（0571）85170300-80928 网址：www.zjeph.com
印 刷：北京富达印务有限公司
开 本：720mm × 965mm 1/16 **成品尺寸：**170mm × 230mm
印 张：34 **字 数：**430千字
插 页：1 **版 次：**2018年11月第1版
印 次：2018年11月第1次印刷 **书 号：**ISBN 978-7-5536-7459-9
定 价：129.90元

如发现印装质量问题，影响阅读，请致电010-56676359联系调换。